유럽학연구총서 4

유럽연합의 통상과 산업정책

유럽연합의 통상과 산업정책

한국유럽학회 편

KSi 한국학술정보(주)

유럽학연구총서를 발간하면서

　2011년 7월 1일 한—EU FTA가 잠정 발효됨으로써 한국과 유럽의 관계는 그 어느 때보다 긴밀한 관계로 발전하는 계기가 되었습니다. 유럽연합(European Union: EU)은 27개 회원국의 인구를 모두 합하면 약 5억 명이며, 세계 전체 GDP의 약 30%를 차지하는 세계 최대의 경제권입니다. 세계 전체 상품교역규모면에서 EU는 세계 1위이며, 한국과의 상품교역규모도 중국 다음으로 2위의 위치에 있습니다. 한—EU FTA는 상품교역과 투자와 같은 경제·통상 분야가 주된 관심사이지만 이를 계기로 한국과 EU는 전략적 동반자 관계로 격상되면서 정치·사회·문화 전반에서 교류가 활발해질 것입니다.

　하지만 아직 한국사회에서 유럽의 위상은 앞에 언급한 세계경제에서 EU의 경제규모나 현재 진행되고 있는 한국과 유럽의 관계 발전만큼 자리매김 못하고 있는 것 같습니다. 언론보도에서도 유럽에 관한 뉴스가 1면에 게재되는 경우는 타 지역에 비해 적은 편이고, 한국의 학계에서도 유럽 전공자들의 비중이나 영향력이 제대로 드러나지 않고 있습니다. 여기에는 지리적, 심리적, 구조적 이유 이외에도, 유럽 전공자들이 긴밀한 네트워크를 가지고 한국 내의 현안들과 한국을 둘러싼 국제환경변화에 대해 적극적인 방향을 제시하지 못한 원인도 있다고 생각합니다. 7월 1일 잠정발효일을 전후하여 언론매체들에서 한-EU FTA의 의미와 영향에 대해 집중적으로 보도하였지만 대개 경제·통상 분야에 대한 내용을 주로 다루었습니다. 유럽 27개국과 자유로운 경제교류는 상품교역과 상호 투자에만 머물지 않고 한국의 정치·사회·문화 모든 분야에도 영향을 미치게 될 것입니다.

한국유럽학회는 이런 점을 심층적으로 논의하기 위해 7월 1일 제5회 한국유럽학연합학술대회의 주제를 '한-EU FTA 잠정발효와 한-EU 전략적 동반자관계 발전전망'으로 정했습니다. 이 대회에는 유럽학 관련 10개 학회와 연구기관들이 참여하여, 한-EU FTA를 계기로 한국과 유럽에 미치는 영향을 정치·경제·법·사회·문화 분야의 전공자들이 다양한 측면에서 분석하였습니다. 또 참석자들은 한-EU 기본협력협정과 전략적 동반자 관계 발전을 위해 양측이 어떤 노력을 기울일 것인가 그리고 앞으로의 협력 방안은 무엇인가에 대해 심도 있는 논의를 하였습니다.

최근 한국의 정치권에서 쟁점이 되고 있는 복지 문제에 대해서도 지난 5월 20일 춘계 학술대회에서 '복지와 성장의 갈림길에 선 한국사회: 복지논쟁을 위한 유럽의 사례와 정책적 제안'으로 주제를 선정하여, 각 분야별 최고의 전문가들을 발표자와 토론자로 모시고 복지정책에 대해 다양한 학술적 논의의 자리를 마련하였습니다. 우리보다 먼저 복지의 거의 모든 사례를 경험한 유럽 복지정책의 성공과 실패를 면밀히 살펴보면서, 특히 신자유주의 체제하에서의 유럽복지정책과 최근 세계경제위기 이후의 유럽복지정책의 변화들을 분석한 후, 한국에 적용할 수 있는 복지정책에 대한 학자들의 혜안들을 모아 보았습니다. 한국의 복지정책이 여야의 정쟁에 그치거나, 선거에서 지지표를 확보하기 위한 수단으로만 활용되지 말고, 국민 삶의 질 향상을 실현할 수 있기를 바라는 염원을 함께 담은 학술대회였습니다. 앞으로 한국사회의 발전과 한국과 유럽의 관계 증진을 위한 시의적절한 주제를 선택하여 학술대회를 개최할 것입니다.

그리고 EU는 대북한 관계에서도 중요한 역할을 하고 있습니다. EU는 한반도의 긴장해결이 국제안보질서 형성의 핵심과제로 인식하고 있으며, 인도적 차원에서 북한을 경제적으로 지원하며, 개혁개방을 통해 국제시장에 통합시키려는 대북한정책을 유지하고 있습니다. 또한 북한 대량살상무기의 확산과 민감한 군사기술의 수출을 방지하고 남북 간 직접 대화를 지지하는 것이 일관된 기조입니다. 2001년 북한과의 수교 이후에는 북한의 핵개발포기와 테러리즘을 예방하고 북한이 국제사회에 책임 있는 일원이 되기를 강조하였습니다.

한국과의 최근 관계증진의 중요한 사례들을 살펴보면, 2010년 10월 벨기에 브뤼셀에서 개최된 제8차 ASEM 정상회의에서 한국과 유럽의 정상들은 세계경제위기 극복방안을 논의하였고, 금융안전망 구축과 국제금융기구 개혁 그리고 G20과의 협력 등에 대해 활발한 의견을 교환하였습니다. 아울러 2010년 서울에서 개최된 G20 정상회담의 성공적인 개최를 위해 협력을 다짐했고 G20 정상회의 이후 한국의 국제적인 위상이 한층 격상되었습니다. 또한 한국이 주도하는 ASEM 협력사업들을 인준하여, 아시아-유럽 정보통신망 협력센터가 설치되었고, ASEM DUO 장학사업이 연장되었으며, 아시아-유럽 중소기업혁신센터도 구축하게 되었습니다.

이처럼 한국과 EU의 관계가 유사 이래 그 어느 때보다도 긴밀해지고 있는 시점에 한국유럽학회는 한국사회의 지도자들과 일반시민들의 유럽에 대한 이해를 증진시키는 방안을 모색하였습니다. 그 일환으로 유럽대상을 신설하여 유럽과의 관계 증진에 노력한 분들을 찾아 그 공적을 치하하기로 하였습니다. 그리고 학자들 간의 학술적 논의들을 학회지나 논문의 형태로만 발표하였는데, 이 내용들을 주제별로 분류하여 단행본 형태로 발간하기로 하였습니다. 우선 2005년부터 2010년까지『유럽연구』에 발표한 논문들 중에서 필자들이 단행본 발행에 동의한 원고들을 분야별로 편집하였습니다. 1권은 유럽연합의 법, 정치와 대외관계로 주제를 분류하였고, 2권은 유럽의 사회통합과 사회정책, 3권은 유럽 각국의 정치, 4권은 유럽연합의 통상 및 산업정책으로 분류하여 유럽학연구총서 1권부터 4권까지 발간하게 되었습니다. 이번에 출판되는 유럽학연구총서 4권은 일반시민들과 유럽에 대한 지식을 공유하고 소통하는 데 도움이 될 것입니다.

이를 시작으로 유럽에 관한 다양한 주제들에 대한 원고를 모집하여 지속적으로 유럽관련 주제의 단행본을 출간할 계획입니다. 한국유럽학회 회원들뿐만 아니라 유럽에 관한 좋은 원고를 작성하신 분들께서 학회사무국으로 원고를 보내주시면 유럽학연구총서 발간위원회의 소정의 절차를 거쳐 단행본으로 출판할 예정입니다. 이런 노력들이 한국사회의 유럽에 대한 이해를 증진시키고 한국과 유럽의 관계 발전에 기여하게 될 것이라 믿습니다.

이번 총서시리즈 4권 출간을 위해 연구와 교육에 몰두하시는 중에 귀한 시간을 할애하여 편집과 기획을 해주신 유럽학연구총서 발간위원회 이승근 위원장님과 구문모, 김민서, 박선희, 박채복, 배정생, 송병준, 신두철, 윤성욱, 이병문 위원님들께 깊이 감사드립니다. 요즘 어려운 출판업계의 현황에서도 학술전문서적 출판을 흔쾌히 수락해주신 한국학술정보(주)의 채종준 대표이사님 그리고 출판사업부 김영권 이사님과 강태우 차장님, 전체적인 총서 편집을 맡아 수고해주신 편집부 여러분께 진심으로 고마운 마음을 전합니다.

한국유럽학회 회장

정해조

목차

제1부 유럽연합의 통상정책 및 유로화

제1장 유럽연합의 공동통상정책과 엘리슨 모델의 확대적용 가능성에 관한 연구

이종서

한국외국어대학교 EU센터 상임코디네이터

Ⅰ. 머리말

21세기 유럽연합의 통합과정을 검토하기 위해서는 거시적 차원의 '구조'와 미시적 차원의 '행위자'를 동시에 살펴보아야 한다. 즉 구조와 단위 사이의 상호 작용을 고려하여야만 한다. 유럽연합은 제도들 간의 정치적 관계, 즉 각료이사회, 집행위원회, 회원국과 비회원국 간의 정치적 관계도 협상의 주요 변수로 작용한다. 따라서 산업정책적 고려, 규제정책적 고려, 사회정책적 고려가 포함되어 있는 공동통상정책(CCP: Common Commercial Policy)의 결정은 제도라는 틀 내에서 특정 정책수단의 선호의 다양성 및 국제무역에 대한 다양한 관점을 갖고 있는 무역정책 행위자들 간의 경쟁적 이익추구의 결과라는 사실이 중요하다.

정책결정이란 정부기관에 의해 행해지는 미래의 활동지침에 대한 결정으로서 공익을 공식적으로 추구하는 복잡하고 동태적인 과정이다. 정책결정과정은 정책문제의식의 유발로서 정책의 형성, 집행, 평가를 거쳐 정책이 종결되기까지 일어나는 일련의 과정을 말한다. 그런데 정책은 그 영향의 범위가 넓고 사회적 관련하에서 구조화를 이루기 때문에, 정책결정은 개인 또는 관련 내부의 단순한 의사결정에 의해서라기보다는 매우 복잡한 사회·정치적 과정으로 나타난다. 이는 특히 문제시되는 상황에 대한 해석이나 문제의식, 그리고 정책문제에 관련된 개인 또는 집단이 매우 다양하고 광범위하여 상호 연관성이 매우 복잡한 데 연유한다. 정책결정이 정치적 과정이란 점은 바로 이와 같은 이유 때문이다. 정치를 사회에 존재하는 이해관계 및 가치의 조정으로 볼 때, 이해관계 및 가치가 단일이 아닌 복수로 존재한다는 단순한 사실 하나만으로도 정책결정과정에 있어서의 정치는 불가피한 현상으로 나타난다. 이와 같은 맥락에서 정책결정은 규범적으로는 바람직한 사회가치의 실현을 위한 결정을 하기 위해 이해관계를 갖는 여러 개인 및 집단 간의 조정과 타협을 통해 형성되는 것이라 볼 수 있다.

정책이 어떻게 결정되고 집행되는지 그 과정을 이해하는 데에는 다양한 설명도구들이 있을 수 있다. 본 연구가 그 가운데 적절하고 유용한 설명도구의 하나로 앨리슨(Graham T. Allison)의 '관료정치모델'(Bureaucratic Politics Model)을 선택한 이유는, 이 모델이 정부부처, 정부기관, 정치조직의 내부 또는 상호관계 속에서 정책이 실제로 어떻게 이루어지는가에 대해 풍부한 통찰력을 제공하기 때문이고, 본 연구에서 다루고자 하는 공동통상정책의 결정과정을 분석하는 데 유용한 모형이기 때문이다. 앨리슨의 합리적 정책결정모델

(Rational Actor Model)과 조직과정모델(Organizational Process Model)이 '주어진 정책합리성의 조건들'을 너무 과신한 나머지 '정치적 결정과정'을 비교적 간과하고 있고, 정책결정자의 위상을 확대 해석하는 것과는 달리, 관료정치모델은 서로 독립적인 정치적 행위자들의 집합체로서 정부의 행위를 바라보며, 정치적 게임의 결과로서의 정책을 분석대상으로 한다는 점에서 유럽연합의 정책결정 상황에 더욱 적실성을 갖는다고 보았다.

한편, 본 연구에서는 앨리슨의 관료정치모델도 일정한 한계를 갖고 있다고 본다. 앨리슨은 대외정책을 개인 혹은 집단들이 전략과 거래를 계획하고 각각이 특수 목적을 달성하기 위해 투쟁하는 형태로 파악하고 있다. 이 모델에서는 정책결정은 유일한 정책결정자에 의해서 합리적으로 결정되는 것이 아니라, 정부의 다양한 부처의 핵심 행위자들이 개인적 차원, 부서 차원, 정부ㆍ국가 차원에서 서로 다른 문제의식과 다양한 이해관계를 가지고 정책에 참여하게 됨으로써 밀고 잡아당기는 게임과정을 거쳐 정책이 결정된다고 본다. 참여자들은 각각 경쟁적 주장과 정책을 가지고 있으며, 그들의 정책에 지지를 확보하기 위해 자료수집, 교섭, 절충, 타협의 정치게임을 거쳐 정책을 결정하게 되고, 이러한 과정을 거쳐 결정된 정책은 정치게임에서 승리한 승자의 정책이 채택된 것으로 볼 수 있다. 말하자면 이 모델에서는 분석의 기본단위가 정치적 결과로서의 정부행위이다. 여기서 결과는 문제에 대한 해결책으로 결정된 것이 아니라, 관료들의 다른 이해관계와 불평등한 영향력으로 인한 협상, 갈등, 혼동의 결과인 것이다.

관료정치모델은 공식적인 행동 채널 이외의 비공식적 행위자들에 의한 정치·경제적 이해관계의 얽힘과 상승과정은 특별히 고려하지 않는다. 따라서 이 모델은 정책결정을 정부의 형식조직 내의 활동으로 한정하여 다층행위자 간의 관계와 정치과정의 복합적 역동성을 간과하는 문제점을 안고 있다. 즉 국가의 정책을 시민사회 내의 특정집단의 이익과 연관시켜 설명하는 것이 아니라 국가관리자 자신들의 가치 선호와 연관시켜서만 분석한다는 것이다. 물론 유럽연합의 초국가기구의 상대적 우위성과 배타적 권한을 고려한다면 유럽연합 분석에 있어서 관료정치모델이 일정한 적실성을 갖는 측면도 있으나, 국가관료의 자율성이 초국적 자본가집단에 의해 제약받을 수 있음을 무시할 수는 없다.

현실의 정책결정과정은 공식적 행위자들 이외에도 비공식적 부문의 다양한 참여자들의 갈등적인 이해관계가 타협 또는 조정되는 정치적인 과정이다. 이는 정부관료제가 어떤 정책을 결정하고 집행함에 있어서 이를 둘러싼 환경으로부터 크고 작은 영향을 받는다는 것을 의미한다. 따라서 역내통합을 위한 중요한 대외적 장치이며, 자본주의적 생산관계의 재생산을 위한 이윤창출기제라 할 수 있는 공동통상정책도 정부관료제 내부의 문제만이 아니라 정부관료제와 특히, 경제적 요소를 포함한 특정 세력들 간의 상호 작용이 만들어 낸 산물이라 할 수 있다.

현실의 유럽연합은 자유무역주의의 강화라는 무역정책의 기본목표에도 불구하고 실제에서는 유럽의 산업을 보호하려는 의도에서 보호주의 정책들을 지속적으로 입안하여 보호무역주의 경향을 강화시켜 오고 있다.[1] 이는 통상정책 입안과정에 개입이 가능한 유럽연합의 산업가들 특히, 초국적기업들의 특권화된 지위로 인한 의사결정과정에서의 선점적 지위 때문에 가능하였다. 부연하자면 유럽연합의 정치가, 관료 및 산업가들은 통상정책 입안과정에서 '제도적 권력'을 효과적으로 사용하고 있다고 할 수 있다. 이에 본 연구는 유럽연합의 통상정책 입안과정을 검토함으로써 단지 대내외적·경제적인 요소뿐만 아니라 특정 제도를 통한 정치적 관계 형성이 정책결정에 더욱 중요한 변수가 될 수 있다는 점을 강조하고자 한다.

공동통상정책 결정과정의 블랙박스라 할 수 있는 이해집단들은 집행위원회, 회원국 정부, 133조 위원회, 상주위원회, 통상문제집단 등이 해당된다. 여기에 앨리슨의 정책결정모델[2]을 행위자 측면에서 확대함으로써 보호무역주의의 원인을 비공식적 행위자 특히, 초국적기업의 제도참여라는 요인에서 추론해 보는 것이 본 연구의 목적이라 할 수 있다. 이 글의 구성은 다음과 같다. 서론에 이은 제2장은 공동통상정책의 핵심인 133조 위원회를 중심으로 한 입법과정을 검토하고 제3장은 앨리슨 정책결정과정 제2모델인 조직과정모델의 한계를 논의한다. 제4장은 관료정치모델의 확장 가능성과 제도를 통한 정치적 관계의 형성이 실질적 정책결정과정에 상당한 영향을 주고 있음을 밝힌다.

---

1) Christian Schabbel and Kerstin Wolter, "EU protectionism on the rise? Trade policy decision-making, firm-level lobbying, and the impact of enlargement", *Institute for International and Regional Economic Relations*(Lotharstr: University of Duisburg-Essen, 2004), pp.1~25.

2) 앨리슨은 쿠바미사일 위기를 중심으로 미국의 외교정책을 논하면서, 외교정책결정과정에 관하여 '합리적 모델', '조직과정모델', '관료정치모델' 세 가지 모델을 제시하였는데, 앨리슨은 정책결정행위자, 합리성, 정책결정과정에 대한 개념들을 현실에 실제적으로 작용하고 있는 개념으로 분명하게 규명하려 하였다. 이 모델들을 살펴보면 정책결정은 흔히 생각하는 합리적 사고와 평가만의 산물이 아니라는 것이다. 즉 정책결정자들은 어떻게 하면 최소의 대가를 치르고 최대의 이익을 얻으면서 목표를 달성할 수 있을까를 생각한다는 점에서는 합리적 행위자이지만 각자가 속한 조직의 이익과 수칙을 반영하고 개인의 위치와 이익을 감안한 대안을 제시한다는 점에서는 합리적 결정을 기대하기 힘든 면도 있다는 것이다. Roger Hilsman, *To move a nation: The politics of foreign policy in the administration of John F. Kennedy*(New York: Doubleday, 1967); Graham T. Allison, *Essence of Decision: Explaining the Cuban Missile Crisis*(Boston: Little Brown, 1971), pp.4~11.

Ⅱ. 공동통상정책의 공식적 정책결정과정

유럽연합의 통상정책은 공동통상정책으로 대표된다. EC 조약 제
3조는 공동체의 이상을 실현하는 한 방안으로서 공동통상정책을
실시할 것을 규정하고 있으며, 제131~134조는 공동통상정책의 집
행기구, 절차, 정책내용을 규정하고 있다.[3] 반면, 공동통상정책의
범위와 관련해서는 개별회원국의 주권에 해당하는 경제 및 무역정
책의 축소로 이어지는 예민한 문제이기 때문에 명확한 규정이 없
다. 그러나 우루과이라운드 타결 이후 서비스의 국경 간 이동, 지적
재산권 등이 다자간 협상에서 본격적으로 다루어졌고, 이에 따라
유럽연합이사회의 이사회 결정 등을 통해 공동통상정책의 범위를
모든 서비스와 지적재산권의 상업적 측면에 관한 조약을 협상하고
완성하는 부분으로까지 확대하였다.

현재의 제도적 틀에서 최고 의사결정기관은 유럽연합이사회이
다. 이사회의 역할은 유럽연합 법령의 통과, 회원국 경제정책 조율,
유럽연합을 당사국으로 하는 국제조약의 체결, 유럽연합의 예산 승
인, 공동대외안보정책에 관한 의사결정, 경찰사법 공조 등이다. 유
럽의회는 모든 유럽연합의 기구를 감독하며, 유럽연합의 예산 입법
및 승인의 책임이 있다. 유럽연합 집행위원회는 유럽연합의 집행기
관으로서 유럽의회와 이사회에 법안을 제안하고, 유럽사법재판소

---

3) 제131조는 "EU 관세동맹이 지향하는 바는 회원국 공동의 이익을 위해 세계무역의 조화로운 발전과 국
제무역에 대한 제한을 점진적으로 철폐하고 관세장벽을 낮추는 데 기여하는 것이며, 공동통상정책은 이
관세동맹의 효과가 회원국 경제를 강화시키는 효과가 있는 것"으로 규정함으로써 관세동맹을 포함하는
공동시장이 공동통상정책을 집행하는 이유임을 명시하고 있다.

와 함께 유럽연합의 법률을 집행하고 대외협상에서 유럽연합을 대
표한다.

공동통상정책과 관련한 대부분의 결정은 이사회와 유럽의회가
내린다. 유럽의회의 결정은 보통 과반수로 결정되며, 무역 및 무역
관련 이슈를 포함한 대부분의 이사회 결정은 가중다수결투표제
(QMV: Qualified Majority Vote)로 이루어진다. 가중다수결투표제로
내려지는 결정은 관세율 변경, 상품·서비스·TRIPS에 관한 관세
및 무역협정, 자유화 조치의 통일, 수출정책, 반덤핑이나 상계관세
와 같은 무역구제조치 등이다. 반면, 조세(taxation) 같은 예민한 분
야는 만장일치를 요구한다.

1. 공동통상정책 입안 구조

공동통상정책의 입안구조는 정책결정에 참여하는 주요 행위자들
간의 복잡한 협상과정을 포함하고 있다. 일반적으로 집행위원회,
각료이사회, 의회가 무역정책을 결정하는 공식적 제도라고 할 수
있다. 특히 역외교역을 담당하는(총국 1: 대외관계)[4]은 무역정책과

---

4) 총국(DG: Directorates-General)은 EU 위원회의 26개 실무조직으로 유럽연합의 예산 및 구조기금의
배분과 관리를 비롯한 제반 공동체 정책을 수행한다. 23개 총국의 업무 분장 내용은 다음과 같다. 총국
1국: 대외관계, 2국: 경제와 재정, 3국: 역내시장과 산업, 4국: 경쟁, 5국: 고용, 사회문제와 교육, 6
국: 농업, 7국: 수송, 8국: 개발, 9국: 인사와 총무, 10국: 정보통신과 문화, 11국: 환경, 소비자 보호
와 핵안전, 12국: 과학과 연구·개발, 13국: 통신·정보 산업과 혁신, 14국: 어업, 15국: 금융기관과
회사법, 16국: 지역정책, 17국: 에너지, 18국: 여신과 투자, 19국: 예산, 20국: 재무통제, 21국: 관
세동맹과 간접세, 22국: 구조정책의 조정, 23국: 중소기업, 관광과 사회경제. 각 총국은 총국장
(Director General), 부총국장(Deputy Director General), 국장(Director), 과장(Head of Unit) 등 직급
으로 구성되어 있으며 각 총국은 150~450명의 직원이 있고 4~6개의 개별국으로 나뉜다. 통상총국은
총국장, 부총국장과 6개국으로 구성되어 있다. 6개국은 업무가 주로 기능 중심으로 분장되어 있으며 양
자업무는 별도 담당국이 없이 각 국별로 분산되어 있다. A국은 인사·예산·행정·대외관계담당과, 정

관련된 사항들에 직접적인 책임이 있다. 그러나 집행위원회의 다른 공식적 기구들, 총국 3, 총국 4, 총국 6 역시 무역정책 결정과 관련한 이해관계가 얽혀 있다. 총국 1은 다시 11개의 이사회로 나누어져 있다. 각각의 이사회는 다양한 무역 관련 정책 이슈들과 연관된 특정 업무를 책임진다. 유럽연합의 역외교역과 관련된 문제들은 때로는 총국 3: 산업문제, 총국 11: 환경, 총국 16: 지역정책 등 업무와 중첩되기도 하고 이로 인한 갈등을 겪기도 한다. 정책결정이 효율적이 되기 위해서는 집행위원회의 다양한 공식 기구들 간의 협력이 매우 중요한 사항이다. 따라서 집행위원회 내에는 협력의 효율성을 높이기 위한 다양한 절차가 있다. 하나의 예로 각기 다른 부서의 총국 공무원들은 다양한 형태의 공식적 또는 비공식적 회의를 거쳐 현 이슈와 관련한 의견 및 시각을 교환할 수 있다. 집행위원회는 정책결정과정에서 행정적 업무를 처리하는 반면, 각료이사회는 집행위원회에 의해 작성된 제안서를 기초로 통상정책을 결정할 권한을 보유하고 있다. 또한 각료이사회는 역외국들과의 협상에 필요한 권한을 집행위원회에 부여할 수 있으며 집행위원회는 통상정책과 관련된 조항 제133조에 따라 협상을 진행한다.

각료이사회 중에서 회원국 외무장관들이 참여하는 정기 이사회인 일반이사회(General Affairs Council)도 무역정책과 관련한 사항들

보·의회담당과, 자료처리담당과로 구성되어 있고 동유럽, 발칸제국, 터키와의 양자관계를 담당한다. B국은 우리나라의 무역위원회에 해당하는 기관으로 상계관세, 반덤핑, 긴급수입제한조치발동 및 이를 위한 조사업무를 수행하고 있다. C국은 자유무역협정 교섭 및 관리, GSP 운영 및 정책입안, 농수산교역, ACP 국가와의 교역관계를 담당하며, D국은 WTO, OECD, WTO 분쟁, TBR을 담당한다. E국은 수출신용, 섬유, 신발, 철강, 석탄, 조선, 자동차, 화학, 시장접근 데이터베이스관리 업무와 미국, 캐나다, 호주, 뉴질랜드와의 양자관계를 담당한다. F국은 지적재산권, 정부조달, 투자, 표준 및 적합, TBT, 지속가능개발, 시민사회와의 대화, 무역과 환경 업무를 담당하고 한국, 일본, 중국, 인도, 동남아시와 국가와의 양자관계를 수행하고 있다. www.europa.eu.int(2006년 10월 29일 검색).

을 다루며, 이사회는 현안들에 대해서 조언을 할 수 있는 위치에 있는 통상부 관리들의 도움을 받는다. 유럽정상회담이 창설된 이후 무역정책에 대한 결정은 일반적으로 최고 결정기구가 담당한다. 그러나 일반적으로 무역정책 현안은 각료이사회 수준에서 토의되고 결정된다. 무역정책과 관련한 안건은 상주대표위원회에서 처음 토의되고 상주대표위원회 차원에서 협의가 이루어지지 않은 안건들은 이사회 회의로 넘어가게 된다. 또한 집행위원회의 고위관리와 회원국 고위관리들로 구성되어 무역정책을 다루는 특별이사회 성격인 133조 위원회가 있다. 133조 위원회의 구성원들은 보통 소속 국가의 정부로부터 지시를 받으며 그들은 지속적으로 협상과정에서 타 국가들의 정책선호도를 파악하려 노력한다.[5] 유럽연합기구들이 무역정책 결정을 함에 있어 이와 같은 특별위원회를 통해서 상당한 협의가 가능하기 때문에 133조 위원회는 자문기구 이상의 역할을 한다.

이러한 맥락에서 보자면 133조 위원회는 회원국들의 '정치적 감시인'(political watchdog)으로 간주할 수 있다. 결국 무역관련 특정 안건을 토론하기 위해 위원회가 소집되었을 때는 위원회 소속 위원들은 이미 다른 위원들의 기본적 입장에 대해서 이미 파악을 마친 상태라고 할 수 있다. 따라서 이미 상대방 정책 입장에 대한 파악이 이루어진 후에 이를 토대로 위원회가 협상을 진행한다고 볼 수 있다. 이후 133조 위원회는 협상 결과에 대한 보고서를 작성하고 이를 집행위원회에 보고한다.[6]

---

5) *Ibid.*, pp.39~40.

6) Youri Devuyst, "The EC's Common Commercial Policy and the Treaty on European Union:

집행위원회, 이사회와 비교할 수 있는 유럽의회는 무역정책 결정에 있어서 단지 제한된 역할만을 할 뿐이다. 공동통상정책의 범위를 넘어서는 협정의 경우, WTO의 주요사안이나 역외국과 기본협정(cooperation agreements)과 제휴협정(association agreement)을 맺을 때는 유럽의회의 동의가 필요하다. 또한 니스조약에서 위임된 공동체의 영역을 넘어서거나 공동체의 목표 달성에 필요한 부분을 넘어서는 협정의 경우 회원국의 동의가 필요하다.

헤이즈(Heyes)는 단일유럽의정서 이후 농업, 역내시장, 지역, 사회정책과 같은 문제들을 해결함에 있어서 의회의 역할이 증대하였음에도 불구하고 역외교역부문에서는 이에 상응하는 권력이 주어지지 않았음을 지적한다.[7] 대부분의 무역 관련 안건들은 대외경제관계와 관련된 유럽의회의 상임위원회에서 처리된다. 단지 유럽의회의 의원들은 통상정책 결정과 관련한 의문점을 서면 또는 구두의 질문을 집행위원회에 함으로써 영향력을 행사할 수 있다. 비록 의원들이 본회의 기간 동안 무역 관련 안건에 대한 논의에는 자유로울지라도 의회 내 토론은 무역정책 결정과정에 직접적인 영향을 주지는 못한다. 즉 의회는 통상정책 결정과정에 2차적(secondary)인 역할에 그치며 공동통상정책은 집행위원회와 이사회 간의 제도를 통한 상호 작용으로 이루어진다.

An Overview of the Negotiations", *World Competition*, Vol.16, No.2(1992), pp.67~80.

7) John P. Heyes, *Making Trade Policy in the European Community*(New York: Palgrave Macmillan, 1993), pp.39~40.

2. 공동통상정책 입법과정의 특징: 133조 위원회의 역할

　공식적인 통상정책의 입법과정을 좀 더 구체적으로 살펴보면 제
1단계는 집행위원회가 발의안을 만드는 작업이다. 이 과정에서 회
원국의 각계 전문가와 경제사회위원회, 그리고 유럽의회의 유관 상
임위원회의 의견이 주의 깊게 경청된다. 특히 회원국 대표의 의견
은 이후 각료이사회의 최종결정에 중요한 영향을 미치게 된다. 회
원국의 이익집단과 유럽 차원의 이익집단들이 개입하는 것도 바로
이 시점에서이다.

　집행위원회의 발의안은 각료이사회로 넘겨지고, 이어 각료이사
회는 유럽의회의 의견을 구하게 된다. 의견을 청취한 후 집행위원
회는 자문결과에 따라 그 발의안을 개정하여 상주대표부로 넘긴다.
상주대표부 내에서 회원국가의 이견이 조정되고 상주대표부는 각
료회의에 보고서를 제출한다. 회원국의 대표가 개정한 발의안의 내
용은 집행위원회에 의해 수용 가부가 결정된다. 발의안의 심의과정
에 집행위원회 위원이 참석할 수도 있다. 만약 상주대표부 내에서,
그리고 상주대표부와 집행위원회 사이에 완전 합의가 이루어지면
더 이상의 논의 없이 발의안이 통과된다. 그러나 만약 이견이 존재
한다면 각료이사회의 발의안 검토 및 논의 후, 회원국들의 이해관
계와 균형문제가 고려되면서 만장일치제를 채택한다. 일반적으로
집행위원회는 일괄타결이 이루어지는 과정에서 중심적 역할을 한
다. 따라서 자문절차에서 가장 중요한 고리는 집행위원회와 상주대
표부의 대화라고 할 수 있다. 상주대표부는 중개인으로 평가되기도

하지만, 개별 회원국의 이익을 대변하며 유럽적 차원에서 의사결정을 강력히 저지함으로써 통합을 가로막는 변수라고 할 수 있다.[8]

이사회는 통상정책에 관해 집행위원회와 긴밀히 협의할 수 있도록 별도의 133조 위원회를 지명하고 전체적인 지침을 하달한다. 이후 집행위원회와 133조 위원회와의 협의결과를 담은 통상정책안을 이사회에 공식 제출하면 이사회는 이를 심의하여 대외통상협상의 기본지침을 확정하고 협상권한을 집행위원회에 부여하게 된다. 이사회로부터 협상권한을 부여받은 집행위원회는 교섭을 수행하고 최종교섭결과를 133조 위원회에 보고하고 이사회에 상정하여 최종 승인을 득한 후 협정을 체결한다. 이사회는 반덤핑규정 등 무역구제 관련 규정을 제정하거나 개정할 수 있으며 잠정 최종조치를 부과하는 권한을 행사하고 있다.

통상정책과 관련한 협상과정의 특징을 살펴보면 첫째, 모든 협상과정 동안 집행위원회는 협상의 조건을 수정할 수 있는 133조 위원회의 도움을 받는다. 둘째, 133조 위원회는 집행위원회로부터의 고위직 협상대표들과 무역협상 전에 미리 만나서 토론의 절차를 갖는다. 셋째, 일반이사회는 협상과정을 관찰하고 필요하다면 주기적 만남을 통해 협상에 대한 재지시를 내린다. 넷째, WTO 다자간협상과 같은 중요한 협상에는 회원국의 장관들이 협상에 참가한다.[9]

대외통상은 외국이라는 상대를 전제로 하므로 공동통상정책에

---

8) Anna Murphy, "In the Maelstrom of Change: the Article 113 Committee in the Governance of External Economic Policy", T. Christiansen and E. Kirchner(eds.), *Committee Governance in the European Union*(Manchester: Manchester University Press, 2000), pp.98~114.

9) Sthphan Woodcock, "European Trade Policy Global Pressures and Domestic Constraints", H. and W. Wallace(eds.), *Policy-Making in the European Union*(Oxford: Oxford University Press, 2000), pp.373~399.

있어 특히 중요한 권한은 대외협상에서 유럽연합을 대표하고 이사회의 위임에 따라 교섭을 진행, 협정을 체결하는 교섭권이다. 대외통상교섭에 있어 중요한 것은 회원국과의 긴밀한 협의이다. 유럽연합의 대외통상교섭은 이사회가 사전에 부여한 권한 범위 내에서 진행되어야 하므로 집행위원회가 자의적으로 위임범위를 일탈하는 융통성을 무한정 발휘할 수는 없다. 단지 공동통상정책 중 긴급수입제한조치, 반덤핑규제 등 긴급사안에 대해서 집행위원회는 이사회의 승인 없이 필요한 조치를 강구할 수 있다.

회원국 입장에서 보자면 집행위원회가 자국의 이익에 반하는 내용으로 협정을 체결하면 나중에 이를 번복하기 어려우므로 교섭과정에 긴밀히 개입하려 한다. 한편, 집행위원회로서도 어렵게 타결시킨 협정이 회원국의 반대로 인해 이사회의 승인을 받지 못하게 되는 상황을 고려하여 회원국의 일정 부분 참여를 허락하고 교섭진행 상황에 대해 충분히 이해하기를 희망한다. 이 과정에서 중요한 것이 133조 위원회이다.

이상의 공동통상정책의 의사결정절차에 관한 논의를 도식화하면 <그림 1>과 같다.

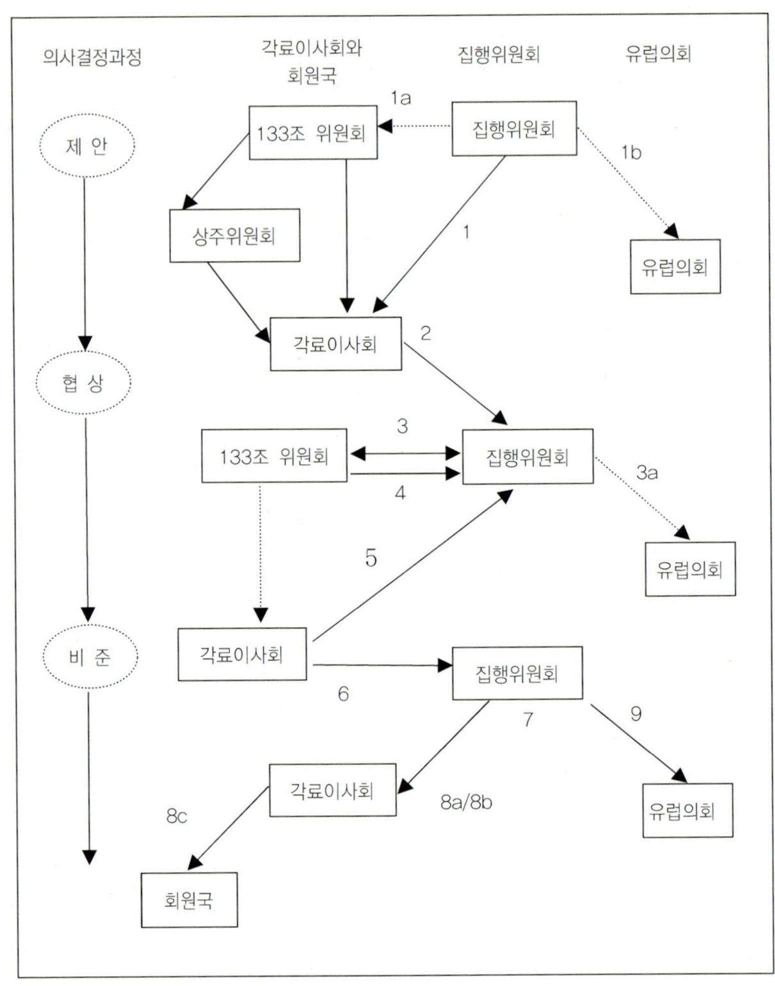

1: 제안; 1a: 자문(비공식적); 1b: 정보교환(비공식적); 2: 지시; 3: 자문; 3a: 정보교환(비공식적); 4: 보조; 5: 최종적 새로운 지침; 6: 각료이사회 결과 채택; 7: 집행위원회 독자적으로 승인 또는 회원국과 함께 승인; 8a: 집행위원회가 가중다수결로 비준할 것인지를 각료이사회에 요청(집행위원회의 배타적 권한); 8b: 집행위원회가 만장일치로 비준할 것인지를 각료이사회에 요청(집행위원회의 회원국의 공유 권한); 8c: 만약 의제가 공유 권한의 영역에 해당되는 것이라면, 회원국 승인절차 적용; 9: 이슈(issue)에 따라 단순다수결로 결정.

* 출처: Manfred Elsig, "Institution, Interests and Ideas", *The EU's Common Commercial Policy*(Burlington: Ashgate Publishing Limited, 2002), p.32 재구성.

〈그림 1〉 공동통상정책 의사결정 절차

논의의 초점을 133조 위원회로 국한시켜 보면 '보조'(assistance) 역할이 갖는 실질적 의미에 대한 의문점이 생긴다. 사실 집행위원회는 느슨한 형태의 협상을 선호해 왔다. 그러나 회원국들은 밀접한 협력관계와 지속적인 정보 교환을 주장해 왔다. 즉 133조 위원회 내에서 의견일치를 보려는 욕구로 인해 집행위원회의 권한을 필요 이상으로 통제해야 한다는 생각이 강력했다. 따라서 권한 축소 위협에 직면한 집행위원회는 그들의 협상대상자들과 협정을 맺을 수 있는 영역을 찾기 위해서 때로는 그들의 권한을 넘어선 행동을 할 수밖에 없었다.[10] 133조 위원회의 구성원들은 집행위원회가 작성한 자료들과는 전혀 다른 입장의 정보를 다양한 자원들로부터 얻게 되는 경우가 종종 발생한다. 이러한 사실은 이는 협상이 진행되는 동안 집행위원회로 하여금 더 많은 자율적 영역의 확보를 불가능하게 만들었다.

이와는 대조적으로 회원국들에 의한 감시기능은 점차 강화되었다. 하나의 예로 니스조약타결 과정에서 집행위원회가 133조 위원회에게 정기적으로 협상과정 전반에 대한 보고를 할 것을 요구했다. 게다가 회원국들은 이러한 절차를 협상과정의 의무조항으로 명문화하는 것을 희망했다. 회원국들에 의한 집행위원회 감시기능 강화 이외에 집행위원회가 직면한 또 하나의 문제는 133조 위원회 안에서의 회의 내용이 유럽대중에게 빠르게 전달되어 공론화된다는 점이다. 상당히 많은 경우에 133조 위원회로부터 정보가 유출되고, 이는 24시간 내에 공론화되는 경향이 있다. 실제로 위원회 회

---

10) Manfred Elsig, *Institution, Interests and Ideas: The EU's Common Commercial Policy*(Burlington: Ashgate Publishing Limited), 2002, pp.25~45.

의에 참가하는 인원수만 해도 30명이 넘기 때문에 정보 유출은 불가피하다고 볼 수 있다.[11]

Ⅲ. 조직과정모델의 한계: 지역적 구성 vs 기능적 구성

앨리슨의 합리적 정책결정모델(Rational Actor Model)은 국가를 합리적으로 단합된 하나의 행위자로 보고 있으며, 국가의 행위를 합리적인 정책결정과정의 결과로 규정하고 있다. 이 모델은 인간은 합리적이기 때문에 경제적 원칙(the principle of economics)에 기초하여 정책 결정자들은 비용효과와 손익계산을 따져 보고 최소한의 비용으로 최대한의 목적ㆍ가치를 극대화(goal/value - maximization)할 수 있는 가능한 대안을 선택한다는 것이다. 그러나 합리적 정책결정모델은 국가가 다양한 관점과 수많은 이해관계를 가진 개인 및 집단들로 구성되어 있으며, 국가의 정책결정은 이들의 상호 작용에서 파생된 산물이라는 점을 경시하고 있다. 즉 합리적 행위자 모델은 상황을 너무 단순화시키고 있으며, 국가라는 추상성을 강조함으로써 고려되어야 할 요인들을 주변화(marginalization)시키는 단점이 있다.

합리적 정책결정모델이 정책결정을 지나치게 단순화하여 비현실적이라면 제2모델인 조직과정모델은 합리적 정책결정모델을 보완할 수 있는 하나의 대안일 수 있다. 조직과정모델의 경우 대개는

표준운영과정(SOPs: Standard Operation Procedures)을 통해서 조직이 직면하고 있는 문제를 해결해 나아갈 수 있도록 대응해 나가는 것이다.[12] 따라서 조직과정모델에서 '합리성'이란 목표·가치 극대화가 아니라 조직이 직면하고 있는 문제해결을 위해서 여러 가지 상황을 고려한 '제한적 합리성'(bounded rationality)으로 문제해결을 추구하고 있는 것이다. 국가조직은 수많은 소조직으로 구성되어 다양한 사람들이 각 부처의 업무를 담당하고 있기 때문에 어떤 주어진 상황에 직면하여 국가목표를 조정하기 위한 조직의 표준운영수칙이 필요한 것이다. 즉 실무진들은 문제시되지 않는 가장 표준적인 결정으로 그들 조직의 상관들이 어려움에 처하지 않도록 대응책을 모색한다. 이러한 하위 실무진의 결정은 최고 결정자들에 의하여 채택된 정책을 반영하기보다는 그들이 소속된 관료조직의 입장을 우선적으로 반영한다.

그러나 유럽연합의 무역정책수단은 정책결정과정에 참여하는 다양한 행위자들 간의 지속적인 경쟁 및 협상의 결과이다. 이 과정에서 행위자의 역할과 그들의 이익은 부합되지 않을 수도 있다. 특히, 관료, 정치인, 이익집단은 유럽연합의 통상정책 결정에 있어서 주요 행위자이며 회원국들은 정책결정과정에서 그들의 다양한 정책선호도를 반영하게 된다. 행위자들의 경쟁적 이익확보 노력은 공동

---

12) 조직은 예산을 준비하고, 보고서를 작성하고, 하드웨어를 작성하는 등 하위 업무를 수행함으로써 문제영역에 참여하고, 발생 가능한 우발사건에 대한 대응책을 준비하는 등 상위기능을 수행한다. 이러한 업무의 확실한 수행을 휘해서는 '표준운영절차'가 필요하다. 법칙이라는 것은 보통은 배우기 쉽고 모호하지 않고 명백한 응용이 용이하다. 이처럼 조직의 운영절차도 표준이기 때문에 급하게 변경되지는 않는다. 만약 표준운영절차가 없다면, 하부조직 간에 조화를 이루는 업무수행은 불가능할 것이다. 그 기반이 강할수록 표준운영절차를 변경하는 데 대한 저항은 커지게 마련이다. 그러나 25개 회원국들로 구성된 유럽연합의 집행위원회의 경우 구성원들의 임기 후 자국에서의 정치적 목표가 뚜렷할 경우 표준운영절차는 무의미하다는 비판이 가능하다.

통상정책 형성에 상당한 영향을 미친다.

무역정책의 결정은 결정과정에 참여하는 주요 행위자들 간의 지속적이고 복잡한 협상과정을 거친다. 다양한 행위자들은 외부교역에 따른 이해관계의 상이함 때문에 특정정책 수단을 각기 그들의 시각에서 바라본다. 일반적으로 관료, 정치인, 이익집단들이라는 세 부류의 행위자들이 국가 차원과 유럽 차원에서 무역정책 결정을 하는 주요 행위자라고 할 수 있다.

1. 조직의 선택 vs 조직구성원의 선택

메설린(Messerlin)이 주장하듯이 관료들은 그들에게 부과된 제도적 범주 내에서 행정적인 업무를 수행한다고 볼 수 있다. 그러나 합리적 정책결정모델 관점과는 달리 국가 내 제도에 따른 관료의 역할 및 범위는 다양하며, 관료는 국제무역에서 자국산업의 보호수준을 결정하는 데 있어서 가장 중요한 영향력을 행사하는 행위자이다.[13] 또한 다원주의적 관점에서 보자면 관료의 역할은 사적 이익들 간의 경쟁을 중재하는 것이라고 할 수 있다. 그러나 관료들 역시 퇴직 후의 사적 이익에 민감하다. 관료들은 무역정책 결정과정에 제한된 영역에서만 권력행사가 가능하며 동시에 그들은 그들에게 부과된 업무를 처리하는 데 필요한 수단이 한정되어 있다. 결국 관료들은 그들과 연관된 산업 분야를 지원함에 있어서 특정한

---

13) Patrick A. Messerlin, "Bureaucrats and Politics", *Journal of Law and Economics*, Vol.18(1975), pp.617~643.

정책수단을 제안함으로써 그들의 행정력을 증대시키려 한다. 따라서 만약 산업이 역외의 생산업자들과 심각한 경쟁에 직면하게 되거나 산업의 규모가 관료의 권한과 밀접한 연관이 있다면, 관료들은 수입경쟁 산업에 종사하는 인구의 실질적 수입과 고용수준을 유지하기 위해서 특정 보호장치들을 마련한다. 결국 관료들은 정책수단의 소유를 그들의 행정력 확대를 위한 수단으로 이용할 수 있다.

한편, 대중의 신뢰와 권위를 등에 업고 무역정책을 결정할 수 있는 행위자는 정치가라 할 수 있다. 이는 의사결정자로서의 정치인이 역외교역과 관련된 법을 입안하고 규정을 제정할 권력을 보유하고 있다는 것을 의미한다. 정치인의 기본적인 이해관계는 선거민들로부터 지원을 받아 선거에 승리할 수 있는 기회의 폭을 넓히는 데 있다.[14] 따라서 선거에서의 승리는 정책결정과정에서의 정치인 혹은 집권정당으로 하여금 효과적인 권력 행사를 가능케 한다.

한센(Hansen)은 "정치인들은 선거 혹은 보호된 산업으로부터의 기부금과 같이 정치적 이익이 소비자들에게 부과된 가격 인상으로 인해 정치적 손상을 입게 되는 경우보다 클 경우에는 특정산업 보호 결정을 내린다"는 점을 지적한다.[15] 유럽연합의 회원국 정부는 몇 년 후에 있을 다음 선거에 초점을 맞춘다. 이와 같은 단기적 목표는 이익집단을 지원하게 되고 선거결과에 직접적 영향을 미칠 수 있는 결정은 집행위원회의 몫으로 남겨 둠으로써 자국민 설득의 유용한

---

14) Patrick A. Messerlin, "The Political Economy of Protectionism: The Bureaucratic Case", *Weltwirtschafliches Archiv*, Vol.117(1981), pp.480~485.

15) Robert E. Baldwin, "The political Economy of Protection", Jagdish N. Bhagwati(ed.), *Import Competition and Response*(Chicago: University of Chicago Press, 1982), pp.263~286; Judish Goldstein, "The Political Economy of Trade: Institutions of Protection", *American Political Science Review*, Vol.80, No.1(1986), pp.161~184.

도구로의 활용 가능성을 확대시킨다. 그러나 만약 정치인이 정책결과가 수입 분배에 심각한 문제를 발생시킬 가능성 때문에 효과적인 정책수단을 생산할 수 없다면 그때는 그들의 영향력을 증대시키기 위한 전략으로 일반 대중들과의 계약과 같은 다른 정책수단의 사용도 고려한다. 이와 같은 맥락에서 보면 정치인들은 무역정책 결정에 있어서 관료들보다 선택의 폭이 크다고 할 수 있겠다.[16]

그리고 집행위원회 조직 구성의 핵심은 대부분의 집행위원이 각국의 정치적 영향력이 있는 고위 정치인 중에서 선발된다는 점이다. 이들이 국적을 배제한 초국가 기구의 관료이지만 향후 자국의 정계 복귀를 염두에 둔다면 임기 중 자국 행정부 및 소속 정당, 그리고 이익집단으로부터 완전히 자유로울 수는 없다. 그러므로 소속 국가에 영향을 미치는 이슈의 경우 집행위원들이 비공식적인 영향력을 행사할 개연성이 높아진다.

거대한 유럽연합체제에 집행위원회의 영향력과 집행위원의 국적이라는 변수가 의사결정에 미치는 영향을 조직의 구조라는 측면에서 살펴보면 이는 더욱 분명해진다. 집행위원회는 독특한 구조를 갖고 있다. 일반적으로 국제기구도 사무국이 있지만 이들 기구의 사무국은 집행위원회의 사무국처럼 독특한 정치적 기능을 수행하지 않는다. 그러나 집행위원회를 국가정부와 비교한다면 그것은 상당히 유사한 기능을 수행하고 있다고 볼 수 있다. 예를 들면 유럽연합의 집행위원들을 비롯한 고위 관료들은 국가 정부와 마찬가지로 정치인 집단으로 구성되어 있다. 집행위원회가 국가기관들과 비

---

16) Patrick A. Messerlin, *op.cit.*, pp.470~471.

교해 볼 때 상당히 유력한 행위자인 것을 빼고는 집행위원회가 처리하는 업무 역시 개별국가기관에 부과된 업무와 상당히 유사하다.

하나의 조직을 조직과정모델(Organizational Process Model)의 시각에서 보면 분명하게 누가, 무엇을, 어떻게 할 것인지를 예상할 수 있는 규정들로 구성되어 있다. 따라서 조직은 추구하는 목표와 이익을 규정하고 필요로 하는 행위를 구분한다.[17] 귤릭(Gulick)은 조직이라는 단위 내에서 수평적 임무 분배는 지역, 목표, 기능, 의뢰인에 대한 충성 등에 따라 분류가 가능하다고 주장한다. 만약 조직 또는 체제가 지역에 따라 특화된다면 각각의 영역이 하나의 조직적 단위임을 의미하는 것이다. 이 경우 구조는 체제의 지역적 구성일 뿐이며 지역에 따른 균열이 관심의 대상이 된다. 반면, 목적원칙에 따른 조직구조는 의사결정 행위자들 간에 분야별 범위확대를 예상할 수 있으며 영토 단위를 넘어선 정책표준화를 기대할 수 있다. 기능원칙에 따른 조직구조는 목표 달성을 위한 기능별 업무 분배, 즉 예산, 기획, 인사 등 부서별 전문성을 의미한다.[18]

페퍼(Pfeffer)의 조직구조의 인구통계학적 분석을 통해 의사결정 과정에 영향을 미치는 인사과정을 강조한다. 만약 조직의 구조가 부서 인사이동이 없는 직원들로 구성되어 있다면 조직 구성원들의 배경의 중요성은 그다지 크지 않다고 할 수 있다. 이 경우 평생직업 또는 직장의 형태가 신입직원의 재사회화 내지는 재제도화를 조

---

17) Richard W. Scoot, *Organizations, Rational, Natural, and Open System*(Englewood Cliffs: Prentice-Hall, 1992), pp.32~42.

18) Luther Gulick, "Notes on the Theory of Organization, With Special Reference to Government", Luther Gulick and LF Urwick(eds.), *Papers on the Science of Administration*(New York: Institute of Public Administration, Columbia University, 1937), pp.79~94.

성할 수도 있다. 말하자면 제도화는 조직에 중요한 성격이 부과되었을 때 이루어진다.[19] 셀즈닉(Selznick)은 제도화 과정은 필연적으로 시간의 축적이 요구됨을 지적한다. 즉 조직은 점차 비공식적 규범과 실행과정에 의해서 더욱 복잡해진다. 진정한 기관이 되기 위해서는 조직은 임무수행에 가치가 주입되어야만 한다는 것이다.[20]

　종합하면 조직과정모델의 관점은 조직구조가 영토에 따라 구성되었다기보다 분야 혹은 기능을 대변하고 있다고 가정한다. 유럽연합의 공무원들은 집행위원회 자체의 선발기준에 따라서 선발되며 그들은 부서에서 전문성을 보유하고 있다고 본다. 따라서 직위는 영속적인 것이며 부서단위의 다국적 구성원들은 영토를 둘러싼 갈등에 휘말리지 않는다는 것을 전제로 한다. 그러나 보다 구체적으로 이러한 관점들의 적실성을 판단하기 위해서는 우선적으로 집행위원회의 실질적 작동기제를 분석하는 것이 필요하다.

2. 집행위원회의 속성

　집행위원회는 정치·행정기관의 속성을 모두 갖추고 있다. 그러나 이것이 행정적인 분야에서 표명한 의사결정과정이 항상 정치적 중요성을 내포하고 있다는 의미는 아니다. 집행위원회 내부에는 상당수의 공무원들이 존재하며, 조직의 최상위에 있는 집행위원이라는 정치지도자의 통제를 받고 있다. 이는 국제기구의 조직과는 전혀

---

19) Jeffrey Pfeffer, *Organizations and Organization Theory*(Boston: Pitman, 1982), p.277.
20) Philip Selznick, *Leadership in Administration, A Sociological Interpretation*(Berkeley: Berkeley University of California Press, 1957), pp.151~177.

다르다고 할 수 있다. 국제조직의 비서국은 단지 행정적 업무를 처리하는 부서로 구성되어 있다. 반면, 집행위원들은 국가정부 대표와 동격으로 행정 분야는 국가관료주의 형태와 비슷하게 운영된다.

특히 지속적 논쟁의 가능성이 있는 집행위원회의 안건 처리와 관련해서는 의사결정이 하위 행위자들에 의해 이루어진 적이 거의 없으며 문제해결책을 찾기 위해서는 항상 최고위 정치단계까지 올라간다. 만약 문제가 이러한 방법으로도 해결점을 찾지 못한다면 드물지만 투표라는 형식을 빌리게 된다. 이 경우 집행위원장을 비롯한 모든 집행위원들은 동등한 한 표를 행사하게 되며 단순과반수에 의해 최종결정에 이른다. 집행위원들은 의사결정에 이른바 집단적 책임을 진다. 이것이 타 조직 구성원에 비해 집행위원이 상대적으로 중요성을 갖는 이유이다.

집행위원장의 역할은 여러 측면에서 지속적인 성장을 해 왔다. 집행위원 임명권한을 비롯하여 임기 동안 집행위원들이 책임지고 있는 부서개편을 비롯한 서기국(Secretariat - General)[21] 직원 및 집행위원을 해고할 수 있는 권리를 갖고 있다. 비록 집행위원들이 하나 이상의 총국을 책임지는 것으로 지정되었을지라도 집행위원 모두가 총국에 대한 책임을 진다고 볼 수 있다. 임무 수행에 있어서 집행위원들은 집행위원회 외부의 지시를 받지 않는다. 그러나 유럽연합의 행정은 주로 '목적'원칙과 '기능'원칙에 따라 특화되므로 조직과정모델의 설명과는 달리 조직의 구조가 집행위원들의 정체성과 기능적 목

---

21) 서기국(Secretariat - General)은 EU 위원회의 고위 중앙관료 기구로서 집행위원장에게 사안을 직접 보고하며, 사무 총국과 기타 기구들의 전반적인 업무를 집행위원장과 행정적으로 연결하는 역할을 맡고 있다. 윤현수, 『EC 1992』(서울: 을지서적, 1991), p.144.

적 간에 갈등을 야기 시킨다는 것을 쉽게 예상할 수 있다.[22)

집행위원장 선출과정의 중요한 정치적 행위자는 유럽선거에 있어서 주요 행위자인 동시에 이사회 구성원인 회원국 정부의 지도자와 유럽의회 의원들이다. 이러한 행위자들은 재선이라는 특정한 정치적 목표를 갖고 있다. 그러나 목표 달성을 위한 이들의 능력은 두 가지 요인에 의해 감소된다. 즉 경쟁행위자(정당)들의 전략적 행위와 제도적 제약이다. 예를 들면 어떤 지도자가 그들의 목표 달성에 좀 더 유리할 것인가를 선택하는 과정에서 제도의 제약을 받는다. 회원국 정부의 행위자들은 '집권'과 '공공정책'이라는 이중의 목표를 추구한다. 그들의 이러한 목표의 달성은 유럽연합 차원이라기보다 국가 차원에서나 가능한 것이다. 말하자면 의료, 교육, 주택 문제와 같은 공공정책 및 공공지출은 여전히 회원국 정부가 통제하고 있다. 게다가 대중매체의 초점은 여전히 유럽연합의 집행위원에게 맞춰진다기보다 회원국 집권당에 맞춰져 있다.

집행위원장직은 여전히 부차적인 중요성을 갖는다. 단지 그것은 정부의 재집권 가능성에 도움이 될 경우 혹은 재집권이 방해받을 경우에만 회원국 정당지도자들에게 중요한 의미를 갖는다. 그러므로 집행위원장 선출과정이 의미하는 것은 유럽의회가 집행위원장 선거에 영향을 미칠 수 있음에 상관없이, 회원국 정당들은 유럽의회 선거를 하나의 국내 선거에서의 재집권의 맥락으로만 인식한다는 것이다. 즉 회원국 정당들은 우선적으로 재집권이 목표이기 때

---

22) Morten Egeberg, "Transcending Intergovernmentalism? Identity and Role Perceptions of National Officials in EU Decision-Making", *Journal of European Policy*, Vol.6, No.3(1999), pp.456~474.

문에 유럽선거를 회원국 국내선거와 마찬가지로 유권자가 집권정당에 반대 혹은 찬성표를 던질 것인가를 미리 파악하기 위한 기회로서 이용한다고 볼 수 있다. 특히 야당 대표들은 유럽선거를 집권여당에 대한 반대의 목소리를 규합하기 위한 기회로 삼는다.[23]

언급한 바와 같이 회원국 정당들의 목표는 재집권과 공공정책이므로 유럽연합의 정책의제가 회원국 정부의 선택과 부합하는 집행위원장이 선출되기를 희망한다. 집행위원장의 정치적 영향력이 집권세력의 정치적 영향력보다 약하기 때문에 집권당은 단순히 동일한 정책의제를 갖고 있는 집행위원장 선출로 인해 정부의 재집권 기회를 상실할 수는 없다. 이와 같은 이유로 집권과 정책목표 간의 교환은 새로운 집행위원장 선출과정에서 중요한 의미를 갖는다.

3. 집행위원의 임기와 행위와의 상관성

보통은 의사결정자들 간의 물리적 근접성이 집단의식을 공유한다. 집행위원회의 집단적 정체의식은 프로디(Romano Prodi)가 집행위원장으로 있을 때부터 강화되기 시작하였다. 그럼에도 불구하고 집행위원들의 공식적 임명은 회원국 정부로부터 이루어진다는 사실에는 변함이 없다. 집행위원들의 지명에 앞서 회원국 정부로부터의 집행위원장 후보자에 대한 동의가 요구되며, 이를 통해 선출된 집행위원장은 임기 내 그의 팀을 구성할 진정한 권리를 확보하게

---

23) Simon Hix, "Executive Selection in the European Union: Does the Commission President Investiture Procedure Reduce the Democratic Deficit?", *European Integration Online Papers*, Vol.1, No.021(1997), pp.9~15.

된다. 한편, 과거와는 달리 암스테르담조약 이후에는 적어도 표면
상으로는 집행위원장이 회원국 정부로부터 추천된 집행위원 후보
자를 거부할 수 있으며 집행위원들의 부서 배치 권한을 갖고 있다.
그러나 분명한 점은 이러한 사실만으로 집행위원 구성과정에 있어
서 회원국의 역할이 감소되었다고 예단할 수는 없다는 것이다.

한편, 유럽의회는 집행위원의 임기가 4년에서 5년으로 늘어남에
따라 유럽의회 의원들과 임기가 맞물리게 됨으로써 밀접한 관계를
유지하게 되었다. 또한 새로운 집행위원장의 지명은 유럽의회 선거
후 곧바로 실시되어야만 하기 때문에 집행위원들의 선출과정에서
회원국들에 비해 유럽의회의 상대적 영향력은 향상되었다. 유럽의
회는 집행위원장을 선출함에 있어서 단지 자문의 역할만을 기대되
는 것이 아니라 집행위원장 후보자 지명을 승인할 수 있는 권한을
보유하게 되었다. 유럽의회 위원회는 지명된 집행위원들에 대한 검
토절차를 포함한 모든 집행위원들의 사퇴를 요구할 수 있는 권리,
신임에 대한 투표권 행사 등 일련의 새로운 과정의 채택은 직접적
으로 유럽의회에 책임이 있다고 볼 수 있다.[24] 그러나 무엇보다 중
요한 점은 집행위원장 직을 비롯한 집행위원은 여전히 국내정당의
재집권 가능성에 따른 선호의 선택일 뿐이라는 점이다.

집행위원들의 인구통계학적 배분이 조직구조에 미치는 영향을
살펴보면, 회원국들은 한 명씩의 집행위원을 보유한다. 집행위원의
추천은 회원국 정부의 집권정당이 한다. 따라서 임명된 집행위원은
임기 후 고국으로 돌아갔을 때 지속적으로 영향력을 발휘할 수가

---

24) Morten Egeberg, "The European Commission－the evolving EU executive, Advanced Research
on the Europeanisation of the Nation－State", *Working Paper*, WP 02/30(2003), p.19.

있다. 이와 같은 이유로 회원국의 대통령 또는 수상들이 주로 집행위원 후보로 거론된다. 이러한 선출방식은 분명히 집행위원들에게 또 다른 정치적 자원을 제공하는 것이다.

현 제도하의 집행위원 선출과정은 일반적인 타협의 과정인 정당정치의 형태를 찾아보기 어렵다. 반면, 집행위원들의 국적은 그들의 행동을 이해할 수 있는 중요한 요소이다. 예를 들어 회원국 정부, 로비스트들은 정보 입수를 위해 동일 국적의 집행위원을 접촉하거나 혹은 집행위원회 내의 최고위층에 압력을 가한다. 집행위원들은 브뤼셀에서 활동하고 있는 자국기업들 모임에 참여가 가능하다. 그러나 이것 때문에 집행위원이 그들을 선택해 준 자국정부의 대리인으로 활동한다는 결론을 내리긴 힘들다. 오히려 집행위원이 책임지고 있는 부서에서의 지위가 이해관계에 따른 의사결정 행위를 설명하는 데 부분적 적실성을 갖는다고 주장할 수도 있다. 그러나 회원국 수상들처럼 집행위원들 역시 그들에게 부과된 역할기대로 갈등한다. 예를 들어 그들은 자국이라는 지역적 유대감을 느끼는 동시에 특정 직위에 따른 유럽연합 전체의 이해를 최우선적으로 고려해야만 하는 이중적 갈등은 느낀다. 이와 같은 집행위원의 지명과 임명절차, 그리고 제한된 임기가 재선임을 위한 그들의 행위에 영향을 미친다는 점에서 조직의 구조적 특성이 집행위원의 행위를 결정한다고 볼 수 있는 것이다.

대부분의 국가의 장관들과 마찬가지로 집행위원들 또한 그들 임의대로 정치적 형태의 비서국을 둔다. 정치적 비서국은 또 하나의 상징적인 사적 기관이며 이는 행정업무와는 근본적으로 분리되어 있고 집행위원 자신의 신념에 따라 고용 및 해고가 가능한 정치적인 관계로 이루어진 직원들로 구성된다.[25] 집행위원회 내부에서 수직적이고 수평적인 협력제도라는 비서국의 역할에 더해서 그들은 집행위원회와 집행위원회를 둘러싼 환경을 조정하는 중요한 기능을 담당한다. 즉 비서국은 각국 정부와 로비스트들이 접근할 수 있는 중요한 통로라 할 수 있다.

비서국은 민족주의적 색채를 띤 집단으로 인식되어 왔다. 이러한 인식의 기원은 집행위원들에 의한 국적에 따른 인적구성이란 면에서 더욱 두드러진다. 즉 비서국의 인원 중 단 한 명만이 외국인이어야 된다는 규정이 바로 그것이다.[26] 그러나 프로디 집행위원장 시기 이후 내부인력 충원의 확대와 세 명의 외국인 고용원칙이 정해졌다. 이로 인해 어느 정도 고위직에 대한 낙하산 인사 때문에 야기된 직위 상승을 못 함에 따른 의욕 상실은 감소되었다. 따라서 프로디 집행부 이후의 집행위원회는 조직과정모델적 시각이 부분적 적실성을 갖는다고 볼 수 있다.

유럽연합의 통합 초기 대부분의 공무원들은 단기계약직이거나 회

---

25) 비서국의 기본적 기능은 집행위원의 자문역할이라고 할 수 있으며 집행위원과 관련된 사안을 여과하는 역할을 수행한다. 이 같은 편집기능은 다른 집행위원의 비서국과 혹시 중첩되어 발생할지도 모르는 논쟁사안에 대한 사전 조율을 위함이라 할 수 있다. 상호책임의 원칙에 따라서 각각의 비서국들은 현재 집행위원회에 제출된 모든 서류를 검토한다. 따라서 집행위원회의 비서국은 외부로부터 자신들에게 위탁된 사안들에 관한 정보를 공유해야만 한다. 일주일 단위로 열리는 비서국 회의에 앞서 집행위원회의 사전업무조율이 가능하도록 비서국 수정회의가 진행된다. 이와 같은 내부 비서국 회의는 자연적으로 비서국이 중재자로서의 역할을 수행할 수 있게 한다. 또한 비서국은 집행위원들과 그들의 모국정부간의 연락사무소 역할을 한다. 즉 그들은 집행위원에게 자국의 관점에서 본 새로운 정보를 정책입안과정에 앞서 전달한다. Anne Stevens with Handley Stevens, *Brussels Bureaucrats? The Administration of the European Union*(Basingstoke: Palgrave, 2001)을 참조.

26) 프로디 집행위원장 이후 이와 같은 비서국 시스템은 변화했다. 예를 들면 비서국은 반드시 다국적 직원으로 충원되어야만 했고 비서국의 크기가 축소되었다. 따라서 현재는 적어도 세 명의 다른 국적을 지닌 인원이 반드시 비서국 내에 있어야만 하고 비서국 의장은 집행위원의 선호와 다른 국적을 가진 인물이어야만 한다. 더욱이 적어도 비서국 직원들의 절반은 외부 영입이 아닌 내부에서 충원되어야만 한다. 이 같은 사실로 미루어 보아 국적이 실질적으로 비서국 내에서 중요한 역할을 한다는 것을 예상할 수 있다. Edward C. Page, *People Who Run Europe*(Oxford: Clarendon Press, 1997), pp.23~34.

원국 정부로부터 파견된 공무원들이었다. 그러나 현재의 공무원 임용체제는 독일연방의 중앙정부와 같이 지역별 쿼터시스템에 의해서도 운용된다. 이 제도는 모든 회원국들에게 적정한 할당인원을 배분하는 제도로 유럽연합 내 (강)대국들은 (강)소국들보다 좀 더 많은 지원자를 배당받는다. 유럽연합의 확대에 따라 이와 같은 시스템의 병행은 방해받게 되었다. 즉 신규 회원국이 적절한 직원배분을 확보하기 위한 노력 때문에 '경쟁입사제도'가 자주 방해받는다.

한편, 소더만(Jacob Soderman)이 지적한 바와 같이 유럽연합 채용제도는 아직도 인종적 불균형이 존재한다. 소수인종집단으로부터 채용된 직원들 대부분은 안전요원이거나 청소부이다. 또한 유럽연합 내에 거주하고 있는 소수인종집단은 거의 3,000만에 달하지만, 이들이 고위관리직에 등용된 사례는 거의 찾아보기 힘들다.

하위직 공무원으로부터 고위직급으로 승진이란 문제와 관련해서 공무원 자신의 탁월한 능력에 더해서 공무원 노조 또한 중요한 역할을 담당한다. 그러나 직원노조의 역할은 점차 감소되는 추세에 있으며, 대신 국적이 다시 중요한 요소로서 재등장하였다. 즉 외부조직의 상급기관으로부터의 낙하산 인사의 관행은 단지 회원국 정부의 인사통제라는 현상으로 해석하기보다는 오히려 유럽연합의 동구권으로의 확대와 연관이 있으며, 이는 분명히 쿼터시스템을 극복하기 위한 측면으로 보는 것이 훨씬 현실성이 있다. 신규 가입국들은 위계질서라는 차원에서 직위의 적정한 배분을 주장하고 전직국가 관료가 집행위원회의 고위직으로 영입되는 정해진 절차에 강한 반대의사를 표명한다.

집행위원들의 국적이 실제 행정이 미치는 영향은 그들의 행정업무 처리 스타일과 태도라 할 수 있다.[27] 또한 집행위원회 공무원들의 상당수가 자국에서의 행정경험이 미천할지라도 그들은 자국 동포를 위한 중재자의 역할에 관심을 갖는다. 사실상 이미 언급한 바와 같이 집행위원회 소속 공무원들은 임기 후 귀국했을 때 유럽연합과 관련된 사안에 대한 정보를 얻을 수 있는 인물이다.

계약직 공무원 수의 감소, 특성에 따른 고용형태, 다국적 직원으로 충원된 기구의 성격, 명령체계 등 기능에 따른 조직구조와 지역적 특성만이 조직구조 전체를 결정하지는 않는다. 그러나 조직의 성격, 국가별 쿼터시스템, 한정된 임기라는 측면은 집행위원들 및 공무원의 태도를 결정한다고 볼 수 있다. 특히 쿼터는 국가 정체성과 정책수행을 합리화시키고 계약직이라는 성격이 그들의 미래 목표뿐만 아니라 현 고용주인 국가의 이익을 대변하게 만든다. 이 같은 사실은 표준운영과정을 통해서 조직이 직면하고 있는 문제를 해결해 나아갈 수 있도록 대응해 나간다는 조직과정모델의 설명과는 다른 것이다.

결국 다양한 이해집단들로부터의 압력은 무역정책 결정과정에 영향을 미치는 중요한 요인이라 할 수 있다. 만약 급격한 수입 증가의 결과 특정산업이 경쟁의 압력에 직면한다면 이에 연관된 산업집단들은 특정 정치인 혹은 관료들로 하여금 그들이 속한 산업분야에 대한 정부 지원을 얻기 위한 압력을 행사할 것이다. 이해당사자 집단들은 정치적 권력에 대해서 폭넓은 지원이 가능한 집

---

27) 독일, 벨기에와 같은 연방국가 출신의 공무원들의 대부분은 유럽연합의 통합의 목표를 단일국가로 설정하는 것이 아니라 연방국가의 형태로 둔다. 이는 어느 정도 그들의 국가적 배경이 원인이라고 볼 수 있다. 그리고 국가행정기관으로부터의 경험 또한 자국에서의 업무스타일을 그대로 반영한다고 볼 수 있다. Morten Egeberg, *Organization and Nationality in the European Commission Services*(Public Administration), 1996, pp.721~735.

단이므로, 그 결과 관련 정치인 혹은 관리들은 특정 정책수단의 채택을 허락할 가능성이 있다.[28] 더욱이 정치인 혹은 관료들은 특정 정책수단의 사용으로 인한 비용 및 사회적 이득을 예측하기 위해서 특정 산업 분야로부터 현 상황에 대한 적절한 정보를 수집하는 경향이 있다. 따라서 이익집단들은 그들이 선호하는 정책결과를 얻기 위해서 가능한 한 많은 정보를 제공하려고 노력한다. 그러나 모든 사회집단들이 항상 양질의 정보를 제공할 수 있는 것은 아니다. 일반 대중은 효과적인 압력집단과는 달리 분산되어 있으며 대중의 대부분은 시장가격의 상승이 값싼 수입품으로 인한 보호주의정책의 결과임을 인식하지 못한다.[29]

이와는 대조적으로 잘 조직된 집단들은 수입증가 비용에 대한 양질의 정보를 제공하고 보호주의 정책으로 인한 혜택과 관련한 정보를 제공할 수 있다. 따라서 기업 조직과 같이 잘 조직된 집단들은 정책결정과정에서 그들의 관심사를 설명하고 관철시킬 수 있다는 장점을 가지고 있다. 이와 같은 경향은 유럽연합 차원에서도 예외는 아니다. 유럽연합은 공동통상정책의 외부교역과 관련하여 표면상 배타적인 권력을 보유하고 있기 때문에 다양한 이익집단들은 유럽연합의 제도 혹은 관리들을 로비대상으로 삼아 그들의 영향력을 극대화시키고자 한다. 유럽연합의 집행위원회는 모든 이슈에 대한 지식을 보유하고 있지 않으므로 그들은 특정 이슈와 관련된 정보를 이익집단들로부터 얻을 필요성을 갖는다.[30] 만약 이익집

---

28) John P. Heyes, *op.cit.*, pp.139~141.

29) Patrick A. Messerlin, *op.cit.*, pp.489~490.

30) Christine Mahoney, "The Power of Institutions: State and Interest Group Activity in the European Union", *European Union Politics*, Vol.5, No.4(2004), pp.441~466.

단들이 특정 정책수단이 미치는 장단점에 대한 충분한 기술적·재정적 능력을 갖추고 있다면 그들의 이익은 정책수단의 요구 및 추천을 통해서 충분히 반영될 소지가 충분하다. 동시에 각료이사회는 정책결정과정에 통상정책을 결정할 권한을 보유하고 있으므로 국가경제에 있어 중요 행위자인 산업집단은 각료이사회 회의에 앞서 그들의 이익을 부각시킴과 동시에 자국 정부에 압력을 가하는 노력을 기울인다. 즉 잘 조직된 초국적기업을 비롯한 이익집단들로부터의 압력은 자국의 정부와 유럽연합의 제도 양쪽 모두에 강력한 영향력을 행사하므로 유럽연합의 무역정책 결정에 상당한 영향력을 행사한다고 볼 수 있다.

Ⅳ. 관료정치모델의 확장: 새로운 정치적 관계의 형성

앨리슨의 제3모델인 관료정치모델은 제1모델인 합리적 정책결정과정모델과 제2모델인 조직과정모델을 보다 정교화하여 관료의 수준까지 그 논의를 확대한 것이다. 앨리슨은 대외정책결정의 특징으로 분산화, 경쟁성, 다원성 등을 지적하면서, 대외정책은 국가의 유일성에 따른 합리적 결정보다는 여러 개개인들 및 제도들 간의 화해와 흥정의 결과라고 주장한다. 말하자면 관료정책모델은 국가정책이 정치적 권력을 공유하는 연관자들에 의한 정치적 게임의 결과, 즉 협상을 통해 결정된다는 주장이다.

따라서 정책결정과정에 대한 관료정치적 접근은 다음과 같은 몇 가지 관점 내지는 전제를 바탕으로 논의를 전개한다. 첫째, 정부구조는 계서제라기보다 연합체에 가까운 것으로 간주한다. 둘째, 의사결정자는 정치적 게임의 행위자 내지 경기참여자로 비유된다. 셋째, 관료제는 다양한 이해갈등과 경쟁 속에서 자신의 이익을 추구하는 조직으로 인식된다. 넷째, 정책은 상이한 이해관계자들 간의 이해 결합 내지 타협의 산물로 정의된다.

관료정책모델은 앨리슨의 제1모델과 제2모델이 주어진 정책합리성의 조건들을 너무 과신한 나머지 정치적 결정과정을 비교적 간과하고 있고, 정책결정자의 위상을 너무 확대 해석하는 것과는 달리, 이 모델은 서로 독립적인 정치적 행위자들의 집합체로서 정부의 행위를 바라보며, 정치적 게임의 결과로서의 정책을 분석대상으로 한다는 점에서 유럽연합의 정책결정 상황에 적실성을 갖는다.

공동통상정책의 의사결정과정은 제2장에서 살펴본 바와 같이 절차의 다양성 때문에 매우 복잡한 양상을 띠고 있다. 보통의 경우 정책결정과정은 일반적인 제도적 절차에 따른다. 즉 집행위원회가 특정 정책수단을 제안하고 특정한 사안을 제외하고는 각료이사회의 다수결에 의해 결정한다. 일반적으로 이사회의 역할은 정책결정과정에서 지속적인 협상을 통해 회원국들의 갈등을 조정하는 것이라 할 수 있다. 반면, 통상정책과 관련한 집행위원회의 역할은 유럽연합 차원의 통상정책 수단을 체계적으로 마련함으로써 국제무역을 통한 유럽연합의 이익을 도모하는 것이라 할 수 있다.

결국 유럽연합의 제도들은 제각각의 관점에서 역외교역을 바라보고 있다고 할 수 있으며, 더욱이 조약에 의해서 유럽연합에 주어진 배타적 독점권에도 불구하고, 회원국들은 통상정책 결정에 있어서 아직도 상당한 권한이 있다는 사실이다. 그러므로 회원국들은 국제교역으로부터 자국 산업을 보호하기 위하여 국가 차원의 보호주의적 정책수단을 활용하는 경향이 있으며, 또한 다양한 이익집단들은 정책결정과정에 그들의 입장을 제안할 수 있다.[31] 예를 들어 역외교역 추세를 조사하고자 할 때 집행위원회는 절차에 포함된 상당한 이익집단들과의 협의과정을 거쳐야만 한다. 결국 정책결정과정에서 제기된 특정 회원국 또는 산업부문의 이해관계 조정은 행정적 과정인 동시에 정치적 과정이라 할 수 있다.

무엇보다도 집행위원회는 통상정책 결정과정에 거대한 영향력의 행사가 가능하다. 조약에 명시된 역할 이외에도 이사회 규정은 집행위원회에게 상당 수준의 재량권을 부여하고 있다. 예를 들어 집행위원회는 무역정책을 수립하기 전에 유럽연합의 역외교역 추세에 관한 정보를 분석할 책임이 있다. 그러나 조사절차에 적용된 방법이 특정 수입품으로 인해서 야기된 피해를 분명하게 반영하고 있다고는 할 수 없다. 즉 유럽산업 및 시장에서의 실질적이고 예상이 가능한 변화만으로도 정책 발의가 정당화될 수 있는 것이다. 이는 역외교역이 유럽산업에 미치는 영향을 조사할 수 있는 범위 및 재량권을 집행위원회가 보유하고 있음을 뜻한다.

한편, 통상정책 결정과정은 유럽의 대기업들이 정책과정에 참여

---

31) 회원국 정부와 공공기관은 기업에 의해 생산된 생산물의 가장 중요한 구매자이며 기업은 가장 중요한 납세자이다. 특히 군사장비, 건설을 비롯한, 병원이 국립으로 운영되고 있는 국가일 경우 국가와 기업의 관계는 더욱 밀접할 수밖에 없다. 전통적으로 공공기관은 단지 시장의 힘에 의해 통제될 뿐만 아니라 그들의 구매력으로 시장을 통제한다고 볼 수 있다. 특히 그들은 국가 차원 및 지역경제와 기업의 성장을 위해 그들의 권력을 사용한다. 이와 같은 목적의 공공 구매는 탈냉전시기에 들어서면서 부분적으로는 군사용 장비구매에 대한 지출 감소, 경쟁을 통한 구매라는 유럽연합의 시장 압력의 증가에도 불구하고 그 중요성은 줄어들고 있지 않다. Neill Nugent and R. O'Donnell, *The European Business Environment*(London: Macmillan Press Ltd, 2004), pp.9~35.

할 수 있는 지위 선점을 보장하고 있다. 정책의 주도자로서 집행위
원회는 역외교역의 효과를 측정하기 위하여 다양한 행위자들로부터
대량의 정보를 입수해야만 한다. 그러나 정책결정과정은 특정정책
수단의 적용으로 인해 발생할는지 모르는 사회적 비용을 결정할 적
절한 방법을 제공하고 있지 않다. 또한 유럽연합이 마련한 공식적
기준은 주로 유럽산업에 미치는 결과에만 관련이 있으며, 단지 제한
된 수의 이익집단들만이 관련 사안에 대한 상세한 정보를 제공할
수 있는 인적자원과 재정을 동원할 능력이 있다. 특히 초국적기업들
은 그들의 이익이 유럽의 이익을 대표하는 것이라고 주장함으로써
정책결정과정에 상당한 영향력을 행사한다.[32] 동시에 집행위원회는
유럽경제 발전에 있어서의 이들 기업의 역할을 전적으로 인정한다.
왜냐하면 기업의 사적 행위는 고용과 경제성장 등 경제 전반에 걸
쳐 상당히 중요하기 때문이다. 이와 같은 이유로 역외교역을 중시하
는 유럽연합 내 대기업들은 외국 경쟁자들로부터 보호받을 수가 있
었다.[33] 그러므로 공동통상정책은 소비자 이익을 포함한 다른 여타
의 희생을 감수하면서 생산자의 이익을 도모했다고 볼 수 있다.

　생산자의 이익이 소비자의 이익에 우선하는 수많은 사례 중 최
근의 사례로는 2005년 예산안 편성을 놓고 진통을 겪었던 유럽연
합의 세금 신설 논란을 들 수 있다. 2006년 상반기 의장국인 오스
트리아는 지금까지 회원국들의 납부금으로 충당해 온 유럽연합 예

---

32) Pieter Bouwen, "Corporate Lobbying in the European Union: The Logic of Access", *Journal of European Public Policy*, Vol.9, No.3(2002), pp.365~390.

33) Cornelia Woll, "Trade Policy Lobbing in the European Union: Who Captures Whom?", David Coen and Jeremy Richardson(eds.), *Lobbing in the European Union: Institutions, Actors and Issues*(Oxford: Oxford University Press, 2006).

산을 세금으로 거두는 방식으로 전환할 것을 촉구했다. 볼프강 쉬셀 오스트리아 총리는 2006년 1월 18일 유럽의회 연설에서 "예산안을 짤 때마다 불거지는 불협화음을 해소하기 위해 유럽연합세를 신설하자고 제안하면서 단기금융거래와 국제선 항공기 및 선박 이용에 세금을 물릴 수 있을 것이라고 밝혔다." 그의 제안은 유럽의회가 2007~2013년 유럽연합예산안을 거부하고 추가 협상을 촉구하는 결의안을 541 대 56의 압도적인 표차로 통과시킨 뒤 나왔다. 결의안은 예산안이 과거의 우선순위에 집착해 미래의 번영과 경쟁력, 단결, 안전을 보장하지 못하고 있다고 비판했다. 유럽연합 25개 회원국 정상들은 2005년 말 마라톤협상 끝에 8,624억 유로 규모의 예산안을 타결했다. 유럽연합 예산은 대부분 회원국들의 납부금으로 충당되고 있다. 회원국들이 국민총소득과 연동해 내는 납부금이 73%를 차지할 정도로 절대적이다. 이 때문에 납부금을 많이 내는 나라들이 국내 예산 문제를 들어 난색을 표할 경우 협상에 난항을 겪을 수밖에 없다. 바로수(Barroso) 집행위원장은 2005년 말 예산안 타결 직후 "유럽연합이 언제까지 이런 제로섬 게임을 할 수 없다"며 개선책을 호소했다. 오스트리아의 유럽세 신설 제안에 대해선 유럽연합 집행위원회와 독일이 지지를 표명했다. 반면, 영국과 프랑스는 이 제안에 분명한 반대를 했다. 영국 런던의 금융가는 단기금융거래에 유럽연합세를 매기자는 제안에 민감하게 반응했다.[34]

일반적으로 유럽연합 국가들의 산업경쟁력 저하, 경제성장률 둔화, 실업 증가 등이 유럽연합의 통상정책을 결정하는 구조적 제약

---

34) "Austrian leader calls for EU Tax", http://news.bbc.co.uk/2/hi/europe/4624598.stm(2006년 10월 30일 검색).

요인으로 작용한다. 이러한 제약요인들은 초국적기업의 정책결정
과정 개입을 용이하게 만들었으며, 이는 보호주의 정책수단 사용의
주요 원인이었다. 앞서 논의한 바와 같이 유럽연합이 채택한 공식
적 기준은 조사과정이 주로 역외교역으로부터 민감한 산업과 시장
의 구조적 변화가 실제적이고 예측이 가능할 때 행사된다. 그러나
문제는 국제교역은 항상 외부교역의 추세가 변화함에 따라 토착산
업 및 시장의 변화를 수반하기 때문에 특정 산업의 피해를 발견하
는 것은 어렵지 않다는 데 문제가 있는 것이다.[35]

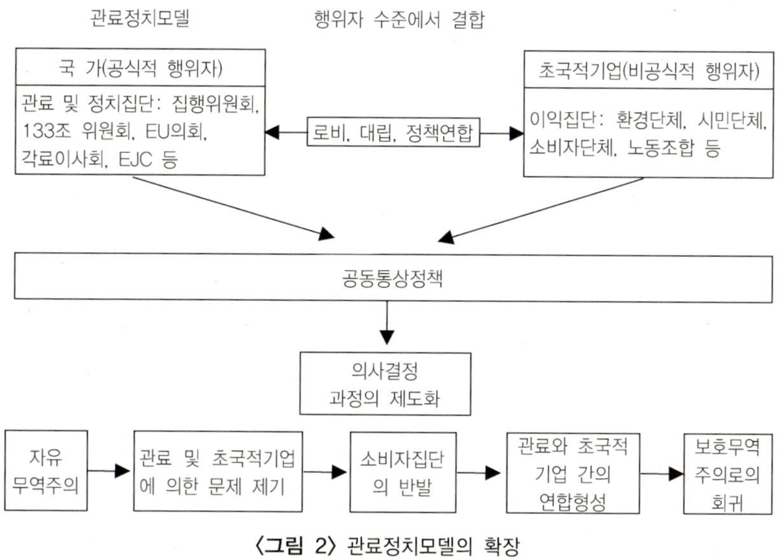

〈그림 2〉 관료정치모델의 확장

보호주의적 압력은 상대적으로 국제경제에 민감한 산업 분야에

---

35) Martin Smith, "Competitive Co－operation and EU－US Relations: Can the EU be a Strategic Partner for US in the World Political Economy?", *Journal of European Public Policy*, Vol.5, No.4(1998), pp.561～577.

놓이게 된다. 만약 유럽의 산업이 위기라고 판단되면 국제무역으로 인한 부정적 효과, 예를 들면 실업과 경기침체와 같은 심각한 경제 불안을 야기할 소지가 있기 때문에 정책결정자는 외부와의 경쟁으로부터 산업을 보호하여 공동의 이익을 확보하고자 한다. 따라서 유럽연합의 내부 경제적 문제들을 외부 원인으로 돌리기 위한 수단으로 특정한 통상정책수단을 사용하는 것이다. 말하자면 통상정책수단의 사용은 역외 경쟁국의 산업의 희생을 바탕으로 역내 산업경쟁력을 유지할 수 있는 것이라는 생각에 기초한다. 그러므로 통상정책수단은 결국 유럽산업가들의 이익을 대변해 주고 있는 장치라고 할 수 있으며, 유럽의 대기업을 비롯한 산업가들은 구조적 권력을 효과적으로 활용한다고 볼 수 있다. 이런 연유로 소위 '새로운 접근'이라고 불리는 초국적기업들과 집행위원회 간의 접근은 산업체 전반에 걸친 동의를 바탕으로 유럽 전반에 걸친 표준을 만들기 위한 매우 효과적이고 혁신적인 방법이 되었다.[36]

유럽연합의 공동통상정책과정은 제도적 기반을 토대로 발생하는 정치적 관계가 정책결과에 상당한 영향을 미치므로 하나의 정치적 과정이다. 동시에 공동통상정책은 생산자의 이익이 우선적으로 고려되기 때문에 하나의 정책을 마련한다는 것은 유럽의 산업에 상당한 이익을 제공하는 수단이다. 그러므로 유럽연합의 공동통상정책 실행의 이유를 정치적 우연성을 제외한 경제구조적 제약으로만 볼 수는 없다는 것이다.

---

36) David Coen and Andreas Broscheid, "Insider and Outsider Lobbing in the European Commission", *European Union Politics*, Vol.4, No.2(2003), pp.165~189.

Ⅴ. 맺는말

 본 연구가 주장하는 바를 간략히 요약하면 위의 <그림 2>와 같다. 정책결정과정의 분석은 제도적 차원의 분석을 비롯해서 정책결정과정에 영향을 주는 수많은 요인들을 고려해야만 한다. 유럽연합의 공동통상정책의 복잡한 성격은 단지 산업경쟁력 약화나 집행위원회와 각료이사회 같은 유럽연합의 입법기관들의 분석만으로는 파악될 수 없다. 오히려 국제무역, 정책과정에 내포해 있는 다양한 제약요소들, 과정에 개입된 경쟁적인 이해관계와 같은 다양한 구조적 요인들을 고려해야만 한다.

 논의한 바와 같이 다양한 정책결정 행위자들은 각기 다른 서로의 시각으로 역외교역을 바라보고 있다. 회원국들의 경제적 산업구조의 차이는 그들의 정책선호도 차이로 나타난다. 게다가 관료, 정치인, 이익집단, 초국적기업 등 다양한 행위자들은 특정한 보호주의적 혹은 자유주의적 정책수단이 그들의 이익에 반하는 결과를 가져올 수 있으므로 통상정책수단을 마련함에 있어 그들의 영향력을 높이기 위한 노력을 한다. 결국 통상정책의 결정은 다양한 이익을 수렴하는 복잡한 작업과정을 거친 후에 이루어진다고 할 수 있다. 그러므로 통상정책 결정의 가장 중요한 특징 중 하나는 그것이 고도로 복잡한 정치적 과정이란 것이다. 유럽연합의 정책결정과정에는 어떤 이익집단도 그들의 생각을 제안할 수 있는 제도적 기반이 마련되어 있다. 즉 정책결정과정은 특정 사안에 연관된 다양한 행위자들 간의 지속적인 타협과 협상과정을 포함하고 있으며, 특히 통상정책은 정책결정과정에 참여하고 있는 행위자들 간의 실질적인 정치적 관계의 결과로서 이루어졌다. 그러나 행위자들의 다양성이 정책결정과정에서 행위자들 간의 권력의 균등한 분배를 의미하는 것은 아니다. 오히려 특정 행위자들만이 정책결정의 최종 결과에 영향력을 발휘할 수 있다.

유럽연합의 생산자들은 정책결정과정에서 그들이 보유한 권력을 이용할 수 있었으며, 기업가들과 집행위원회와의 밀접한 관계 유지는 유럽연합의 제도적 절차 그 자체에 힘입은 바 크다. 즉 유럽경제가 발전함에 있어서의 기업의 역할을 집행위원회가 인정했기 때문에 기업가들의 이익은 제도적 절차 안에서 합법화될 수가 있었다. 자본주의 테두리 안에서 국가는 자신의 자원을 경제의 번영에 의존한다. 이로 인해 국가는 자본의 소유자들과 관리자들의 익에 특별히 의존하지 않을 수 없게 된다. '기업계의 분위기'를 대변하는 이들 소유자들과 관리자들의 반응이나 기대야말로 다른 무엇보다도 유럽통합의 실현에 결정적인 영향력을 행사하는 요소인 것이다. 그리고 미래의 경제성장이나 불경기, 일시적인 경기침체에서 고용수준이나 세입원의 개발에 이르는 정책들을 결정하는 것은 바로 이들의 투자이다. 이것이 바로 자본주의 사회에서 국가의 자율성을 제약하는 가장 기본적인 의존성이다.

유럽연합의 집행위원회는 공동정책수단을 제안함으로써 경제성장, 고용 등 가장 중요한 행위자인 기업가를 보호하려는 측면이 강하게 나타난다. 왜냐하면 유럽연합체제에 있어서 기업행위의 감소는 심각한 정치적 문제들을 야기하기 때문이다. 따라서 유럽산업의 상대적 지위 약화는 집행위원회로 하여금 통상문제에 적극적 개입

을 유도하고 기업 및 산업의 이해를 보호하고 지원해야 하는 구조
적 환경에 노출될 수밖에 없다. 그러나 유럽의 기업가들의 불균등
한 권력 보유로 인한 선점적 지위는 경제 및 산업구조 그 자체로부
터만 발생하는 것이 아니라 제도적 과정에서 그들이 통제할 수 있
는 특정자원으로부터 발생하는 것이다.

본 연구는 다음과 같은 측면에서의 가능한 비판을 토대로 연구
를 보완할 필요가 있다. 첫째, 유럽연합 공동통상정책이 다른 여타
의 정책들과는 구별되는 특수한 정책이라는 비판이 가해질 수 있
다. 즉 통상정책이 갖는 산업적 특성 때문에 통상정책에서만 초국
적 기업권력의 개입이 가능했다는 주장이 제기될 수 있다. 둘째, 궁
극적 이해관계를 가질 수밖에 없는 초국적기업 등 비공식적 정책
결정 행위자들은 정책결정과정에서 여전히 미약한 위상을 갖고 있
다는 점에서 분석틀의 현실적 제약성을 발견하게 된다. 따라서 앨
리슨의 정책결정모델과 비공식적 정책결정 행위자 간의 수평적 결
합만으로는 관료정치 현실을 분석하는 데 여전히 한계가 있음을
인정하지 않을 수 없다. 끝으로 본 연구의 결과에 기초하여 관료정
책모델에 비공식적 행위자의 결합이 거래비용을 낮추고 역내 정치
적 합의를 용이하게 하는지에 관한 세부정책사례별로 구체적인 후
속 연구가 요구된다.

참고문헌

방청록. "유럽통합의 정체와 제도화과정에 대한 연구방법의 모색". 한
국유럽학회 정기학술대회: 유럽연구의 현황과 과제. 한국유럽
학회. 2003.

송병준.『유럽연합의 선택: 통합에서 다층적 통치로의 전환』(서울: 청
목, 2004).

이종원.『최신 EU(유럽연합)론: 유럽화와 EU확대, 그리고 비즈니스』
(서울: 해남, 2001).

이종원.『새 유럽통합론』(서울: 해남, 2004).

윤현수.『EC 1992』(서울: 을지서적, 1991).

Allison, T. Graham. *Essence of Decision: Explaining the Cuban Missile Crisis.*
Boston: Little Brown, 1971.

Baldwin, E. Robert. "The Political Economy of Protection", Jagdish N.
Bhagwati(ed.). *Import Competition and Response.* Chicago: University
of Chicago Press, 1982, pp.263~286.

Bouwen, Pieter. "Corporate Lobbying in the European Union: The Logic
of Access", *Journal of European Public Policy.* Vol.9. No.3(2002),
pp.365~390.

Coen, David and Broscheid, Andreas. "Insider and Outsider Lobbing in
the European Commission", *European Union Politics.* Vol.4. No.2(2003),
pp.165~189.

Commission of the European Communities. "The European Community as a World Partner". *Bulletin of the European Communities*. Supplement. Vol.2. No.86(1993).

Denza, Eileen. "The Community as a Member of International Organization". N. Emiliou, D. O'Keefe(ed.). *The European Union and World Trade Law*. 1996, pp.3~14.

Devuyst Youri. "The EC's Common Commercial Policy and the Treaty on European Union: An Overview of the Negotiations". *World Competition*. Vol.16. No.2(1992), pp.67~80.

Dinan, Desmond. *Ever Closer Union: An Introduction to European Integration*. London: Macmillan Press Ltd, 1999.

Egeberg, Morten. "The European Commission — the evolving EU executive, Advanced Research on the Europeanisation of the Nation — State". *Working Paper WP 02/30*. 2003, p.19.

Egeberg, Morten. "Transcending Intergovernmentalism? Identity and Role Perceptions of National Officials in EU Decision — Making". *Journal of European Policy*. Vol.6. No.3(1999), pp.456~474.

Egeberg, Morten. *Organization and Nationality in the European Commission Services*. Public Administration, 1996.

Elsig, Manfred. *The EU's Common Commercial Policy: Institutions, Interests, and Ideas*. Burlington: Ashgate Publishing Limited, 2002.

Goldstein, Judish. "The Political Economy of Trade: Institutions of Protection". *American Political Science Review*. Vol.80. No.1(1986), pp.161~184.

Gulick, Luther. "Notes on the Theory of Organization. With Special Reference to Government". Luther Gulick and LF Urwich(eds.). *Papers on the Science of Administration*. New York: Institute of Public Administration. Columbia University, 1937, pp.79~94.

Heyes, P. Jonh. *Making Trade Policy in the European Community*. New York: Palgrave Macmillan, 1993.

Hix, Simon. "Executive Selection in the European Union: Does the

Commission President Investiture Procedure Reduce the Democratic Deficit?". *European Integration Online Papers*. Vol.1. No.021(1997), pp.9~15.

Hilsman, Roger. *To move to a nation: The politics of foreign policy in the administration of John F. Kennedy*. New York: Doubleday, 1967.

MacLeod, Ian, Hendry D. I, and Hyett, Stephen. *The External Relations of the European Communities: A Manual of Law and Practice*. Oxford: Oxford University Press, 2000.

Mahoney, Christine. "The Power of Institutions: State and Interest Group Activity in the European Union". *European Union Politics*. Vol.5. No.4(2004), pp.441~466.

Messerlin, Patrick A.. "Bureaucracies and the Political Economy of Protection: Reflection of a Continental Europe". *World Bank Staff Working Papers*. No.568(1983).

Messerlin, Patrick A.. "The Political Economy of Protectionism: The Bureaucratic Case". *Weltwirtschaftliches Archiv*. Vol.117(1981), pp.480~485.

Murphy, Anna. "In the Maelstrom of Change: the Article 113 Committee in the Governance of External Economic Policy". T. Christiansen and E. Kirchner(eds). *Committee Governance in the European Union*. Manchester: Manchester University Press, 2000, pp.98~114.

Page, C. Edward. *Peopl The European Business Environment*. London: Macmillan Press Ltd, 2004, pp. 9~35

Pfeffer, Jeffrey. *Organizations and Organization Theory*. Boston: Pitman, 1982.

Robin, Gray. "How Does the EC Set Trade Policy: Article 113 Committee Plays Key Role in Determining Community Position". *Europe*(Sep/Oct. 1985), pp.24~25.

Schabbel, Christian and Wolter, Kerstin. "EU protectionism on the rise? Trade policy decision – making, firm – level lobbying, and the impact of enlargement". *Institute for International and Regional*

Economic Relations. Lotharstr: University of Duisburg－Essen, 2004, pp.1~25.

Scoot, W. Richard. *Organizations, Rational, Natural, and Open System*. Englewood Cliffs: Prentice－Hall, 1992.

Selznick, Philip. *Leadership in Administration. A Sociological Interpretation*. Berkeley: Berkeley University of California Press, 1957.

Smith, Martin. "Competitive Co－operation and EU－US Relations: Can the EU be a Strategic Partner for US in the World Political Economy?". *Journal of European Public Policy*. Vol.5. No.4(1998), pp.561~577.

Stevens, Anne, and Stevens, Handley. *Brussels Bureaucrats? The Administration of the European Union*. Basingstoke: Palgrave, 2001.

Woll, Cornelia. "Trade Policy Lobbing in the European Union: Who Captures Whom?". David Coen and Jeremy Richardson(eds.). *Lobbing in the European Union: Institutions, Actors and Issues*. Oxford: Oxford University Press, 2006.

Woodcock, Stephan. "European Trade Policy Global Pressures and Domestic Constraints". H. and W. Wallace(eds.). *Policy－Making in the European Union*. Oxford: Oxford University Press, 2000, pp.373~399.

"Austrian leader calls for EU Tax". http://news.bbc.co.uk/2/hi/europe/-4624598.stm(2006년 10월 30일 검색).

제2장 EU의 차별적·보호주의적 대외통상정책

이갑수

부산대학교 무역학과 교수

I. 서 론

EU의 대외통상정책(external trade policy)은[1] 1958년 로마조약 (EEC 조약) 때부터 관세동맹(custom union)의 모습으로 처음 나타났다. 관세동맹이란 안으로는 무역장벽이 되는 관세 및 비관세를 철폐하고 밖으로는 공동관세를 부과하는 것으로, 자유무역지대보다도 한층 심화된 경제통합의 형태이다. 따라서 EU 통상정책은 출범 초기부터 역외차별성 정책으로 주목받아 왔다.[2]

우리의 관심사는 향후 EU 대외통상정책의 기조가 무차별주의·자

---

[1] 통상정책은 무역정책과 혼용되어 쓰이고 있다. 그러나 엄밀히 말하면 무역정책은 상품의 국제적 거래에 국한되는 것이고 통상정책은 모든 경제거래를 포함하는 광의의 것임을 알 수 있다. 그래서 통상정책을 대외경제정책과 동일시하기도 한다. 또한 협의의 통상정책은 바로 무역정책과 유사한 개념이 된다.

[2] 영국, 스위스 등 6개국은 이에 대항하여 자유무역지역(EFTA)을 결성하였으며, 미국은 케네디라운드 (GATT 6차 다자간협상)를 통해 EU(당시 EEC)에 대항하고자 하였다.

유화 경향을 띨 것인가, 아니면 더욱 보호주의적·차별주의적 색채를 보일 것인가 하는 것이다. 전통적으로 EU는 유럽중심주의(euro-centric)의 통상관행을 보이고 있는 지역이다. 특히 역내무역 비중이 다른 어떤 경제 블록보다 높다는 것 외에도, 과거 식민지였던 ACP 국가[3]와 특혜관세제도를 운영하고 있다는 사실에서 그러하다.

본 연구의 목적은 이러한 EU의 차별적 대외통상정책의 배경과 내용을 분석하고 향후 통상정책을 전망해 보는 데 있다. 이미 EU 27개국의 무역규모는 세계 무역의 약 40%를 점하고 있다. EU의 대외통상정책의 기조에 따라 무역의존도가 높은 한국은 물론 전 세계의 무역과 후생수준이 큰 영향을 받게 될 것이다.

본 연구에서는 EU의 대외통상정책과 관련하여 2가지 차원의 문제를 제기한다.

1) EU는 제3국(경쟁국)에 대해 역내시장 보호주의적 관행을 갖고 있는가? 이와 관련하여 현재 2가지 방향 모두 예측될 수 있다. 먼저 EU는 WTO 체제 내에서 다자간 무역자유화 기조를 유지할 것이라는 긍정적 견해와, 다른 한편으로 EU가 보호주의적, 역외 차별적 입장을 강화할 것이라는 부정적 견해이다.

2) 두 번째로 제기되는 의문은 EU가 제3국 간(역외국 간)에 대해서는 무차별적 통상정책을 추구하고 있는가이다. 원래 관세동맹으로 출발한 EU는 역외공동관세를 부과하는 무차별주의가 맞다. 그런데 EU는 미국, 일본 등 다른 선진국에 비해 역외국에 대하여 차별적 통상정책을 추구하고 있다는 의혹이 있다.

---

3) ACP는 Africa, Caribbean and Pacific Countries의 약어로 세계 저개발 빈곤국을 상징한다.

본 연구에서는 이상 2가지 차원의 문제 제기에 착안하여 EU의 대외통상정책의 기조와 향후 정책방향을 논할 것이다. 특히 보호주의, 차별주의 견해에 연구 중심을 두면서 EU가 가진 법적·제도적 요건을 분석하고, 과거 EU의 대외통상관행 및 실적을 분석하는 것이 중요한 과제가 될 것이다. 특히 EU와 FTA 협정 체결을 추진하고 있는 한국으로서는 그 중요성이 더욱 커지고 있다.

Ⅱ. EU 보호적 · 차별적 통상정책의 법적 기초[4]

1. EU 공동체법

EU는 그 명칭에도 불구하고 아직 정치적 실체는 아니고 국제법에 의한 국가 간 협력체일 뿐이다. 따라서 공동정책의 모든 근거는 유럽공동체법에서 나오고 있다. 공동체법이라 함은 로마조약으로 불리는 EEC 조약(1958), ECSC 조약(1951), 1967년의 통합조약(Merger Treaty), 1987년의 유럽단일화법(Single European Act), 그리고 마스트리히트조약(1993), 암스테르담조약(1999), 니스조약(2002) 등을 통칭하는 것으로 유럽연합의 헌법적 기초가 되는 것이다. 유럽공동체법에 나타나고 있는 공동통상정책의 기조는 다음 2가지로 분류된다. 첫째, 역내 회원국 간 대내 통상정책이다. 이것은 EEC 조약

---

4) EU 공동체법뿐만 아니라 EU가 역외국과 체결한 국제협약 등이 분석대상이다.

Title 1(제9조~제37조)에 규정되어 있는 역내물품의 자유이동(free movement of goods)이다. 이를 위한 가장 핵심적인 조치는 역시 관세동맹이다. 관세동맹의 특징은 역내무역의 자유화와 역외로는 공통관세를 적용하는 데 있다. 역외공동관세(CET: common external tariff)의 존재는 자유무역지대(FTA)와 구별되는 관세동맹의 가장 중요한 특징이라 할 것이다. 광범한 통상정책의 기초는 EEC 조약 제110조~제116조에 나타나고 있다. 'Common Commercial Policy(CCP)'로 표기되고 있는 데서 보듯이[5] EEC 조약 제110조~제116조는 EU 통상정책을 이해하는 데 가장 중요한 내용이다. 이 중 마스트리히트조약에 의해 제111조, 제114조 및 제116조는 폐지되고, 제113조와 제115조는 수정되었으며, 암스테르담조약 131~134조로 계승되었다.[6]

따라서 가장 기초가 되는 EEC 조약 제110조, 제113 및 제115조를 검토하는 것이 중요하다. 기본적으로 EEC 조약 제110조는 역내무역 자유화와 세계무역의 자유화를 지향하고 있다. 말하자면 관세동맹의 결성이 세계무역의 '조화로운 발전'(harmonious development)을 위한 국제적인 무역 및 관세장벽의 인하를 목적으로 하고 있다. 그런데 본 조문의 후반부에 가면, 관세장벽의 제거가 회원국 기업의 경쟁력(competitive strength)의 강화에 있다는 것을 언급함으로써, 결국 역내 경쟁력 강화에 통상정책의 목표가 있음을 암시하고 있다.[7]

---

5) EEC 조약 Titile Ⅱ, Chapter 4, Commercial Policy 참조.

6) The Treaty of European Union(일명 Maastricht Treaty), Title Ⅶ 및 Amsterdam Treaty Title Ⅸ 참조.

7) EEC 조약 제110조의 원문은 다음과 같다. 이는 암스테르담조약 제131조 전문과 동일하다. "By establishing a custom union between Member States aim to contribute, in the common interest, to the harmonious development of world trade, the progressive abolition of restrictions on international trade and the lowering of customs barriers. The common commercial policy shall take into account the favourable effect which the abolition of customs duties between

EU의 대외통상정책의 가장 중요한 법적 장치는 EEC 조약 제113조[8]이다. 마스트리히트조약에 의해 다소 수정되긴 했지만 근본 취지는 그대로 반영되고 있다. 제113조는 모두 4개의 항으로 구성되어 있는데 제1항에서는 통상정책의 공동집행을 명시하고 있다. 즉 역외 관세율의 결정, 제3국과의 무역협정체결의 경우에는 물론, 무역자유화 등 수출정책 또는 반덤핑이나 보조금 상계관세를 부과할 경우에도 공동체적인 입장에서 처리하도록 명시하고 있다.

특히 반덤핑이나 보조금에 대한 방어규정 때문에 제113조가 역내산업보호 조항이라고 불리고 있다. 이것에 근거하여 덤핑규제조치와 세이프가드 등 회색무역제한조치가 남발하게 되었다. 제2항 이하에서는 집행위원회로 하여금 각료이사회나 유럽의회로부터 권한을 위임받아 통상정책을 수행하도록 하고 있다. 특히 집행위원회는 각료이사회에 권고나 제안을 할 수 있게 하여 통상정책의 실질적이고 독립적인 수행기구가 되고 있다. 물론 형식상 모든 정책의 최고 의사결정기관은 각료이사회이다. 집행위원회는 각료이사회가 임명한 통상전문위원회(암스테르담조약 제131조에 근거하고 있다 하여 '131조 위원회'라고도 함)의 자문을 받기도 한다. EEC 조약 제115조도 다소 수정되었지만 그 실질적 내용은 변하지 않았다.[9]

이 조문에서는 무역굴절(trade deflection)[10] 현상 등, 회원국 간

Member States may have on the incease in the competitive strength of undertakings in those States."

8) 암스테르담조약 제133조 참조. "The common commercial policy shall be based on uniform principles, particularly in regard to changes in tariff rates, the conclusion of tariff and trade agreements, the achievement of uniformity in measures of liberalisation, export policy and measures to protect trade such as those to be taken in the event of dumping or subsidies."(The Treaty of European Union, Title VII)

9) 암스테르담조약 제134조 참조.

무역정책의 차이로 인한 어려움이 발생할 때 집행위원회의 조치를 명시하고 있다. 이때 집행위원회는 각 회원국들로 하여금 '필수적인 협조'(requisite cooperation)를 하도록 하고 있다. 만약 이 협조가 불가능할 경우에는 해당 당사국은 개별적인 보호조치를 취할 수 있으나 그 조건이나 내용은 집행위원회가 결정하도록 되어 있다. 긴급 상황의 경우에는 개별국가가 단독으로 무역제한조치를 취할 수 있도록 집행위원회에 권한을 요청할 수는 있다. 이때도 관련 회원국에 조치내용을 통보해야 하며, 집행위원회는 언제라도 그 조치에 대한 수정이나 철회를 결정할 수 있도록 하고 있다.

이상 EU 공동체법을 분석해 볼 때, EU 통상정책의 기조는 회원국의 공동이익에 기초하고 있다는 것을 알 수 있다. 말하자면 자유무역의 조화로운 발전은 EU 회원국의 경쟁력제고를 위한 전제로 보고 있는 것이지, 세계적인 차원의 자유무역이 반드시 EU의 통상정책의 기조는 아니라고 할 수 있다.[11] 뿐만 아니라 덤핑이나 보조금에 관한 집단대응을 명시함으로써[12] '집단적보호주의'(collective protectionism)의 길을 열어 두고 있는 셈이다. 경제동맹이나 경제통합의 실질적 이익은 보호주의의 집단화를 통한 협상력(bargaining power)의 강화에 있다는 사실에 주목할 필요가 있다.

EEC 조약 제113조가 마스트리히트조약, 암스테르담조약에 의해

---

10) 무역굴절(貿易屈折)이란 역내 저관세국을 통해 수입된 상품이 다른 역내고관세국으로 유출되는 현상을 말한다. 이는 자유무역지역을 창설했을 때 전형적으로 우려되는 현상이지만 유럽연합에서도 문제되고 있다. 과거 동독의 상품이 서독으로 무관세로 유입되어 전 EU로 흘러간 것이라든가, 이스라엘 농산물이 무관세로 독일로 수입되어 스페인이나 프랑스의 농산물과 마찰을 일으킨 경우가 이에 해당된다. 이럴 경우를 대비하여 원산지증명(certificate of origin)을 강화하고 있다.

11) 로마조약 제110조, 암스테르담조약 제131조 참조.

12) 로마조약 제113조, 암스테르담조약 제134조 참조.

재확인된 것은, 앞으로도 EU는 언제든지 역내기업의 보호라는 명분 아래 보호주의적 색채를 띨 수 있음을 명시하고 있는 것이다.

이 밖에도 공동체법에 명시되어 있지 않더라도 이사회의 동의를 구하면 위원회는 어떤 무역제한조치라도 취할 수 있도록 권한이 포괄적으로 위임되어 있다(EEC 조약 제235조). 마스트리히트조약에 나타난 EU 공동체법의 또 하나 특징은 중앙집권화인데, 이는 통상정책에서도 여실히 나타나고 있다. 역내무역에 관한 EU 차원의 시장단일화는 1978년 'Cassis de Dijon' 사건에 대한 EU 법원의 판결 이후13) 상당한 수준에 도달했다고 보나, 대외통상정책은 공동체 조약에도 불구하고 각 회원국 간 다소 차이를 보여 온 것이 사실이다.

EU 공동체법은 이러한 문제를 다루고 있는데, 집행위원회로 하여금 조정자의 역할을 담당하게 하고 있다.14) 개정된 조문에도 집행위원회의 권능을 인정하고 있다. 즉 각국의 이해가 상충될 경우에는 동 위원회에 조정권을 부여하고 있다는 것이다. 이러한 관점에서 보면 통상정책에 대한 권력의 집중현상이라고 할 수 있다. 이러한 현상은 더욱 심화될 것으로 보는데, 이유는 국제경제관계에서 집단적 협상이익이 더욱 부각될 것으로 보기 때문이다.

WTO 다자간협상에서 보여 준 EU 집행위원회의 지도력과 EU의

---

13) 이 사건은 1978년 당시 독일회사인 Rewe Zentral 주식회사가 Cassis de Dijon으로 알려진 프랑스산 술을 수입하려 들자, 당시 독일정부는 자국의 표준에 미달한다 하여 수입을 금지시켰다. 독일의 수입업자는 이에 불복하여 유럽법원에 제소하였고 유럽법원은 독일정부의 수입 제한은 부당하다는 판결을 내렸다. 유럽법원은 EC 통합정신에 비춰 볼 때 프랑스에서 유효한 상품은 독일에서도 유효해야 한다고 판단했던 것이다. 이 판례는 유럽연합의 시장단일화에 결정적인 계기를 주었고, 경쟁정책에도 큰 영향을 주었다. El-Agraa A., The Economics of the European Community(St. Martin Press, New York, 2002), p.153 이하 참조.

14) 로마조약 제115조, 암스테르담조약 제134조 참조.

단결은 그 전형적인 예에 불과하다. 그러나 유럽통합과 관련하여 권력집중에 반대하는 소리도 없지 않다. 소위 '보충성의 원칙'(subsidiary principle)15)에 입각하여 경제정책의 지방화·지역화를 주장하는 논리가 제기되고 있다. 더구나 무역정책은 각 회원국의 경쟁력수준, 경제수준을 반영하여 차별적으로 적용되는 것이 타당하다는 주장이다.

〈표 1〉 EU 대외통상정책의 법적 근거

법 적 근 거	내용
로마조약 제110, 암스테르담조약 제131조	자유무역원칙, 역내기업의 경쟁력 제고
로마조약 제113조 암스테르담조약 제133조	통상정책의 공동실시, 반덤핑 등 역내산업 보호
로마조약 제115조 암스테르담조약 제133, 134조	통상정책의 결정기구 및 집행위원회의 권한
로마조약 제228조	준회원국 대우에 의한 무역특혜조치
로마조약 제235조	권한의 포괄적 위임

자료: 이종원, 『최신 EU(유럽연합)론』(2004), p.127.

2. 국제협약

1) 로메협정(Lomé Agreement)

Lomé 협정은 1975년 아프리카 Togo의 수도 Lomé에서 EU가 ACP 46개국(아프리카, 카리브 해 및 태평양 지역의 빈곤국)과 체결한 차별적(호혜적) 무역협정이다.16) 이 협정의 목표는 빈곤국인

---

15) 보충성의 원칙이란 중앙집권 공동체의 권한은 하부행정기관(지방, 지역)이 비효율적이라는 것이 증명될 때만 배타적으로 인정된다는 것이다. 도충구 외 3인, 『국제경제기구의 이해』(서울: 학현사, 2001), p.247; 김세원, 『EU 경제학』(서울: 박영사, 2004) p.121 참조.

16) EU는 1948년 GATT 체제 출범 시 기존의 식민지국가(주로 프랑스령)와의 특혜관세체제를 인정받았다. (소위 grandfather cluase) 이를 Yauduné 협정(1964)을 통하여 실행하였는데 18개 빈곤국이 수혜대상이었다. 그런데 1973년 영국·덴마크 등 신규 EU 회원국의 요청으로 특혜관세 수혜국이 46

ACP 지역의 수출 증대를 통하여 생활수준을 향상시키고 국제시장에 순조로운 통합을 촉진하기 위함이다.

동 조약의 구체적인 목표는 크게 보면 다음 4가지로 요약된다.

첫째, ACP 국가의 1차산업 생산성 증대를 통하여 수출증대, 소득증가를 도모한다. ACP 국가의 대부분은 수출품목이 농산물(커피, 바나나, 카카오, 설탕, 면화 등 10대 작물)이나 광산물(구리, 아연, 주석, 알루미늄 등 5대 품목)에 집중되어 있다.[17] 따라서 국제 원자재가격의 등락에 따라 국민소득이 영향을 받는데, 1차 상품의 소득 비탄력성으로 소득의 추세적 하락현상을 겪어 왔다(상품 및 소득교역조건의 악화).

둘째, 산업다양화를 위해서 농업 외 제조업(섬유 등 경공업), 서비스업(관광산업) 발전을 지원한다. 특히 ACP 국가의 수출농산물에 대하여 특혜관세를 제공하고 이 지역에 대한 EU 회원국의 직접투자를 장려한다.[18]

셋째, ACP 국가의 국제시장 편입을 지원한다. GATT, IMF 가입지원 및 국제금융기구의 자금지원을 추진한다. 특히 해외부채 경감을 추진한다. 이에 따라 수많은 ACP 국가들이 GATT/IMF 회원국이 되었으며, ADB 등 지역 개발은행이 창설되었다.

마지막으로 ACP 국가의 수출소득 안정화를 도모한다. 이를 위해 STABEX SYSTEM(상품가격안정시스템)을 도입한다.[19] EU는 이상

개국으로 확대되었는데, 이것이 1975년 Lomé 협정으로 나타났다.

17) Altmann J., *Internationale Wirtschaftsorganisationen*(UTB, Stuttgart, 2002), p.134.

18) 1970년대는 UNCTAD, UNIDO 등이 창설되는 등 개도국의 공업화에 국제사회의 관심이 고조된 시기이다.

19) 즉 농산물 국제가격 하락으로 ACP 국가의 수출소득이 감소할 경우, EU는 STABEX SYSTEM(stabilisation system of export earning)를 통하여 상품재고를 조절하여 국제가격을 안정시킨다.

의 목표를 추진하기 위하여 유럽발전기금(European Development Fund)을 설립하였으며, Lomé Ⅰ(1975~1979) 동안 35억 ECU를 비롯하여 Lomé Ⅰ, Ⅱ, Ⅲ, Ⅳ 기간(1975~2000) 총 310억 유로를 지출하였다.[20]

1970/80년대는 국제 경제질서의 변혁기로 빈곤국(개발도상국포함)의 문제가 큰 이슈가 된 시기이다. 특히 주변부경제론이나, 궁핍화성장론, 교역조건악화설 등 마르크스주의적 국제분업론이 힘을 얻어 가던 시기이다. 따라서 GATT 다자주의체제하에서도 빈곤국에 대한 특혜관세 공여는 인정되는 분위기였다. 따라서 Lomé 협정은 기존 국제경제체제와 충돌하지 않았다고 볼 수 있다. GATT 제1조[21] 및 제3조[22]는 무차별원칙을 천명하고 있다. 그런데 Lomé 협정은 ACP 국가에 대하여 호혜적 조치를 명문화하고 있다. 이는 제3의 국가에 대한 명백한 차별조치로서 GATT 기본정신에 위배된다. 그럼에도 불구하고 GATT는 1947년 도입된 Grandfather 조항의 연장으로 Lomé 협정을 승인하였다.

1994년 우루과이라운드(Uruguay Round)[23]의 결과물로 WTO 체제가 출범하였다. WTO 체제는 이전의 GATT 체제보다 더 엄격한 무차별주의를 표방하고 있다. 그래서 기존의 Lomé 협정과 같은 차별적 통상협정은 시정을 요구받게 되었고, EU는 ACP 국가들과 새

---

20) Bruene S., "Die Zukunft der EU—AKP Beziehungen: die deutsche Debatte", *Nord—Sued aktuell*, Jahrgang 11, Nr. 3(1997), p.87참조. 1999년 이전의 통화단위는 ECU(European Currency Unit)지만 유로화의 전신이라 할 수 있으며 가치는 동일하다.

21) 모든 GATT 회원국에게 동일한 수준의 관세와 규제를 공여해야 한다는 General Most—Favoured Nation 조항이다.

22) 제3국의 기업이나 개인을 자국과 차별해서는 아니 된다는 National Treatment 조항이다.

23) GATT가 주최한 제8차 다자간무역협상이며 1986 Urguay, Punta del Est에서 개최된 GATT 통상장관회의에서 결의하였다.

〈표 2〉 Lomé 협정의 주요내용

Lomé 협정	협정기간	지원규모	주요내용
협정 Ⅰ	1975~1979	35억 유로	특혜관세공여 ODA제공
협정 Ⅱ	1980~1984	45억 유로	특혜관세, GSP 자원가격협정
협정 Ⅲ	1985~1989	65억 유로	특혜관세, ODA GSP, 직접투자장려
협정 Ⅳ	1990~2000	178억 유로	특혜관세, ODA, GSP, 투자보조금

자료: Altmann J., *Internationale Wirtschaftsorganisationen*(2002), p.140.

로운 협정 체제를 추구하게 되었다.

2) 코토누협정(Cotonou Agreement)

EU와 ACP 국가와의 특수한 경제관계는 Yaundé 협정 Ⅰ, Ⅱ (1962~1975), Lomé 협정 Ⅰ, Ⅱ, Ⅲ, Ⅳ(1975~2000)으로 이어져 왔다. 1994년 WTO 체제가 출범하고, 경제의 글로벌화가 본격화되면서 EU와 ACP 국가 간 특수한 관계도 도전을 받게 되었다. 그 이유는 다음 3가지로 요약된다. 첫째, WTO 체제하 GATT 규정의 엄격함이 그 이유이다. 말하자면 GATT 제1조, 제3조는 최혜국대우 및 내국민대우 조항으로 회원국 간 무차별원칙을 강조하고 있다. 그리고 GATT 제24조 경제통합조항도 일방적 특혜관계가 아닌 상호 호혜주의를 표방하고 있다. 둘째, 동유럽제국의 시장경제체제 전환과 EU 가입이다. EU로서는 인접한 동유럽국가의 경제안정이 시급하게 되었고, ACP 국가로 집중되던 해외원조자금을 동유럽으로 분산하기 위한 조치가 필요하였다. 마지막으로 EU 경제협력 수혜국이 대폭 증가되었다. 1962년 Yaundé 협정으로 EU‒ACP 간 최초 특혜무역이 시작될 때는 ACP 17개국이 수혜대상이었으나,

Lomé 협정 I 때에는 47개국, Lomé 협정 IV 시기에는 이르러는 70여 개국으로 늘어났다. 따라서 EU로서는 지원자원의 효율적 배분이 시급한 문제로 대두되었다.[24]

2000년 서아프리카 Benin의 수도 Cotonou에서 EU 15개 회원국과 ACP 그룹 79개국 간 PTA(Preferencial Trade Agreement)가 체결되었다. 동협정은 2003년 발효되었으며 2006년 한 차례 개정되었다.

Cotonou 협정은 앞선 두 협정(Yaundé 및 Lomé 협정)에 비해 큰 차이가 있다. 즉 Cotonou 협정은 단순한 무역협정이 아니라 전반적 경제문제는 물론 수혜국의 민주주의, 인권문제까지 다루는 포괄적 경제협정이다.[25] 특히 Cotonou 협정이 다른 점은 이것이 특혜무역협정이자 대외원조협정이라는 것이다.[26] EU는 Cotonou 협정 I 기간 동안(2002~2007) 총 135억 유로(150억 달러)를 ACP 국가에 대한 공적원조(ODA) 자금으로 공여하게 했다. Cotonou 협정이 특혜무역협정으로 상징되는 가장 큰 이유는 ACP 국가와 무역에서 EU가 취하고 있는 특별한 정책태도 때문이다. Cotonou 협정은 ACP 국가의 상품 및 서비스교역을 특별하고 다르게 취급한다는 정신을 담고 있기 때문이다.[27] 이는 WTO의 무차별정신에 정면으로 위배

---

24) Borrmann A.(et. al.), *The WTO Compatibility of the Economic Partnership Agreement between the EU and the ACP Countries, GTZ Sonderheft*(GTZ, 2005), p.12.

25) 이상과 같은 Cotonou 협정의 포괄주의는 다음 4대 원칙에서도 명백히 나타난다.
    (1) Equality of Partners and Ownership of Development Strategies
    (2) Participation
    (3) Dialogue and Mutual Obligations
    (4) Differentiation and Regionalisation
    여기에 관한 자세한 내용은 Wanlin A., "What future for EU development policy?" Center for European Reform, *Working Paper*(2007).

26) *Ibid.*, p.20.

27) Cotonou Agreement 제39, 40 및 41조.

되는 것으로 EU는 Cotonou 협정의 개정을 요구받고 있기도 하다. 물론 WTO도 빈곤국에 대한 특별대우(Special and Differential Treatment)를 규정하고 있지만 그것도 전 WTO 회원국에 무차별적으로 적용해야 하는 것이다. 특별한 조건을 충족시키는 경우에 제한하고 있다. 일반특혜관세제도(GSP)도 무차별 적용해야 하며 1979년 도입된 GATT Enabling Clause도[28] 남남협력(South – South Cooperation)에만 가능하지 남북협력(South – North Cooperation)에는 제외된다.[29]

Cotonou 협정은 WTO 정신과 부합될 수 없는 부분이 있다. 즉 EU는 ACP 국가에 대하여 무역자유화와 관세양허 규정에서 최대한 유연성을 보장하고 있다는데 이는 WTO의 무차별원칙을 훼손하는 것이다.

"Negotiations shall take account of the level of development and socioeconomic impact of trade measures on ACP countries, and their capacity to adapt their economies to the liberalisation process……."[30]

"The Parties reaffirm their attachment to ensuring special and differential treatment for all ACP countries……."[31]

결론적으로 말하자면 Cotonou 협정은 EU – ACP 무역자유화의 과도기간 설정, 자유화의 폭과 깊이, 세이프가드조항, SDT(Special and Differenciate Treatment) 조항 등 그 어떤 조건으로 보더라도 WTO와는 양립될 수가 없다. 단적인 예를 들면 관세유예 5년, 18

---

28) GATT Part Ⅳ(Trade and Development) 제36조 8항에 의하면 개발도상국은 상호주의원칙 적용에서 면제된다.

29) South – North Agreement인 경우에는 오직 GATT 제24조 규정에 따라 처리될 뿐이다.

30) Cotonou Agreement 제37조 7항 참조.

31) Cotonou Agreement 제35조 3항 참조.

년 과도기간 등 ACP에 대한 특혜관세공여, 그리고 ACP 민감 품목
에 대한 세이프가드 허용조치 등이 그것이다. 현재 이 문제는 아직
EU - ACP 양 당사자는 물론 WTO에서도 논의 중이다. Cotonou 협
정의 특혜관세 조항 향후 도하라운드 등 국제무역질서에도 큰 영
향을 줄 것으로 보인다.

<표 3> EU의 주요 특혜무역협정

대 상 국	협정명	협정내용
EFTA	자유무역협정(1973) EEA 협정(1991)	관세인하 상품의 범유럽적 유통 촉진
ACP	Yaounde협정 Ⅰ, Ⅱ(1963~1975) Lomé 협정 Ⅰ, Ⅱ, Ⅲ, Ⅳ(1975~2000) Cotonou 협정 Ⅰ, Ⅱ(2000~2013)	ACP 국가의 1차 상품수입특혜, 1차산품의 가격안정, 공산품수입 시 무관세, ACP 국가의 시장개혁
Maghreb	특혜무역협정(1976)	전 수입의 무관세
Mashreg	특혜무역협정(1977)	제조업상품의 무관세수입
이스라엘	특혜무역협정(1975)	무관세혜택
세르비아	특혜무역협정(1980)	무관세적용
개발도상국	GSP 적용	특혜관세적용
OECD	-	최혜국관세적용

자료: Altmann J., *Internationale Wirtschaftsorganisationen*, UTB(2002), pp.134~145; 이종원 · 이갑수, 『유럽경제
론』(서울: 법경사, 1997), p.204.

Ⅲ. EU의 보호적 · 차별적 통상정책

1. 유럽중심주의 통상정책

EU 회원국의 총 무역액은 2006년 기준으로 수출 2조 달러, 수입 1조 8,000억 달러로 전 세계 무역의 약 40%를 점하고 있다. 이 중 약 60%가 EU 회원국 간 역내무역(internal trade)에 의한 것으로 EU 의 역내무역은 다른 어느 경제통합체보다도 비중이 높다. 1985년 EU의 역내무역 비중이 51%였다는 것을 감안하면, 지난 20여 년 동안 EU 역내시장 단일화는 한층 심화되었음을 알 수 있다. 국가 별로 보면 프랑스, 이태리 등이 높은 역내시장 의존율을 보여 주고 있으며 영국, 독일의 경우 역내 의존도가 각각 53.5 및 54.2%로 비 교적 낮다. 그리고 <표 5>에서 보듯이 EU의 대유럽 무역의존 비 중은, 유럽자유무역연합(EFTA)까지 포함한 넓은 의미로 보면 70% 를 상회하고 있다. 미국에 대한 수출 및 수입비중도 겨우 7%를 상 회하며, 대일본 수출 점유율은 겨우 2.1%에 불과하고 수입비중도 4.1% 정도이다. 또한 한국을 포함한 아시아 신흥공업국 4개국에 대한 수출입의존도는 각각 2.3 및 2.5%에 머물고 있다. EU는 기본 적으로 유럽지향적인 무역구조를 보여 주고 있으며 이 추세는 향 후에도 계속될 것으로 본다. 더구나 동유럽제국의 편입으로 EU의 유럽 지향적 무역구조는 심화될 것으로 보인다.

또 하나 특기할 만한 사실은 EU의 대아시아 무역이다. 다른 지 역과 달리 이 지역에서는 무역수지 적자를 시현하고 있는데 특히 중국, 일본과의 교역에서 상당한 역조현상을 보여 주고 있다. 더구나 아시아지역은 경제성장 및 교역증가율이 가장 높은 지역이다. 따라서 아시아지역에서의 EU 산업의 경쟁력강화는 무엇보다도 중요하다고 볼 수 있다. 이렇게 보면 아시아지역을 향후 EU 통상정책의 전략지역으로 볼 가능성이 높다. 특히 중국의 비중증가가 예상된다.

〈표 4〉 EU 및 주요국의 역내시장 무역비중

(단위: %)

국가별	1985	1990	1995	2006
영 국	40.3	45.2	51.7	53.0
독 일	47.5	49.1	54.3	54.2
프랑스	49.5	52.4	63.8	64.1
이태리	45.4	45.4	57.8	58.9
네덜란드	62.2	63.9	68.2	68.3
EU 전체	50.2	51.7	59.9	60.1

자료: Commission, basic statistics of the community, 각 호.

〈표 5〉 EU의 지역별 수출입 의존도(2006년)

(단위: %)

지역별	수 출	수 입
유럽지역	72.0	68.7
역내무역	61.0	58.8
대EFTA	9.5	8.5
기타 유럽국	1.5	1.4
미주지역	8.6	9.9
미 국	6.1	6.8
캐나다	0.9	0.8
남 미	1.6	2.5
아시아지역	7.2	7.7
일 본	2.1	4.1
NIEs 4국	2.3	2.1

중 국	3.8	4.6
기 타	11.2	9.7
총액(10억 달러)	1,960	1,815

자료: Commission, basic statistics of the community, 2007.

한국과 같은 역외국의 입장에서 보면 EU의 통합이 어느 정도 역외에 무역 유발을 가져오느냐가 중요할 것이다. 이를 역외무역창출효과(external trade creating effect)라고 하는데 다음 <표 6>에서 보는 바와 같이 EU의 역외무역도 꾸준히 증가되었음을 알 수 있다.[32] 1980년 EU의 역외 수입총액은 약 4,000억 달러였는데 20년 후인 2000년에는 약 8,000억 달러에 달해 명목증가율은 거의 100%에 이르렀다. 여기서 우리가 주목해야 할 것은 EU의 수입 잠재력이다. 그것은 EU의 역외로부터 수입액이 매년 1조 달러에 달하고 있다는 사실이다. 이 수치는 미국에 필적하며 일본의 3배에 해당되는 것이다. 말하자면 EU는 미국과 더불어 세계 최대의 수입국이라는 것이다. 현재 한국의 대EU 수출은 약 450억 달러로 EU 역외수입의 약 1.6%라는 점유율을 가지고 있다. 수출 3,000억 달러의 세계 10대 무역국의 하나인 한국의 입장으로서는 유럽시장의 점유율이 상대적으로 낮다고 평가할 수 있다.

---

31) 역외무역의 증가는 그나마 WTO 정신에 부합하는 요소이다. GATT 제24조는 국제적 경제통합이 무차별원칙에는 어긋나지만 무역의 확대라는 GATT의 기본정신과는 배치되는 것이 아니라고 규정하고 있다. 즉 경제통합은 물론 통합국 간의 무역을 증진시키지만, 제3국에도 수출확대의 기회를 주게 된다는 것이다.

〈표 6〉 EU 역외 무역수지

(단위: 10억 달러)

	1980	1990	2006
수 출	305.0	556.0	1,110.5
수 입	393.9	599.3	1,021.0
무역수지	- 88.9	- 43.3	89.5

자료: GATT, International Trade, 각 호.

2. EFTA에 대한 통상정책

EU의 EFTA 지역에 대한 무역의존도는 약 7%에 이르고 있다. EU 무역에서 차지하는 비중이 미국 7%, 일본 3~4%에 불과하다는 것을 보면 EFTA는 분명 EU의 주요 통상국이다. EFTA 지역의 역내인 구가 겨우 1,800만 명으로 미국인구의 7%에 불과하다는 사실에서 보더라도 EU와 EFTA 간의 특수한 통상관계를 짐작할 수 있다.

EU의 대EFTA 통상정책은 EEA(European Economic Area) 협정을 통해 이해할 수 있다. EEA 협정의 목적은 EU와 EFTA의 무역 및 경제관계를 동등한 경쟁조건과 동일한 규칙하에 둠으로써 양 지역을 동질적인 경제지역으로 만들자는 것이다. 이러한 목적을 달성하기 위하여 1984년 이미 달성한 자유무역지대를[33] 보다 심화하여, 서비스, 노동, 자본 등 생산요소의 자유로운 이동을 제도적으로 보장하며[34] 환경, 교육, 사회정책에서의 협력을 규정하고 있다. 따라

---

33) EU와 EFTA는 1973년 자유무역협정을 체결하였는데 1984년에 이르러 공산품의 무관세가 실시되었다. 1991년 EEA협정을 통해 상품, 노동, 자본이동의 완전자유화를 이루었다.

34) 생산요소의 이동을 보장하는 단계에 이른다면 이는 자유무역지대나 관세동맹의 수준을 넘어 공동시장의 수준에 도달하는 것이다. 경제통합의 단계론에 대해서는 Baldwin R. and Wyplosz C., *Eonomics of European Integration*(2003), Ch.4 또는 B. Balassa, *The Theory of Economic Integration―*

서 EFTA 회원국은 1,400여 개의 EU 규정을 수용해야 하며, 필요할 경우 국내법을 정비하기로 합의하였다. EU의 대EFTA 주요 통상정책을 EEA 협정을 통해 살펴보면 다음 3가지로 요약된다.

- 상품교역의 자유화
- 노동, 자본, 서비스의 자유이동
- EU 경쟁법의 EFTA 지역 적용

1) 상품교역의 자유화

공산품에 대해서는 일부 품목을 제외한 대부분의 경우 이미 자유무역이 실시되고 있다. 따라서 EEA 협정은 농산물 및 수산물 교역 확대를 규정하고 있다. 농산물교역의 확대를 위해 2년마다 농산물의 교역조건을 검토하기로 결정하였다. 이를 토대로 농업 분야의 교역장벽을 완화하기로 합의하였다. 원래 농업은 EEA 협정에서 제외되었으나[35] 농업 분야의 시장통합이 중요한 과제로 등장하자 시장통합의 기초작업으로 교역장벽의 점진적 완화를 합의하게 되었다. 수산물 분야에서도 관세인하가 합의되어, 1997년까지 수산물 수입관세를 70% 인하하였다. 이 외에 상품교역의 자유화를 위한 조치로 국경절차의 간소화, 기술장벽의 철폐, 공공조달의 상호 확대, 반덤핑 및 보복관세의 배제 등이 포함되어 있다.

(London, 1969).

35) EU는 로마조약체제 출범 당시부터 공동농업정책(CAP)을 실시해 왔기 때문에 농업정책상 많은 수단(instrument)들이 개발되어 왔다. 따라서 농업 분야의 공동보조가 역외국의 EU 가입을 저지하는 장벽으로 작용해 왔다. 영국의 EC 가입이 지연된 것도 공동농업정책 때문이었다.

2) 생산요소의 자유이동

EEA 협정에 의해 EU 및 EFTA 회원국 노동자들은 국적에 관계없이 EEA 전 지역에 자유롭게 거주하거나, 공공부문을 제외한 전 직종에서 노동이나 서비스를 제공할 수 있게 되었다. 동시에 사회보장의 혜택도 받게 되었다. 또한 노동시장의 단일화를 위하여 학위나 자격증제도의 조화 등 기술적 장벽을 제거하기로 하였다. 자본시장의 단일화를 위하여 자본 및 서비스의 이동에 제한을 가하지 않기로 합의하였으며, 은행, 증권, 보험 등 금융산업의 단일면허제를 도입하기로 하였다. 이에 따라 EEA 지역 어느 한곳에서 금융업의 면허를 받으면 EEA 어느 지역에서도 영업활동이 보장되게 되었다.

3) 경쟁법규의 적용

EFTA 회원국은 반트러스트, 독점적 지위의 남용, 기업합병 및 매수, 공공조달, 정부보조금 등 경쟁정책에 관한한 EU의 경제법규에 따른다. 기업합병에 관한 통제의 권한을 EU에 위임한다.

이상에서 보았듯이 EU의 대유럽 통상정책은 유럽 전역을 하나의 경제권으로 발전시키는 것이다. 이미 우리는 EFTA와 EEA 협정, 동유럽 12개국의 시장경제 전환과 EU 가입으로 '범유럽경제권'의 탄생을 보고 있다. 그런데 문제는 EU의 역내시장이 확대되면 될수록 역외시장에 대한 차별적 조치는 강화될 수도 있다는 우려이다.

결국 거대 범유럽권 블록경제가 탄생했다는 것은 비유럽지역에 대한 중요도의 상대적 감소를 뜻하며, 이는 EU가 역외국에 대한 보호주의적·차별적 통상관행을 강화할 수 있는 정치적 토양이 된다는 것이다.[36] 물론 WTO 체제의 출범으로 자유무역에 대한 기대가 없는 것은 아니지만, 역외지역과의 상호주의, 쌍무주의에 입각한 통상정책은 심화될 것은 분명하다.

3. 일반특혜관세제도(GSP)[37]

EU의 GSP 제도는 매우 복잡할 뿐 아니라 매우 흥미롭다. GSP 제도는 최초로 유럽에서 탄생하였을 뿐 아니라 유럽문화의 특징들을 집약적으로 나타내고 있는 국제경제제도라는 점에서 더욱 그러하다. GSP란 개발도상국의 수출 증대 및 공업화를 촉진하기 위해 선진국들이 개발도상국으로부터 수입되는 농수산품, 공산품 및 반제품에 대해 보상 없이 일방적으로 무관세를 적용하거나 일반관세율 즉 최혜국대우 관세율(MFN 관세율)보다 낮은 저율의 관세를 부과하는 일반특혜관세제도이다. 이 제도는 선진국이 후진국에 대해 일방적으로 부여하는 특혜관세로 이미 언급된 상호주의와 무관하게 일방적으로 시행된다. 현재 개도국에 대해 GSP를 공여하고 있는 국가는 EU를 비롯하여 미국, 일본, 캐나다, 노르웨이, 스위스, 호주, 뉴질랜드, 러시아 등이다.

EU는 1971년 7월 1일 세계 최초로 개발도상국에 대해 GSP를 공여하였다. 그 후 EU가 확대되면서 GSP를 공여하는 국가들도 늘어

---

36) 국제경제통합이론으로 설명하면 무역전환효과가 크게 나타날 수가 있다는 의미이다.

37) GSP는 Generalized System of Preference의 약어.

나 1995년 EU는 10년 단위로 GSP 제도를 수정 운영하는 것을 원칙으로 하면서, 동시에 연간 단위로 역내외의 경제상황 변화에 따라 기본운용규정을 부분적으로 수정해 왔다. 예를 들어 일반 공산품의 경우 제2기 GSP 공여기간(1981~1990)의 첫해에 특혜 대상품목을 '관심품목'과 '비관심품목'으로 나누고 관심품목은 다시 C.T.Q.(Community Tariff Quotas), Ceiling, FDFA(Fixed Duty Free Amount)로 나누어 관리하는 체제로 개편해 운영해 왔으며, 1991년부터는 FDFA와 Ceiling으로 다시 분류하여 운용해 온 바 있다. 특히 제2차 기간에 속하는 1987년에는 선발개도국에 대한 특혜 공여폭을 축소하고, 후발 및 개도국 극빈국에 대한 공여폭을 확대시킨다는 기본원칙 아래 GSP 제도사상 처음으로 선발 개도국과 특정상품의 경쟁력이 높은 국가의 제품에 대해 GSP 공여한도를 삭감하는 GSP 차별화실시정책을 시행해 온 바 있다. EU가 개도국 간 차별화를 실시한 것은 GSP 수혜국 수를 줄여 비용을 절감한다는 차원도 있지만, 더욱 중요한 것은 잠재적 경쟁국에 대한 견제, 역내 사양산업의 보호와 같은 정책목표가 내재해 있었다.[38]

그리고 EU는 WTO와 협상결과를 반영하여 더욱 엄격한 GSP 제도를 마련해 시행하고 있다. 새로운 GSP 제도에서는 품목별로 확정되어 있던 실링, 쿼터 등 GSP 수혜한도 폭을 축소한 반면, GSP 공여 대상 품목을 초민감, 민감, 준민감, 비민감군으로 구분해 품목별로 최혜국세율을 인하해 주는 관세조정방식을 도입해 시행하고 있다. 특히 새로운 GSP 제도에서는 품목별, 국별 졸업방식에 의한

---

38) 이 조치에 따라 한국, 대만은 1990년 GSP 수혜국에서 제외되었다.

단계적 졸업방식을 선택해 선발개도국 및 특정수혜국에 대한 GSP 공여를 제한해 나가고 있다. 새로운 GSP 제도에서는 공여품목을 크게 일반품목군과 졸업대상품목군으로 구분하고 일반품목군을 다시 초민감품목군, 민감품목군, 준민감품목군, 비민감품목군으로 세분하여 세율을 달리 정하고 있다.

Ⅳ. EU의 수입 제한적 통상정책관행

1. 상호주의원칙, 원산지제도

EU의 역내산업 보호정책의 전형적 모습으로 상호주의와 원산지주의를 들 수 있다. 이것은 물론 미국 등 타 선진국에서도 흔히 볼 수 있는 비관세장벽이지만 EU에서는 특별한 의미를 갖는다. 그 이유는 EU 공동체법, 즉 로마조약 제113조, 암스테르담조약 제131조 등에서 찾아볼 수 있다. 즉 EU 대외통상정책의 궁극적 목표는 역내기업 또는 역내산업의 경쟁력을 높이는 데 있기 때문이다.

상호주의(reciprocity principles)란 상대국이 그 나라에서 활동하는 자국기업에 대해 내국민대우(national treatment)를 해 줄 경우 자국에서 경제활동을 영위하는 상대국의 기업에 대해서도 내국민 대우를 해 준다는 원칙을 말한다. 그러므로 역내에서 활동하는 타국의 기업에 대해 역내기업과 동일하게 대우해 주었을 경우 EU는 그에 상응하는 요구를 상대방 나라에 대해 제기할 수 있다. 이것은 곧 역외국에 대한 시장개방요구와 다르지 않다. 반대로 EU기업들이 역외국에서 동등한 대우를 받지 못하고 있다면 EU는 이에 대한 대응조처로 EU 역내에서 활동하고 있는 외국기업들에 대해 경제활동을 제한할 수 있다. EU는 이러한 상호주의 원칙을 역외국에 대한 시장진입전략으로 활용하고 있다. 아직까지는 주로 보험, 금융, 정보·통신 등 주로 서비스 분야와 지적소유권 분야에 적용되고 있지만 이 원칙의 개념은 섬유, 철강 등 역내 사양산업과 자동차와 같은 성장산업에도 적용되고 있다.

원산지규정이란 특정제품의 원산지를 판정하기 위해 일반적으로 적용되는 회원국들의 각종 법률 및 행정제도를 말한다. 이때 원산지(Country of Origin)란 물품이 생산되었거나 가공된 지역을 의미하므로 단순히 조립한 조립국이나 가공공정과정을 거치지 않고 단순히 경유하거나 선적만 하는 나라는 원산지가 될 수 없다. 원산지규정이란 결국 예를 들면 EU 내에서 유통되고 있는 어떤 물품이 실제로 EU 역내에서 생산되었거나 가공되었는지를 판정해 주는 원칙이다. 그러나 어떤 물품이 실제로 EU 역내에서 생산되거나 가공되었는지를 평가하는 것은 쉽지 않다. EU는 현지부품사용비율(local content requirements)을 측정하여 이 문제를 해결하고자 한다. 즉 EU에 진출한 기업이 유통시키고 있는 물품이 EU산으로 판정받기 위해서는 EU산 부품을 부가가치기준으로 적어도 50% 이상 사용해야 하며 이 기준에 미달하는 상품은 EU 역외 생산으로 판정되어 반덤핑관세가 부과된다. 이것을 '스크류드라이버'(screwdriver)규정이라고 하는데, EU는 이 규정을 통해 외국기업이 단순한 부품조립공장을 EU 역내에 설립, 현지투자로 위장해 EU에 수출을 확대

하려는 우회수출전을 원천적으로 봉쇄하고자 한다. 이 규정은 역외
국들의 유럽투자가 '단순한 조립공장'(screwdriver operations) 수준
에 머물지 않고 EU의 산업 발전에 실질적으로 기여할 수 있도록
유도하기 위해 고안된 것이다.

2. 반덤핑 및 상계관세제도

자유무역체제를 선도하는 WTO 체제의 출범과 동시에 자국의
특정산업들이 무한경쟁에 직접적으로 노출되자 이에 대한 대응책
으로 각종 수입규제조처가 내려지고 있으며 그 가운데에서도 반덤
핑관세는 가장 효과적인 수단으로 선호되고 있다. 특히 EU는 화학,
섬유, 전기 · 전자산업에 대해 집중적으로 반덤핑조처를 취하고
있다. 1994 EU는 WTO 반덤핑 협정의 국내이행을 위해 새로운 이
사회규정(No.3283/94)을 제정하였다. 반덤핑관세란 일반적으로 역
외국의 EU 수출가격(export price)이 동종제품(like product)에 대한
수출국의 국내 판매가격인 정상가격(normal value)보다 낮아 EU 산
업이 피해를 입거나 피해를 입을 우려가 있는 경우 해당 상품에 대
해 부과하는 관세를 말한다. 이때 수출국이나 원산지국가에서 동종
제품이 판매되지 않아 정상가격이 존재하지 않을 경우 비교가격[39]
과 구성가격[40]을 정상가격으로 택하여 덤핑 여부를 판정한다. EU

---

39) 어떤 나라가 EU 역내에 덤핑수출을 하고 있다면 제3국에 대해서도 같은 종류의 덤핑수출을 하고 있을
　　것이라는 논리에 근거하여 EU 집행위원회는 덤핑혐의를 받고 있는 동종제품의 제3국 수출가격인 비교
　　가격을 정상가격의 대안으로 제시하고 있다.

40) 구성가격(constructed value)이란 문제의 수출상품을 생산하기 위해 소요된 원자재나 중간재를 포함
　　한 모든 고정비용과 가변비용에 판매비, 관리비, 기타 일반비용 및 이윤을 가산한 비용을 말한다.

는 주로 비교가격보다 구성가격을 정상가격에 대한 대체가격으로 선택하고 있다. 수입규제 중 가장 빈번히 적용되는 조치이며 특히 EU가 한국에 대한 반덤핑규제조치는 대상국 가운데 3위로 결코 적지 않은 비중을 차지하고 있다.

<표 7>에서 보는 것처럼 EU의 반덤핑, 상계관세 조사는 WTO 체제가 정착된 2000년대 이후에도 꾸준히 증가하고 있으며 조사절차, 기간 등에서 보듯 보호주의적 색채가 오히려 강화되고 있는 실정이다. EU의 역외 통상정책에 어떤 영향을 줄 것인가에는 신중한 접근이 필요하다. 무역을 제한해 왔던 여러 가지 회색조치의 완화 내지 철폐가 기대되고, 철강, 반도체 등에서 무관세화가 추진되고 있지만 자유무역에로의 회귀는 불가능하다고 본다. 그것은 EU의 실업률이 어느 지역보다도 높고, EU의 경쟁력 회복에 최우선순위를 두고 있기 때문이다. 더구나 최근 세계경제위기는 EU 보호주의를 더욱 부추길 것이다.

〈표 7〉 EU 반덤핑, 상계관세 조사 및 부과건수(2003~2007)

	2003	2004	2005	2006	2007
이미 진행 중에 있던 조사 건수	33	15	31	28	33
기간 중 신규 제기된 조사 건수	8	29	26	36	9
종결된 조사 사건 수 (조사 후 관세를 부과하였거나 기각된 경우)	5	11	19	13	12
− 종결(소 취하 건수)	21	2	10	18	10
기간 중 종결된 총 사건의 수	26	13	29	31	22
기간 말에 진행 중이던 사건의 수 (다음 기간으로 넘어간 사건 수)	15	31	28	33	20
기간 중 가처분 조치가 내려진 사건 수	10	6	15	13	12

출처: Commision of EU, Commission Staff Working Document on the Community's Anti− Dumping, Anti−Subsidy and Safeguard Activities, 2007.

3. EU의 집단적 보호주의

EU의 대외무역정책은 커다란 변화를 겪고 있다. 그것은 마스트리히트조약의 발효로 통화통합의 길로 들어서게 되었을 뿐만 아니라, EFTA 국가와의 자유무역을 명시한 EEA 조약의 발효, 동유럽의 가입 그리고 WTO 체제 출범이라는 대내외적 변화에 직면하게 되었기 때문이다. 마스트리히트조약으로 종전의 EC(유럽공동체)는 EU(유럽연합)의 길로 접어들었다는 면에서 통상정책상의 중앙집권적 경향을 보이리라 예상할 수 있다. 집행위원회의 권한 강화가 반드시 무역자유화를 가져오는 것은 아니다. 오히려 프랑스, 이태리 스페인 등 주도국의 입김에 따라 '집단적 보호주의'가 더욱 강해질 우려도 있다.[41] 또한 범유럽주의가 자유무역정책에 장애가 될 수도 있다. 말하자면 유럽연합의 무역정책은 더욱 유럽 지향적일 수도 있다는 점이다. 현재 70%가 넘은 EU의 대유럽 무역의존도가 말하듯이 유럽 외 지역과의 교역에서 소극적이거나 보호주의적 경향을 띨지도 모른다는 것이다. 뿐만 아니라 동유럽권의 시장경제의 활성화와 EU 가입으로 범유럽적 경제통합과 역외차별주의가 강화될 우려가 있다. 결국 거대화된 EU가 세계시장에 대한 자신감과 책임감을 갖고 대국주의정책(benign neglect policy)을[42] 추구할 가능성이 얼마나 되는가에 달려 있다.

---

41) 실제로 EU가 WTO 다자간 협상(UR라운드, Doha라운드 등)에서 보여 준 협상태도나, 미국과의 항공기산업 통상마찰에서 보여 준 단호함은 집단적 보호주의 관행을 드러내고 있다.

42) 이는 자국의 사소한 경제이익을 포기하고 세계경제질서의 순순환을 주도하는 것으로 과거 미국이 국제무역이나 자본시장에서 보여 준 관대한 통상정책을 말한다.

Ⅴ. 결언: EU 대외통상정책 전망

EU는 원칙적으로는 자유무역을 추구하고 있다고 본다. 그러나 EU의 대외통상정책은 다음 3가지 점에서 차별적·보호주의적 측면이 있다. 우선 EU의 무역정책은 유럽 지향적이다. EU 자체가 유럽국가 간 연합일 뿐만 아니라 EU가 맺고 있는 통상협정 자체도 유럽국가에 중심을 두고 있다는 사실에서 그러하다. EU는 EFTA(유럽자유무역연합) 국가와 포괄적 자유무역협정을 맺고 있으며, EEA 협정을 통해 유럽 전역을 사실상 단일경제통합체로 격상시켰다. 둘째로 EU는 다른 어느 나라 또는 블록보다도 특혜무역협정이 많다. ACP 국가, 중동 및 지중해 연안의 국가들, 동구권 국가 등 수많은 국가들과 차별적으로 대우하는 무역협정을 맺고 있다. EU는 역사적으로 이 지역에 대한 이해관계를 갖고 있으며, 영연방, 프랑스연합 등 구 식민지 잔재의 영향으로 1948년 GATT 체제 출범 때부터 특혜관세제도를 유지하고 있다. ACP 국가, 아랍권에 대한 EU의 특혜무역정책은 WTO의 무차별주의 정신과는 부합되지 않는다. 마지막으로 EU에는 아직도 수많은 비관세장벽들이 주요 정책수단으로 인식되고 있다. EU 원산지규정은 WTO 규정과 마찰을 겪고 있으며, 반덤핑, 상계관세제도는 EU 산업을 보호하는 중요한 수단이다. 요약하면 EU 통상정책의 기조는 자유무역이지만 완전한 WTO 무차별주의는 아니라는 것이다.

향후 EU 대외통상정책 전망은 다음 2가지 방향에서 예상해 볼수 있다. 먼저 EU가 세계경제에 대한 책임감을 갖고 대국주의적

자유무역정책을 추구할 가능성이다. 그러나 이런 가능성은 현재로
선 낮다고 할 수 있다. 오히려 역외지역에 대한 소극적 자세를 취
할 가능성이 더 높다. 특히 아시아, 북미지역 국가와의 통상관계에
서 보호적, 차별주의 관행을 계속 유지할 가능성이 있다는 것이다.
그중에서도 중국, 한국 등 동아시아 국가와의 통상정책은 차별적인
성격을 유지할 가능성이 크다.

　최근 한국은 EU와 FTA 협정을 추진하고 있다. 세계 최대 무역
대국 EU와의 자유무역 추진은 한국경제의 장래가 걸린 문제이다.
더구나 EU가 전통적으로 보호적·차별적 통상정책 관행을 보이고
있다면 그 중요성은 더욱 크다 할 것이다.

참고문헌

김세원. 『EU 경제학』(서울: 박영사, 2004).

도충구 외 3인. 『국제경제기구의 이해』(서울: 학현사, 2001).

손병해. 『경제통합의 이해』(서울: 법문사, 2002).

이종원. 『최신 EU(유럽연합)론』(서울: 도서출판 해남, 2004).

이종원 · 이갑수. 『유럽경제론』(서울: 법경사, 1997).

Artis, M. and Nixon, F. *The Economics of the European Union*. Oxford: Oxford University Press, 2001.

ACP. *ACP − EU Negotiations of Economic Partnership Agreements*. Brussel: Sustainable Economic Development Department, 2003.

Altmann, J. *Internationale Wirtschaftsorganisationen*. Stuttgart, 2002.

Babarinde, O. A. *The Lomé Conventions and development*. Aldershot: Ashgate, 1994.

Bacchetta, M. and Jansen, M. *Adjusting to Trade Liberalisation; The Role of Policy*. WTO Special Studies. No.7(2004).

Baldwin, R. and Wyplosz, C. *Economics of European Integration*. 2003.

Balassa, B. *European Economic Integration*. Amsterdam, 1969.

Borrmann, A.(et. al.). *The WTO Compatibility of the Economic Partnership Agreement between the EU and the ACP Countries*. GTZ Sonderheft, 2005.

Commission of EU. *European Economy*. Annual Economic Report 2005.

Commission of EU. *Europa in Zahlen*. 2006.

Commision of EU. *Anti − Subsidy and Safeguard Activities*. Commission

Staff Working Document on the Community's Anti－Dumping, 2007.

Commission of EU. *Basic Statistics of the Community*. 2008.

El－Agraa, A. *The Economics of the European Community*. New York: St. Martin Press, 2002.

Holland, M. *The European Union and the Third World*. New York: Palgrave, 2002.

Kooperman, G. "Die WTO und Regionalismus". *Wirtschaftsdiesnst*. Vol.85. No.2(2005).

Nello, S. *The European Union: Economics, Policies and History*. Maidenhead: McGraw－Hill, 2005.

Panagariya, A. "Preferencial Trade Liberlaisation: The Traditional Theory and New Development". *Journal of Economic Literature*. Vol.38(2000), pp.287～331.

Roos, M. "Internationale Integration und die Neue Oekonomische Geographie". *Perspektiven der Wirtschaftspolitik*. Band. 4. Heft. 1(2006), pp.107～121.

Rosamond, B. *Theories of European Integration*. New York: Palgrave, 2001.

Sapir, A. "EC Regionalism at the Beginning of the Millennium: Toward a New Paradigm". *The World Economy*. Vol.23(2000), pp.1135～1432.

Shin, J. S. "The future of development economics: a methodological agenda". *Cambridge Journal of Economics*. Vol.29(2005), pp.1111～1128.

Steineck, A. "Die Abkommen von Romé". *Wirtschaftsstudium*. Vol.21(1997).

Wagner, N.(et al.). *Oekonomie der Entwicklungslaender*. Basel und Stuttgart: Gustav Fischer, 1993.

Wanlin, A. *What future for EU development policy?* Center for European Reform. Working Paper, 2007.

Walter, H. *Wachstums － und Entwicklungstheorie*. Basel und Stuttgart: Gustav Fischer, 2000.

제3장 지역연합 심화 시의 외국인직접투자와 노동이주의 상관관계: EU의 사례를 중심으로

김현정

창원대학교 국제관계학과 강사

I. 서 론

냉전의 종식 이후 국제간 이주는 전례 없이 빠른 속도로 확산되고 있으며, 이는 세계적 이주 보편화와 동시에 주요 도시의 다민족화(多民族化)를 이끌고 있다. 이러한 현상을 세계적 이주 위기[1]라 간주하는 시각이 존재하는 한편, 국제간 이주를 글로벌화, 국가 간 상호의존, 지역협력(양자협력) 및 매스 미디어의 발달에 의한 문화교류 등 다양한 원인에 의한 당위적 귀결로 인식하고 다원화 사회를 위한 노력을 기울일 것을 촉구하는 시각 또한 존재한다. 따라서 이론에 대한 실증적 분석을 위해 분석 수준 및 이민 형태에 대한

---

1) 세계적 이주 위기란 모국에서 다른 국가로 이동해 외국의 이주민들을 흡수하는 수용 국가들의 능력에 무리가 되는 점증하는 인구수로 야기되는 심각한 문제에 의한 위기를 일컫는다(Kegley Jr., Charles W. 『세계정치론: 경향과 변환』, 오영달 · 조한승 · 황기식(역). (서울: 한티미디어, 2010). p.409).

제한이 필요하며, 분석 수준을 제한하기 위해 본 연구에서는 글로벌화에 의해 이민이 급속도로 진행되고 있으며, 동시에 지역연합 차원의 이주가 진행되고 있는 유럽연합(EU: European Union, 이하 EU) 회원국을 사례 분석의 대상으로 선정하였다.

본 연구에서는 지역협력이 진행되어 자본의 이동과 이주가 자유로울 때, 역내에서 특정지역으로 외국인직접투자(FDI: Foreign Direct Investment, 이하 FDI)가 집중되면 노동이주 또한 비례하여 증가할 것이라 추정하였다. 즉 자본과 이주에 대한 법적 · 제도적 제재가 없어지면 인간의 이주보다 빠른 속도로 투자가 이동하며, 집중되는 투자에 의한 경제 기회가 유인 요소로 작용하여 노동이주를 이끌 것이라는 가설이다.

따라서 본 가설을 검증하기 위해 EU의 사례를 대상화하였으며, 특히 FDI가 집중되는 지역으로 EU 회원국 중 체코, 헝가리, 슬로바키아 및 폴란드 4개국을 채택하였다. EU 회원국을 분석 사례로 선정한 이유로는, 첫째, 미국, 캐나다, 오스트레일리아 및 뉴질랜드 등의 주요 이민 수용국들은 국가 건설 초기부터 다민족 국가로서 이민에 대한 시각이 국가 정책의 기본 정신을 이루고 있는 반면, 유럽 및 아시아 국가들은 이민을 사회 위기로 인지하거나 특정한 시기에 특정 영역에서의 필요에 의한 불가피한 선택으로 간주하는 등 그 차이에 주목할 수 있다는 점이다. 둘째, EU는 성숙된 지역공동체로서 자본과 자연인의 자유 이주가 보장된 유일한 지역협력 형태이기 때문이다.[2] 만일 자본 혹은 자연인의 이동에 대한 제도적

제약이 존재한다면 그 자체가 또 다른 통제변수로써 더 큰 영향을 미칠 수도 있기 때문에 이러한 전제를 만족하는 성숙한 지역연합 단계의 EU가 현재 유일한 사례 대상이라 할 수 있다. 셋째, EU는 FDI가 급속히 증가하는 지역이 폴란드, 체코, 슬로바키아 및 헝가리와 같은 회원국에서 뚜렷이 확인되므로 본 연구의 가설을 검증하기에 적합하다고 판단된다.

또한 본 연구에서는 이민 형태에 관하여 노동이주로 제한을 두어 경제적 기회를 원인으로 국제간 이주하게 되는 이민자의 양적 팽창, 유인 항목 및 이주 패턴에 관해 분석하고자 한다. 본 연구에서는 FDI와 노동이주의 상관관계를 분석하기 위해 사례 대상으로 채택한 EU의 이주 현황 및 원인 분석을 시도하기 위해 두 가지 시각[3]을 동시에 적용하여 FDI가 이민의 주요 유인 항목으로 작용하였는지에 관하여 분석하려 한다. 즉 FDI가 집중된 회원국에 이민유입 및 유출 현황 비교를 통해 유입국의 경제 기회가 이민 노동자를 유인 요소로 충분했는지에 관해 분석함으로써 행위 주의적 관점을 적용한다. EU 회원국 중 주변부 국가에 해당하는 체코, 헝가리, 슬로바키아 및 폴란드 네 개 국가에서 이민 유출에 비해 유입 비율이 높아짐에 주목하고, 이민유입을 결정하는 외생 변수로 FDI의 증대

장벽을 분류하였다(이종원·황기식, 『EU27: 유럽통합의 이해』(서울: 도서출판 해남, 2008), pp.88~90). ① 물리적 장벽: EU 역내국경에서 통관을 위한 정지, 통관통제 및 관련 서류작업. ② 기술적 장벽: 예를 들면, 제품 표준규격과 기술적 규제에서의 각 국가 간 상이, 서로 다른 회사법, 각국의 공동조달시장으로부터의 보호. ③ 조세장벽: 특히 부가가치세와 내국소비재(excise duty)의 세율 차이이며 이 중에서 어느 것이 최악의 장벽인가를 정확하게 구분하기는 어렵지만, 제조 부문의 기업이 자신 스스로 평가를 내리고 있다(*Ibid.*, p.90).

3) 실제 노동력의 국제이동에 관하여 다양한 이론들을 분류한 설동훈(2000) 및 「이민의 시대」(The Age of Migration)의 저자 캐슬 외(Castles *et al* 2003)는 본 연구가 서술한 두 가지 시각 이외에 국제노동력이동의 체계이론을 중심으로 하는 관계이론을 세 번째 시각으로 제시하였다.

가 주요함을 분석한다. 이들 네 개 국가는 EU 회원국으로 가입하기 전후 시기에 FDI 유치 경쟁에서 비약적인 성과를 거두었으며, 이에 따라 일인당 국내총생산(Gross Domestic Product, 이하 GDP) 증가, 일자리 증가 등 경제적 기회에 관한 가치가 상승하였다. 더불어 구조주의 시각에서 분석하여, 유입 이민자의 이민 유형 및 출신국가 분석 또한 병행하고 있다. 물론 EU 내 중심부에 해당하는 국가를 향한 FDI 집중 및 이민유입 또한 활발히 이루어지고 있으나, 노동이주에 대한 증가 비율 측면에서 체코, 헝가리, 슬로바키아, 폴란드 네 개 국가가 괄목할 만한 성장세에 있음을 간과할 수 없다. 또한 유입 이민자의 출신국가별 분석을 통해 세계체제이론에서 강조하는 준주변부에서 중심부로의 이동 이후 주변부에서 반주변부[4] 로의 이주가 진행된 것인지에 관한 논점에 집중해 볼 필요가 있다.

이러한 사례연구를 바탕으로 향후 타 지역 경제협력체의 성숙단계에서 FDI 집중에 따른 노동이주의 흐름을 예측 가능한 분석 근거를 제시하고자 하며, 더불어 한 지역공동체가 역내 노동이주의 안정적 상태를 추구하기 위한 정책 방향성을 제시하고자 하는 데 연구의 목적이 있다.

본 연구에서는 문헌자료와 기존 문헌에 대한 검토 및 평가를 수행하며, 노동이주에 대한 선행 연구들을 통하여 기존 이론을 검토하여 분석틀을 정립하였다. 또한 EU가 제시하는 집계자료를 분석하고 재구성하여 노동이주의 흡인요인으로서 기능 여부를 파악하였다. 특히 중·동 유럽 국가로의 노동이주 유인 항목으로 FDI 유

---

4) 반주변부(semiperiphery)란 중심부와 주변부의 생산 특징 모두를 보여 주는 국가들을 의미한다(Kegley, *op.cit.*, p.62).

입을 채택하였으며, 항목 채택의 적절성을 판별하기 위해 기존의
문헌에서의 흡인 요인들, 즉 일인당 GDP 및 실업률 등과의 비교를
통해 분석하였다. 본 연구에서 가설의 EU 사례 적용을 통해 FDI
유입 집계수치 및 노동이주의 유입 인구 합계와 목적별 이주요인
의 집계 자료 분석을 통해 기존 연구에서 제시하는 경제적 기회와
관련된 노동이주 유입의 세부 항목과 비교하여 FDI가 노동이주 유
인의 주된 항목으로 작용함을 파악할 수 있다. 다시 말해 본 연구
의 가설 검증을 위해 2004년 EU 확대시기를 전후로 신규가입국 중
4개 국가를 사례 분석하는 것은 앞서 제시된 지역협력 성숙 시 투
자와 노동이주의 복잡한 상관관계를 규명하는 데 반드시 필요한
연구라 할 수 있다. 사회학 분야에서 특정 의문에 대한 사례의 복
잡성과 특수성을 규명하기 위해 사례분석 연구는 집중되고 있으며,
특히 일정한 지역공동체 혹은 조직과 같이 특정 지역을 선정하는
방식이 일반적이다.[5] 사례분석 연구는 관여적 관찰 혹은 비체계적
관련자 면담과 같은 정성적 분석을 통해 연구에 적용되고 있으며,[6]
본 연구는 특정된 사례로 제시된 2004년 EU 신규가입국 중 체코,
슬로바키아, 헝가리 및 폴란드 4개 국가의 투자와 노동이주의 변화
를 분석하여 상관관계를 유추하였다. 즉 이들 4개 국가로 집중되는
FDI 그리고 동일시기 유입 이민의 집계 자료 및 노동 이주에 집중
되는 특징 등을 정성 분석하여 제시하였다.

FDI 형태의 자본 이동과 노동이주가 동반됨으로써 반주변부화한
지역의 자본과 인구가 다시 중심부 지역으로 흡수되는 것이 아니

---

5) Alan Bryman, Social Research Methods, (Oxford: Oxford University Press, 2001), pp. 47–48
6) Bryman, Alan, *Social Research Methods*, (Oxford: Oxford University Press, 2001), *Ibid.*, p.48.

라 주변부 지역의 반중심부로 기능할 수 있음을 정성적 분석을 통해 인지할 수 있으며, 이주의 통계적 흐름을 파악하기에는 비교적 짧은 기간이 경과된 현시점에서 자본과 노동이주의 집계자료 분석을 통해 유의미한 변화를 고찰하고자 하였다.

또한 본 연구와 같이 경제지표의 수치적 집계자료를 근거로 국가 간 흡인요소의 차이 및 배출요인의 차이를 비교하는 방법은 경제협력개발기구(OECD, 2009)의 OECD(Organization for Economic Cooperation and Development, 이하 OECD) '국가들에 대한 국제 이주의 미래'(The Future of International Migration to OECD Countries)에서도 사용되었다. OECD(2009)는 배출 및 흡인 이론에 근거하여 개별 요인을 분석하였으며,[7] 일인당 GDP, 노동시장 규모, 은퇴 후 세대 규모 등의 집계자료를 수집하여 국가 간 비교를 통해 수치화[8]하고, 합계 점수를 비교하여 흡인 요인 정도를 지표화하여 제시하고 있다.

본 연구는 이를 활용하여 이주의 직접 수치 비교와 함께 FDI 변화를 집계자료로써 채택하였으며, 일인당 GDP 및 실업률 수치를 제시하여 비교 분석의 대상으로 제시하였다. 즉 지역공동체 내 FDI 유입이 노동이주에 어떠한 영향을 미칠 것인가에 관한 분석을 위해 다음과 같은 방법론을 제시할 수 있다. 먼저 노동이주의 원인 및 흐름에 관한 이론적 토대를 위해 기존의 이론 및 문헌을 연구하여 분석의 큰 틀을 세울 수 있었다. 또한 노동이주 흐름의 유인 요

---

7) OECD(2009)는 이민유입에 영향을 미치는 요인을 순 이주, 일인당 GDP, 노동 세대교체, 조직, 여성노동, 은퇴 후 인구, 통합(이민 수용 정도)로 분류하였으며, 이민방출에 영향을 미치는 요인으로 일인당 GDP, 실업률, 빈곤, 소득 격차, 노동시장변화, 인구규모 및 인구통계학적 요인 등을 채택하였다.

8) 상대적 비교를 통해 상중하로 분류하여 상=3, 중=2, 하=1의 수치를 부여했다.

소인 FDI에 관한 이론적 설명을 위해 문헌 연구 또한 병행하였다. 사례분석으로 EU 내 FDI 집중 유입 4개국인 헝가리, 체코, 슬로바키아 및 폴란드의 FDI 현황에 대해 조사하고, 가설의 검증을 위해 이에 해당하는 국가들의 FDI 유인 이점에 관한 항목별 점수 및 순위를 비교 분석한다. 이에 관한 자료는 영국 경제조사 기관((Economist Intelligence Unit, 이하 EIU)의 '세계투자전망 2011'(World investment prospects to 2011)을 활용하였다. 사례 대상국가 간 이주 원인 및 변화에 관한 분석과 국가 간 제3국 출신 이민자 정책에 관한 자료의 분석을 위해 유럽 이주 네트워크(EMN: European Migration Network, 이하 EMN)의 제공 자료를 참조하였다.

본 연구의 구성은 제Ⅱ장에서는 노동이주와 관련한 선행연구를 통해 본 연구의 이론적 토대를 마련하였으며, 제Ⅲ장에서는 EU 내 FDI 유입지역의 노동이주 흐름에 관하여 분석하고, 제Ⅳ장에서는 FDI 유입지역 및 중심부 지역 간 노동이주 구성 및 원인 분석을 통해 가설을 검증할 것이다.

Ⅱ. 노동이주에 관련한 선행 연구

본 장에서는 기존의 노동이주에 관련한 선행 연구물을 검토하고자 한다.

노동이주의 개념에 대해 정의하기 위해 먼저 국제간 노동 이주자에 대한 다양한 용어부터 검토할 필요가 있다. 설동훈(1999)은 외국인노동자(foreign workers)를 정의하기 위해, 이와 유사한 개념으로 사용되는 용어에 관해 다음과 같이 정리하였다. 이주노동자(migrant workers), 이민노동자(immigrant workers), 초빙노동자(guest workers), 단기노동자(temporary workers), 계약노동자(contract workers), 이방인노동자(alien workers) 그리고 출가노동자(出稼勞動者) 등으로 다양한 명칭으로 불리지만, '일정 기간 다른 나라에 가서 돈벌이를 하는 사람'으로서의 의미는 동일하다고 하였다.[9]

또한 국제노동기구(ILO)는 외국인 노동자의 범위를 다음과 같이 규정하였다. ILO 협약 제143호 11조 2항에 의하면, 국경노동자(frontier workers), 자유직업 종사자 및 예술가의 단기간 입국, 선원, 훈련 또는 교육을 목적으로 입국한 자, 한 국가의 영토 내에서 운영되는 조직이나 기업의 고용인으로서 특수한 임무를 수행하기 위해 고용주의 요청에 따라 해당 국가에 한정된 기간 동안 한시적으로 입국이 허가된 자로서 해당 임무의 종결과 함께 출국할 자 등은 이주노동자의 범위에서 제외된다.[10]

따라서 본 연구에서는 국제간 이주 이후 일정 기간 노동에 종사하며 거주하는 이민자에 대해 이주노동자로 통일해서 사용하며, 취업과 근로를 목적으로 하는 이민 형태를 노동이주라 통칭한다.

국제 간 노동이주에 관한 선행연구에서는 국제노동력이동의 원인을 어떠한 차원에서 분석하느냐, 즉 분석 차원에 따라 각기 다른 이론을 제시하였다.

이에 관한 분류로, 설동훈(1999)은 이주노동자의 선택행위에 초

---

9) 설동훈, 『외국인노동자와 한국사회』(서울: 서울대학교 사회발전연구총서, 1999), pp. 9-10.

10) ILO http://www.ilo.org/global/lang - -en/index.htm(2010. 3. 28. 검색).

점을 맞추는 '행위이론', 그의 선택행위의 배후에 존재하는 송출국과 유입국의 시장·사회·국가와 그 상호작용의 총합으로서 세계체계라는 사회구조를 중시하는 '구조이론' 그리고 양자의 매개자를 설정함으로써 간극을 극복하려는 '관계이론'으로 구분하여 분석 차원을 나누었다.

우선 행위이론은 국제간 노동이주를 개인 행위자의 합리적 선택 결과라 파악하였으며, 대표적으로 레이븐스틴(Ravenstein, 1885)의 배출 및 흡인 이론(the concepts of absorption and dispersion)이 있다. 그는 노동이주를 결정하는 일반이론을 설명하기 위해 1871년과 1881년의 영국 센서스(Census) 자료를 비교하여 분석하였으며, 이를 기초로 인구이동에 관한 이론을 정립하였다. 또한 그는 단순한 인구합계의 비교로는 불충분하다 판단하여, 시대별 인구 증가가 정착민의 증가와 일치하지 않다는 점을 지적하며, 이주의 패턴을 인구규모와 거리가 인구이동의 패턴을 형성하는 핵심 요소임을 주장하여, 한 국가의 인구 배출 및 흡인은 국가의 인구규모에 따르며, 거리와의 상관관계 또한 이론화를 정립하였다.[11] 그의 이론에 대해 지프(Zipf, 1946)는 두 도시 간 최소화 거리와 인구 규모가 이주를 유인하는 주요 결정 요인임을 수용하여, 인구 형성에 대한 지리학적 위치의 기여에 대한 추계학적 모델[12]을 발전시켰으며, 그의 이

---

11) 레이븐스틴(Ravenstein, 1885)은 「이주의 법칙」(laws of migration)에서 이주와 관련하여 다음의 일곱 항목을 정리하였다. ① 대부분의 이주민은 단거리 이동을 통해 흡수 지역의 중심으로 향한다. ② 이주민이 흡수 지역의 중심지를 향해 이동한 지역에서 발생한 인구 격차는 더 멀리 떨어진 타 지역의 유입 이민에 의해 보충된다. ③ 확산과정(The process of dispersion)은 흡수과정(The process of absorption)의 반대과정이다. ④ 현재 발생하는 주류 이주 현상은 곧 역류현상을 보완하게 된다고 하였다. ⑤ 장거리 이주자는 일반적으로 상업 혹은 산업의 중심지를 선호하며, ⑥ 농촌 출신 이주가 도시 출신 이주를 상회한다. 마지막으로 여성 이주 비율이 남성보다 높다.

12) 지프(Zipf, 1946)의 이와 같은 모델을 'The P1 P2/D Hypothesis'라 하며, P1, P2는 두 도시의 인

러한 모델 유형을 중력 이론(gravity theory)이라 한다. 중력 이론은 경제적 기회가 이주를 유인하는 주요 항목으로 인식하였으며, 로저스(Rogers, 1967)는 이러한 가설에 경제 기회에 관한 공간 변수와 수용 지역의 임금, 실업률 등의 경제 변수를 외생 변수로 투입하여 통계적 측정함으로써 이론을 발전시켰다.

이러한 행위이론은 국제노동력 이동을 국내노동력 이동과 동일한 차원에서 이해하여, 각국 정부의 출입국 제한과 같은 이동장벽을 무시하거나 합리적인 시장의 형성과정에서 제거되어야 할 장애요인으로 간주한다는 점에서 비현실적이라는 비판을 받고 있으며, 이에 대해 설동훈(2000)은 세계 사회가 영토국가로 분할되어 있는 현실에서 노동자를 보내고 받아들이는 국가는 이동을 규제 혹은 권장하는 분명한 주체로 활동하고 있음을 지적하면서 국제노동이주는 사람들이 그가 속하였던 국가의 보호 및 통제범위를 벗어나 새로운 국가의 지배를 받아들이는 과정을 수반하므로 '보내는 나라'와 '받아들이는 나라'가 '이동하는 행위자'만큼, 오히려 더 중요하게 간주되어야 할 요소임을 강조하였다.

행위이론에 대응하는 이론으로 구조이론은 세계 자본주의 발전과정의 산물로서 국제노동력 이동을 파악하며, 국제노동력 이동의 방향과 규모는 상이한 생산양식 혹은 국제 분업 위계상의 지역 간 관계를 나타내는 하나의 지표로 설명하며, 전 세계적 자본축적 과정은 한 편으로는 주변부에서 전통적 생산양식을 파괴함으로써 상대적 과잉인구를 창출하였고, 다른 한 편으로는 중심부에서 자본주

구 규모이며, D는 두 도시의 물리적 거리를 나타내며, 노동이주는 인구 규모에 비례하고, 이동거리 요소에 반비례한다는 가설을 검증하였다.

의 발전과 팽창, 노동력 부족을 발생시켰기 때문이라 주장한다.[13] 이는 급진주의[14] 이론이나 종속이론[15]의 흐름을 이은 사상으로서 대표적 이론은 세계체제이론이다. 세계체제이론에서는 자본주의적 세계경제가 세 가지 구조적 위치를 포함하는 것으로 고찰하여, 중심부, 주변부(periphery: 강력한 국가기구가 결여되어 있고 저숙련, 저임금 노동에 의한 비교적 적은 비완제품의 생산에 종사하는 지역들), 그리고 반주변부로 나누고, 중심부 내에서 어떤 국가는 경쟁 국가에 대한 생산적 · 무역적 · 금융적 우위를 달성함으로써 경제적 우위를 획득할 수 있으나 이러한 우위는 유지되기 어렵고, 기술혁신의 확산 및 경쟁국으로의 자본 유출 이에 더하여 세계 질서를 유지하는 데 드는 막대한 비용 등 모두는 지배적 국가의 경제적 우세를 잠식함을 주장하고 있다.[16] 또한 세계체제이론을 이주의 영역에서 논의한 마세이 외(Massey *et al* 1993)는 글로벌화가 인간 삶에 미친 수많은 영향 중 하나가 이주 흐름, 특히 저개발국에서 경제 발전국가로 향한 이주의 쏠림 현상이며, 불평등 고용 기회의 원인 중 하나로 글로벌 경제 체제가 각국이 다양한 직업군을 위한 노동자

---

13) 설동훈. 『노동력의 국제이동』(서울: 서울대학교 사회발전연구총서, 2000). p.16.

14) 급진주의론자들은 경제관계란 한쪽의 득은 바로 다른 한쪽의 실을 가져오는 '영의 합 게임'(zero-sum game)이라 하며, 또한 경제성장과 효율성이 국가의 중요한 정책목표이긴 하지만, 그보다 더욱 중요한 것은 국가의 자결권과 균등한 소득의 분배(equitable income distribution)라고 주장하였으며, 현재와 같은 빈국과 부국 간의 소득의 격차와 정치적 그리고 경제적 정책의 자결능력의 차이를 가지고 제3세계의 약소국들이 자유주의경제원리에 의해 운영되는 세계경제에 참여하게 될 경우 불이익을 자청하게 될 뿐이라는 것이 이들의 생각이다(박경서. 『국제정치경제론 — 이론과 실제 — 』(서울: 제2전정판, 법문사, 2001). p.46).

15) 덜 발전된 국가들은 착취된다는 가설을 가지고 있으며 범세계적 자본주의가 덜 발전된 국가들을 무역과 생산에 대해 착취적인 규칙을 만드는 부유한 국가들에게 종속된다고 보았으며, 아르헨티나의 경제학자로 UN 라틴아메리카경제위원회의 위원장이었던 라울 프레비쉬(Raul Prebisch)는 이들 1차 산품 생산자들이 빈곤을 면하기 어려울 것임을 우려하였는데 그 이유는 1차 산품의 가격이 제조 산품의 가격과 비교할 때 시간이 흐를수록 더 하락할 것이기 때문이었다(Kegley, *op.cit.*, p.62).

16) *Ibid.*, p.62.

를 신규 채용할 능력에 영향을 미치기 때문이라 지적하였다. 세계체제이론은 국제노동력 이동의 특징을 다음의 여섯 가지로 분류하였다. 첫째, 국제노동력 이동은 저개발국에서 자본주의 시장 형성의 자연스러운 결과로 세계 경제가 주변부 지역으로 침투하는 것은 국제노동력 이동이 계기로 작용하며, 둘째, 국제노동력 이동은 상품 및 자본의 국제간 흐름과 동시에 이루어지나 반대 방향을 향하며, 자본주의 투자는 주변부 사회에서 삶의 근거지를 잃는 인구를 배출하고, 중심부와 주변부 간의 강한 문화적·물질적 연결을 구조화하여 노동력을 이동시키게 되며, 셋째, 국제노동력 이동은 특히 과거 제국주의 국가와 식민국가 사이에서 빈번히 초래되며, 넷째, 정부가 노동력 유입 비율을 관리하는 방법은 기업의 해외직접투자를 조정하고, 자본과 상품의 국제간 이동을 통제하는 것이나 이에 관한 통제 정책은 강제하기 어려울 뿐만 아니라 무역마찰 등의 문제점이 있을 수 있다 하였고, 다섯째, 중심부 자본주의 국가는 자국의 해외직접투자를 보호하고 세계 시장의 팽창에 우호적인 외국 정부에 대한 지원을 위해 정치적으로 개입하는데 만약 이에 실패하면 대상국가로부터 중심부 국가로 향한 난민이동이 발생하게 되고, 끝으로 국제노동력 이동은 궁극적으로 국가 간 임금 격차 혹은 취업률 격차와는 거의 관련이 없으며 시장 창출의 역동성과 글로벌 경제 구조가 원인이라 분석하였다.[17] 이러한 세계체제이론은 국제간 노동이주에 관한 분석 차원을 개인에서 세계 수준으로 확

---

17) Douglas S. Massey · Joaquin Arango · Graeme Hugo · Ali Kouaouci · Adela Pellegrino and J. Edward Taylor, "Theories of International Migration: A Review and Appraisal", *Population and Development Review*, vol.19 no.3(1993), pp.447~448.

대하여, 사회 구조적 현상에서 원인을 종합적으로 고찰한 데에 의의가 있다고 할 수 있다. 그러나 이 또한 노동자 개인의 이동과정에는 거의 관심을 기울이지 않으며, 개별 요인을 분석 차원에서 제외하였다는 한계를 지적받는다. 설동훈(2000)은 국제노동력 이동을 경험한 행위자보다는 그를 에워싸고 있는 자본주의의 역사적, 세계체계적 혹은 노동 시장적 구조가 국제노동력 이동을 결정한 것이라는 구조주의 주장에 대해 이러한 접근방식은 그 문제 제기의 타당성에도 불구하고 이와 같은 한계가 있음을 지적하고, 외국인 노동자가 노동력 유입국으로 이동한 구체적 경로와 그 나라에서 그들이 취업하고 생활하는 다양한 모습을 파악하기 위한 개념적 장치를 전혀 제공하지 못하기 때문에 그 자체만으로는 불충분하다 할 수 있다.

따라서 외국인 노동자 개인 차원의 이주 요인과 사회 구조적 요인을 종합하여 분석할 필요가 있으며, 이를 통합하여 이론화한 시도를 관계이론이라 한다. 관계이론은 위험회피 모형,[18] 상대적 박탈이론,[19] 사회적 연결망 이론,[20] 조직결성 이론,[21] 누적원인[22] 이

---

18) 위험회피모형을 주장한 Stark(1991)는 가족 단위의 공동체가 다양한 시장에서의 실패와 관계된 긴장을 완화시키기 위하여 공동체(가족) 성원 중 일부를 해외 노동시장으로 보내는 이주 결정을 한다고 강조하였다.

19) 상대적 박탈이론에 의하면, 준거집단에서 특정 가구보다 상위 소득을 갖는 가구들이 많을수록 통상적으로 준거집단에서 소득불평등이 클수록, 그 가구는 가족성원의 해외취업을 결정할 확률이 크다(설동훈, *op.cit.*, p.31).

20) 사회적 연결망은 "노동력 송출국과 유입국에서 이주 노동자와 선행 이주 노동자 및 비이주자를 개인적 회원자격 및 사회적 매개자를 통해 연결시키는 대인(對人) 연대의 집합"으로 정의하며, 정의상 사회적 연결망은 송출국과 유입국 사회로 대표되는 구조와 이주 노동자라는 행위자로 구성되는 국제노동력이동 체계에 존재하는 연결고리 역할을 수행한다(*Ibid.*, pp.31~32).

21) 마세이(Massey, 1993)는 조직결성이론에 관해 다음의 두 가지 특성을 제시하였다. 첫째, 여러 조직이 국제노동이주를 지원하고, 유지 또는 증진하기 위해 창설됨으로 인해 노동이주는 점차 제도화되며 이전에 영향을 미쳤던 항목들로부터 독립적으로 기능함을 주장하였으며, 둘째, 국제노동이주가 시작되면 제도화 과정의 발생으로 인해 정부 통제가 어려워진다고 파악하였다(Massey, *op.cit.*, p.451).

론 그리고 국제노동력 이동 체계이론으로 분류할 수 있다.

본 연구에서는 노동이주에 관한 선행 연구의 이론을 지역연합을 형성한 EU 회원국들에 적용하여 분석을 시도하였다. 첫째, 세계체제이론을 적용하기 위해 EU 회원국들을 중심부 국가 – 독일, 프랑스, 영국, 네덜란드 등 EU 15개 국가 및 주변부 – 헝가리, 폴란드, 체코, 슬로바키아 등의 EU 10개 국가로 나누어 본 연구의 주 분석 대상인 헝가리, 폴란드, 체코, 슬로바키아 네 개 국가들의 이주 흐름에 관한 자료를 중심부 중 세계도시를 구성하고 있는 독일, 프랑스, 영국, 네덜란드의 네 개 국가 이주 흐름과 비교하여 분석한다. 둘째, 행위이론에 근거하여 FDI라는 경제 기회를 제공하는 외생변수가 EU라는 거대 지역공동체에서 실질적으로 흡인 요소로서 작용하는지에 관해 탐색한다. 이에 관한 분석을 위해 EU 내 주요 FDI 목적 국가인 헝가리, 폴란드, 체코, 슬로바키아 4개 국가들에 대해 FDI 유입과 이주 흐름에 관하여 분석을 시도한다. 흐름에 대한 추적을 위해 다섯 국가의 EU 가입 이전 및 이후 시기 약 10년 간에 대한 분석을 시도하며, 유입이주민의 출발지 조사와 함께 이민 유인 변수로 작용할 수 있는 일인당 GDP 및 이주 정책에 관해 병행 분석한다.

이제까지의 EU 확대에 따른 이민 정책 및 사회 문제에 관한 연구물들은 주로 EU 내 이주의 자유와 함께 EU 내 회원국 간 이민유입국과 EU 공동체 간의 정책 마찰 등을 핵심 내용으로 분석하고 있다.

---

22) 국제노동력 이동은 일단 발생하면 사회적 연결망의 형태를 통하지 않더라도 차후의 이동 결정이 이루어지는 사회적 맥락을 변화시키는데, 보통 추가적 국제노동력 이동이 이루어질 가능성을 높이며, 이러한 과정을 누적원인이라 한다(설동훈, *op.cit.*, p.36).

이와 비교하여 본 연구는 개별 국가의 이민 정책과 특정지역이 공동체를 형성하였을 경우 이민 정책은 이민에 대한 접근부터가 다름에 주목하고, 공동체의 이민 정책은 이미 '이민'에 초점을 두지 않고, 시민권자에 대한 기본권 보호 및 이주에 동반된 사회 정책의 대상으로 간주되어야 함을 지적하였다. 따라서 본 연구에서는 EU의 이민 정책 변화 분석과 함께 EU 회원국의 이민자 실태에 관한 분석을 통해 지역공동체 형성 시의 다원주의 심화를 위한 정책 분석 및 실행 전략 구축에 관해 연구하고자 한다.

따라서 본 연구는 국제적 자본과 노동이주의 흐름에 관한 최근 동향을 지역통합이라는 또 다른 분석수준과 노동이주를 유인하는 FDI의 독립적 기능을 고려하여 분석하였으며, 집계된 자료에 의한 수치 분석을 통해 객관적으로 제시하였다는 데 의의가 있다.

Ⅲ. FDI 유입 지역에 따른 노동이주 흐름 분석

본 장에서는 EU 내에서 FDI가 집중되는 지역을 중심으로 이주의 진행에 관한 동향을 파악하고, FDI 집중과 이주변화에 관한 상호관계를 분석한다. 먼저 EU 내에서 FDI가 집중되는 지역을 파악하여, 투자의 집중에 따라 이주 흐름의 변화를 비교하여, FDI 노동이주의 흡인 요소로서 기능하고 있는지에 관하여 고찰한다. 따라서 우선 1절에서는 EU 내 FDI 유입이 집중되는 지역을 파악할 필요가 있다.

1. EU의 FDI 유입 동향

2006년 전환 경제체제의 동유럽 지역에 대한 FDI 유입이 합계 1,060억 달러에 이르렀으며, 전년도(2005년) 대비 37% 증가세를 보인 것으로 나타났다(World investment prospects to 2011 2007, 51). 이러한 증가율은 2006년 세계 FDI 증가율과 정확히 일치하고 있어, 2006년 한 해의 FDI 증가량을 동유럽 전환 경제체제가 독식한 것으로 분석할 수 있으며, 이는 본격적으로 동유럽 시장이 FDI 목적지로서 아시아 다음으로 주요 신흥 시장이 되었다.[23]

〈표 1〉 EU 내 FDI 집중 4개 회원국의 직접투자 유입금액

(단위: Billions of dollars)

| | 직접투자 유입금액 | | | | | | | | | | | |
	'92~'97	1998	1999	2000	2001	2002	2003	2004	2005	2006	2007	평균
폴란드	2.9	6.4	7.3	9.3	5.7	4.1	4.1	6.2	10.4	19.1	17.6	8.8
체코	1.3	3.7	6.3	5.0	5.6	8.5	2.1	4.5	11.7	6.0	9.1	5.8
헝가리	2.9	3.8	3.3	2.8	3.9	3.0	2.2	4.2	7.7	6.8	5.6	4.3
슬로바키아	0.2	0.7	0.4	1.9	1.6	4.1	0.7	1.1	2.1	4.2	3.3	1.9

출처: UNCTAD, World Investment Report 2004, 2005, 2008, EIU, World Investment Prospects to 2011.

<표 1>은 EU 내에서 FDI가 집중되고 있는 중·동 유럽 5개 회원국의 직접투자 유입금액의 변화를 나타낸 표이다. 2000년대 이후 위의 각국은 FDI 유입이 순조롭게 진행되고 있었으며, 특히 폴란드, 체코, 헝가리 및 슬로바키아는 EU에 가입한 2004년 이후 FDI 증가가 두드러진다. FDI 유입 증가의 원인에 관하여서는 여러

---

23) EIU, World investment prospects to 2011, (2009), p.51.

가지 항목으로 분석되고 있다. 첫째, 가장 일반적으로 EU 회원국 가입으로 인한 원인으로, 역내 FDI의 재배치가 이루어졌을 것이라는 분석과 함께, 둘째, 동유럽지역에서 2004년~2006년 사이 실시된 대규모 민영화 추진을 지적하고 있으며, 셋째, 유로 지역 가입에 따른 경기 회복 등을 들 수 있다.[24]

이와 비교하여 <표 2>에서는 EU 회원국 중 그 외 중동유럽 국가들의 직접투자 유입금액 변화를 나타내었다.

<표 2> 그 외 중·동 유럽 **EU** 회원국의 직접투자 유입금액

(단위: Billions of dollars)

	직접투자 유입금액											
	'92~'97	1998	1999	2000	2001	2002	2003	2004	2005	2006	2007	평균
라트비아	0.2	0.4	0.3	0.4	0.1	0.2	0.3	0.6	0.7	1.7	2.2	1.0
리투아니아	0.1	0.9	0.5	0.4	0.4	0.7	0.2	0.8	1.0	1.8	1.9	0.8
슬로베니아	0.1	0.2	0.1	0.1	0.4	1.7	0.3	0.5	0.6	0.6	1.4	0.6

출처: UNCTAD, World Investment Report 2004, 2005, 2008, EIU, World Investment Prospects to 2011.

<표 2>에서 라트비아, 리투아니아, 슬로베니아 또한 2004년 EU 가입 이후 FDI가 증가하고 있으나, 증가폭에 있어 중동유럽 지역인 <표 1>의 폴란드, 체코, 헝가리, 슬로바키아의 FDI 유입액에 미치지 못하고 있는 실정이다. 세 국가의 총 FDI 유입액이 <표 1>의 한 국가 유입액 정도에 그치고 있다.

---

24) *Ibid.,* p.52.

다음의 <표 3>은 EU 중심부 4개국의 직접투자 유입금액 변화를 나타낸 표이다. 서유럽의 FDI 유입 흐름은 2001년~2004년간 급격하게 하락한 이후, 2005년~2006년 강하게 반등하였으며, 세계에서 FDI 유입이 가장 활발한 지역의 역할이 계속될 것으로 전망되고 있다.[25]

<표 3> EU 중심부 5개국의 직접투자 유입금액

(단위: Billions of dollars)

	직접투자 유입금액										
	'92~'97	1998	1999	2000	2001	2002	2003	2004	2005	2006	2007
영국	19.5	74.3	88.0	118.8	52.6	27.8	14.5	78.4	177.9	148.2	224.0
프랑스	19.8	31.0	46.5	43.3	50.5	48.9	47.0	24.3	85.0	78.2	158.0
독일	6.0	24.6	56.1	198.3	21.1	36.0	12.9	-38.6	42.0	55.2	50.9
벨기에	11.2	22.7	119.7	88.7	88.2	18.1	34.5	44.4	32.0	72.5	71.0
네덜란드	10.0	37.0	41.2	63.9	51.9	25.6	19.7	-4.6	47.7	8.0	99.4

주: 벨기에 유입 금액 중 1992~2001의 합계는 룩셈부르크와의 합산 금액임.
출처: UNCTAD, World Investment Report 2004, 2005, 2008, EIU, World Investment Prospects to 2011.

특히 영국은 2005년~2006년 세계 FDI 유입 부문 정상을 차지하며, EU15로 수렴되는 FDI의 1/4 이상을 흡수하고 있는 실정이다.[26] <표 3>의 10년간의 자료를 분석하면, 유입액의 등락은 있으나 영국, 프랑스 및 독일이 꾸준히 FDI 흐름의 주요 목적 국가임을 자료를 통해 알 수 있다.[27]

본 연구의 가설 1, 즉 지역협력체 내에서 FDI의 특정 국가 집중

---

25) *Ibid.*, p.43.

26) *Ibid.*, p.43.

27) FDI 총 금액의 87%는 중심부 국가들로 집중되고 있다(Kegley, *op.cit.*, p.275).

이 이민유입에 대하여 독립적으로 기능할 수 있음을 설명하고 있으므로 본 장에서는 <표 1>의 회원국들과 <표 2> 해당 국가 간의 차이를 설명하는 것이 주요하다.

EU 회원국의 FDI 유입 현황을 분석하기 위해 우선 국가 간 FDI 유인환경을 분석할 필요가 있다.

<표 4>는 EIU가 2006년, 2007년 EU 회원국의 사업 환경 순위 및 지수를 점수화하여 제시한 자료 중 EU 회원국의 순위 및 지수를 선택하여 제시한 표이다.

〈표 4〉 EU 회원국 간 사업 환경 순위 및 점수

순위	국가	2007		2006		순위	국가	2007		2006	
		점수	순위	점수	순위			점수	순위	점수	순위
1	덴마크	8.76	1	8.69	2	13	체코	7.55	26	7.03	28
2	핀란드	8.75	2	8.64	3	14	슬로바키아	7.44	29	6.81	31
3	네덜란드	8.64	8	8.53	9	15	슬로베니아	7.41	32	6.75	34
4	영국	8.60	10	8.62	6	16	포르투갈	7.39	33	6.73	36
5	스웨덴	8.60	11	8.34	11	17	폴란드	7.17	34	6.73	35
6	아일랜드	8.57	12	8.49	10	18	헝가리	7.12	35	6.79	32
7	독일	8.46	13	7.97	16	19	사이프러스	7.10	36	6.77	33
8	벨기에	8.30	15	8.07	14	20	라트비아	7.06	37	6.63	39
9	오스트리아	8.24	16	7.87	17	21	리투아니아	7.03	38	6.62	40
10	프랑스	8.12	18	7.87	18	22	이태리	7.02	40	6.48	42
11	에스토니아	7.87	21	7.72	20	23	그리스	6.81	43	6.34	44
12	스페인	7.82	22	7.40	22	24	불가리아	6.77	44	5.89	49
–	–	–	–	–	–	25	루마니아	6.58	48	5.79	51

주: 2006, 2007 연차별 순위는 세계 순위를 의미한다.
몰타, 룩셈부르크는 82개국 순위권 외 국가.
출처: EIU, World Investment Prospects to 2011, p.39.

투자 시의 기대 효과 및 위험 정도를 반영하는 사업 환경 순위 및 지수를 근거로 EU의 투자 환경을 분석하면, 서유럽 국가 중 10개 국가가 세계 순위 20위 내에 진입 사실을 알 수 있다. <표 3>의 영국, 프랑스, 독일 및 네덜란드의 직접투자 유입금액과 비교하였을 때 투자 환경 순위와 유입액 순위가 정확히 비례하는 것은 아니지만, 전반적으로 사업 환경 지수가 높은 편인 국가가 직접투자 유인에 영향을 미치는 것으로 파악할 수 있다.

특히 중·동 유럽 국가 중 본 연구에서 비교하고 있는 <표 1>의 5개 국가 및 <표 2>의 3개국은 세계 순위 21위에서 38위 안에 위치해 있어, 직접투자 유인 사업 환경 지수에서 동질적으로 크게 차이가 나지 않는 것으로 분석할 수 있다. 에스토니아의 경우 21위로 이들 8개 회원국 중 사업 환경 순위가 가장 높은 것으로 나타났으나, FDI 유입 저조 국가로 분류되어 사업 환경 지수는 FDI를 이끄는 전반적이며 기초적인 항목에 불가함을 알 수 있으며, 이외의 경제 정책 및 제도, 시장 기회 등의 요소가 복합적으로 작용함을 지적해야 한다.

다음의 <표 5>와 <표 6>은 EU 회원국 중 FDI 집중 지역 8개국의 FDI 유입 환경에 관한 경제제도 및 사업 환경 지수를 분석한 자료이다. 먼저 <표 5>는 체코, 헝가리, 폴란드 그리고 슬로바키아의 FDI 유입 환경을 제시하였다.

〈표 5〉 체코, 헝가리, 폴란드, 슬로바키아의 사업 환경 지수 비교

FDI 유인환경	체코		헝가리		폴란드		슬로바키아	
	점수	순위	점수	순위	점수	순위	점수	순위
전체 평균	7.55	26	7.12	35	7.17	34	7.44	29
정치 환경	7.2	26	7.1	29	6.5	39	7.2	26
정치 안정성	8.1	16	7.8	27	7.4	33	8.1	16
정치 효율성	6.5	31	6.5	31	5.8	40	6.5	31
거시경제 환경	8.0	25	5.8	78	7.5	44	7.8	36
시장 기회	6.8	25	5.5	56	7.5	14	6.7	28
민간 기업 및 경쟁 정책 방향	7.3	27	7.8	24	7.0	33	6.5	41
외국인 투자 정책 방향	8.2	20	8.7	12	7.8	25	7.8	25
해외 무역 및 환율 조절	9.1	14	8.7	24	8.2	41	8.7	24
세금	6.2	48	6.0	52	6.1	50	7.7	15
금융	7.4	33	7.4	33	7.4	33	7.8	27
노동 시장	7.3	25	6.8	35	6.9	33	7.4	20
산업 기반	8.0	25	7.6	30	6.9	38	7.0	35

출처: EIU, World investment prospects to 2011, p.162, p.164, p.168, p.174.
주: 기간 2007~2011, 점수(10점 중), 순위(82개 국가 중).

<표 5>에서 4개국 모두가 시선을 끌 만한 FDI 유인환경을 제시하고 있지 않으며, 공통의 장점을 찾는다면 외국인 투자 정책 방향 정도가 될 것이다. 체코는 거시경제 환경 부문이 호전과 현재의 강한 경제적 성과가 지속될지에 관한 우려가 양립하고 있으나 경제성장이 견고히 지속되어 왔고, 또한 비교적 물가상승률이 낮아 투자 유입 주요 목적지역의 위치를 지속할 것으로 평가받고 있다.[28]

헝가리는 여러 중·동 유럽 국가 중 가장 시장 경제로의 전환을 철저히 진행시키고 있는 국가로 평가되고 있으나 통상적으로 헝가리 특유의 다루기 힘든 관료제 및 투명성 결핍을 지적받고 있으며,

---

28) EIU, op.cit., p.162.

이를 개선하기 위한 지속적 노력이 있다면 저비용 시장과 기술력을 갖춘 노동력으로 향후 많은 직접투자를 이끌 수 있을 것이라 분석되고 있다.[29]

<표 5>에서 폴란드의 경우 FDI 유인 환경 중 시장 기회가 가장 높은 지수에 해당하는 것을 알 수 있다. 또한 외국인 투자 정책 방향 항목에서 비교적 높은 순위에 위치하여 현재까지 중·동 유럽 국가 중 FDI 유입 부문 정상의 위치를 지켜 왔다. 그러나 노동시장의 경직성과 사회 기반 시설의 불충분 등으로 투자 입지 요건의 기반이 서서히 약화될 것으로 전망된다.[30]

슬로바키아는 EU 가입 전후하여 단행된 인상적인 개혁조치로 직접투자 시장의 국가 인식을 변화시켜 왔다.[31] <표 5>의 FDI 유인 환경 중에서 정치 안정성, 과세 부문, 노동시장 및 외국인투자정책 방향 등에서 높은 지수를 나타내고 있다.

이와 비교하여 <표 6>은 독일, 프랑스, 네덜란드 그리고 영국의 FDI 유입 환경을 제시하고 있다.

<표 4>의 FDI 유입 부문 중 EU 내 상위 10위, 세계 순위 20위 내에 진입한 이들 4개 국가들은 FDI를 유인하는 경제제도 및 사업 환경에서도 높은 지수를 나타내고 있다.

독일의 경우는 EU 내 7위에 위치해 있으며, <표 3>에서 4개 국가 FDI 유입 금액을 비교하면 2000년의 총 금액 이외에는 그다지 높지 않은 것으로 나타난다. 이에 관해 EIU의 분석은 독일 통일 이

---

29) *Ibid.*, p.165.

30) *Ibid.*, p.168.

31) *Ibid.*, p.174.

후 지나친 임금 상승 및 재건설 비용 등으로 발생한 구조적 문제점들이 반영된 현상이라 지적하고 있으며, 이는 FDI 유인 환경지수에서도 잘 드러나 있다. <표 6>에서 독일은 노동시장(22위) 및 과세 부담(48위) 등이 FDI 유입에 악영향을 미치고 있다.

<표 6> 독일, 프랑스, 네덜란드, 영국의 사업 환경지수 비교

FDI 유인환경	독일		프랑스		네덜란드		영국	
	점수	순위	점수	순위	점수	순위	점수	순위
전체 평균	8.46	13	8.12	18	8.64	8	8.60	10
정치 환경	8.8	10	7.9	17	9.0	8	8.1	15
정치 안정성	9.3	9	7.8	27	9.3	9	7.8	27
정치 효율성	8.4	10	8.1	13	8.7	9	8.4	10
거시경제 환경	8.0	8	8.0	25	9.2	2	8.3	19
시장 기회	7.2	5	8.0	5	7.0	20	7.8	7
민간 기업 및 경쟁 정책 방향	8.5	14	8.0	21	9.0	4	9.5	1
외국인 투자 정책 방향	8.7	12	8.2	20	9.6	1	9.6	1
해외 무역 및 환율 조절	8.7	3	8.7	24	9.6	3	9.1	14
세금	5.1	48	6.0	54	6.5	35	7.3	19
금융	8.9	14	9.6	8	10.0	1	10.0	1
노동 시장	6.9	22	7.4	18	7.5	15	7.9	5
산업 기반	9.0	3	9.4	3	9.2	12	8.5	20

출처: EIU, World investment prospects to 2011, p.114, p.116, p.120, p.126.
주: 기간 2007~2011. 점수(10점 중). 순위(82개 국가 중).

프랑스는 정비된 사회 기반 시설과 함께 매우 풍부한 노동 시장 그리고 중부 유럽이라는 지리적 이점으로 높은 FDI 유인 환경지수를 나타내고 있다. 특히 산업 기반(3위) 및 시장 기회(5위)에서 세계 정상권에 위치하며, 2005년 이후 주요 FDI 유입국이 되어 왔다.

네덜란드는 2006년 이후 선진국 시장으로는 드물게 GDP 연

2.9%의 경제 성장을 하여 FDI 유입 목적지로서의 유인환경을 강화하고 있다. <표 3>에서 네덜란드의 FDI 유입금액을 보면 2007년 월등히 증가한 것으로 나타난다. 네덜란드의 FDI 유인환경을 분석하면 외국인투자 정책방향(1위), 금융(1위), 거시경제 환경(2위), 해외무역 및 환율조절(3위) 및 민간기업 및 경쟁 정책방향(4위) 등 최상의 환경을 갖추고 있으며, 정치면의 환경·안정성·효율성 측면에서도 세계 10위권 안에 진입하여 있어 차후 FDI 유입 또한 높을 것으로 전망된다.

영국은 세계에서 가장 매력적인 투자 환경을 보유한 것으로 평가받고 있다. FDI 유입 부문에서 영국은 2007년 112.9십억 달러 유입으로 세계 2위이며,[32] 이는 세계 직접투자 7.54%를 점하는 비율에 해당한다.[33] FDI 유인환경을 분석하면 영국은 민간기업 및 경쟁정책 방향, 외국인투자 정책 방향 및 금융에서 1위이며, 노동시장(5위), 시장기회(7위)에서 높은 순위에 있다.

2. EU 내 주요 FDI 유입 집중 지역의 이주 동향

본 절에서는 1절에서 중·동 유럽에서 주요 FDI 유입 집중 지역으로 분류된 5개 국가(체코, 슬로바키아, 헝가리, 폴란드) 및 EU 내 중심부 국가로 세계 주요 FDI 집중 목적지인 4개 국가(독일, 프랑

---

32) 2007년 FDI 유입 금액 합계 부문에서 미국이 1위로 250.9십억 달러가 유입되어 세계 직접투자 시장의 16.75%를 점하고 있으며, 2위 영국에 이어 중국이 3위로 86.8십억 달러 유입, 5.79%를 점하고 있다(*Ibid.*, p.34.).

33) *Ibid.*, p.34.

스, 네덜란드, 영국)의 동 기간 내 이주 변화에 관하여 분석하고자 한다.

우선 <표 7>은 EU의 주요 FDI 집중국인 체코, 폴란드, 헝가리, 슬로바키아의 인구 현황 및 이주 변화에 관한 자료이다.

<표 7>에서 체코, 헝가리, 슬로바키아는 전반적으로 인구의 유입이 유출에 비해 높으며 순 이주(net migration)[34]가 증가하고 있는 추세이다. 특히 체코와 슬로바키아는 순 이주 증가폭이 두드러지며, 헝가리 또한 유입 부문 등락은 있으나 꾸준히 유입 인구가 유출 인구를 압도하고 있다.

체코는 2003년(10,203,269명) 전체 인구 최저를 기록한 이후, 점진적 증가세를 나타내고 있으며, 2003년의 인구 감소는 유입·유출에 의한 결과가 아닌 자연감소에 기인한다.[35] 2000년대 진입하여 체코의 인구가 증가한 것은 대규모로 유입된 인구 때문이라 분석된다.

〈표 7〉 EU 주요 FDI 집중국의 인구 현황 및 이주 변화

연도	1999	2000	2001	2002	2003	2004	2005	2006	2007	2008
체코(단위: 명)										
전체	10,289,621	10,278,098	10,266,546	10,206,436	10,203,269	10,211,455	10,220,577	10,251,079	10,287,189	10,381,130
유입	9,910	7,802	12,918	44,679	60,015	53,453	60,294	68,183	104,445	77,817
유출	1,136	1,263	21,469	32,389	34,226	34,818	24,065	33,463	20,500	6,027
폴란드(단위: 명)										
전체	38,277,000	38,263,303	38,253,955	38,230,080	38,218,531	38,190,608	38,173,835	38,157,055	38,125,479	–
유입	7,525	7,331	6,625	6,587	7,048	9,495	9,364	10,802	14,995	–
유출	21,536	26,999	23,368	24,532	20,813	18,877	22,242	46,936	35,480	–

---

34) 순 이주란 유입이주민 수에서 유출 이주민을 뺀 수치이다.

35) EMN http://emn.sarenet.es/html/index.html(2010년 1월 15일 검색).

헝가리(단위: 명)

전체	10,242,028	10,043,224	10,200,298	10,174,853	10,142,362	10,116,742	10,097,549	10,076,581	10,066,158	–
유입	20,151	20,184	20,308	17,972	19,365	22,164	25,582	23,569	22,607	–
유출	2,460	2,208	1,944	2,388	2,553	3,466	3,320	3,965	4,133	–

슬로바키아(단위: 명)

전체	5,393,382	5,398,657	5,402,547	5,378,951	5,379,161	5,380,053	5,384,822	5,389,180	5,393,637	–
유입	2,072	2,274	2,023	2,312	6,551	10,390	9,410	12,611	16,265	–
유출	618	811	1,011	1,411	4,777	6,525	2,784	3,084	3,570	–

주: 각 연도 1월 1일 기준.
출처: EMN http://emn.sarenet.es/html/index.html

<표 7>에서 헝가리의 경우를 분석하면, 2005년에 유입인구 측면에서 전년도 대비 15%가 증가하였으며, 2005년~2007년간 약간씩 감소하였다.

단 <표 7>에서 폴란드의 경우 인구의 유출이 유입에 비해 압도적으로 많아, 가설의 증명에서 반대의 사례로 예측될 수 있다. 폴란드는 1990년 이래로 인구의 유출 국가 입장에 있으며, 이러한 경향은 EU 회원국 가입 이후인 2004년부터 가속화된 것으로 나타난다. 폴란드 유출 인구는 대부분 EU 10 국가들로 향하고 있으며, 대부분이 영국 혹은 아일랜드를 목적지로 하고 있다.[36] 그러나 순 이주 측면에서 그 폭이 감소하고 있으며, 폴란드의 사회·경제적 배경을 고려하고, 특히 FDI의 등락과 이주의 변화를 비교하여 폴란드의 사례 또한 가설에 순응함을 다음 3절에서 분석할 것이다.

다음의 <표 8>은 EU의 중심부 국가인 독일, 프랑스, 네덜란드, 영국의 인구 현황 및 이주 변화에 관한 자료이다.

---

36) EMN http://emn.sarenet.es/html/index.html(2010년 1월 15일 검색).

〈표 8〉 EU 중심부 국가의 인구 현황 및 이주 변화

연도	1999	2000	2001	2002	2003	2004	2005	2006	2007
독일(단위: 명)									
전체	82,037,011	82,163,475	82,259,540	82,440,309	82,524,321	82,531,671	82,500,849	82,437,995	82,314,906
유입	874,023	841,158	882,279	842,543	768,975	780,175	707,352	661,855	680,766
유출	672,048	674,038	607,282	623,255	626,330	697,632	628,399	639,064	636,854
프랑스(단위: 명)									
전체	58,496,613	58,748,743	59,042,661	59,342,121	N/A	N/A	61,484,175	63,185,925	63,578,000
유입	57,846	149,982	164,466	181,078	190,825	191,850	187,134	183,261	171,907
유출	N/A	N/A	N/A	N/A	N/A	N/A	N/A	N/A	N/A
네덜란드(단위: 명)									
전체	15,760,225	15,863,950	15,987,075	16,105,285	16,192,572	16,258,032	16,305,526	16,334,210	16,357,992
유입	119,151	132,850	133,404	121,250	104,514	94,019	92,297	101,150	116,819
유출	59,023	61,201	63,318	66,728	68,885	75,049	83,399	91,028	91,287
영국(단위: 천명)									
전체	58,684	58,886	59,113	59,323	59,557	59,846	60,238	60,587	60,975
유입	454	479	479	513	508	586	563	591	577
유출	291	321	306	358	361	342	359	400	340
벨기에(단위: 명)									
전체	10,213,752	10,239,085	10,263,414	10,309,725	10,354,163	10,396,421	10,445,852	10,511,382	10,584,534
유입	91,624	89,388	110,410	113,857	112,060	117,236	132,810	137,699	146,409
유출	74,097	75,320	75,261	75,960	79,399	83,895	86,899	88,163	91,052

주: 각 연도 1월 1일 기준.
N/A(not available): 자료 없음.
출처: EMN http://emn.sarenet.es/html/index.html

<표 8>에서 독일은 유입이 유출을 초과하여 순 이주가 간신히 양의 수치를 기록하고 있으나, 점점 적어지고 있는 실정이다. 이는 유입과 유출이 1999년~2007년까지 9년간의 기록에서 동시에 줄어들었지만, 유입의 하락폭이 유출폭에 비해 크기 때문이다. 독일의 동 기간 동안의 유입·유출 기록은 1990년대의 10년간의 기록[37]과 비교하여도 동시에 낮아진 것이며, 누적된 유입 인구의 인

---

37) 1991년~1995년간 백만 명 이상의 인구가 해마다 독일로 유입되었으며, 1992년 한 해 동안 1.5백만 인구의 유입이 진행되었다(EMNc 2009, p. 15).

구 구성비가 2007년 84.4%에 이른다.[38]

또한 프랑스는 유입인구가 늘고 있으나 독일이나 영국에 비해 그 수치는 낮은 편이며, 유출인구에 관한 자료가 제시되어 있지 않았다. 영국은 계속된 이민유입의 증가와 더불어 이민 유출 또한 늘고 있으나 이민유입 폭이 유출에 비해 커, 순 이주 폭 또한 증가하고 있다.

네덜란드로의 유입이민은 2005년까지 지속적으로 하락세였으나, 2006년 이후 반등하여 증가하고 있으며, 2007년에는 전년도 대비 15%의 증가율을 보이고 있다.

3. FDI 유입 집중지역의 이민유입 분석에 관한 고찰

본 장에서는 1절 EU 회원국의 FDI 유입 흐름 분석과 2절 EU 회원국 중 FDI 유입 집중 지역의 이주 동향에 관하여 파악하였다.

이러한 EU 내 FDI 유입 흐름 분석 내용과 중·동 유럽 국가 중 체코, 헝가리, 슬로바키아 및 폴란드의 이민 유·출입에 관한 분석의 결과를 통해 FDI의 특정 지역 집중과 이민유입에 관한 상호 관계에 대한 첫 번째 가설의 내용을 검증할 수 있다.

가설 (1): 지역공동체 내에서 FDI가 특정 지역 혹은 회원국에 집중되면, 이에 비례하여 노동이주가 증가한다.

---

38) EMN http://emn.sarenet.es/html/index.html(2010년 1월 15일 검색).

　1절에서 제시한 체코, 폴란드, 헝가리 및 슬로바키아의 FDI 유입 현황에 대한 자료 <표 1>과 2절에서 이들 4개 국가의 유입 · 유출에 관한 분석 자료 <표 7>을 토대로 다음 <그림 1>을 구성할 수 있다. 즉 필자는 본 연구의 가설 (1)에 대한 검증을 위해 분석 사례로 지정한 체코, 헝가리, 폴란드 및 슬로바키아의 FDI 합계와 순이주 사이의 상관관계를 도표화하였다.

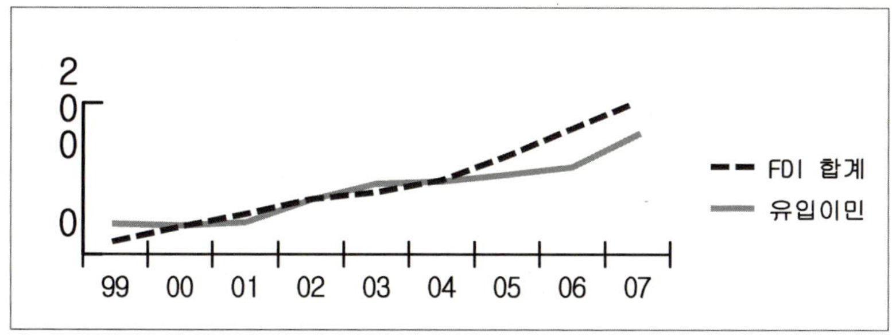

주: FDI 합계(단위: 백만 달러), 유입이민(단위: 천 명).
출처: 〈표 1〉 및 〈표 7〉의 수치를 이용하여 본인 작성.

〈그림 1〉 중도유럽 4개국의 FDI 합계 및 이주 변화

　<그림 1>은 1999년~2007년, 9년간 분석 사례 대상인 4개 국가로의 FDI 합계와 당해 유입이민의 수치를 각각 도식화한 내용으로, 그림에서 FDI가 집중됨에 따라 유입이민이 비례하여 증가함을 알 수 있다.

　결과적으로 본 연구의 사례 대상인 중 · 동 유럽 4개국의 FDI 집중과 이주 흐름의 변화를 통해 지역공동체 내에서 FDI가 특정 지역 혹은 회원국에 집중된 이후 이에 비례하여 유입이민이 증가함을 설명할 수 있다.

단 가설 (1)의 내용 중 이러한 이주흐름이 노동이주에 해당하는 지에 관하여서는 Ⅳ장에서 유입이민의 목적별 분류, 노동이주를 유인할 수 있는 목적 국가의 경제적 기회 분석을 통해 검증하려 한다. 특히 FDI 이외의 항목으로 제시되는 경제적 기회가 충분히 통제될 수 있는 변수인지에 관하여 분석함으로써 FDI가 실질적으로 이민유입을 유인하는 독립적 기능을 수행하는지에 관하여 고찰할 수 있다.

Ⅳ. 중·동 유럽 내 FDI 집중지역 및 중심부 지역 간 노동이주

본 장에서는 Ⅲ장에서 설명한 FDI 유입 집중지역의 이주 쏠림 현상을 구체적 단위로 분석하려 한다. 즉 EU와 같이 성숙한 지역 통합 단계의 회원국 간에도 기존의 투자와 이론에 관한 세계체제 이론이 적합한지에 관한 학문적 연구가 필요할 것이다. FDI는 더 이상 세계의 일부에서 진행되는 일이 아니며, 단순한 논리로 설명할 수 있는 경제 현상이 아니다. 브라카쉬(Prakash *et al* 2007)는 FDI에 관하여, "FDI가 얼마나 들어오는지뿐만 아니라 어디로부터 오는지를 아는 것이 중요하며, FDI 수입의 영향은 자원 부족을 경감하고 주재국에서 일자리를 창출하는 일상적인 역할 이상으로 평가될 필요가 있다"고 주장하였다.

그렇다면 투자와 이주의 자유로운 이동이 가능해진 지역통합체 내에서 FDI의 특정 지역집중이 이주의 유입을 유인하는 데 독립적으로 기능하는 요인으로 작용할 때, FDI 집중지역은 지역 내에서 중심부 역할을 할 수 있을 것인가? 본 장에서는 본 연구의 가설 (2)에 해당하는 'FDI 집중이 발생한 지역은 중심부 형성을 하며, 경제발전 단계의 반주변부 역할을 하는 것은 아니다'의 내용을 설명하기 위해 우선 이민유입국의 이민자 구성에 관하여 분석한다.

1. EU 회원국의 이민자 구성 분석

EU로의 유입이민은 EU 회원국 출신인 EU 시민권자와 제3국 출신인 비시민권자로 나눌 수 있으며, 2006년 통계상 EU 내 이민의 40%는 EU 시민권자의 이주에 속한다.

그러므로 본 절에서는 EU 회원국의 유입이민 구성비를 국가별로 분석하여 제시하였다. 즉 EU 회원국의 유입이민 구성비에 관한 종합적 분석을 통해 중심부 국가와 FDI 집중으로 형성된 반주변부 국가 간 노동이주의 상호 교환이 형성되고 있는지에 관하여 분석하고 있다. 또한 EU 회원국 간 유입이주 원인 분석을 통해 공동체 내 노동이주의 흐름을 분석하고 있다. 더불어 경제적 요인 중 노동이주의 흐름에 영향을 미치는 항목으로 1인당 GDP, 실업률 등이 본 사례에서 통제될 수 있는 변수인지에 관하여 고찰하였다.

먼저 EU 회원국들의 유입이민 구성비를 분석하기 위해, 해당 국가별 시민권자 출신 구성비 및 각각의 국가 내에서 EU 시민권자의 거주 구성비 변화를 자료로 제시하였다. 사례로 선별된 국가는 영국, 독일, 네덜란드, 벨기에와 체코, 헝가리, 슬로바키아 그리고 폴란드로 분류하였다.

<표 9>는 영국, 독일, 네덜란드 및 벨기에의 시민권자 출신 구성비에 관한 자료이다.

우선 영국은 이민유입 측면에서 1999년~2007년간의 자료인 <표 8>에서와 같이 1999년 454,000명에서 2007년 577,000명으로 기간 내 계속된 증가세를 보이고 있다. 순 이주는 2007년 237,000명으로 이러한 수치는 2006년 46,000명에 비해 더욱 급격한 증가를 나타낸다. 지난 6년간 EU 시민 출신의 이민유입이 전반적 증가세를 유지해 온 것에 대해 EMN은 주로 중·동 유럽 국가들로부터의 이주에 원인이 있는 것으로 분석하고 있다. EU15로의 유입이민은 2002년 59,000명에서 2007년 79,000명으로 증가한 반면 방출이민은 동 기간 52,000명에서 41,000명으로 감소하였다. EU10으로부터 영국으로의 이민유입은 증가추세에 있어 2004년과 비교하여 2007년 두 배의 수치(112,000명)를 나타내고 있으며, 방출이민 또한 2004년 3,000명에서 2007년 25,000명으로 증가하였다.

<표 9> 영국, 독일, 네덜란드 및 벨기에 시민권자 출신 구성비

	영국(2008)		독일(2008)		네덜란드(2007)		벨기에(2008)	
총 인구	60,593,000		82,217,837		16,357,992		10,666,866	
본국인	56,395,000		74,962,442		15,676,060		9,695,418	
EU27 출신	1,736,000		2,337,234		244,918		659,423	
EU10	696,000		562,492		28,614		42,259	
EU2	64,000		131,402		5,427		22,063	
EU15	976,000		1,643,340		210,877		595,101	
제3국 출신	2,498,000		4,407,645		437,014		312,025	
EU 외 10개 지역 주요 출신국가	인도	288,000	터키	1,713,551	터키	96,779	모로코	79,867
	파키스탄	184,000	세르비아&몬테네그로	327,976	모로코	80,518	터키	39,954
EU 외 10개 지역 주요 출신국가	미국	130,000	크로아티아	225,309	중국	15,266	콩고	16,132
	남아프리카공화국	101,000	러시아 연방	187,835	미국	14,641	러시아	11,650
	중국	88,000	보스니아&헤르체코비나	158,158	인도네시아	11,389	미국	11,235
	나이지리아	88,000	우크라이나	126,960	수리남	7,561	세르비아&몬테네그로	10,182
	호주	85,000	미국	99,891	일본	5,736	중국(홍콩)	8,254
	필리핀	74,000	베트남	83,333	태국	5,504	알제리	8,185
	소말리아	73,000	중국	78,096	인도	5,381	인도	6,166
	짐바브웨	70,000	이라크	72,597	유고슬라비아	4,700	카메룬	4,966
기타	1,318,000		1,333,939		189,539		312,025	

주: 각 해의 1월 1일 조사 시행.
EU10 2004년 EU확대 회원국 / EU2 불가리아, 루마니아.
출처: EMN http://emn.sarenet.es/html/index.html

<표 9>에서 제3국 출신 영국 이민의 주요 10개국 자료를 분석하면, 과거 영연방 국가(Old Commonwealth countries) 중심으로 구성되어 있는 것을 알 수 있다. 그러나 지난 10년간 자료에서 2007년 영연방 국가로부터의 영국 이민유입은 최저 수치로 감소하였다.[39]

이민 유·출입에 관하여 1999년~2007년간의 자료인 <표 8>

를 분석하면, 우선 이민유입 부문에서 1999년 874,023명이었던 데 반해 2007년 680,766명으로 -22.11%를 기록하였다. 또한 이민방출 부문 역시 감소하여 1999년 672,048명에서 2007년 636,854명으로 -5.24%에 이른다. 전체적으로 이민유입 및 방출 모두 감소하였으나, 방출되는 이민의 감소보타 유입되는 이민의 감속 폭이 큰 것으로 분석된다.

표에서 2007년 기준으로 EU10 출신의 시민권자(533,692명)에 비해 EU15 출신 시민권자(1,649,673명)의 비율이 2.92배로, 동 기간 영국이 1.66배인 것과 비교할 때 상대적으로 높으며, 2008년에는 EU10 출신 562,492명, EU15 출신 1,643,340명으로 3.09배의 비율을 기록해 오히려 더 높아진 것으로 나타난다.

독일의 시민권자를 구성하는 제3국 출신 이민국 주요 순위를 보면 터키, 세르비아 & 몬테네그로 그리고 크로아티아가 주요 분포를 점하고 있음을 알 수 있다. 독일 시민권자의 출신국에 대하여 주요 구성으로, 2007년~2008년 터키가 1위 구성 국가로 1,738,831명에서 1,713,551명으로 소폭 감소하였으며, 대략 독일 전체 외국인 거주 인구의 25.8%를 점하고 있다. 터키 거주인구의 감소는 최근 터키의 방출 이민이 자체적으로 감소한 것과 더불어 독일 거주 터키인들의 귀화 때문인 것으로 분석할 수 있다. 시민권자 출신 구성비의 두 번째 큰 규모 국가로는 이태리 출신(2007년 534,657명)으로 전체 외국인 거주자의 7.9%에 이른다. 다음 순위는 세르비아 & 몬테네그로 출신이 7.1%를 점하고 있다.

---

39) EMN http://emn.sarenet.es/html/index.html(2010년 1월 15일 검색).

네덜란드의 유입이민의 흐름은 1999년~2007년간의 자료인 <표 8>에서 우선 이민유입 부문은 1999년 119,151명이었던 데 반해 2007년 116,819명으로 -1.96%이다. 이민방출은 오히려 증가하여 1999년 59,023명에서 2007년 91,287명으로 64.83%에 이른다. 이민유입은 감소하고 이민방출은 증가하였으나 각 수치 간의 격차로 인해 순 이주는 증가로 유지되고 있다.

EMN이 제시하는 네덜란드로의 유입이민 출신 국가별 분류를 보면 2006년 기준 1위가 독일 11%, 2위가 폴란드 10%에 이어 영국이 5%로 3위이다.[40]

즉 EU27 시민권자인 독일, 영국, 벨기에, 폴란드 및 이태리 출신 이민자가 네덜란드 거주민의 상당수를 차지하고 있으며, 이외에 제3국 출신 이민자에 관한 분류는 2008년 기준으로 1위 터키(96,779명), 2위 모로코(80,518명) 그리고 3위 중국(15,266명)의 순서이다. 특히 2006년에는 10위권 순위에 없던 인도가 2007년 9위(5,381명)인 것과 2006년 10위에 위치한 러시아(4,606명)가 2007년에는 더 이상 순위 내 존재하지 않는 등 순위 변화가 있다.

네덜란드 시민권자의 출신 구성비를 분석하면 2007년 기준 터키가 14.19%, 모로코 11.81% 그리고 중국 2.24%를 점하고 있다.

<표 8>에서 벨기에의 이민유입 현황 자료를 보면 1999년~2007년간 유입된 이민이 꾸준히 증가한 것을 알 수 있다. 1999년 91,624명에서 2007년 146,409명으로 기간 내 59.79% 증가하였다. 또한 방출이민도 꾸준히 증가하여 1999년 75,097명에서 2007년

---

40) EMN http://europa.eu/rapid/pressReleasesAction.do?reference=STAT/08/162&format=HTML&aged=0&language=EN&guiLanguage=en(2010년 4월 29일 검색).

91,502명으로 21.85% 증가하였다. 즉 방출된 이민에 비해 유입된 이민이 더 높은 증가율을 나타내고 있다. 특히 벨기에의 이민 현황은 유입 측면에서나 방출 측면에서도 전무후무한 기록이며, 순 이주 55,357명에 이른다. 순 이주를 높인 주요 요인으로는 제3국 출신 이민의 대거 유입을 들 수 있다. 80년대 이후 꾸준한 순 이주 증가를 보이던 벨기에는 2003년(32,661명)을 저점으로 하여 대폭적인 증가세를 나타내고 있다.

2006년 기준 벨기에 유입 이민 중 높은 비중을 점하는 국가별 순위로는 네덜란드 12%, 모로코 12% 그리고 프랑스 12%로 나뉜다.[41]

제3국 출신 중 벨기에 시민권자 구성으로는 2008년 기준 모로코(79,867명)가 8.22%, 터키(39,954명)가 4.11%이며 콩고민주공화국(16,132명)으로 1.66%이다.

<표 10>은 체코, 헝가리, 슬로바키아 및 폴란드의 시민권자 출신 구성비에 관한 자료이다.

우선 체코는 중·동 유럽의 직접투자 유입을 이끌고 있는 국가로 최근에는 서비스 분야로의 직접투자가 집중되고 있다. 이러한 투자 증가와 더불어 이민유입 또한 계속된 증가로 2007년 104,445명에 이르렀다.[42]

표에서 2007년 기준으로 EU10 출신의 시민권자(78,494명)에 비해 EU15 출신 시민권자(24,390명)의 비율이 3.22배이며, 2008년 기준으로 EU10 출신의 시민권자(89,885명)에 비해 EU15 출신 시민

---

41) EUROPA, http://europa.eu/rapid/pressReleasesAction.do?reference=STAT/08/162&format=HTML&aged=0&language=EN&guiLanguage=en(2010. 4. 29. 검색).

42) 〈표 7〉 참조.

권자(33,287명)의 비율이 2.70배로 격차가 좁아졌다.

또한 표에서 체코 시민권자를 구성하는 제3국 출신 이민국 분류를 보면 2008년 기준으로 우크라이나(29.74%), 베트남(12.17%) 그리고 러시아 연방(5.77%)의 순서이다.

〈표 10〉 체코, 헝가리, 슬로바키아 및 폴란드 시민권자 출신 구성비

	체코(2008)		헝가리(2007)		슬로바키아(2008)		폴란드(2008)	
총 인구	10,381,130		10,066,158		5,400,998		38,115,641	
본국인	10,033,481		9,900,128		5,360,094		38,057,799	
EU27 출신	131,516		101,044		25,909		25,032	
EU10	89,885		7,576		12,944		1,880	
EU2	8,344		68,074		3,990		1,271	
EU15	33,287		25,394		8,975		21,881	
제3국 출신	216,133		64,986		14,995		22,308	
EU 외 10개 지역 주요 출신국가	우크라이나	103,405	우크라이나	15,866	우크라이나	3,745	우크라이나	6,146
	베트남	42,313	세르비아& 몬테네그로	12,638	베트남	1,432	러시아 연방	3,699
	러시아 연방	20,062			세르비아	1,418	베트남	2,016
	몰도바공화국	6,235	중국	8,979	러시아 연방	1,354	벨라루스	1,831
	중국	4,484	베트남	3,095	중국	1,198	(이전) 소련	1,263
	벨라루스	3,615	러시아	2,760	한국	1,136	미국	1,021
	몽고	3,458	미국	1,931	미국	769	아르메니아	821
	카자흐스탄	2,491	–	–	(이전) 유고	651	(이전) 유고	376
	크로아티아	2,223	–	–	크로아티아	328	캐나다	363
	보스니아& 헤르체코비나	1,796	–	–	터키	171	중국	256
기타	26,051		14,546		2,793		10,502	

주: 각 해의 1월 1일 조사 시행.
EU10 2004년 EU확대 회원국 / EU2 불가리아, 루마니아.
출처: EMN http://emn.sarenet.es/html/index.html

헝가리는 FDI 유입을 위한 정책 등의 개혁을 통해 꾸준히 투자

를 유인해 오고 있다. 2005년 7.7십억 달러 도달 이후 투자 금액의 감소가 있으나 헝가리의 사업 환경 및 투자 유치 경쟁력 등을 고려할 때 투자가 증가할 것으로 전망하고 있다.[43] 1999년~2007년간의 이민 유·출입 자료인 <표 7>을 분석하면, 우선 이민유입 부문에서 1999년 20,151명에서 2007년 22,607명으로 12.19% 증가하였다. 이민방출에서는 1999년 2,460명에서 2007년 4,133명으로 68.01% 증가하였다. 전체적으로 이민유입 및 방출 모두 증가하였으나, 방출되는 이민의 감소보다 유입되는 이민의 감속 폭이 적어 전체 국민의 인구감소 원인이 된 것으로 분석할 수 있다.

표에서 2007년 기준으로 EU10 출신의 시민권자(7,576명)와 비교할 때 EU15 시민권자(25,394명)의 거주민 수가 많으며, 특히 EU2의 출신(68,074명)으로 압도적으로 높다. 자료가 제시하는 바와 같이 2007년 헝가리 내 거주하는 외국인의 국가별 순위로는 루마니아(66,951명)가 1위, 그 뒤를 우크라이나(15,866명), 독일(15,037명)의 순으로 구성된다. EU 회원국 중에서는 루마니아와 독일에 이어 슬로바키아(4,276명) 출신 외국인이 다수 거주하고 있다. 특히 EU15 합계가 25,394명으로 전체 외국인 거주의 15.29%이며, EU10 출신이 7,576명 4.56%, EU2 출신이 41.00%에 이른다.

슬로바키아는 90년대 말에서 2000년 초까지 민영화와 같은 특별한 경제적 조치 없이 꾸준한 투자 유입을 이끌어 오다 2006년 4.2십억 달러로 급증하였다.[44] 2006년 슬로바키아로의 주요 투자국으로는 네덜란드와 독일을 들 수 있으며, 제조업 분야에 대한 투자[45]가

---

43) EIU, *op.cit.*, p.165.

44) 〈표 1〉 참조.

39% 집중되었다(EIU, 2009, 175). 표에서 2007년 기준으로 EU10 출신 시민권자가 11,044명으로 EU15 출신 시민권자 6,927명에 비해 1.59배의 비율이었으며, 2008년에는 EU10 출신 12,944명, EU15 출신 8,975명으로 1.44배의 비율을 기록해 소폭 하락하였다. <표 10>에서 슬로바키아 시민권자를 구성하는 제3국 출신 이민국 주요 순위를 보면 2008년 기준으로 우크라이나(3,745명), 베트남(1,432명) 그리고 세르비아(1,418명)가 구성하고 있다. 슬로바키아의 제3국 출신 외국인 거주자는 2008년 36.66%를 구성한다. 2004년~2008년 동안의 EU 시민권자에 관한 슬로바키아 거주 구성비 자료에서 EU 10개국 출신 구성비는 2004년 9,392명에서 2008년 12,944명으로 37.82% 증가하였다. 이에 비해 EU 15개국 출신은 2004년 2,811명에서 2008년 8,975명으로 219.28%의 큰 폭 증가를 나타내고 있다. 2004년 확대시기를 기준으로 2008년에 이르기까지 EU 시민권자의 슬로바키아 거주민이 크게 늘었으며, 특히 EU15로부터의 이민유입이 증가한 것으로 분석된다.

폴란드는 공산주의 몰락 이후 초기에는 불안정한 정치적 상황 및 저개발로 인하여 투자자들이 외면하는 시장이었으나 1992년부터 2000년 사이 FDI 유입의 급속한 팽창이 이루어졌다.[46] 2001년~2002년 시행된 대규모 민영화 정책 등으로 FDI 유입의 일시적 감소가 있었으나, 다시 증가한 FDI 및 기존의 외국계 기업의 재투자 등에 의해 2004년 이후 크게 반등하여 17.6십억 달러에 이른다.[47] 폴란

---

45) 슬로바키아로의 FDI 중 제조업 분야에 집중은 대부분이 자동차 부품, 소비자 가전 그리고 정밀 기계 등으로 분산되고 있으며, 이외에도 금융중개업 또한 주요 투자처가 되고 있다(EIU, *op.cit.*, p.175).

46) EIU, *op.cit.*, p.169.

47) 〈표 1〉 참조.

드의 유입이주는 2002년~2007년 연속하여 증가하였으며, 이민방
출은 2006년과 비교하여 2007년 24% 감소하였다. 표에서 2007년
의 EU 회원국 출신의 폴란드 시민권자는 23,928명이며, EU10 출
신은 2,107명, EU15 출신은 20,507명으로 EU10에 대한 EU15의 비
율이 9.73배에 이른다. 2008년에는 EU 회원국 출신이 25,032명이
며, EU10 출신은 1,880명으로 2007년에 비해 10.77% 감소하였으
며, EU15 출신은 21,881명으로 6.37% 증가하였다. 2008년의 EU10
에 대한 EU15의 비율은 11.64배로 폭이 더욱 증가하였다.

8개 국가에 걸친 유입이민 구성비에 관한 분석을 통해 종합적으
로 다음과 같은 구성비 표를 제시할 수 있다

〈표 11〉 사례 대상 국가별 외국인 시민권자의 구성비

	체코	폴란드	헝가리	슬로바키아
외국인시민권(명)	347,649	57,842	166,030	40,904
EU10의 외국인시민권 구성비(%)	25.86	3.25	4.56	31.64
EU15의 외국인시민권 구성비(%)	9.57	37.38	54.44	21.94
EU2의 외국인시민권 구성비(%)	2.40	2.20	41.00	9.75
	독일	네덜란드	영국	벨기에
외국인시민권(명)	7,255,395	681,932	4,198,000	971,448
EU10의 외국인시민권구성비(%)	7.75	4.20	16.58	4.35
EU15의 외국인시민권 구성비(%)	22.65	30.92	23.25	61.26
EU2의 외국인시민권구성비(%)	1.81	0.80	1.52	2.27

주: 프랑스는 자료 부족으로 분석에서 제외.
2008. 1. 1. 기준(헝가리, 네덜란드 2007. 1. 1. 기준).
출처: EMN http://emn.sarenet.es/html/index.html

외국인 시민권자에 대한 EU15/ EU10/ EU2 출신 구성비를 국가
별로 분석함으로써 EU10에서 EU15로의 유입이민과 반대의 경우

를 분류하여 이민 흐름을 파악한다. 즉 중심부 국가에서 FDI 집중 국가의 사례 대상국 4개 국가로의 이민유입을 분석하여, FDI가 독립적으로 이민유입을 유인하는 기능을 함을 설명함과 동시에 FDI가 집중된 지역이 단순히 더 낙후된 지역 이민자만의 목적지가 아니라는 가설 (2)를 설명할 수 있다.

가설 (2) FDI 집중이 발생한 지역은 이러한 현상이 일시적이라 할지라도, 중심부 형성을 하며, 경제 발전 단계의 반주변부 역할을 하는 것은 아니다.

즉 FDI 집중은 한 지역에 대한 이민 흡인 요소로써 독립적으로 기능한다. <표 11>에서 폴란드(37.38%)와 헝가리(54.44%)의 EU15 구성비가 압도적으로 높으며, 슬로바키아는 21.94%로 중심국의 EU15 시민권 구성비와 비슷한 정도이다. 체코는 예외적으로 EU15 시민권 구성비가 9.57%에 그치고 있다. 이러한 구성비는 EU 중심부 국가인 영국, 독일, 네덜란드와 비교하여도 높은 비율에 속한다. 영국의 EU15 출신 구성비는 23.25%, 독일의 경우는 22.65% 그리고 네덜란드가 30.92%이다. 벨기에는 EU15 출신 비율 61.26%로 매우 높은 편이다. 만일 세계체제이론을 EU의 사례에 적용하여 이민의 흐름을 분석하면, 신흥개발지역으로 반주변부에 해당하는 체코, 헝가리, 슬로바키아 및 폴란드는 지역 내 낙후된 국가 혹은 제3국 저개발 지역으로부터의 이민유입이 진행되어 순 이주 증가가 발생할 수 있으나, 결국 중심부 지역으로 자국의 이민방출이 진행되어야 한다. 그러나 본 연구에서 제시한 <표 11>의 자료에서 확인할 수 있는 바와 같이 오히려 이들 FDI 집중 국가를 목적지로 한 EU 중심부 국가의 이민 유출과 그 역방향으로의 이주가 동시에 진행되고 있으며, 특히 헝가리, 슬로바키아, 폴란드의 EU15 출신 외국인 거주 구성비는 지난 9년간 확연히 증대한 것이 파악된다.

따라서 지역통합체 내에서 FDI 집중이 발생한 지역은 이러한 현상이 일시적이라 할지라도, 중심부 형성을 하며, 경제 발전 단계의 반주변부 역할을 하는 것은 아님을 설명할 수 있으며, 이러한 결과는 곧 FDI 집중은 한 지역에 대한 이민 흡인 요소로써 독립적으로 기능함을 결과로서 제시할 수 있는 것이다.

그러면 가설을 검증하기 위해, 이와 같이 FDI 집중 지역으로 유입되는 양적인 이민의 팽창이 노동이주의 증가와 비례하는지에 관해 설명할 필요가 있다. 다음 절에서는 EU 회원국 간 유입이주의 원인을 분석함으로써 명확한 노동이주의 변화를 파악하고자 한다. 즉 사례 대상 국가로 집중되는 이민의 원인 중 노동이주가 차지하는 비율과 중심국가로 유입되는 이민 원인을 분류하여 비교할 것이다.

2. EU 회원국 간 유입이주 원인 분석

지금까지의 내용이 주로 얼마나 많은 수의 이주가 이루어지는지에 관한 분석이었다면, 이 절에서는 어떤 목적을 가진 이민자가 유입되는지에 관해 분석하기로 한다. 즉 이민을 결정하기까지 많은 요인의 영향을 받을 수 있으나 결정적 계기가 된 이민 목적을 분석하려 한다. 요인별 분석을 통해 이민자 중 경제적 동기의 이민을 분류하여 EU 내에서 최근의 노동이주의 흐름이 주로 어떠한 패턴으로 이루어지고 있는지에 관하여 고찰하고자 한다.

1) 이민유입 요인 분석

다음의 <표 12>는 OECD(2009)가 분석한 국가별 이민유입에 영향을 미치는 요인 분석 자료이다. 표에서는 이민유입에 영향을 미치는 요인을 주요 항목으로 국가별 분석하여 제시하였다. OECD(2009)는 수용국의 입장에서 이주를 허가하는 전통적 원인을 첫째, 가족 재결합, 둘째, 노동 혹은 기술적 요인, 마지막으로 인도주의적 목적으로 분류하고 있다.

<표 12 > 이민유입에 영향을 미치는 요인

	순 이주	1인당 GDP	종속률	노동 세대 교체	조직	여성 노동	은퇴 후	통합	유형	인구학 적 유인 (50%)	경제적 유인 (50%)
핀란드	M	H	H	H	M	L	H	M	H	2.4	2.6
네덜란드	M	H	H	H	K	L	H	M	H	2.4	2.6
오스트리아	L	H	H	H	M	M	H	L	H	2.3	2.6
룩셈부르크	L	H	L	L	H	HH	H	L	L	1.7	2.4
아일랜드	L	H	L	L	H	HH	L	M	L	1.6	2.4
덴마크	L	H	M	H	L	L	M	L	L	1.8	2.3
벨기에	H	M	M	H	L	M	H	H	H	2.5	2.2
이태리	M	M	M	H	L	H	H	H	H	2.5	2.2
스페인	L	M	M	M	M	H	H	H	M	2.2	2.1
독일	M	M	H	H		L	M	M	M	2.1	2.1
프랑스	M	M	M	M	L	L	H	M	M	1.9	1.9
스웨덴	M	M	M	M	L	L	M	H	M	1.9	1.9
포르투갈	M	M	L	H	L	L	L	H	L	1.8	1.9
영국	M	M	L	M	L	M	M	M	M	1.8	1.9
노르웨이	L	M	L	M	M	L	M	M	M	1.5	1.8
체코	H	L	M	H	M	H	M	M	M	2.2	1.7
폴란드	H	L	M	H	H	M	M	L	H	2.0	1.6
슬로바키아	H	L	L	H	H	M	M	M	H	1.9	1.6
헝가리	H	L	L	H	H	M	L	L	L	1.7	1.5
그리스	L	L	L	H	L	H	M	L	L	1.7	1.4
미국	L	L	L	L	M	M	L	H	L	1.6	2.3
캐나다	L	M	H	M	L	L	H	H	L	2.1	2.0
호주	H	H	H	L	H	M	H	H	H	2.4	2.8

주: H＝강한 유인요소, M＝중간 유인요소, L＝낮은 유인요소.
출처: The future of international migration to OECD countries, OECD 2009, pp.115~116.

이러한 각각의 요인에 따라 명백히 다른 기준을 적용하며, 분류
된 노동자의 이민유입을 규제하기 위해 각기 다른 메커니즘을 적
용하고 있다.[48]

<표 12>는 이민유입에 영향을 미치는 항목 간 유인 정도를 EU 내 20개 국가 및 미국, 캐나다, 호주 및 한국을 분류하여 제시하고 있다. 유인 정도의 상·중·하를 나누어 표기하였으며, 이를 수용국의 유입이민 정책 및 사회적 변화와 유기적으로 연결시켜 분석하여야 한다. 이민 승인 관련 정책은 사회 통합과 사회적 동의를 고려하여 시행되어야 하며, 따라서 다음 두 가지 사항에 관하여 적절히 조절되어야 한다. 첫째, 노동이주를 규제하고 자국 내 노동시장을 보호함과 동시에 둘째, 영주권(궁극적으로 시민권)에 관한 권리뿐만 아니라 노동시장에서의 이민자 권리 또한 고려해야 하므로 상반된 상황에 대한 적절한 대응 및 정책 제도가 요구되며, 이에 관하여 특히 유럽 국가들은 미국 등의 국가와 비교하여 좀 더 포괄적인 복지 제도를 갖추고 있으며 노동시장 통합과 사회적 갈등 등의 문제점 때문에 노동시장에 진입하려는 난민 요청 이민자 및 합법적 이민자들에 대해 좀 더 제한적이다.[49]

<표 12>에서 논의되는 유인 요소는 이민자 수에 직접적 영향을 미치는 항목과 이민 흐름의 구성에 대하여 영향을 미치는 항목으로 분류할 수 있다. 이러한 사항을 종합적으로 고려하여 표에서는 경제 격차 항목(1인당 GDP), 인구통계학적 유인 항목(노동력 성장, 이민자 조직 그리고 여성 혹은 노년층의 사회참여 기대 등) 및 통합 요인(이민을 장려하는 사회적 수용성)으로 나누어 분석하였으

---

48) OECD, The Future of International Migration to OECD Countries(2009), p.113.
　　인도주의적 난민 이민자를 수용하는 국가의 국민은 유입이민의 효과보다는 사회적 문제(혹은 범죄)에 관하여 좀 더 우려하게 되며, 경제적 이민자(노동 이주)를 수용할 때에는 실직의 위험에 대한 우려를 상대적으로 더 많이 하게 된다. 그러나 어떠한 경우에라도 자국의 노동시장 수요에 따라 선택된 노동 유입 이민에 관해 좀 더 호의적인 입장을 취하는 경향이 있다(*Ibid.*, pp.113~114).

49) *Ibid.*, p.113.

며, 특히 경험적 사례에서 이민유입률에 주된 변수로 작용하는 경제적 요인과 이민유입을 초래하는 만성적 요인으로 간주되는 인구통계학적 요인을 주된 항목으로 분류하여 수치를 제시하고 있다.

본 연구는 노동이주의 흐름에 관하여 분석하고 있으므로 경제적 유인 항목에 주목하면, EU 내 기존의 중심부 국가들의 수치는 다음과 같다. 독일 2.1, 영국 1.9, 프랑스 1.9, 벨기에 2.2, 네덜란드 2.6으로 전통적 이민유입국가 미국 2.3, 캐나다 2.0과 비교할 때 비슷한 정도의 유인 요소로 작용하며, 호주 2.8의 수치와는 차이가 있다. 또한 자료 중 중·동 유럽 국가의 경제적 유인 요소를 보면 체코 1.7, 폴란드 1.6, 슬로바키아 1.6, 헝가리 1.4로 EU 중심부 국가들과 비교할 때 현저히 낮은 수치이다.

결과적으로 체코, 폴란드, 슬로바키아, 헝가리의 경제적 유인 요소가 EU 중심부 국가인 영국, 독일, 프랑스, 네덜란드 및 벨기에와 비교하여 덜 매력적이며, 경제적 항목으로 노동이주가 유인된다면 중심부 국가로 유입되어야 할 것이다. 그러나 앞서 제시한 바와 같이 FDI 유입 사례 국가인 체코, 폴란드, 슬로바키아, 헝가리로의 이주 유입 수치 및 증가, 특히 중심부 국가에서 이들 4개 국가로의 이주 증가를 <표 12>에서 제시하는 경제적 요인만으로는 불충분하다. 즉 1인당 GDP 혹은 노동시장 성장을 동력으로 경제적 동기를 가진 이민 흐름을 충분히 설명할 수 없다.

다음의 <표 13>은 EU27, EU15와 체코, 헝가리, 폴란드 및 슬로바키아의 일인당 GDP 총량에 관한 표이다.

〈표 13〉 EU 및 4개 회원국 일인당 GDP(Euro)

연도	EU-27	EU-15	체코	헝가리	폴란드	슬로바키아
2000	19,100	23,200	6,000	5,000	4,900	4,100
2001	19,800	23,900	6,800	5,800	5,600	4,400
2002	20,500	24,700	7,800	7,000	5,500	4,800
2003	20,700	25,000	7,900	7,300	5,000	5,500
2004	21,700	26,000	8,600	8,200	5,300	6,300
2005	22,500	26,800	9,800	8,800	6,400	7,100
2006	23,600	28,000	11,100	8,900	7,100	8,300
2007	24,900	29,200	12,300	10,100	8,200	10,200
2008	25,100	29,100	14,200	10,500	9,500	12,000
2009	na	na	na	9,300	na	11,700

출처: Eurostat(2010. 3. 26. 검색).

2000년~2008년간 4개 국가의 1인당 GDP는 크게 성장하였으나, EU27 전체 회원국의 평균과 많은 격차가 있다. 이를 EU15 국가와 비교하면 더 큰 격차가 있음을 지적할 수 있다. 물론 4개 국가의 경제 성장으로 인하여 차이는 다소 줄었으나 앞서 <표 12>에서 언급한 바와 같이 같은 지역 내 이민유입을 위한 경제적 요인으로 작용한다고 보기 어렵다.

<표 13>에서 EU27 전체 회원국의 동 기간 1인당 GDP 증가율은 31.41%이며, EU15는 25.43%이다. 4개 사례 국가의 1인당 GDP 증가율로는 체코 136.67%, 헝가리 86%, 폴란드 93.88% 그리고 슬로바키아 185.37%이다.[50] 즉 경제의 성장 속도 측면에서 경제적 유인 항목으로 판단할 수는 있으나, GDP 금액의 양적 측면에서 여전히 불충분한 부분이 있다. 2008년 기준으로 EU27 평균 1인당

---

50) 헝가리와 슬로바키아는 2000년~2009년간의 1인당 GDP 증가율을 제시하였다.

GDP와 비교할 때, 체코는 56.57%, 헝가리 41.83%, 폴란드 37.85% 그리고 슬로바키아 47.81%에 불과해 1/2 정도의 수준에 불과하다. EU15 국가의 1인당 GDP와 비교하면 체코는 48.79%, 헝가리 36.08%, 폴란드 32.65% 그리고 슬로바키아 41.24%로 격차 폭이 더욱 커진다.

또한 경제적 유인 요소로 작용할 수 있는 경제적 지표로서 <표 13>에서 제시된 1인당 GDP 이외에도 실업률을 고려할 수 있다. 특히 장기실업률 등은 이민자가 경제적 기회를 고려해 목적지를 고려할 때 심각한 제외 요인으로 인지될 것이다.

다음의 <표 14>와 <표 15>는 EU 회원국별 실업률에 관한 연평균에 관한 국가별 자료이다. 우선 <표 14>는 EU27 및 독일, 프랑스, 네덜란드, 영국의 실업률 연평균을 나타내었다. 네덜란드를 제외한 3개 국가는 EU27 전체의 연평균 실업률과 거의 비슷한 수치를 나타내고 있으며, 네덜란드는 실업률이 현저히 낮은 편이다. 이들 국가의 실업률 연평균 수치를 본 연구의 분석 대상 국가인 체코, 헝가리, 폴란드 및 슬로바키아의 경우와 비교해 볼 필요가 있다.

〈표 14〉 EU27 및 독일, 프랑스, 네덜란드, 영국의 실업률 연평균(%)

연도	EU - 27	독일	프랑스	네덜란드	영국
1998	na	9.1	11.0	3.8	6.1
1999	na	8.2	10.4	3.2	5.9
2000	8.7	7.5	9.0	2.8	5.4
2001	8.5	7.6	8.3	2.2	5.0
2002	8.9	8.4	8.6	2.8	5.1
2003	9.0	9.3	9.0	3.7	5.0
2004	9.1	9.8	9.3	4.6	4.7

2005	8.9	10.7	9.3	4.7	4.8
2006	8.2	9.8	9.2	3.9	5.4
2007	7.1	8.4	8.4	3.2	5.3
2008	7.0	7.3	7.8	2.8	5.6
2009	8.9	7.5	9.4	3.4	7.6

출처: Eurostat(2010. 3. 26. 검색).

다음의 <표 15>은 분석 사례 4개 국가의 연평균 실업률이다.

이들 4개 국가의 실업률 연평균 수치가 <표 14>의 중심부 5개 국가와 비교하여 전체적 차이는 있으나 높은 편이라 할 수 있다. 특히 폴란드와 슬로바키아는 20.0에 육박하여 실업률 측면에서 결코 이민유입을 유인할 만한 경제적 기회로 작용할 수 없다. 헝가리도 실업률이 높은 편에 더욱 악화되고 있는 상황이며, 체코는 비교적 중심부 5개 국가와 비슷한 수준의 연평균 실업률을 나타내고 있다.

결론적으로 체코, 헝가리, 폴란드 및 슬로바키아로의 노동이주를 결정할 때 실업률을 고려한다면 이들 4개 국가가 결코 목적지로 선정될 기회가 주어지지 않을 것이다.

즉 1인당 GDP나 실업률, 장기실업률 등의 유인 항목보다 더 적절하고 이민을 유인할 만한 적극적 동기를 지닌 경제 유인 요소가 제시되어야 함을 의미한다.

<표 15> 체코, 헝가리, 폴란드 및 슬로바키아 실업률 연평균(%)

연도	체코	헝가리	폴란드	슬로바키아
1998	6.4	8.4	10.2	12.6
1999	8.6	6.9	13.4	16.4
2000	8.7	6.4	16.1	18.8
2001	8.0	5.7	18.3	19.3

연도				
2002	7.3	5.8	20.0	18.7
2003	7.8	5.9	19.7	17.6
2004	8.3	6.1	19.0	18.2
2005	7.9	7.2	17.8	16.3
2006	7.2	7.5	13.9	13.4
2007	5.3	7.4	9.6	11.1
2008	4.4	7.8	7.1	9.5
2009	6.8	10.0	8.2	11.9

출처: Eurostat(2010. 3. 26. 검색).

2) EU 회원국의 거주허가 이주에 대한 동기 분석

EU 회원국은 역내 자유인의 이동을 허용하여 이주의 자유 및 거주의 자유를 공동체법으로 보장하고 있다. 이에 반해 제3국 출신 외국인에 대하여 허용 기간을 초과하는 사유에 관한 거주허가가 요구된다. 이때 거주허가에 대한 동기에 관한 분석이 다음 <표 16>과 <표 17>에서 제시한다.

<표 16> 독일, 영국, 프랑스 및 네덜란드 거주허가 인구의 동기별 분석

	가족 형성 / 가족재결합	교육	취업	기타
독일	46,908명	31,447명	23,365명	6,889명
	43.19%	28.95%	21.51%	6.3%
영국	135,000명	223,000명	140,000명	154,000명
	21.33%	35.23%	22.17%	24.33%
프랑스	81,177명	52,073명	21,310명	28,128명
	44.43%	28.50%	11.66%	15.40%
네덜란드	63,713명	17,442명	38,526명	14,284명
	47.56%	13.02%	28.76%	10.66%

주: 독일 및 네덜란드 2007년 기준 / 영국 및 프랑스 2008년 기준.
출처: EMN http://emn.sarenet.es/html/index.html

위의 <표 16>은 제3국 출신 이민자가 영국, 독일, 프랑스 그리고 네덜란드로의 이주 시 필요한 거주허가에 대하여 동기별 분석 자료이다. 2007년 기준 시 독일의 경우 가족재결합을 동기로 이주하는 이민이 43.19%에 달하며 다음으로 교육을 위한 거주허가가 28.95%이다. 본 자료에서 세 가지로 분류한 거주허가의 주된 요인 중 독일의 경우에서는 취업이 가장 낮은 동기로 나타났다. 영국은 2008년 기준 교육 동기의 거주허가가 35.23%이며 나머지 두 개의 항목에서 거의 격차가 나지 않으며 다음과 같다. 가족재결합 동기가 21.33%, 취업 동기가 22.17%이다. 프랑스의 경우 2008년 기준으로 가족재결합 동기의 거주허가가 44.43%로 가장 높고, 교육 항목에서 28.50%, 취업 항목이 가장 낮은 비율로 11.66%이다. 2007년 기준으로 네덜란드 또한 가족재결합의 동기가 47.56%로 가장 높고, 이어서 취업 항목이 28.76%, 교육 목적의 거주허가가 13.02%를 점하고 있다.

이와 비교하여 <표 17>은 체코, 헝가리, 폴란드 그리고 슬로바키아로 유입된 제3국 출신 이민자의 거주허가 동기에 관한 표이다.

〈표 17〉 체코, 헝가리, 슬로바키아 및 폴란드 거주허가 인구의 동기별 분석

	가족 형성 / 가족재결합	교육	취업	무역허가 사업	기타
체코	109,029명	8,488명	161,562명	33,580명	79,428명
	27.80%	2.16%	41.21%	8.56%	20.26%
헝가리	6,856명	8,233명	21,727명	na	1,333명
	17.97%	21.58%	56.95%	na	3.49%
슬로바키아	1,031명	108명	1,460명	na	1,560명
	24.79%	2.60%	35.10%	na	37.51%
폴란드	10,834명	5,175명	6,734명	na	497명
	46.62%	22.27%	28.98%	na	2.14%

주: 2007년 기준(슬로바키아 2008년 자료).
출처: EMN http://emn.sarenet.es/html/index.html

　2007년 기준으로 체코의 경우 취업을 동기로 이주하는 이민이 41.21%에 달하며 다음으로 가족재결합을 위한 거주허가가 27.80%, 교육 동기가 2.16%에 해당한다. 헝가리 또한 취업 목적의 거주허가가 56.95%에 달해 압도적으로 높은 비율을 점하고 있으며, 교육 동기 21.58%, 가족재결합의 동기가 17.97%를 나타낸다. 슬로바키아는 취업 동기 35.10%, 가족재결합의 동기가 24.79%이며, 교육이 2.60%이다. 폴란드는 이들 3개 국가와 달리 가족재결합의 동기가 46.62%로 가장 높으며, 취업 항목이 28.98%, 교육 목적의 거주허가가 22.27%를 점한다.

　이와 같이 거주허가에 대하여 동기별로 분류가 회원국 간 이주의 동기까지 규명할 수 없으므로 각 국가에 대한 노동이주의 정확한 유인 요소를 분석한 것이라 할 수 없으나, 국가별 유인 요소를 짐작케 할 수 있는 주요한 기준으로 적용해 볼 수 있다. EU 내 중심부 국가로의 이주는 가족재결합과 교육의 동기가 주된 요인으로 작용하고 있으며, 본 연구의 분석 대상 4개 국가의 경우 폴란드를 제외한 나머지 국가에서 취업이 압도적으로 높은 것은 FDI가 집중된 이들 국가에 뚜렷한 노동이주의 유인 작용이 발생한 것으로 판단할 수 있다.

3. 유입 이민의 구성 및 이민 유인 요소 분석에 관한 결론

　유입 이민의 구성비에 관한 1절의 분석을 통해 외국인 시민권자에 대한 EU15/ EU10/ EU2 출신 구성비를 국가별로 분류하여 제시함으로써 EU10에서 EU15로의 유입이민과 반대의 경우에 대한 이민 흐름을 파악하였다. 이러한 분석으로 서론에서 제시한 가설 (2)를 설명할 수 있었다.

가설 (2): FDI 집중이 발생한 지역은 이러한 현상이 일시적이라 할지라도, 중심부 형성을 하며, 경제 발전 단계의 반주변부 역할을 하는 것은 아니다.

즉 FDI 집중은 한 지역에 대한 이민 흡인 요소로써 독립적으로 기능한다.

본 장의 1절에서는, 중심부 국가에서 FDI 집중 국가의 사례 대상국인 체코, 헝가리, 슬로바키아 및 폴란드로의 이민유입을 분석하여, FDI가 독립적으로 이민유입을 유인하는 기능을 함을 설명하는 동시에 FDI가 집중된 지역이 단순히 더 낙후된 지역 이민자만의 목적지가 아님을 설명하였다.

또한 2절에서는, 제3국 출신 외국인에 대하여 허용 기간을 초과하는 사유에 관한 거주허가 동기별 분석을 시도하였다. 다만 거주허가에 대한 동기별 분류가 회원국 간 이주의 동기까지 규명할 수 없으므로,[51] 각 국가 간 모든 종류의 이민에 대한 노동이주의 정확한 유인 요소를 분석한 것이라 할 수 없으나, 국가별 유인 요소를 짐작게 할 수 있는 주요한 기준으로 적용해 볼 수 있다. EU15 국가로 유입된 이주는 가족재결합과 교육의 동기가 주된 요인으로 작

---

51) 회원국 간 EU 시민권자의 이동은 거주허가의 절차가 없으므로, 거주허가의 동기 파악이 불가하다.

용하고 있으며, 본 연구의 분석 대상 4개 국가의 경우 폴란드를 제외한 나머지 국가에서 취업 요인항목이 압도적으로 높은 것은 FDI가 집중된 이들 국가에 뚜렷한 노동이주의 유인 작용이 발생한 것으로 판단할 수 있다.

단 본 연구에서 간과할 수 없는 부분으로 Ⅵ장에서 가설 검증한 내용 중 이민유입에 대한 FDI의 독립적 유인 기능에 관한 보완된 분석이 필요하였다. 왜냐하면 Ⅵ장의 분석 내용은 사례대상 국가별 FDI의 증가 합계와 동 시기의 유입 이민 증가를 수치 합계로써 제시하였을 뿐으로 또 다른 통제 변수의 존재를 고려하지 않을 수 없다. 따라서 중·동 유럽 4개 국가의 경제적 상황에 관한 종합적 판단 및 이민유입에 영향을 미치는 다양한 요인에 관하여 다각도의 분석이 주어져야 했다.

따라서 본 장 2절에서는 국가별로 이민유입에 영향을 미치는 요인을 분석하여 수치화한 OECD(2009)의 자료를 제시하여, 각 국가의 경제적 유인 정도를 분석하였다. <표 12>는 이민유입 수와 이민 원인의 구성에 대하여 영향을 미치는 요인을 경제 격차 항목(1인당 GDP), 인구통계학적 유인 항목(노동력 성장, 이민자 조직 그리고 여성 혹은 노년층의 사회참여 기대 등) 그리고 통합 요인(이민에 긍정적인 사회적 수용성)으로 나누어 제시하였으며, 본 연구의 분석 대상인 체코(1.7), 폴란드(1.6), 슬로바키아(1.6) 및 헝가리(1.5)의 경제적 유인 지수는 EU 회원국 중 하위권에 속해 있다. 이는 <표 13>에서 2000년~2009년 10년간 EU 및 이들 4개국의 일인당 GDP 자료 제시에서도 파악할 수 있다. 이들 4개 국가의 일인당 GDP는 EU27 전체 회원국 평균의 1/3~1/2 정도에 불과하며,

이를 EU15 국가 평균과 비교하면 격차는 더욱 커진다.

이 밖에 이민 시 목적지 선택에 영향을 미칠 주요 통제 요인으로 국가별 실업률을 고려해 볼 수 있다. 따라서 본 장 2절에서는 체코, 헝가리, 폴란드, 슬로바키아의 연평균 실업률을 1998년~2009년에 걸쳐 <표 15>에서 제시함과 동시에 EU27 실업률 평균과 독일, 프랑스, 네덜란드 및 영국의 연평균 실업률을 <표 14>의 자료로써 제시하였다. 이에 대한 결과는 분석 대상 4개국의 연평균 실업률이 EU27 평균에 비해 높다. 특히 헝가리와 슬로바키아는 2009년 EU27 평균이 8.9%인 데 비해 헝가리 10.0%, 슬로바키아 11.9%로 격차 폭이 크다. 즉 이들 4개 국가의 경제 지표는 이민유입을 이끌 만한 유인 항목이라 보기 어렵다.

그러므로 본 연구의 독립 변수로서 가설을 구성하는 FDI는 충분히 이민유입을 유인하여 기능한다고 할 수 있으며, 이러한 결론을 통해 또 다른 사례에 대한 본 연구의 가설 적용이 가능하다면 이로써 학술적 의의를 확인할 수 있을 것이다.

Ⅴ. 결론

본 연구는 세계화와 지역 블록화가 동시에 진행되고 있는 최근의 상황에서 활발히 진행되어 온 자본의 이동과 국제간 이민을 연계하여 분석한 연구이다. 지역 연합 내에서 특정 지역 혹은 국가로 직접투자가 집중될 때 이주의 흐름은 어떠한 영향을 받을지에 관한 의문을 가설을 통해 검증하였다. 즉 이주와 비교하여 보다 빠른 자본의 흐름이 독립적으로 이민을 유인할 수 있을 것이며, 영향을 받은 유입 이민은 노동이주에 해당한다는 잠정적 결론을 설명하기 위하여 우선 분석 사례 대상으로 EU의 최근 FDI 집중 지역인 체코, 헝가리, 슬로바키아 및 폴란드를 선정하였으며, 다음의 가설 및 설명 변수를 설정하였다.

우선 '지역공동체 내에서 FDI가 특정 지역 혹은 회원국에 집중되면, 이에 비례하여 노동이주가 증가한다'의 가설 (1)을 검증하기 위해 Ⅲ장에서는 EU 회원국의 FDI 유입 흐름 분석과 EU 회원국 중 FDI 유입 집중 지역의 이민자 유·출입을 파악하였다.

또한 'FDI 집중이 발생한 지역은 이러한 현상이 일시적이라 할지라도, 중심부 형성을 하며, 경제 발전 단계의 반주변부 역할을 하는 것은 아니다. 즉 FDI 집중은 한 지역에 대한 이민 흡인 요소로써 독립적으로 기능한다'라는 가설 (2)를 검증하기 위해 Ⅳ장에서는 외국인 시민권자에 대한 EU15,[52] EU10[53] 그리고 EU2의 출신 구성비를 국가별로 나누어 분석함으로써 EU15에서 EU10으로의 유입이민과 역방향의 경우를 분류하여 이민 흐름을 파악하였다. 이와 더불어 분석 사례 대상 4개국과 이들 국가와의 비교를 위해 중심부 국가에 해당하는 4개국의 거주허가 시 이주의 동기를 분석함으로써, FDI 집중 국가를 이민 목적지로 선택할 경우 경제적 기회

---

52) 1992년 마스트리히트조약 서명 이후, 서명 및 투표 과정을 거쳐 출범한 EU 초기 회원국들로 벨기에, 덴마크, 독일, 그리스, 스페인, 프랑스, 아일랜드, 이탈리아, 룩셈부르크, 네덜란드, 오스트리아, 포르투갈, 핀란드, 스웨덴 그리고 영국으로 구성되어 있다.

53) 2004년 EU에 가입한 10개 국가를 이르는 용어이며 사이프러스, 체코, 에스토니아, 헝가리, 라트비아, 리투아니아, 몰타, 폴란드, 슬로바키아 그리고 슬로베니아가 있다. EU27이라 함은 EU10, EU15와 더불어 2007년 신규 가입한 불가리아, 루마니아를 합쳐서 쓰는 용어이다.

를 위한 이주 비율이 높음을 분석할 수 있었다.

즉 본문에서는 중심부 국가로부터 체코, 헝가리, 슬로바키아 및 폴란드 이들 4개 국가를 목적지로 한 이민유입을 분석하여, FDI가 독립적으로 이민유입을 유인하여 기능함(가설 1)을 설명함과 동시에 FDI가 집중된 지역이 단순히 더 낙후된 지역 이민자만의 목적지가 아님을 검증하여, 가설 (2)를 설명하였다.

본문 Ⅲ장에서 제시한 체코, 폴란드, 헝가리 및 슬로바키아 4개 국가의 FDI 유입 현황에 대한 자료와 이들 4개국의 이민자 유입·유출에 관한 분석 자료를 종합하여 FDI 합계와 유입이주 사이의 상호관계를 자료집계 분석을 통해 검증하였다. 이는 1999년~2007년 9년간 분석 사례 대상인 4개 국가로 집중된 FDI 합계와 이들 국가로 유입이민의 수치를 각각 합산하여 제시한 것으로 FDI가 집중됨에 따라 유입이민이 비례하여 증가함을 제시하였다.

종합하여 본 연구의 분석 사례 대상인 중·동 유럽 4개국으로의 FDI 집중과 이민유입의 증가된 결과를 통해 지역공동체 내에서 FDI가 특정 지역 혹은 회원국에 집중되면, 이에 비례하여 유입이민이 증가함을 설명하였다. 이는 가설 (1)을 설명한 내용이지만 1차적인 자본과 이주의 흐름을 제시하였을 뿐이다. 따라서 이러한 이주의 흐름의 결과가 FDI의 독립적 기능으로 유인되고 있는지에 관하여 설명하려면 또 다른 통제 요인이 될 수 있는 항목들에 대한 체계적 분석과 이주 원인에 대한 연구가 뒷받침되어야 하며, 이에 관한 내용이 Ⅳ장에서 제시되었다.

본문 Ⅳ장에서는 유입이민에 대하여 목적별 분류 및 노동이주를 유인할 수 있는 목적 국가의 다양한 경제적 기회에 관한 분석을 통해 가설 (2)를 검증하였으며, 특히 FDI 이외의 항목으로 제시될 수 있는 경제적 기회가 충분히 통제될 수 있는 변수인지에 관하여 이론적·실증적 분석을 시행함으로써 FDI가 실질적으로 이민유입을 유인하는 독립적 기능을 수행하고 있는지에 관하여 검증할 수 있었다.

필자는 8개 국가에 걸친 유입이민을 출신 국가별 구성비, 이민 결정 동기 및 EU15 국가와 EU10 국가 간의 이민 상호 교환 여부에 관하여 조사함으로써 FDI가 특정 지역에 집중되면 그 지역이 중심부 형성을 하며, FDI 집중은 한 지역에 대한 이민 흡인 요소로써 독립적으로 기능할 수 있음을 설명하였다.

결론적으로 지역공동체 내에서 FDI가 특정 지역 혹은 회원국에 집중되면, 이에 비례하여 노동이주가 증가하며, 이와 같은 이주의 흐름은 공동체 내 회원국 시민 및 제3국 시민의 노동이주를 포함한다. 또한 FDI 집중이 발생한 지역은 이러한 현상이 일시적이라 할지라도, 중심부를 형성하게 되며 경제 발전 단계의 반주변부 역할에 머무는 것은 아니다. 즉 지역공동체 내에서의 FDI 집중은 한 지역에 대한 이민 흡인 요소로써 독립적으로 기능할 수 있으며, 이때 발생한 이주는 전통적 중심부 및 FDI 집중이 발생한 지역으로 향하는 공동체 회원국 시민 및 제3국 시민의 노동이주를 포함한다. 그렇지만 위의 두 결론은 투자의 자유화 및 노동이주의 자유화가 전제된 상태의 지역공동체 간 국가별 비교에 의해 설명할 수 있고, 본 연구는 이와 같은 전제를 만족하는 EU에 대한 실증 분석을 통해 가설을 설명하고, 일반화하여 국제간 노동이주의 흐름을 분석하였다.

지역공동체 내에서 FDI라는 독립 변수에 의해 노동이주의 유인이 발생하며, FDI는 이주를 흡인할 만한 수준으로 특정지역을 중심 부화할 수 있다는 결론을 도출할 수 있다. 본 연구의 이와 같은 결론은 지역협력이 성숙함에 따라 투자와 이주의 자유가 허용되면, 상대적 낙후지역으로의 FDI 집중이 계기가 되어 이주를 유인하는 흡인 요소로서 작용하여 역내 경제 격차를 해소할 수 있는 주요한 메커니즘으로 작용할 수 있음을 설명하고 있다. 즉 지역블록화라는 분석 수준의 개입이 전제가 되어 특정지역의 투자와 국제적 이주의 흐름을 변화할 수 있는 역동적 기능을 확인시키고 있으며, 경제 협력에 참여하는 국가들이 역내 안정을 위해 어떠한 정책을 지향해야 하는지에 관한 방향성을 제시하고 있다.

그러나 본 연구의 가설을 또 다른 사례에 적용시켜 타당함을 검증하려 해도 현재 투자와 자본의 자유 이동이 가능한 단계의 성숙한 지역협력 형태가 EU 이외에 존재하지 않는다. 따라서 현 상태에서 가설의 또 다른 적용은 EU 내 신흥 FDI 집중 국가, 가령 스페인과 같은 국가를 선택하여 가설 적용을 시도함으로써 타당성을 입증할 수밖에 없다.

참고문헌

박경서. 『국제정치경제론 - 이론과 실제 - 』(서울: 제2전정판, 법문사, 2001).

설동훈. 『외국인노동자와 한국사회』(서울: 서울대학교 사회발전연구총서, 1999).

설동훈. 『노동력의 국제이동』(서울: 서울대학교 사회발전연구총서, 2000).

이종원/황기식. 『EU27: 유럽통합의 이해』(서울: 도서출판 해남, 2008).

홍기원. "다문화사회의 정책과제와 방향: 문화정책의 역할과 과제". 『한국행정학회 2007년 동계학술대회 발표논문집(下)』(2007 여름), pp.909～928.

Kegley Jr., Charles W.. 『세계정치론; 경향과 변환』, 오영달 · 조한승 · 황기식(역), (서울: 한티미디어, 2010).

Bryman, Alan. *Social Research Methods*, Oxford: Oxford University Press, 2001.

Castles, Stephen and Mark J. Miller. *The age of migration. 3rd* New York: Guilford Press, 2003.

Massey, Douglas S. · Joaquin Arango · Graeme Hugo · Ali Kouaouci · Adela Pellegrino and J. Edward Taylor. "Theories of International Migration: A Review and Appraisal". *Population and Development Review.* vol.19 no.3(1993), pp.431～466.

Prakash, Aseem and Matthew Potoski. "Investing up". *International Studies Quarterly.* no.51(september)(2007), pp.723～744.

Ravenstein, Ernest George. "The laws of migration". *Journal of the Royal Statistical Society.* Vol.48(June)(1885), pp.167~235.

Rogers, A. "A Regression Analysis of Interregional Migration in California". *Review of Economics and Statistics.* vol.49, no.2(1967), pp.262~267.

Zipf, George Kingsley. "The P_1 P_2 /D Hypothesis: On the Intercity Movement of Persons". *American Sociological Review.* vol.11, no.6(1946), pp.677~686.

1차 자료

EIU. *World investment prospects to 2011,* (2009).

EMN(European Migration Network) http://emn.sarenet.es/html/index.html-(2010년 1월 15일 검색).

EUROPA http://europa.eu/rapid/pressReleasesAction.do?reference = STAT/-08/162&format = HTML&aged = 0&language = EN&guiLanguage = en(2010년 4월 29일 검색).

Eurostat(New Cronos), http://ec.europa.eu/(2010년 1월 15일 검색).

ILO http://www.ilo.org/global/lang − − en/index.htm(2010년 3월 28일 검색).

OECD. *The Future of International Migration to OECD Countries*(2009).

UNCTAD. *World Investment Report 2007*(2009).

제4장 EU의 동아시아 정책 및 무역정책 변화와 한-EU FTA

안상욱

부경대학교 국제지역학부 조교수

I. 서 론

2009년 10월 14일 런던에서 한국(김은종 외무부 유럽국장)과 EU(Alan Seatter EU 집행위원회 대외관계총국 북미·동아시아 국장)는 한-EU 기본협력협정 개정안에 가서명하였다. 한-EU 기본협력협정의 개정안은 한국과 EU가 세계무대에서 협력을 진행할 제도적·법률적 기반을 강화하였다는 데 그 의의가 있다. 다음 날인 10월 15일에는 브뤼셀에서 한국 측의 김종훈 통상교섭본부장과 EU 측의 캐서린 애슈턴 EU 통상담당 집행위원은 한-EU FTA를 가서명하였다.

한국과 EU의 양자관계를 되돌아보면, 1963년 7월, 한국과 유럽경제공동체(EEC: European Economic Community)는 수교하였고, 1969년 한국은 EC(European Communities)에 상주대표부를 설치하였지만, 1990년대 초반까지 양자관계는 발전은 제약을 받아 왔다.

이는 냉전시대에 한국과 EU 모두 미국을 중심으로 한 자유진영의 일원으로 공동보조를 유지해 왔기 때문이다.

또한 EU 차원의 대외문제에 대한 공동보조도 오일쇼크 이후 유럽공동체 국가들이 아랍국가들과 공동회담인 '유로－아랍 회담'(Euro－Arab Dialogue)을 통해서 정치협력(European Political Cooperation)을 발전시키면서부터 시작되었다. 당시 유럽공동체 회원국은 아랍 국가들과의 정상회담에서 큰 성과를 거두지는 못하였지만, 이후 유럽국가들 간의 협력을 발전시킬 수 있었다. '유럽국가들 간의 정치협력'(European Political Cooperation)은 1986년 유럽단일의정서를 통해서 공식화되어 EU의 대외대표성은 향상되었다.

이후 1989년 냉전의 종식으로 국제정치 질서가 다변화되고, 1993년 11월 마스트리히트조약 발효에 따른 유럽연합(EU) 출범 이후, EU가 공동외교안보정책(Common Foreign and Security Policy)을 갖추게 됨에 따라 한국과 EU는 정치, 안보 분야에서 협력을 발전시켜 나갈 필요성과 여건이 조성되었다. 1970년대에 미국 국무장관이었던 Henty Kissinger가 "내가 유럽에 전화를 걸 때는 누구에게 전화를 걸어야 하지요?"(Who do I call if I want to call Europe?)라고 비아냥거렸었을 때와는 상황이 크게 변화한 것이다. EU의 대외적 대표성 향상과 함께 EU는 대외 관계에서 예전보다 적극적으로 대응하였다. 동아시아 국가와의 관계도 마찬가지이다.

EU는 1996년 동아시아 국가들과 제1차 정상회담을 가졌고, 1996년 한－EU 기본협력협정을 체결하였고, 2009년 10월에는 한－EU 기본협력협정을 개정하였고, 또한 한－EU FTA를 가서명하였다. 또한 EU는 중국, 일본과 연례 정상회의를 갖고 있으며, ASEAN 및 인도와 FTA 협상 중이다.

EU 국가들과 동아시아 국가들과의 관계는 아주 새로운 것은 아니다. 단지 제2차 세계대전 이후 약화되었던 관계가 다시 회복되고 있는 것이라 볼 수 있다. 교류의 관점에서 볼 때, 유럽과 동아시아와 교류의 시초는 고대 로마시대까지 올라간다. 로마제국 시절에 기독교 분파의 네스토리우스교가 중국의 당나라에 전파되었으며, 166년 로마황제 마르쿠스 아우렐리우스의 사신이 중국의 후한(後漢)의 환제(桓帝)를 방문했다. 훈족의 침입은 서유럽에서 훈족에 밀려난 게르만 민족의 침입을 야기하였고, 이는 로마제국의 쇠락에 영향을 미쳤다. 아시아와 유럽의 대륙의 상인은 비단길을 통하여 왕래하였다. 중국에서 발명된 화약, 나침반, 종이는 유럽에 전해져서, 중세 전투방식의 변화, 해양을 통한 유럽의 팽창, 인쇄를 통한 지식의 확산에 기여하였다.

동아시아와 유럽의 관계는 유럽의 아시아 식민화를 통해 유럽의 영향력이 아시아로 급속하게 확산되는 계기를 맞는다. 15세기에 스페인과 포르투갈은 해양을 통한 유럽의 팽창에 나섰고, 16세기에 아시아 국가의 식민지화에 착수하여 포르투갈은 말레이시아와 인도네시아에, 스페인은 필리핀에 식민지를 건설하였다. 이후 영국, 프랑스, 네덜란드가 그 뒤를 이어, 영국은 인도, 미얀마, 스리랑카, 말레이시아를 식민화하였고, 프랑스는 베트남, 라오스, 캄보디아를 식민화하였고, 네덜란드는 인도네시아를 식민화하였다. 유럽국가에 의한 아시아국가의 식민화는 유럽의 정치, 경제제도가 직접 이식되는 계기가 되었다. 또한 양 대륙의 관계는 지배국과 피지배국이라는 불평등한 관계에 놓이게 되었다.

　반면에 미국의 경우, 아시아에서 일본을 개방시키는 데는 성공하였지만, 식민화하지 못하였고, 스페인의 식민지였던 필리핀을 빼앗는 데 만족해야 했을 뿐이었다. 이러한 양 대륙 간의 관계는 제2차 세계대전 이후 급속하게 변화하였다.

　아시아 국가 중 완충지대였던 태국, 식민화를 면한 일본과 일본의 식민지였던 한국과 대만을 제외한 아시아 전체를 식민화하였던 유럽은 식민지 기반을 상실하였다. 최후의 유럽 식민지였던 홍콩과 마카오는 1997년과 1999년 각기 중국에 반환되었다. 세계 제2차 세계대전 이후 아시아에서 유럽의 영향력은 급속도로 미국의 영향력으로 대체되었다. 이후 미국은 명실상부하게 유럽과 아시아에서 정치, 경제, 문화적으로 최고의 영향력을 행사할 수 있는 국가가 되었다.

　1990년대 이후의 상황변화에 따라 제2차 세계대전 이후 동아시아에서 영향력을 상실했던 EU는 동아시아의 중요성을 다시 자각하고 동아시아에서 EU의 입지를 강화하려 하고 있다.

　본 연구는 EU의 동아시아 정책 및 무역정책의 변화에 초점을 맞추어 한-EU 기본협력협정 및 한-EU FTA의 의미를 찾아보고자 한다.

　본 연구가 EU의 동아시아 정책 및 무역정책의 변화에 초점을 맞추는 이유는 기존의 한-EU 관계에 대한 연구가 거의 전적으로 한-EU FTA에 치중되어 있음에도, 기존 연구는 전적으로 FTA의 한국경제 파급효과 및 분야별 쟁점에 대해서만 쓰였다.

　위와 같은 사례로 아래의 논문을 언급할 수 있다. FTA의 한국경제 전반에 대한 파급효과를 다룬 논문의 사례로, [변재응 · 이종원. "한-EU

FTA 추진 평가와 타결전망”.「2008년도 제1차 정책세미나 및 학술발표대회 발표론문집」, 한국무역학회(2008년 2월), pp.43~67.], [박석재 · 이종원. “한-EU FTA의 필요성과 한국경제에 대한 시사점”.「2007년 춘계학술발표대회 발표논문집」, 한국무역학회(2007년 4월), pp.193~206.], [이영기. “한-EU FTA의 대응 과제와 전망”.「한 · 독사회과학논총」, 제16권 제2호(2006년 12월), pp.345~369.], [정인교 · 조정란. “한-EU FTA의 한국 경제에 대한 파급영향”.「무역학회지」, 제32권 제5호(2007년 11월), pp.223~245.] 등 논문을 언급할 수 있다.

또한 분야별 쟁점에 대해 다룬 논문의 사례로는 [변재웅. “한-EU FTA 체결의 산업별 관세효과”.「관세학회지」, 제10권 제4호(2009년 12월), pp.263~282.], [박명호 · 오완근 · 홍승표. “IT산업에 대한 한-EU FTA의 경제적 파급효과 분석”.「2007년 춘계학술대회」, 한국기술혁신학회(2007년 5월), pp.287~302.], [김대원. “한국-EU 자유무역협정(FTA) 분야별 쟁점”.「국제경제법연구」, 제7권 제1호(2009년 5월), pp.21~38.] 등을 들 수 있다.

본 연구는 주제를 한-EU 기본협력협정과 한-EU FTA에 EU가 관심을 갖게 된 배경을 다루면서, 어떠한 국제관계 변화 속에서 EU의 입장 변화가 이루어졌는지 파악해 보도록 한다.

위의 주제에 접근하기 위해 본 연구는 ‘동아시아의 경제성장과 지역 간 협력기구의 창설’, ‘EU의 동아시아 국가 협력 강화와 한-EU 기본협력협정’, ‘EU의 무역정책 변화와 한-EU FTA’라는 세 가지 주제를 소주제로 설정하였다.

‘동아시아의 경제성장과 지역 간 협력기구의 창설’이라는 주제에 관련해서, 북미 및 유럽국가들이 1990년대에 APEC, ASEM과 같은 동아시아와의 지역 간 협력기구 설립에 관심을 보이게 된 이유를 설명하도록 한다. 'EU의 동아시아 국가 협력 강화와 한－EU 기본협력협정'에 관련해서는 ASEM 창설 이후 EU가 동아시아 국가와 양자 간 협력을 강화한 사례로 한－EU 기본협력협정을 사례로 제시하고 내용을 분석한다. 'EU의 무역정책 변화와 한－EU FTA'에서는 로마조약을 통해서 유럽공동시장이라는 양자주의적 자유무역지대 창설을 주도했지만, 아시아 국가와 FTA 체결에 큰 관심을 보이지 않았던 유럽국가가 적극적으로 아시아 국가와의 FTA 체결에 주의를 기울이게 된 변화요인을 고찰하도록 한다.

Ⅱ. 동아시아의 경제성장과 지역 간 협력기구의 창설

1990년대 발생한 국제 교역의 틀에서의 변화는 동아시아 국가들이 국제질서에서 주목받는 존재로 등장하게 하였다. 1940년대 국제교역은 미국의 리더십 아래서 행해졌다. 1970년과 1980년대 국제교역은 미국과 서유럽의 헤게모니에 놓여 있었다. 1990년대 세계교역은 다극화 체제로 변모하였다. 1990년대 이후 동아시아는 세계교역에서 차지하는 비중의 증가를 통해 세계교역에서 중요한 역할을 담당하게 되었다.[1]

---

1) Richard Pomfret, "Regionqlism in Europe and the Asia Pacific Economy", David Vines and Peter Drysdale(eds), Europe, East Asia and APEC: a shared global agenda? (Cambridge: Cambridge University Press, 1998), p.53.

<표 1> 유럽연합*, 동아시아, 북미의 세계무역에서의 비중

(단위: %)

연도		1960	1980	1996
역내교역	EU 15개국	15.6	22.7	24.8
	북미**	6.1	5.3	8.1
	동아시아***	2.9	4.5	12.3
지역 간 교역	EU 15개국 − 북미	4.7	3.5	2.9
	북미 − 동아시아	1.8	2.9	4.8
	동아시아 − EU 15 개국	1.5	1.8	3.5
	계	32.6	40.7	56.4
세계무역	EU 15개국	37.3	42.7	39.1
	북미	18.6	16.9	19.0
	동아시아	8.9	13.9	24.8
	계	64.8	73.5	82.9

자료: IMF Direction of Trade Statistics.
*: 2004년 5월 EU 확대 이전의 15개 회원국.
**: 미국, 캐나다, 멕시코.
***: 일본, 중국, 한국, 대만, 홍콩과 ASEAN 10개 회원국.

<표 1>에 따르면, 1996년 세계교역의 3대축인 동아시아, 북미, 유럽연합[2)은 세계교역의 82.9%를 차지하게 되었다.

세계무역의 비중에서 동아시아가 차지하는 비중의 증대와 함께, 비약적인 경제발전으로 동아시아 국가들이 세계 경제에서 차지하는 비중이 늘어나게 되었다.

1997년 IMF 자료를 보면, 동아시아 국가가 전 세계 GDP에서 차지하는 비중은 1986년 20.6%에서 1996년 25.5%로 증가하였다.

---

2) 여기서 의미하는 유럽연합은 2004년 5월 유럽연합 확대전의 15개국 회원국임.

〈표 2〉 세계 GDP에서 각 지역의 비중

(단위: 10억 US$, %)

	GDP			
	1986년		1996년	
	합계	비중(%)	합계	비중(%)
세계	13,293	100.0	27,533	100.0
유럽연합	3,855	29.0	8,554	31.1
NAFTA	4,916	37.0	8,448	30.7
동아시아*	2,737	20.6	7,022	25.5

자료: IMF, World Economic Outlook, 1997.
* 동아시아: 일본, 한국, 중국, 대만, 홍콩, ASEAN 회원국.

특히 1993년, 1994년에 중국은 13.5%, 12.7%의 경제성장을 하였다. 중국뿐 아니라 다른 동아시아 국가들의 경제성장도 괄목할 만한 것이었고, 유럽과 북미 대륙의 국가들은 전혀 경험하지 못한 것이었다.

'기적적인 경제성장'을 이룬 동아시아와 경제협력을 위해 첫 걸음을 내딛은 것은 미국이었다. 접근방식은 다자주의에 기초를 둔 지역 간 협력이었고, 그 도구는 APEC이었다.

당시 아시아국가에서 유럽공동체와 NAFTA에서의 지역블록화에 대항하여 APEC(Asia Pacific Economic Cooperation)과 EAEC(East Asian Economic Caucus)가 추진되었다. APEC과 EAEC 모두 방어적인 성격을 띤 대응방식이었다. 그러나 APEC과 EAEC는 회원국 구성방식에서 차이를 드러내었다.

EAEC는 말레이시아에 의해 구상된 것이었다. EAEC가 ASEAN, 중국, 일본, 동북아시아의 신흥산업국가들을 포함하는 동아시아라는 구상을 토대로 한 반면에, APEC은 EAEC보다 더욱 광범위한 지리적 구상을 토대로 하고 있었다. APEC은 아시아, 오세아니아, 태평양 동편을 아우르는 지리적 구상 위에 자리 잡고 있는 것이다. EAEC는 유럽연합, NAFTA 같은 역내교역을 주축으로 한 대외 차별적인 지역블록을 건설하려 한 반면에, APEC은 개방적 지역주의(Open regionalism)에 입각한 비차별적인 기구를 염두하고 있었다.

그러나 말레이시아는 EAEC 구상에서 미국을 배제하였다. 미국이 배제된 지역협력기구는 일본의 지지를 받을 수 없었고 결국 사장되고 말았다.[3]

한편 1989년, 당시 호주의 총리 호크(Hawke)의 주창으로 아시아 태평양 양안의 국가들 간의 경제협력 프로젝트가 추진되었다. 호크의 APEC 구상에 미국이 긍정적으로 APEC 창설안에 반응을 했다. 그 결과 1989년 APEC의 첫 장관급회의가 호주의 캔버라에서 12개국[4]이 참가한 가운데 열렸다. 1993년 APEC의 상설 사무국이 싱가포르에 설치되었다. 당시 미국의 대통령이었던 빌 클린턴이 1993년 7월 도쿄 방문 당시 APEC 정상회담을 제안하여 그 결과 제1차 APEC 정상회담이 1993년 미국의 시애틀에서 개최되었다.

유럽연합은 미국에 비해 아시아의 전략적 가치를 뒤늦게 인식하였다.[5] 유럽의 입장에서 아시아와 관련된 세계무역 질서에서 중요한 변화가 1992년에 일어났다. 이는 동아시아국가가 서유럽국가들에게 미국보다 중요한 무역 파트너가 된 것이다. 1994년, 세계무역

---

3) 바로 앞 문헌 재인용. p.56.

4) 대한민국, 미국, 일본, 캐나다, 호주, 뉴질랜드, 아세안의 당시 6개 회원국(싱가포르, 태국, 말레이시아, 인도네시아, 부르네이, 필리핀).

5) Christopher M. Dent, "The ASEM: managing the new framework of the EU's economic relations with East Asia", *Pacific Affairs*, Vol.70, No.4(Winter1998), pp.495~516.

의 3대 세력인 아시아, 북아메리카, 유럽은 세계 GDP의 85%를 생산해 내었다.

마스트리히트조약을 통해 1993년 유럽연합(European Union－EU)을 출범시킨 서유럽은 세계질서에서 확대되고 있는 EU의 위상에 걸맞게, 아시아 대륙에서 유럽의 정치적·경제적 입지를 강화하기를 희망하였다. 그 첫 단계로 1994년 7월 EU 집행위원회는 집행위원회 보고서 '아시아에 관련한 신전략'(Toward a New Strategy for Asia)에서 아시아국가와 EU의 일반적인 관계에 대해 정의를 내렸다. 위의 보고서에서 EU는 아시아가 최근 수십 년간에 이룩한 경제발전을 인정하였고 이에 관련

하여 EU의 입지를 아시아에서 공고히 할 필요가 있다는 점을 강조하였다.

위의 보고서에서 아시아대륙에서 유럽연합의 입지 강화에 관련한 다음과 같은 기본목표가 설정되었다. 첫째, 경제, 정치관계의 강화를 통한 아시아의 정치적 안정에 기여, 양자관계의 강화, 둘째, 아시아에서 EU의 지위의 개선, 셋째, 지역협력의 증진, 넷째, 국제질서에서 아시아의 역할증대 유도, 다섯째, 시장개방과 비차별적인 국제교역의 틀 마련에 공헌, 여섯째, 아시아 경제가 시장경제 질서에서 통합되는 데 기여, 일곱째, 저개발국가에서 빈곤의 개선과 지속적인 경제발전에 대한 지원, 여덟째, 아시아국가와의 관계에서 유럽연합 차원에서 조율된 접근방식의 중요성에 대한 인식 등 여덟 항목이 기본 목표로 설정되었다.

<표 3> 보고서 'Toward a New Strategy for Asia' 주요내용(1994년)

1	유럽－아시아 간 양자관계의 강화
2	아시아에 있어서 EU의 위상 강화
3	평화와 안보를 증진시키기 위한 지역협력 지원
4	다자협력에 있어서 아시아의 역할 증대 지원
5	시장개방과 비차별적 무역질서
6	계획경제체제에서 시장경제체제로의 전환 지원
7	개발도상국에서 지속가능한 발전과 빈곤 감소에 기여
8	아시아 국가들과 관계에서 EU 국가 간 조율 강화

1994년 7월 EU 집행위원회의 간행물 이후, 1995년 유럽연합은 일본과 중국에 관련한 일련의 간행물을 출판하였다.[6] 이로써 EU는 아시아 국가와의 협력을 향해 한 발짝 앞으로 내딛게 되었다.

이러한 변화의 추세에 발을 맞추어, 싱가포르의 고촉통 총리는 파리를 방문했던 1994년 10월 ASEM의 구상을 제안하였다. 이 구상은 동아시아와 유럽의 새로운 파트너 관계를 만들어서 동아시아, 서유럽, 북미의 국제관계의 트라이앵글의 약한 부분을 강화한다는 것이었다.[7]

이 제안에 EU 회원국과 ASEAN, 한국, 일본 중국이 지지를 표명하였다.

제1회 ASEM은 1996년 3월 태국의 방콕에서 개최되었다. 이는 25개 회원국의 국가원수와 정부수반 그리고 유럽연합 집행위원장이 모인 정상회담의 성격을 띤 것이다. ASEM의 제시된 목표는 상호 이해를 바탕으로 ASEM의 3대 분야인 경제, 정치, 문화를 포괄

---

6) COM(95) 279, 1995년 7월 5일.

7) Yeo Lay Hwee, "ASEM: Looking Back, Looking Forward", Contemporary Southeast Asia, Vol.22, No.1(April 2000), pp.113~114.

하는 대등한 파트너십을 확립하는 것이다.

실제로 ASEM은 1997년 아시아 경제 위기 당시, ASEM의 EU회원국은 5,500만 달러 규모의 ASEM Trust Fund를 창설하여 경제위기에 처한 아시아 국가를 지원하고 유럽의 금융전문가 네트워크(EFEX: European Financial Expertise Network)를 조직하는 데 합의하였다. 또한 경제위기에 수반되는 보호무역주의의 압력을 우려하여 서로의 시장개방을 유지한다는 것을 약속하였다.[8]

EU는 ASEM 창설을 전후로 하여 아시아 국가와의 협력에 관심을 기울였지만, 1989년 APEC의 창설을 지원하고 1993년 이를 정상회담으로 발전시키는 데 주도적인 역할을 한 미국에 비해서는 훨씬 늦은 대응이었다.

Ⅲ. EU의 동아시아 국가 협력 강화와 한 – EU 기본협력협정

아시아 국가와의 정치, 경제 관계 확대라는 맥락에서, EU는 한국과의 양자 관계 발전을 중시하기 시작하였다.

실제로 EU는 일본과 1991년 7월 18일 '유럽공동체와 유럽공동체 회원국 및 일본의 관계에 관한 공동선언'(Joint Declaration on Relations between the European Community and its Member States and Japan)

---

8) "ASEM Info Board" http://www.aseminfoboard.org/page.phtml?code=About(2010년 6월 30일 검색).

을 맺고 매년 연례정상회의를 개최하고 있다. 또한 1995년 이래 규제개혁에 대한 상호 의견교환을 통해 상대측의 제도 개혁에 적극적으로 참여하고 있다.[9]

1995년 7월 15일, EU 집행위원회는 중국에 대한 첫 번째 보고서로 중국-EU 관계에 대한 장기 정책(A Long Term Policy for China-Europe Relations)[10]을 발간하였고, 1998년부터 EU는 중국과 정상회담을 개최하고 있다.

한편 EU 차원에서 한국과 관계 개선을 위한 조치는 1995년까지 이루어지지 않았다.

그러나 한국의 경제 발전에 따라 한국과의 양자 관계의 발전이 점차 중요해지게 되었다. 일례로 한국의 EU로의 수출은 1988년 88억 달러에서 1996년 141억 달러로 증가하였다.

<표 4>과 <표 5>에서 보는 바와 같이, 현재 한국의 입장에서 EU는 한국의 중국 다음의 제2위 교역대상국이며, 한국은 EU의 제3위 아시아 교역대상국이다.

이와 같은 이유에서, 1994년 EU 집행위원회가 보고서 '아시아에 관련한 신전략'(Toward a New Strategy for Asia)을 출간하기 이전인 1993년에 이미, EU 집행위원회 부위원장이자 무역담당 집행위원이었던 레온 브리튼(Leon Brittan)은 한국과 양자 무역 및 경제관계를 발전시키는 것이 EU에 바람직하다고 언급하였다.

---

9) "EU 집행위원회" http://ec.europa.eu/trade/creating-opportunities/bilateral-relations/countries/-japan/(2010년 7월 1일 검색).

10) "EU 집행위원회" http://www.eeas.europa.eu/china/docs/com95_279_en.pdf(2010년 7월 1일 검색).

〈표 4〉 한국의 주 교역상대국(2008년)

순위	교역상대국	백만 유로	%
	전 세계	560,103.7	100.0
1	중국	129,025.1	23.0
2	EU27	64,097.1	11.4
3	일본	62,671.3	11.2
4	미국	56,827.7	10.1
5	사우디아라비아	21,217.2	3.8

자료: EUROSTAT.

〈표 5〉 EU의 주 교역상대국(2008년)

순위	교역상대국	백만 유로	%
	전 세계	2,861,807.6	100.0
1	미국	435,995.5	15.2
2	중국	326,325.0	11.4
3	러시아	278,770.2	9.7
4	스위스	177,848.3	6.2
5	노르웨이	135,736.0	4.7
6	일본	117,342.0	4.1
7	터키	100,147.5	3.5
8	한국	65,063.6	2.3

자료: EUROSTAT.

〈표 6〉 한 - EU 기본협력협정 주요내용(1996년 서명, 2001년 발효)

상호 최혜국대우 부여
시장접근조건 개선, 경제활동의 공정경쟁조장, 조달 시장 개방협의 등 무역 협력
지적 · 산업 및 상업재산권의 효과적인 보호 보장
기술규정, 표준 및 적합성 평가 분야에서 협력 증진
반덤핑, 상계관세 부과 과정에서 적절한 협의
경제 산업 협력, 과학 · 기술협력, 환경보존 및 에너지 분야 협력 증진
상호 이해증진을 위한 문화 · 정보 분야 협력
제3국 개발원조 협력
협정 이행 및 협력 확대방안 모색을 위한 공동위 설치

자료: 주유럽연합대사관.

그리고 그 결실은 1995년에 맺어졌다. 1995년 EU는 한국 측에 무역 및 협력을 위한 기본협력협정(Framework Agreement) 협상개시를 제안하였다. EU의 제안에 한국정부가 호응하여, 한-EU 기본협력협정은 1996년 10월 28일 체결되어, 2001년 4월 1일 발효되었다.

한-EU 기본협력협정은 광범위한 문제를 다루고 있다. 이 협정은 무역 및 투자를 활성화하고, 경제 각 분야에서 협력을 강화하며 정치대화를 강화하는 것을 목표로 하고 있다. 이를 위해, 한-EU 기본협력협정은 무역협력, 분야별 협력, 공동위 설치 등을 주요 내용으로 담고 있다.

한-EU 기본협력협정은 종래의 통상현안 위주에서 정치적 이슈들을 포괄할 수 있는 확대된 협력의 제도적 틀을 제공하였다. 기본협력협정에는 무역협력, 농·어업, 해상운송, 조선, 지적재산권, 기술 규제, 경제 및 산업 협력, 마약 및 돈세탁, 과학기술, 환경, 에너지, 문화, 개발원조 등에 관한 조항이 포함되어 있다.

한-EU 기본협력협정에서 양자 간 정치대화 채널을 정례화하였다. 이러한 목적으로 창설된 것이 공동위원회였다.

또한 한-EU 기본협력협정에 부속된 공동정치선언(Joint Declaration on the Political Dialogue)은 정치대화를 활성화하기 위해 정상회담 정례화, 연례 각료회의, 전문가회담 등의 내용을 담고 있다. 이를 통해, 한반도 문제 등 주요 이슈에서 EU와 한국은 정치적 공조를 확대할 수 있는 틀을 마련하였다.

한-EU 기본협력협정 체결에 따라 2001년 이후 한-EU는 거의 매년 한-EU 공동위원회를 개최해 왔다. 한-EU공동위원회의 큰 의의 중 하나는 일본과 중국처럼 연례정상회의를 갖고 있지는 않

〈표 7〉 한 - EU 공동위원회

차수	일시	장소
제1차	2001년 5월 29일	서울
제2차	2003월 7월 7일	브뤼셀
제3차	2004년 7월 5일	서울
제4차	2005년 6월 20일	브뤼셀
제5차	2006년 6월 19일	서울
제6차	2007년 6월 1일	브뤼셀
제7차	2009년 2월 9일	서울

자료: 주유럽연합 한국 대사관.[11]

지만, 한-EU 공동위원회를 통해 고위공무원 간의 대화채널이 확보되었다는 것이다.

2002년 제4차 ASEM 회의를 계기로 한-EU 정상회담이 격년제로 정례화된 사실을 감안하면, 한국과 EU는 연례 고위급 회담을 확보하게 된 것이다.

가장 최근에 개최된 제7차 한-EU 공동위원회에서는 G-20에서의 협력방안이 논의되었고, 무역 분야에 관련된 이견이 조율되었다. 또한 항공안전에 대한 양측의 협력과 인적교류의 확대 등이 논의되었다. 이와 같이 한-EU 공동위원회에서는 특정이슈에 국한되지 않은 다양한 분야에서의 협력 사업이 논의되었고, 이를 통해서 한국과 EU는 양자관계를 발전시킬 수 있었다.

이처럼 1990년대 중반 이후 한-EU 양자관계 개선과 발전은 한-EU 관계가 보다 밀접하게 된 것도 중요했지만 1994년 EU 집행위원회가 '아시아에 관련한 신전략'(Toward a New Strategy for Asia)을 발

---

11) "주유럽엽합 한국 대사관" http://www.koreanmissiontoeu.org/eu_korea/eu_korea_a01.php-
   (2010년 7월 10일 검색).

간하면서 동아시아 국가와의 관계가 전반적으로 강화된 틀 안에서
이루어진 것이다.

Ⅳ. EU의 무역정책 변화와 한 - EU FTA

2009년 10월 15일에는 브뤼셀에서 가서명된 한 - EU FTA도 2001
년 발효된 한 - EU 기본협력협정과 마찬가지로 내부적 동인 못지
않게 외부적인 동인이 중요하게 작용하였다.

한 - EU FTA 타결을 통해 한국과 EU의 관계가 더욱 밀접하게
발전된 이면에는 세계무역의 다자간 협상의 실패가 큰 효과를 발
휘하였다.

2001년 도하에서 개최된 제4차 WTO 각료회의에서 시작된 도하
라운드는 세계무역 자유화의 확산을 목표로 하였다. 149개 WTO
회원국이 참여한 전 세계 차원의 협상은, 출발은 원대하였지만 선
진국의 농업보조금 문제는 결국 도하라운드의 실패를 가져왔다.

2006년 6월, 도하라운드의 위기에 직면하여, EU 통상담당 집행
위원인 피터 만델슨(Peter Mandelson)은 미국에 농업보조금 삭감에
관련하여 개선된 안을 내놓을 것을 요구하였다. 그리고 미국이 이
제안을 받아들이면, EU 역시 개선안을 내놓을 것이라고 선언하였
다. 그러나 2006년 7월 23일 미국은 피터 만델슨(Peter Mandelson)
의 제안을 거부하였다.

결국, 2006년 7월 28일, 세계무역기구 일반이사회(General Council)

는 도하라운드의 협상 전체를 중단한다고 결정하였다. 파스칼 라미 (Pascal Lamy) 세계무역기구 사무총장은 공식적으로 "우리가 절망적인 상황에 다다랐다"라고 언급하였다.[12]

다자간 협상의 실패는 세계무역기구 회원국들이 쌍무적인 자유무역 협정만이 신뢰할 수 있는 방법이라고 생각하게끔 하였다.

2006년 10월 4일, EU 집행위원회는 경제개혁과 유럽연합의 경쟁력 강화를 위한 프로그램에 EU 무역정책을 접목시키는 새로운 전략을 채택하였다. 이 전략에서 EU는 세계무역에서 쌍무 협상의 강화, 특히 아시아 국가와의 쌍무협상을 강화할 것이라는 의지를 피력하였다.

> "유럽연합 집행위원회는 유럽연합의 주요 교역국가와 쌍무 자유무역 일련의 자유무역 협정을 제안할 것이다. 일련의 새로운 자유무역 협정은 세계무역기구의 규정을 따르며, 다자주의적인 논의가 이루어질 준비가 안 돼서 발생한 현재의 문제에 해결책을 제시하고 다자주의에 입각한 무역자유화라는 향후 단계를 준비하기 위한 토대를 만들 것이다. 새로운 자유무역협정의 중요 경제적인 요건은 시장의 잠재력이 될 것이다. 특히 아시아의 신흥시장이 이에 해당한다."[13]

---

12) "세계무역기구" http://www.wto.org/french/news_f/news06_f/tnc_dg_stat_24july06_f.htm(2010년 2월 10일 검색).

13) 2006년 10월 4일자 EU 집행위원회 보도자료(IP/06/1303), http://europa.eu/rapid/pressReleasesAction.do?reference=IP/06/1303&format=HTML&aged=0&language=FR&guiLanguage=fr 2006년 10월 4일 EU 집행위원회는 '글로벌 유럽: 전 세계에서 경쟁하고 있는'이라는 보고서를 발간하였다. 이 보고서의 부제는 'EU의 성장과 고용전략에 대한 기여'였다. 이 보고서에 나타난 EU 대외무역정책의 기조는 개정된 리스본 전략을 지원하면서, 바호주(Barroso) 집행위원회의 전반적인 경제정책의 목표와 연결되는 것이다. 보고서는 다음 7단계를 미래 대외무역정책의 중요한 구성요소로 보고 있다.
① 도하라운드와 WTO를 세계무역을 개방하고 관리하는 최선의 방식으로 간주하며, 이에 대한 우리의 약속을 이행.
② 유익하고 동등한 동반자 관계를 만들기 위한 폭넓은 전략의 하나로 중국과 무역·투자 관계를 우선적으로 개선하도록 건의.
③ EU IPR 강화전략의 제2단계를 시작.
④ 우선순위에 따라 선택된 국가와 새로운 방식의 FTA를 제안.

〈표 8〉 유럽연합의 관세동맹과 자유무역 협정 현황(2005년 기준)

대상국가	협정 형식	발효일
안도라	관세동맹	1991년 7월 1일
터키	관세동맹	1995년 12월 31일
남아프리카 공화국	자유무역 협정	2000년 1월 1일
알제리	자유무역 협정	2005년 9월 1일
팔레스타인 자치정부	자유무역 협정	1997년 7월 1일
칠레	자유무역 협정	2003년 2월 1일
크로아티아	자유무역 협정	2005년 2월 1일
이집트	자유무역 협정	2004년 10월 4일
파로 섬(덴마크 해외영토)	자유무역 협정	1997년 1월 1일
아이슬란드, 리히텐슈타인, 노르웨이	자유무역 협정	1994년 1월 1일
이스라엘	자유무역 협정	2000년 6월 1일
요르단	자유무역 협정	2002년 5월 1일
레바논	자유무역 협정	2003년 3월 1일
모로코	자유무역 협정	2000년 3월 1일
멕시코	자유무역 협정	2000년 7월 1일
마케도니아 공화국	자유무역 협정	2004년 5월 1일
스위스	자유무역 협정	1973년 1월 1일
시리아	자유무역 협정	1977년 7월 1일
튀니지	자유무역 협정	1998년 3월 1일

자료: EU 집행위원회 통상 총국(DG Trade).[14]

이처럼 EU는 도하라운드의 결렬 이후 적극적으로 주요 교역상 대국과 양자관계의 발전에 더 큰 관심을 갖게 되었다. 특히 EU는 아시아 국가와의 쌍무 무역협정 체결에 적극적인 입장을 취하는

---

⑤ 개정되고 강화된 시장 접근전략에 대한 제안.
⑥ 해외 정부조달시장의 개방조치를 제안.
⑦ 무역구제조치의 효율성에 대한 검토 진행.

14) "EU 집행위원회 통상 총국" http://trade.ec.europa.eu/doclib/docs/2006/december/tradoc_-111588.pdf(2010년 7월 5일 검색).
http://trade.ec.europa.eu/doclib/docs/2006/september/tradoc_113472.pdf(2010년 7월 5일 검색).

쪽으로 정책전환을 하였다.

<표 8>에서 알 수 있듯이, EU는 1968년 로마조약의 발효를 통해 공동시장이 결성되어 내부무역 장벽이 제거된 것을 논외로 하더라도, 1973년 역외국가인 스위스와 최초로 FTA를 발효시킬 정도로 FTA 체결에서 다른 선진국에 비해 상당히 앞서갔다. 비교대상으로 미국의 사례를 보면, 미국은 EU에 비해 상당히 늦은 1985년 이스라엘과 미국 사상 첫 FTA를 발효시켰다.

〈표 9〉 미국의 관세동맹과 자유무역 협정 현황

대상국가	협정의 형태	발효일
NAFTA	자유무역 협정	1994년 1월 1일
오스트레일리아	자유무역 협정	2005년 1월 1일
바레인	자유무역 협정	2006년 8월 1일
칠레	자유무역 협정	2004년 1월 1일
콜롬비아	자유무역 협정	2006년 11월 22일(체결)
한국	자유무역 협정	2007년 4월 2일(체결)
이스라엘	자유무역 협정	1985년 8월 19일
요르단	자유무역 협정	2001년 12월 17일
모로코	자유무역 협정	2006년 1월 1일
오만	자유무역 협정	2005년 10월 4일
파나마	자유무역 협정	2006년 12월 19일(체결)
페루	자유무역 협정	2006년 4월 14일(체결)
도미니카 공화국	자유무역 협정	2006년 3월 1일
싱가포르	자유무역 협정	2004년 1월 1일

자료: 세계무역기구(http://www.wto.org/english/tratop_e/region_e/region_e.htm)
한국무역협회(http://www.kita.net/newtri/new fta info/ListFtaStatus.jsp)

그러나 앞서 언급한 도하라운드 결렬 이전에 EU는 멕시코와 남아프리카 공화국을 제외하고 모든 FTA를 EU의 이웃국가와 체결하였다. 다시 말해, EU는 2006년 도하라운드의 실패 이전까지 FTA를 EU의 근린정책(Neighbourhood Policy) 차원에서 추진한 것이었다.

2005년 동아시아국가(ASEM의 아시아 회원국)로부터 유럽연합으로의 수입이 유럽연합 전체 수입의 28.4%를 차지하고, 이 지역으로의 유럽연합의 수출이 유럽연합 전체 수출의 15.1%를 차지함에도 불구하고 아시아 국가와 FTA를 체결하지 않고 있었다.

반면에 미국은 FTA를 다른 전략의 차원에서 접근하였다.

미국 대외정책 싱크탱크인 미국외교협회(CFR: Council on Foreign Relations)의 로버트 맥마흔(Robert McMahon)의 글[15]에 따르면, 미국은 쌍무적인 자유무역협정을 다음의 이유로 체결하였다고 언급하였다. 우선, 경제적인 측면에서, 다자적인 협정이 존재하지 않을 때, 쌍무적인 자유무역협정은 미국제품에 제3국의 시장을 자유화하고 개방하는 역할을 한다. 정치적인 측면에서, 로버트 맥마흔은, 미국 국제 경제연구소(IEE: Institute for International Economics)의 선임연구원(Senior Researcher)인 제프리 스콧(Jeffry Schott)과 미국외교협회의 연구원인 더글러스 홀츠-이킨(Douglas Holtz-Eakin)의 견해를 인용하였다.

제프리 스콧에 따르면, FTA는 제3국에서 시장경제 지향으로 경제개혁을 유도한다고 하였다. 더글러스 홀츠-이킨(Douglas Holtz-Eakin)은 자유무역 협정은 목표지역에서 미국의 입지를 강화시키는 수단으로 인식하였다. 예를 들어, 중동 그리고 중국 주변국가와의 FTA는 이 지역에서 미국의 입지를 강화할 것이라고 하였다.

---

15) "미국 외교 협회(Council on Foreign Relations)" http://www.cfr.org/publication/10890/rise_in_-bilateral_free_trade_agreements.html(2010년 7월 3일 검색).

이처럼 미국의 FTA 전략은 미국의 지역 차원의 교두보를 확보할 의도에서 이루어졌기 때문에 EU와 비교해 볼 때 미국의 FTA는 지리적인 측면에서 균형을 이루고 있다. <표 9>에서 볼 수 있듯이, 미국은 라틴아메리카, 북아프리카, 중동, 오세아니아, 동아시아 국가와 골고루 FTA를 체결하였다.

그 결과 EU는 2007년에 들어서 EU의 2005년 기준 주요 교역대상국 대부분과 자유무역 협정을 발효하였거나, 협상을 진행 중이거나, 협상을 고려하고 있는 중이다. 이는 EU가 2006년 도하라운드 실패 이후 주요 교역대상국과 쌍무무역 관계를 발전시키기 위해 얼마나 적극적으로 EU의 무역정책을 변화시켰는가를 가늠할 수 있는 지표이다.

〈표 10〉 유럽연합의 주요 교역 대상국(2005년 기준, 유럽연합 역내교역 제외, 백만 유로)

	교역대상국	교역액	교역비중(%)	자유무역 협정 현황(2007년 기준)
	세계 전체	2,231,248	100.0	
1	미국	412,674	18.5	
2	중국	209,389	9.4	
3	러시아	162,954	7.3	
4	스위스	147,806	6.6	자유무역 협정 발효
5	일본	116,399	5.2	
6	노르웨이	100,833	4.5	자유무역 협정 발효
7	터키	75,209	3.4	자유무역 협정 발효
8	한국	53,321	2.4	협상 진행 중
9	캐나다	40,775	1.8	협상 고려 중
10	인도	39,958	1.8	협상 고려 중
11	브라질	39,102	1.8	협상 진행 중
12	사우디아라비아	37,378	1.7	협상 진행 중
13	루마니아	37,050	1.7	2007년 유럽연합 가입
14	대만	36,459	1.6	

15	싱가포르	35,374	1.6	협상 고려 중
16	아랍 에미리트	35,055	1.6	협상 진행 중
17	남아프리카공화국	34,786	1.6	자유무역 협정 발효
18	알제리	31,197	1.4	자유무역 협정 발효
19	홍콩	31,078	1.4	
20	호주	30,148	1.4	
21	멕시코	35695	1.2	자유무역 협정 발효

자료: 유럽연합 집행위원회 통상 총국(DG Trade)[16]

지난 15년의 기간 동안 EU 무역정책은 많은 변화를 겪어 왔다.[17] 1995년에서 1999년까지 레온 브리튼(Leon Brittan)이 EU 무역담당 집행위원으로 EU의 무역정책을 이끌었던 시기에 EU는 주요 무역상대국과 밀접하게 협력하여 상호 시장접근성을 개선하고 이를 통해 EU의 수출업자와 투자자에 가시적이고 직접적인 이익을 줄 수 있는 조치가 무엇인지에 대해 고민하였다. 그 결과 2차 세계대전 이후 세계 무역질서의 기본 틀로 자리 잡은 다자간 방식뿐만 아니라 쌍무적인 무역협정에도 관심을 갖기 시작하였다. 이러한 견해는 1996년 EU 집행위원회가 발간한 '국제무역의 범지구적 도전: EU를 위한 시장 접근 전략'(The Global Challenge of International Trade: A Market Access Strategy for the European Union)이라는 정책 보고서에 잘 드러나 있다.

반면에 레온 브리튼이 EU 무역담당 집행위원직을 사임한 1999년부터 2004년까지 EU 무역담당 집행위원직을 역임한 파스칼 라미

---

16) 유럽연합 집행위원회 통상 총국(DG Trade) http://trade.ec.europa.eu/doclib/docs/2006/september/tradoc_113472.pdf(2010년 7월 8일 검색).

17) 사이먼 J 에버넷, "무역정책: 신개념의 무역정책이 필요한 시점", 앙드레 사피르(편). 연세−SERI EU 센터(역). 「기로에선 경제거인 EU」, 서울: 삼성경제연구소, 2010, p.136.

(Pascal Lamy)는 시장접근성 개선을 EU 무역정책의 최우선 과제로 삼았던 레온 브리튼의 무역정책과는 분명한 선을 그었다.[18] 파스칼 라미는 2004년 발간한 '1999년~2004년 프로디 집행위원회 무역정책'이라는 보고서에서 파스칼 라미는 시장개방은 그 자체가 목적이 아니라 시장 개선방식의 하나이며, 시장 개방은 필요한 것이지만 전부는 아니라고 주장하였다. 그리고 위의 보고서에서 파스칼 라미는 시장개방 자체가 발전을 가져올 수는 없다고 언급하면서 보다 더 많은 요소들이 EU 무역정책에 고려되어 대중의 호응을 얻을 수 있어야 한다고 주장하였다. 이러한 생각의 연장선에서 파스칼 라미는 2001년 WTO의 도하개발 아젠다가 시작되는 데 기여를 하였고, 이후 EU는 2006년 도하라운드가 실패로 끝날 때까지 FTA 체결국의 수를 늘리기보다는 WTO 차원의 '도하개발 아젠다'에 매진하였다.

이러한 여건에서 EU보다는 한국정부가 EU를 FTA 협상대상으로 먼저 주목하였다. 한국 정부가 EU를 FTA 협상 대상으로 주목한 것은 2003년부터였다. 정부는 2003년 8월 발표한 'FTA 추진 로드맵'에서 중장기적인 FTA 대상 국가로 미국, 중국, EU를 꼽았다.

그리고 김현종 당시 통상교섭본부장의 말에 따르면,[19] 한국정부는 2004년 EU 측에 FTA 협상개시를 제안하였지만 당시 EU는 이를 미온적인 반응을 보였다. 당시 EU는 '도하라운드'를 타결하는 데 주안점을 두었기에, EU 중요 교역상대국과 FTA 숫자를 하나 더 늘리는 것에는 큰 관심이 없었다.

이처럼 한국과의 FTA에 미온적이던 EU의 태도가 변화된 요인은

---

18) 바로 앞 문헌 재인용, pp.137~138.
19) 『연합뉴스』, 2007년 5월 10일.

〈표 11〉 한 - EU 기본협력협정 개정안

기존 협력 분야의 확대·강화	경제정책대화, 기업분야, 조세(신설), 관세, 경쟁, 정보사회, 과학 및 기술, 교통, 소비자보호, 건강, 고용 및 사회문제, 환경 및 천연자원, 기후변화, 농업, 농촌개발 및 임업, 수산 및 해양, 개발원조 등
신설 협력 분야	정무 분야(정치대화 강화, 대량살상무기 비확산, 국제범죄, 테러리즘 등), 내무·사법 분야(법무 협력, 개인정보 보호, 이민, 사이버범죄, 법집행 등), 미디어, 교육, 관광, 시민사회, 행정협력, 통계 등

자료: 외교통상부 보도자료.

앞서 언급한 '도하라운드' 실패 이후, EU 무역정책이 주요 교역대상국과 FTA를 확대하는 것으로 정책이 전환된 것 이외에 2006년 2월 3일 한미 FTA 협상이 공식적으로 개시된 것도 큰 영향을 주었다.

한국시장에 대한 접근성 문제에서 미국에 뒤지면 안 된다고 판단한 EU는 2006년 5월 16일 필리핀 마닐라에서 열린 한-EU 통상장관회담에서 먼저 한-EU FTA를 제안하였고, 2007년 5월 11일 한국과 EU는 한-EU 협상개시를 선언하였고, 2년여 뒤인 2009년 10월 15일 한-EU FTA는 가서명되었다.

주요 교역상대국과 양자관계 확대에 관심을 갖기 시작한 EU는 한-EU FTA 협상이 개시된 2007년에 1996년 체결된 한-EU 기본협력 협정을 개정해서 협력의 폭을 확대할 것을 제안하였다. 한-EU 양측은 그동안의 양자 협력관계 발전 및 국제정세 변화에 부합하도록, 1996년 체결한 기본협력협정 개정 협상을 2008년 6월부터 시작하였다. 그 결과 2009년 10월 15일 브뤼셀에서 한-EU FTA가 가서명되었고, 하루 앞선 10월 14일 런던에서 한-EU 기본협력협정의 개정안이 가서명되었다.

개정된 한-EU 기본협력협정은 경제정책대화, 기업분야, 관세, 경쟁, 정보사회, 과학 및 기술, 교통, 소비자보호, 건강, 고용 및 사회문제, 환경 및 천연자원, 기후변화, 농업, 농촌개발 및 임업, 수산 및 해양, 개발원조 등의 기존분야를 확대, 강화하였다.

한편 정무 분야(정치대화 강화, 대량살상무기 비확산, 국제범죄, 테러리즘 등), 내무·사법 분야(법무 협력, 개인정보 보호, 이민, 사이버범죄, 법집행 등), 미디어, 교육, 관광, 시민사회, 행정협력, 통계 등 분야가 개정된 한－EU 기본협력협정에 신설되었다.

V. 결 론

본 연구는 EU의 동아시아 정책 및 무역정책의 변화에 초점을 맞추어 한－EU 기본협력 협정 및 한－EU FTA의 의미를 찾아보고자 하였다. 다시 말하자면, 한－EU 기본협력협정과 한－EU FTA에 EU가 관심을 갖게 된 배경을 다루면서, 어떠한 국제관계의 변화 속에서 EU의 입장 변화가 이루어졌는지 파악해 보고자 한 것이다.

주제에 대한 접근을 위한 소주제로 본 연구는 '동아시아의 경제 성장과 지역 간 협력기구의 창설', 'EU의 동아시아 국가 협력 강화와 한－EU 기본협력협정', 'EU의 무역정책 변화와 한－EU FTA' 라는 세 가지 주제를 택하였다.

'동아시아의 경제성장과 지역 간 협력기구의 창설'에 관련해서는, 아시아의 괄목할 만한 경제성장과 그 결과 1990년대 전 세계 경제질서의 중심이 북아메리카, 서유럽, 동아시아로 재편되면서, 북아메리카와 서유럽의 국가들이 아시아와 경제 및 정치협력을 확대하기 위하여 1990년대에 APEC, ASEM과 같은 동아시아와의 지역 간 협력기구를 설립하게 된 과정을 파악하였다. 특히 제2차 세계대전 이후 동아시아 국가와의 국제관계에서 주도권을 상실한 EU 회원국은 1992년 동아시아 국가가 EU 최대 교역상대국으로 부상하면서 동아시아 국가와의 협력확대의 필요성을 인식하게 되었다. 이 가운데 1994년 EU 집행위원회가 '아시아에 관련한 신전략'(Toward a New Strategy for Asia)라는 보고서를 발간하면서 이에 아시아 국가들이 긍정적인 응답을 함으로써 ASEM이 결성되는 과정을 이해할 수 있었다.

'EU의 동아시아 국가 협력 강화와 한－EU 기본협력협정'에 관련해서는 ASEM 출범을 통해 EU와 동아시아 국가가 지역 간 협력을 확대하는 것과는 별도로 1994년 EU 집행위원회보고서인 '아시아에 관련한 신전략'(Toward a New Strategy for Asia)의 발간을 전후하여 중국, 일본 등 아시아 주요국가와 EU는 연례 정상회의 등 양자관계 발전을 도모한 가운데, 한－EU 기본협력협정이 체결된 것을 파악하였다. 다시 말해, 한－EU 기본협력협정은 한－EU의 내재적인 관계 발전이라는 측면보다는 1990년대 초 EU의 동아시아 국가와의 지역 간 협력 및 양자협력 확대의 일환이라는 측면에서 파악하는 것이 옳을 것이다.

'EU의 무역정책 변화와 한－EU FTA'에 관련해서 로마조약을 통해서 유럽공동시장이라는 양자주의적 자유무역지대 창설을 주도했지만, 아시아 국가와 FTA 체결에 큰 관심을 보이지 않았던 유럽 국가가 적극적으로 아시아 국가와의 FTA 체결에 주의를 기울이게 된 변화요인으로 도하라운드의 실패와 이로 인해 EU 무역정책이

'WTO 차원의 다자간 무역협정의 완결'에서 '쌍무 무역협정의 확대'로 전환된 것을 파악하였다.

한-EU FTA도 사실 한국이 먼저 EU에 2004년에 요청했지만, EU는 당시 WTO 차원의 도하라운드의 타결에 모든 무역정책의 자원을 집중했기 때문에 한-EU FTA에 별 관심을 보이지 않고 거절하였다. 그러나 도하라운드 실패 이후 다자간 무역질서의 대안으로 쌍무 무역협정의 확대가 EU 차원에서 시도되었고, 다른 한편에서 한국이 미국과 FTA 협상을 개시하여 EU가 미국에 한국시장을 빼앗길지 모른다는 외부인이 결국 한-EU FTA 협상이 개시되는 데 기여하였다.

결국 한-EU 기본협력협정과 한-EU FTA 모두 한-EU 관계의 내재적인 필요성이라기보다는 EU의 동아시아 정책 변화 및 무역정책 변화를 초래하게 한 국제환경 변화라는 외적 요인에 의해 발생하였다. 이를 통해, 향후 한-EU 관계의 발전역시 한-EU 관계 자체의 필요보다는 EU가 처한 국제질서 및 무역질서의 변화 속에서 이루어질 것이라 예상할 수 있다.

그럼에도 기존 연구의 분석틀은 한-EU 기본협력협정과 한-EU FTA 모두 한국과 EU의 양측의 필요성에만 집중하여 다룬 측면이 컸다. 따라서 향후 한-EU 관계의 발전에 영향을 미칠 수 있는 국제질서 요인에 대한 파악이 내적 관계 발전 요인 이상으로 이루어져야 한다고 판단된다.

참고문헌

김대원. "한국-EU 자유무역협정(FTA) 분야별 쟁점". 「국제경제법연구」, 제7권 제1호(2009년 5월), pp.21~38.

박명호·오완근·홍승표. "IT산업에 대한 한-EU FTA의 경제적 파급효과 분석". 「2007년 춘계학술대회」, 한국기술혁식학회.(2007년 5월), pp.287~302.

변재웅·이종원. "한-EU FTA 추진 평가와 타결 전망". 「2008년도 제1차 정책세미나 및 학술발표대회 발표론문집」, 한국무역학회(2008년 2월), pp.43~67.

변재웅. "한-EU FTA 체결의 산업별 관세효과". 「관세학회지」, 제10권 제4호(2009년 12월), pp.263~282.

박석재·이종원. "한-EU FTA의 필요성과 한국경제에 대한 시사점". 「2007년 춘계학술발표대회발표논문집」, 한국무역학회(2007년 4월), pp.193~206.

에버넷, 사이먼 J. "무역정책: 신개념의 무역정책이 필요한 시점". 앙드레 사피르(편). 연세-SERI EU 센터(역). 「기로에선 경제거인 EU」, 서울: 삼성경제연구소, 2010.

이영기. "한-EU FTA의 대응 과제와 전망". 「한·독사회과학논총」, 제16권 제2호(2006년 12월), pp.345~369.

정인교·조정란. "한-EU FTA의 한국 경제에 대한 파급영향". 「무역학회지」, 제32권 제5호(2007년 11월), pp.223~245.

APEC Economic Committee. APEC economies beyond the Asian crisis:

a progress report, Singapore: APEC Secretariat, 1999.

Asia－Europe Vision Group.For a better tomorrow: Asia－Europe Partership in the 21st Century, 1999.

Balassa, Bela. The theory of Economic Integration, Allen & Unwin, 1969.

Borrow, Davis B. "The US and ASEM: why the hegemony didn't bark?" Pacific Review. Vol.12, No.1(1999), pp.103～128.

Cammack, Paul and Richard, Gareth Api. "Introduction: ASEM and Interregionalism". Journal of the Asia Pacific Economy. Vol.4 No.1(1999), pp.1～12.

Chun, Hwang－Soo. "ASEM: a new opportunity for Korea's foreign policy?" Korea & World Affairs, Vol.20, No.2(1996), pp.236～247.

Dent, Christopher M. "ASEM and the 'Cinderella Complex' of EU－East Asia Economic Relations". Pacific Affairs. Vol.74 No.1(2001), pp.25～52.

Dent, Christopher M. The European Union and East Asia: An Economic Relationship, London: Routledge, 1999a.

Dent, Christopher M. "Coming to terms: The Economic Impact of the East Asian Financial Crisis on the European Union". Lee, Chyungly.(ed.). Asia－Europe Cooperation After the 1997－98 Asian Turbulence. Aldershot: Ashgate, 1999b.

Dent, Christopher M. "The ASEM: managing the new framework of the EU's economic relations with East Asia". Pacific Affairs. Vol.70 No.4(1998), pp.55～78.

European Commission. Trade Policy in the Prodi Commission 1999～2004. An Assessment, 19 November, Brussels, 2004.

European Commission. Un cadre stratéique pour renforcer les relations de partenariat Europe－Asie, COM(2001) 469 final. Bruxelles, 2001.

European Commission. Perspectives et priorités du processus ASEM pour les dix années à venir, COM(2000) 241 final. Bruxelles, 2000.

European Commission. The Global Challenge of International Trade: A

Market Access Strategy for the European Union, Communication from the Commission to the Council, the European Parliament, and the Committee of the Regions, 14 February, Brussels, 1996.

European Commission. Toward a New Asia Strategy, COM(94) 314 final. Bruxelles, 1994.

Frankel, Jeffrey A. APEC and regional trading arrangements in the Pacific, Washington D.C.: Institute for International Economics, 1994.

Han, Seunghee. APEC trade liberalisation: its implications, Paris: OECD, 1998.

Harris, Stuart. "Asian multilateral institutions and their response to the Asian economic crisis: the regional and global implications". The Pacific Review. Vol.13 No.3(2000), pp.495~516.

Hyun, Jung Taik. "Free Trade Agreement and Korea's Trade Policy". Journal of International and Area Studies, Vol.10 No.2(2003) pp.21~37.

IMF. World Economic Outlook, 1997.

Krauss, Ellis. "Japan, the US, and the emergence of multilateralism in Asia". The Pacific Review. Vol.13 No.3(August 2000), pp.473~494.

Kim, Bak−Soo. Europe−East Asia Economic Relations, Korea Institute for International Economic Policy, 1997.

Kojima, Kiyoshi. "A Pacific economic community and Asian developing countries". Hitotsubashi Journal of Economics. Vol.7 No.1.(June 1996) pp.17~37.

Lee, Chong Wha. Searching for an Economic Agenda for 3rd ASEM Summit, Korea Institute for International Economic Policy, 1999a.

Lee, Chong Wha. Developing an ASEM Position toward the New WTO Round, Korea Institute for International Economic Policy. 1999b.

Lee, Sahng−Gyoun. "ASEM and regionalism: a Korean perspective". Korea & World Affairs, Vol.23 No.3(1999), pp.387~401.

Pelkman, Jacques and Shinkai, Hiroko. ASEM: How promising a

partnership, European Institute for Asian Studies, 1997.

Pomfret, Richard. "Regionalism in Europe and the Asia Pacific Economy". Vines, David. and Drysdale, Peter(eds), Europe, East Asia and APEC: a shared global agenda?. Cambridge: Cambridge University Press, 1998, pp.53~69.

Pou Serradell, Victor. "The Asia−Europe meeting: a historical turning point in relations between the two regions". European Foreign Affairs Review, Vol.1 No.2(1996), pp.79~105.

Rae, Allan N. Chatterjee, Srikanta. and Shakur, Shamim. "The sectoral approach to trade liberalization: Should we try to do better". The International Trade Journal, Vol.15, No.3(2001), pp.293~322.

Rapkin, David P. "The United States, Japan, and the power to block: the APEC and AMF cases". The Pacific Review, Vol.14 No.3(2001), pp.373~410.

Ravenhill, John. APEC and the construction of Pacific Rim Regionalism, Cambridge: Cambridge University Press, 2001.

Ravenhill, John. "APEC adrift: implications for economic regionalism in Asia and the Pacific". The Pacific Review, Vol.13, No.2(2000) pp.319~333.

Rostow, Walt W. The United States and the Regional Organization of Asia and the Pacific 1965~1985, Austin, Texas: University of Texas Press. 1986.

Scollay, Robert and Gilbert, John. "Measuring the Gains from APEC Trade Liberalisation: An overview of CGE Assessments". The World Economy, Vol.23 No.2(2000), pp.175~197.

Shin, Yong Dae. ASEM trade facilitation, Korea Institute For Industrial Economics & Trade, 1998.

Shin, Dong−Ik and Segal, Gerald. "Getting Serious about Asia−Europe Security Cooperation". Stokhof, Wim. and Van der Velde, Paul(eds.), ASEM: A window of Opportunity. International Institute for

Asian Studies, 1999.

Simon, Jean − Christophe. "Enjeux des sommets APEC et ASEM en 1996: la dissolution du bloc asiatique dans les relations éonomiques internationales". Asie recherches, No.12(1996) pp.51~59.

Stokhof, Wim. and Van der Velde, Paul.(eds.), ASEM: a Window of Opportunity, International Institute for Asian Studiesm 1999.

Synnott, Hilary. "The second Asia − Europe Summit and the ASEM process". Asian Affairs, Vol.86(1999), pp.3~10.

Webber, Douglas. "Two funerals and a wedding ? The ups and downs of regionalism in East Asia and Asia − Pacific after the Asian crisis". The Pacific Review, Vol.14, No.3(August 2001), pp.339~372.

Yamazawa, Ippei. "Whither East Asian regionalism". Asian − Pacific Review, Vol.8, No.2(2001), pp.18~27.

Yeo, Lay Hwee, "ASEM: Looking Back, Looking Forward". Contemporary Southeast Asia, Vol.22, No.1(April 2000), pp.113~114.

Yoshimatsu, Hidetaka. "The Politics of Japan's Free Trade Agreement". Journal of Contemporary Asia, Vol.36, No.4(2006), pp.479~499.

제5장 한-EU FTA가 한국 자동차업계에 주는 정책적 시사점

이종원

수원대학교 경상대학 교수

Ⅰ. 서 론

원래 자유무역협정(FTA: Free Trade Agreement)은 협정 당사자 간에서만 무역특혜를 주는 것으로 다자간주의의 정신에 위배되는 것인데, WTO의 출범과 함께 역설적으로 그 수가 크게 증가하여 지역주의를 대표하는 키워드가 되었다. 그리하여 2009년 현재 세계에 200여 개의 크고 작은 지역협정이 발효되고 있는 가운데, 2009년 7월 13일 부로 3년여간 지속되었던 한국과 EU의 FTA협상이 종결되었다. 여러 차례의 협상과 그에 따른 통상장관 회담까지 개최하였으나 최종적인 합의안 도출에 어려움을 겪었음에도 불구하고 절충안에 양측이 극적으로 타협함으로써, 결국 타결선언에 이르게 되었다.

양측은 향후 정식서명, 한국 국회의 비준과 유럽의회 동의절차,

확인서 교환절차를 거쳐, 빠르면 2010년 상반기에는 FTA가 발효될 수 있을 것으로 예상되고 있다.[1] 협상이 종결된 상태에서 정부 측에서 진행할 수 있는 대응방안은 사실상 그 폭이 넓지 않으며, 이제는 FTA에 가장 실제적인 영향을 받게 되는 산업 분야 내에서의 대응방안을 마련하는 것이 그 무엇보다 중요하다고 할 수 있다.

EU는 2008년 기준으로, GDP 약 18조 달러, 역내 무역을 포함한 수입액 기준 약 6조 달러, 인구 약 5억 명을 바탕으로 세계 최대의 단일 시장이다. 이는 GDP 14조 2천억 달러, 수입액 2조 112억 달러를 기록하고 있는 미국과 비교했을 때도 GDP 면에서는 1.3배, 수입액 기준으로는 2.9배에 달하는 거대한 시장이다. 특히, EU는 한국의 최대 무역 흑자국이며 교역국으로는 2번째 순위이다. 또한 대한 최대 투자국이며, 2008년까지의 누적 투자액은 511억 6천만 달러로 미국을 크게 앞서고 있다. 이러한 EU와의 FTA 정식 발효를 앞두고 정부는 득실과 효과 극대화를 위한 대책을 강구 중에 있다.

한국이 EU에 수출하고 있는 산업 분야 중에서 큰 비중을 맡고 있는 자동차산업은 21세기에 들어서 IT 등 첨단 기술과 결합하여 세계 각국의 기간산업으로서 역할을 맡고 있으며, 특히 對EU 교역에서 13%의 수출비중을 차지하는 3대 수출품목이다. 또한 자동차는 산업이 발전함에 따라 철강, 비철금속, 수지, 섬유 등의 수많은 소재가 사용되고 타이어, 전기전자 부품, 기계부품 등의 구입규모도 커져 본래의 산업뿐만 아니라 여러 많은 산업 분야에 영향을 주는 중요 산업이며, 그에 따라 각국에서는 정책산업으로 선정하여

---

1) 이종규 · 양오석 · 정호성 · 김화년, "한 – EU FTA의 주요 타결내용과 시사점", Issue Paper, 2009. 7, p.2.

육성하고 있는 산업이다. 이처럼 자동차산업은 그 국가의 기술수준
과 경쟁력을 대표하는 산업 분야로서 국가적 관심의 대상일 수밖
에 없고 그러한 산업을 지속적으로 발전시키기 위해 가능한 한도
내에서 모든 정책적 노력을 기울이는 산업이며 또한 한-EU FTA
의 최대 수혜업종이다.[2]

그러나 한국 자동차산업의 미래는 여러 가지 대외적 도전요인으
로 인해 그리 낙관적이지만은 않다. 세계 자동차시장은 선진국 업
체들의 과점상태에서 벗어나 업체 간 무한경쟁체제에 돌입하고 있
다. 또한 고유가 및 기후변화에 대응하기 위해 친환경자동차의 개
발 및 상용화도 가속화되고 있다. 한국의 자동차산업이 글로벌 무
한경쟁체제에서 살아남기 위해서는 다양한 차종에서 기술 및 가격
경쟁력을 갖춰야 한다는 것은 이미 주지의 사실이다.[3]

이러한 배경을 기반으로 본 연구는 한-EU 자유무역협정의 추
진배경 및 경제적 효과를 분석하고 협상결과를 바탕으로 산업에
영향과 역외국의 반응 등을 살펴보고, 결론적으로 완성차 및 부품
산업의 효과적인 대응을 위한 정책적 시사점을 제시하는 것을 목
적으로 한다.

---

2) 김선화, "유럽시장 동향과 POST-FTA 진출전략", KOTRA, 2009.에 의하면 Post 한-EU FTA 10
   대 유망품목 중 4개 품목(자동차, 자동차부품, 포크리프트, 타이어)이 자동차 관련 품목이다.
3) 송원근, 『한-EU FTA의 자동차 교역 영향 및 EU 자동차시장 분석』(서울: 한국경제연구원, 2008),
   p.23.

Ⅱ. 한 - EU FTA 추진배경

1. 한국의 FTA 정책 변화

한국은 전통적으로 GATT/WTO에 의해 주도되는 다자주의를 지지하였으나 WTO의 다자간 협상인 도하 개발의제(Doha Development Agenda)의 협상이 지체되고, 지역무역협정(Regional Trade Agreement)이 확산되면서 자유무역협정 참여를 적극적으로 검토하기 시작하였다. 한국의 통상정책 기조가 지역주의에 적극 대응하는 방향으로 바뀐 주요 원인은 크게 세 가지로 볼 수 있다.[4]

첫째로 세계 무역질서의 변화를 들 수 있다. 다자주의 무역자유화의 중심이라 칭할 수 있는 세계무역기구(WTO)의 도하 개발의제 협상이 난항에 빠지면서 그에 따라 다자주의의 추진 동력이 상실되었음을 들 수 있다.[5]

둘째로 세계 경제질서의 변화를 꼽을 수 있다. BRICs로 대변되는 신흥경제권의 급성장에 대한 시장 및 투자 접근 개선 필요성이 증대되었다는 점 또한 한국이 FTA를 중요한 통상정책 대안으로 생각하게 되는 데 큰 영향을 미쳤다.[6]

셋째로 산업별 생산성 불균형의 심화를 들 수 있다. 제조업과 서비스업의 생산성의 격차가 확대되는 것을 이유로 외국인 투자 활

---

4) 김형주 · 이서원, "한 - EU FTA 이후 경제환경 변화와 시사점", 2008. 7, p.1.

5) *Ibid.*, p.1

6) *Ibid.*, p.1.

성화를 통한 서비스업의 고도화 요구를 이루기 위해서 외국인 투자 활성화를 실현시킬 수 있는 FTA에 대해 적극적으로 나서게 되었다.[7]

이러한 요인들로 인해 한국은 1990년대 말 세계적인 FTA 추세에 부응하여 다자주의와 지역주의를 병행하는 통상정책을 채택하게 되었고, 2004년 칠레와의 자유무역협정을 발효한 이후 싱가포르, EFTA, ASEAN 등과도 순차적으로 자유무역협정을 발효시키게 되었으며, 2007년 미국과 협정을 체결한 이후 EU와도 자유무역협정의 협상을 추진하게 되었다.

이 외에도 한국은 전세계에 존재하고 있는 지역무역협정의 역외국으로서 무역전환 효과의 피해를 보고 있었고, 대외경제규모가 국내총생산(GDP)의 80% 이상을 차지하고 있는 명실상부한 통상국가로서 지속적인 경제발전을 위해 무역의 확대가 필수적이었으며, FTA를 능동적이고 공세적으로 활용할 필요성이 있었다. 즉, 역외국가로서 무역전환효과의 피해를 최소화할 필요성이 대두되고 있었다.[8]

2. 한-EU FTA 추진배경 및 무역현황

1) 추진배경

앞서 밝힌 바와 같이 자유무역협정(FTA)의 필요성이 점차로 대

---

7) *Ibid.*, p.1.

8) 이균, "지역주의와 한국의 FTA정책", 『물류학회지』, 제17권 제2호(2007년 6월), pp.249~250.

두되고 있는 상황에서 한국의 입장에서 EU는 한국에 아주 매력적인 파트너였다. 세계경제의 약 33%가량을 차지하는 세계 제1의 단일 시장이며, 2008년 기준 국민총생산(GDP)이 미국의 130% 수준으로 단연코 세계 최대의 경제권이며, 한국 수출의 13.8%, 수입의 9.6%, 무역수지 흑자 184억 달러를 기록하고 있는 EU는 매우 중요한 시장이다.[9]

하지만 이에 비해 한국의 EU 시장점유율은 불과 3%에서 답보상태에 머물러 있었으며, 이 지역에서 중국, 인도 등의 후발국들이 시장을 빠르게 잠식하고 있는 것 또한 사실이었다. 이러한 상황하에서 한국 측에서는 세계 최대의 경제권이자 단일 시장인 EU 시장을 공략하고 수출확대를 이루기 위해 EU와의 FTA를 추진하였다.

한편, EU 측에서는 한 - 미 FTA로 인한 동아시아 시장 내 미국의 영향력 확장에 대한 견제와 한국 내수시장 자체 매력 때문에 FTA를 서둘러 추진한 것으로 여겨진다.[10] 이는 서비스 시장과 기술표준 경쟁에 있어서 유리한 위치를 확보하기 위한 전략적 고려와 동아시아 시장 진출을 위한 교두보로서 한국을 활용한다는 점, 5천만 명의 인구와 평균소득이 2만 달러 내외의 시장으로서의 한국 내수시장의 매력, 그리고 마지막으로 EU 측에서도 민감한 부분이라고 할 수 있는 농업이슈와 이민문제에 있어서 걱정할 필요가 없어 상대적으로 정치적 부담이 적었다는 점을 이유로 꼽을 수 있다.[11]

---

9) 이종규 외, *op.cit.*, p.3.

10) *Ibid.*, p.4.

11) *Ibid.*, p.4.

2) 한 - EU 무역현황

EU는 유럽 27개국으로 이루어진 명실상부한 세계 최대의 단일 시장을 보유하고 있는 경제권역이며, 한국과 대체로 상호 보완적인 무역관계를 형성하고 있다. 자동차, 철강, 금속, 섬유, 의류 등의 경우, 일부 세부품목에서 상호 경쟁관계를 가지고 있는 품목을 제외하고 우리나라는 전자제품과 수송기계에서, EU는 기계류와 화학 분야에서 강점을 가지고 상호 보완적인 무역구조를 지니고 있다.

<표 1> 5대 수출입 상대국 무역현황

(단위: 백만 달러)

국가명	수출		수입		수지	
	'08	'09	'08	'09	'08	'09
중국	91,389	86,703	76,930	54,246	14,459	32,457
EU	58,375	46,608	39,981	32,232	18,394	14,376
미국	46,377	37,650	38,365	29,039	8,012	8,610
ASEAN	49,283	40,979	40,917	34,053	8,365	6,926
일본	28,252	21,771	51,926	56,250	- 32,704	- 27,657

자료: KITA(2010).

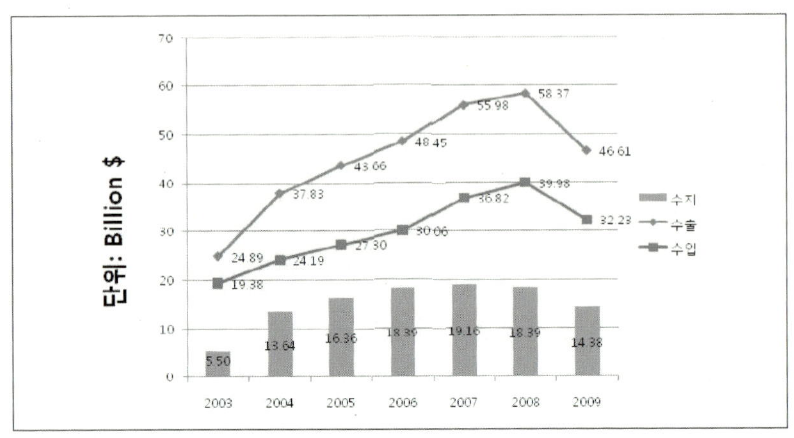

자료: KITA(2010)

〈그림 1〉 한국 - EU 간 무역현황

<그림 1>에서 보듯이 2007년 191억 달러, 2008년 183억 달러, 2009년 143억 달러의 무역 흑자를 내고 있으며, <표 1>에서 볼 수 있듯이 미국, 홍콩 등과 비교해 월등한 무역수지 흑자를 기록하고 있는 중이며, 2009년 다시 중국에게 최대 흑자국의 위치를 넘기기는 하였으나 여전히 많은 흑자를 기록하고 있는 중이다.

Ⅲ. 한 - EU FTA의 경제적 효과와 협상결과

1. 경제적 효과 분석

김흥종 외(2005)의 선행연구에서는 시나리오를 3개로 가정하여 모형을 정하고 그 결과를 분석하였는데, 시나리오는 다음과 같다.

첫째, 시나리오 Ⅰ은 농업 및 제조업 관세 완전철폐를 가정.

둘째, 시나리오 Ⅱ는 농업 및 제조업 관세 완전철폐와 서비스 무역장벽 50% 감축을 가정.

셋째, 시나리오 Ⅲ는 농업 50%와 제조업 관세 완전철폐, 서비스 무역 장벽 50% 감축을 가정.[12]

이 중 현실과 가장 근접한 시나리오인 농업 50%, 제조업 관세 완전철폐, 서비스 무역장벽 50% 감축을 가정한 시나리오 Ⅲ에서 FTA 체결 이후 한국의 GDP는 단기적으로는 약 2.02%(약 15.7조 원), 장기적으로는 3.08%(약 24조 원) 증가할 것으로 기대된다고 밝혔다. 하단의 <표 2>에서 보듯이 현실에 가장 가까운 시나리오인 시나리오 Ⅲ뿐만 아니라 시나리오 Ⅰ과 Ⅱ에서도 모두 뚜렷한 증가세를 보일 것이라고 분석하였다.[13]

다른 선행 연구에서 고종환과 이종원은 이와는 다른 시나리오를 이용해 분석하였는데, 2008년부터 2021년을 분석대상으로 하여 <그림 2>에서 볼 수 있듯이 실질 GDP가 꾸준히 증가하여 2017년에는 1.79%, 2021년에는 2.34%까지 한국의 실질 GDP가 증가할 것으로 전망하였다. 또한 <그림 3>에서 나타나듯이 등가변환(Equivalent Variation)으로 계산된 한국의 후생수준에 대해 2021년에 140억 달러까지 증가할 것이라고 영향을 분석하였다.[14]

---

12) 김홍종 · 이창수 · 김균태 · 강준구 · 박순찬, 『한 · EU FTA의 경제적 효과 분석과 정책적 대응 방안』(서울: 대외경제정책연구소, 2005), p.103.

13) *Ibid.*, pp.107~109.

14) Jong-Hwan Ko and Jong-Won Lee, "A Korea-EU Free Trade Agreement and Analysis of its Economic Effects using a Dynamic CGE Model", 『유럽연구』, 제26권 3호(2008년 겨울), pp.175~176.

〈표 2〉 한 · EU FTA의 거시경제적 효과(자본축적모형)

(단위: %)

	국내 총생산	소득	후생	총수출	총수입	교역조건
시나리오 Ⅰ						
한국	1.08	1.01	0.72	2.90	3.4	0.21
독일	0.05	0.04	0.03	0.11	0.12	0.02
프랑스	0.03	0.03	0.02	0.08	0.08	0.01
영국	0.05	0.04	0.02	0.13	0.13	0.02
기존회원국	0.05	0.05	0.03	0.11	0.11	0.01
신규회원국	0.02	0.01	0.01	0.09	0.09	− 0.02
시나리오 Ⅱ						
한국	3.04	2.92	2.42	4.57	5.08	0.30
독일	0.10	0.09	0.09	0.18	0.20	0.03
프랑스	0.10	0.10	0.09	0.19	0.20	0.02
영국	0.10	0.09	0.09	0.26	0.26	0.04
기존회원국	0.16	0.15	0.12	0.20	0.22	0.02
신규회원국	0.09	0.09	0.09	0.19	0.19	− 0.01
시나리오 Ⅲ						
한국	3.08	2.96	2.45	2.62	3.81	0.32
독일	0.10	0.09	0.09	0.18	0.20	0.03
프랑스	0.10	0.10	0.09	0.18	0.20	0.02
영국	0.10	0.09	0.09	0.27	0.26	0.04
기존회원국	0.15	0.14	0.12	0.19	0.21	0.02
신규회원국	0.07	0.06	0.08	0.16	0.17	− 0.02

자료: 김흥종 외, "한 · EU FTA의 경제적 효과 분석과 정책적 대응방안(2005), p.108.

이종규 외는 또 다른 선행연구에서 한−EU FTA의 효과는 한−미 FTA보다 더 클 것이라고 언급했다. 이는 GDP와 후생 증가 측면에서 한−EU FTA가 한−미 FTA보다 한국경제에 더 큰 영향을 줄 것으로 예상하였으며, GDP의 경우 한−미 FTA의 1.28%에 비교해 3.08% 증가할 것이며 GDP 대비 후생 증가의 퍼센트로 나타냈을 때 한−미 FTA가 0.56%인 것에 비해 2.45%로 훨씬 클 것으로 언급하였다.[15]

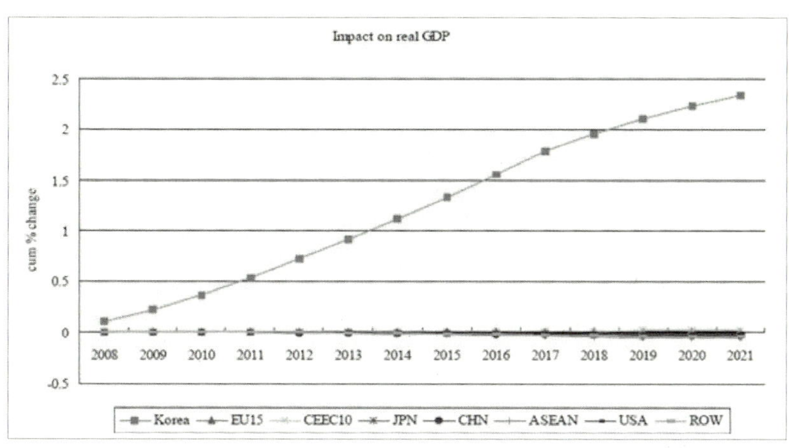

자료: Ko & Lee, "A Korea-EU Free Trade Agreement and Analysis of its Economic Effects using a Dynamic CGE Model"(2008), p.175.

〈그림 2〉한-EU FTA가 실질 GDP에 미치는 영향

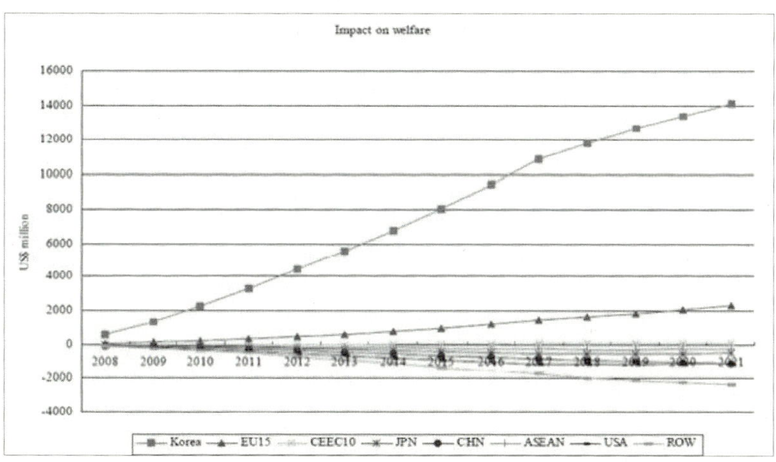

자료: Ko & Lee, "A Korea-EU Free Trade Agreement and Analysis of its Economic Effects using a Dynamic CGE Model"(2008), p.176.

〈그림 3〉한-EU FTA가 후생수준에 미치는 영향

---

15) 이종규 외, *op.cit.*, pp.15~16.

또한 한-EU FTA의 경우 수출과 수입이 동시에 증가할 것이며 단기적으로 한-EU FTA 발효 시 수입도 급증하여 전체 무역수지에 주는 영향은 제한적일 것으로 전망하였다. 하지만 한-EU 양국 간 관세율이 한-미 간 관세율보다 높아 주력 수출품목(자동차, 컬러TV, 캠코더 등) 수출 확대 효과가 미국과의 교역보다 더 클 것으로 예상되었다.[16]

2. 자동차산업에의 영향

자동차산업은 한-EU FTA 체결의 영향으로 상호 수출증대가 일어나 무역흑자가 예상되는 산업 중의 하나이다.

이종원·신상협·고종환·박순찬·채형복·방청록(2007)은 한국 자동차 및 그 부품 수출은 한-EU FTA가 완결되는 2017년까지 지속적으로 증가하여 24.5%까지 증가할 것으로 예상하였다.[17]

그에 비해 자동차 및 그 부품에 대한 수입은 15% 증가에도 미치지 않을 것으로 전망되어 2017년에 약 50억 달러의 추가 무역수지 흑자를 기록할 것으로 전망되며, 또한 2017년 이후에도 한국의 자동차 부품 수출은 다소 낮은 속도로 계속 증가할 것으로 전망되는 데 비해 자동차 부품 수입은 다소 감소할 것으로 전망됨으로써 2021년 한국의 자동차산업은 60억 달러 이상의 추가 무역수지 흑자를 기록하게 될 것으로 예측하였다.[18]

---

16) *Ibid.*, p.15.

17) 이종원, 신상협, 고종환, 박순찬, 채형복, 방청록, 『한-EU FTA: 현황과 전망 그리고 추진전략』(서울: 높이깊이, 2007), p.151.

또한 한국 자동차산업의 생산은 <그림 4>에서 보듯이 지속적으로 증가하여 2017년에 13.5%까지 증가할 것으로 전망되며, 2017년 이후에도 미미한 수준이나마 계속 증가하여 2021년에는 14%까지 증가할 것으로 전망된다.[19]

이러한 자동차산업의 생산 증가는 자본과 노동의 수요 증가를 가져와 2021년까지 자본의 수요는 12.4% 증가하고, 숙련노동의 수요는 9.2%, 비숙련노동의 수요는 8.8% 증가할 것으로 분석하였다 (이종원 외, 2007).

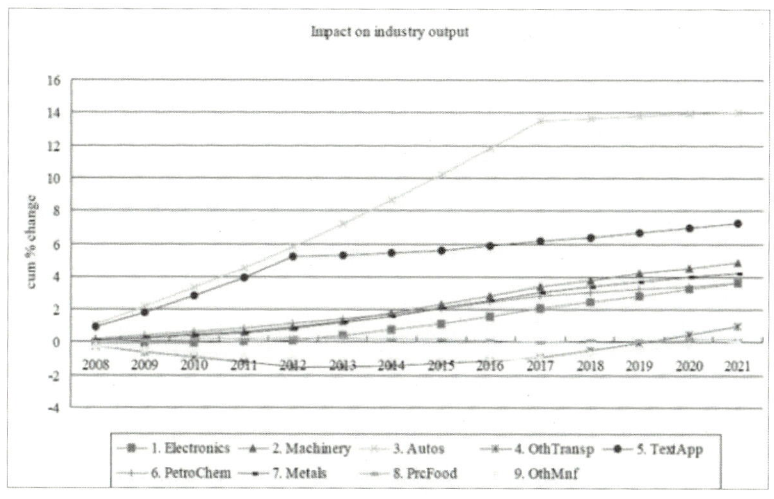

자료: Ko & Lee, "A Korea-EU Free Trade Agreement and Analysis of its Economic Effects using a Dynamic CGE Model"(2008).

<그림 4> 한-EU FTA가 산업생산에 미치는 영향

---

18) *Ibid.*, p.151.

19) Jong-Hwan Ko and Jong-Won Lee, *op.cit.*, pp.179~180.

3. 자동차산업의 협상결과

1) 관세 부분

상품 양허안에서 공산품의 경우 EU 측은 전 품목에 대하여 5년 내 관세를 철폐하고, 한국 측은 일부 민감품목에 대해 7년 내 관세를 철폐하기로 합의하였다. <표 3>에서 나타나듯이 한국은 품목 기준으로 96%, 금액 기준으로는 92%에 달하는 공산품을 3년 내 철폐하기로 하였으며, EU 측에서는 품목 수 기준 99%, 금액 기준 93%를 3년 내 철폐하기로 합의하였다.

對EU 수출 중 18.5%를 차지하며 최대 관심품목인 자동차의 경우, 승용차에서는 양측 모두 중·대형(배기량 1,500cc 초과)은 협정 발효 후 3년 내, 소형(배기량 1,500cc 이하)은 5년 내에 관세를 철폐하게 되었다. 상용차의 경우 양측 모두 최장 5년 이내에 화물차 관세를 철폐하나 한국은 중량이 클수록, EU는 소형 상용차일수록 더디게 개방하고 버스는 양국 모두 즉시 철폐하기로 하였다.

또한, 기타 차량(하이브리드)과 디젤엔진부품, 카스테레오 등 부품의 경우 5년 내 철폐를 이끌어 내었다. 이 외에 부품은 수입 금액 기준으로 95%에 해당하는 품목의 관세를 즉시 철폐하기로 합의하였다. 이는 관세 10%를 매년 3.3%가량 인하하게 되는 것으로써, 한-미 FTA 발효 시 미국이 자동차 관세(현행 2.5% 관세)를 즉시 철폐하는 것보다 이득이라고 할 수 있다.

〈표 3〉 공산품 관세 철폐 수준비교

양허 단계	한 - EU FTA				한 - 미 FTA			
	한국 양허		EU 양허		한국 양허		미국 양허	
	품목 수 비중	수입액 비중	품목 수 비중	수입액 비중	품목 수 비중	수입액 비중	품목 수 비중	수입액 비중
즉시철폐(A)	91% 수준	70% 수준	97% 수준	76% 수준	89.9%	81.0%	87.3%	85.5%
3년 철폐(B)	5% 수준	22% 수준	2% 수준	17% 수준	6.3%	13.2%	4.1%	6.9%
조기철폐(A+B)	96% 수준	92% 수준	99% 수준	93% 수준	96.2%	94.3%	91.4%	92.4%
5년 철폐	3.5% 수준	7% 수준	1% 수준	7% 수준	1.9%	1.5%	4.0%	3.4%
7년 철폐	0.5% 수준	1% 수준	–	–	–	4.2%	–	–
10년 철폐	–	–	–	–	1.9%	–	4.6%	4.2%
합 계	100%	100%	100%	100%	100%	100%	100%	100%

자료: 관계부처합동, "한 - EU FTA 상세설명자료"(2009), p.5.

2) 비관세부분

(1) 안전기준

안전기준 협상에서 초기에는 EU측이 EU 중심의 국제기준을 도입할 것을 요구하였으나 부분적인 상호 인정의 형태로 절충하게 되었다. EU는 2차 협상 이후 우리 측에 유럽경제위원회(UNECE) 안전기준 120개 중 102개를 7년에 걸쳐 이행할 것을 요구하였으나, 협상결과 UNECE 규정과 GTR(Global Technical Regulation) 규정을 모두 인정하는 방향, 즉 각 시장에서 현지의 기준 적용을 원칙으로 하되, 국내시장에서는 부분적으로 UNECE 기준을 국내기준과 동등한 것으로 간주하는 방식을 채택하였다.[20]

이는, 우리 측은 42개 국내 안전기준에 의거하여 EU 측 기준 중

---

20) 곽용선 · 김현정, "한-EU FTA의 자동차산업에 대한 영향 및 대응 방향", KARI CEO Report(2009.7.13), p.4.

국내기준과 부합하지 않는 16개 항목 중 7개는 유사기준으로서 UNECE 기준을 준용하고, 9개는 그대로 국내기준을 준수하기로 하였다는 것을 의미한다.[21] 또한, UNECE와 GTR 규정과 상응하는 국내기준에 대해서 발효 후 5년 내 해당 규정과 조화하기로 협상을 마무리하였다.

(2) 환경기준

환경기준 협상에서 한국 측은 가솔린 승용 배기가스진단(OBD) 기준에 대하여 유럽기준을 인정하기로 하였다. 이는 2013년까지는 Euro V OBD에 한하여 연간 6천 대(메이커별 연간 1천 대)를 유예해 주고 2014년 이후 Euro VI OBD에 한하여 유럽기준을 인정하기로 하였다.[22]

(3) 그 외

이 외에도 자동차 및 부품 관련 국제표준 개발에 적극 참여하기로 한 것과, 신속분쟁해결절차를 도입하는 것과 자동차 작업반을 설치하는 것에 합의했다.

이 중 자동차 작업반은 자동차 국제표준 제정기구에서의 협력 및 자동차 비관세합의 내용의 이행 감독을 위해서 설치에 합의하였다.

---

21) *Ibid.*, p.5.
22) *Ibid.*, p.5.

Ⅳ. 자동차산업에 미치는 영향과 역외국의 반응

1. 유럽시장

1) 유럽시장의 동향

유럽시장에서 국내업체의 판매는 2004년을 정점으로 감소 추세에 있으며, 현지 생산체제 구축 이후 수출이 감소하고 있는 추세이다. 판매가 점차 증가하다 2005년 이후 다시 감소 추세에 있으며 수출은 더욱 급격히 감소하고 있는 것이다. 이는 2008년 이후 글로벌 경기침체로 인한 시장 전체의 수요 감소와 원화 강세에 의한 가격 경쟁력 저하에 의한 수출 부진 등에 기인하는 것으로 보인다.

이 중 수출 부진은 국내업체의 현지 생산체제의 구축에 있다고 할 수 있는데, 국내 완성차 업체가 현지에서 생산체제를 갖추면서 EU시장 판매 중 수출이 차지하는 비중이 87%에서 56%로 감소하였다.[23]

또한 EU의 자동차산업 침체는 계속 지속되고 있으나, 최근 정부의 구매 인센티브 제공으로 인해 독일과 프랑스를 중심으로 수요를 회복하고 있는 추세이다. 이는 <그림 5>에서 보이듯이 선진업체의 동구권 직접투자를 통한 생산능력 확충 경쟁으로 인한 공급 과잉이 변수가 될 전망이다.

---

23) *Ibid.*, p.7.

2) 유럽시장에 미치는 영향

관세가 단계적으로 철폐됨에 따라 수출증대 효과가 크게 기대된다. 한국의 對EU 수출 주력 차급이 비교적 조기에 개방되기 때문에 수출증대 효과가 매우 클 것으로 기대되며 EU시장 점유율 확대의 기회가 될 것으로 전망된다.

2010년 한-EU FTA 발효를 가정할 경우 1,500cc 초과 승용차에 대해서는 매년 3.3%씩 관세가 인하되어 2012년부터 무관세로 수출이 가능하다. 이 경우 10%가량의 가격이 인하된다고 볼 수 있으며 EU 시장에서 일본 및 미국산 자동차 대비 가격경쟁력이 크게 향상되기 때문에 수출 증가에 크게 기여할 것으로 기대된다.[24]

상용차의 경우 EU 관세가 대부분 22%로 매우 높은 것과 주력 수출 차종의 관세 철폐가 대부분 3년 이내에 단계적 철폐 품목에 속해 있어 상용차 수출 역시 크게 증대될 것으로 기대된다.[25] FTA로 인해 이득을 보는 것은 현지 생산을 하는 경우에도 마찬가지로, 동유럽 현지 생산 시 공급되는 국내부품의 관세(3~4.5%)가 철폐되고 협상시기에 비해 완화된 수준의 원산지 규정으로 인해 현지 생산비용 절감 및 부품 수출[26] 증대가 기대된다.[27]

---

24) *Ibid.*, p.8

25) *Ibid.*, p.8.

26) 주간무역 2008.7.23.자에 의하면 프랑스 Renault사 오딜 데포르 주 구매이사는 한국산 부품 가격 경쟁력이 세계 최고수준으로 평가하여, 관세철폐가 물류비용(5~10%)을 상쇄하게 될 경우 더욱 매력적이라고 예상했다.

27) 곽용선·김현정 "한-EU FTA의 자동차산업에 대한 영향 및 대응 방향", KARI CEO Report(2009.7.13), p.8.

(단위: 만 대)

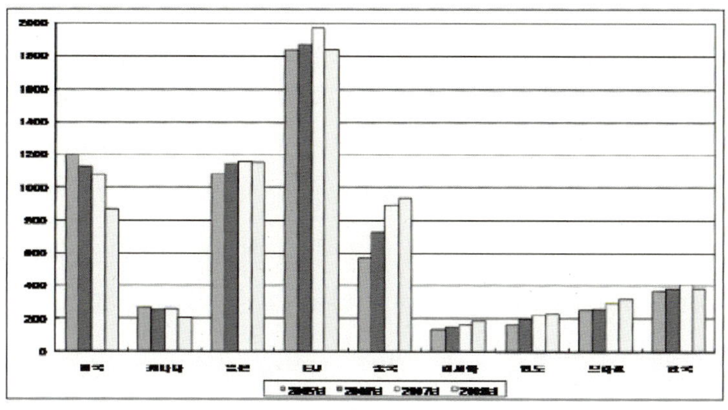

자료: 이항구(2009), "자유무역협정(FTA) 체결 확산과 자동차부품업체의 대응 방안", p.13.

〈그림 5〉 지역별 생산추이

국내부품의 관세가 없어지게 되므로 생산비용 절감효과가 있으며, 상기 협정으로 인해 한국에서 생산된 부품 또한 역내산에 포함되므로 현지 조달률을 줄이고 국내에서 부품을 수출하더라도 역내산 기준을 충족시킬 수 있게 되어 부품 수출이 한층 용이해질 것으로 보인다.[28]

다만 이 조건은 EU 시장 역내 판매 시에만 해당되며, 역외로 수출할 경우 한국산 부품은 역내산으로 인정되지 않는다.

한-EU FTA는 또한 한-미 FTA와 원산지 기준을 동일하게 함으로써 FTA 체결에 따른 스파게티-볼 효과(Spaghetti bowl effect)를 최소화하였다. 이로 인해 상호 다르며, 복잡한 규정에 따른 비용 상승을 막을 수 있어, FTA 효과를 극대화시킬 수 있을 것으로 예상된다.[29]

---

28) *Ibid.*, p.8.

29) *Ibid.*, p.8.

2. 국내시장

국내시장의 경우 한 - EU FTA로 인해 EU산 자동차에 대해 3년 이내에 거의 완전 개방됨에 따라 경쟁 격화가 예상된다. 특히, 1,500cc 초과 승용차의 경우, 앞서 기술한 것과 같이 2010년 발효될 경우 2012년부터 무관세로 수입이 되며 한국의 EU산 수입차량은 대부분이 이에 해당된다. 이에 따라 준 · 중형 이상 국내외 업체 간 경쟁이 보다 격화될 전망이다.

이와 더불어 한 - 미 FTA가 발효될 경우 2,000cc 이상 승용차의 경우 한 - 미 FTA 자동차 부문의 주요 의제였던 국내 세제 개선 협상 결과로 2,000cc 초과 차량에 부과되던 10%의 개별소비세가 5%로 3년간 단계적으로 인하되게 되는데 국내 세제의 경우 모든 수입차에 동일하게 적용되므로 한 - 미 FTA가 발효된다고 가정할 시 배기량 2,000cc 이상의 중형급 이상 EU 승용차는 한 - EU FTA 발효 후 3~5년 뒤 미국산 자동차와 마찬가지로 약 12.7%의 가격인하 효과를 누리게 된다.[30]

부품산업의 경우 자동차 부품에 대한 관세 즉시 철폐로 전장, 변속기 등 핵심 부품 위주로 수입되는 유럽산 부품 가격의 하락이 예상되어 국내 부품업체와의 경쟁이 확대될 것이다. 반면 경쟁력 있는 국내 부품업계의 유럽 메이커에서의 활동기회가 증가될 것으로 보인다. 결과적으로 국내 부품의 對EU 수출이 대폭적으로 증가할 것으로 전망되는 가운데, 기술개발 촉진 및 원가절감 활동을 통해

---

30) *Ibid.*, p.9.

국내 부품산업의 경쟁력이 도약, 경쟁력 향상이 기대된다.[31]

3. 각국의 반응

1) EU의 반응

유럽 집행위원회는 협상결과를 적극 옹호하며 한-EU FTA를 유럽 산업계의 새로운 기회 창출로 설명하고 있다. 하지만 유럽자동차협회(ACEA)의 경우 FTA협정에 대해서 한국에 불공정한 이익을 제공하며, 해로운 선례를 남김으로써 타 FTA 협상이나 EU의 주요한 통상 정책이 훼손될 가능성을 주장하였으며, 독일 등 주요 완성차 생산국 업계에서는 협상결과가 불균형 하다는 주장을 하고 있다.

2) 미국의 반응

미국은 한-EU FTA 협상 타결에 대해 행정부 차원에서의 공식적인 논평은 하지 않았다. 그러나 협상 타결 직후 Dreier 연방 하원의원 주도로 5명의 하원의원이 한 시간에 걸쳐 발언을 하였다. 특히 이 중 Herger 의원은 "EU가 먼저 FTA를 비준시키면, 한국인들이 미국인의 서비스보다 유럽인의 서비스를 사용하게 되며, 이를 미국인들이 알게 되면 의원들이 제대로 일을 하고 있지 않는다고 비판할 것"이라고 발언을 하였으며, Schott 피터슨 국제경제연구소

---

31) 변재웅, "한-EU FTA 체결의 산업별 영향과 과제", 한국유럽학회 추계세미나(2009.10.16), p.82.

수석연구위원은 "한－EU FTA의 성공적인 협상으로 인해 유럽 기업이 한국 시장에서 미국 기업보다 더 혜택을 누리게 됐음을 미국 의회도 분명히 인식했을 것"이라고 발언하였다.[32]

유럽에 생산기지를 둔 일부 미국 기업들은 한－EU FTA의 효과를 볼 수도 있을 것이라고 예상하는 반응이다.

3) 일본의 반응

일본의 경우 경제산업성에서 한－EU FTA의 타결로 인해 일본 업계의 유럽 수출이 타격을 입을 것이라는 자국 언론보도에도 불구하고 EU에 생산기지를 두고 있으며, EU의 높은 환경기준을 고려할 때 일본의 하이브리드카와 경쟁할 만한 한국의 차가 없다고 평가하였으나 자동차 부품 산업에서는 타격을 받을 수 있다고 인정하였다.[33]

일본 경제단체연합회(게이단렌)는 한－미 FTA 타결 시보다 충격이 더욱 클 것이며, 특히 전기전자, 자동차, 섬유 등 분야에서 피해를 우려하고 있으며 한국, EU와의 FTA 추진을 정부에 지속적으로 요구·압박하고 있는 상황이다.[34] 하지만 일본은 농업문제로 인해 EU와의 FTA가 난관에 봉착해 있으며, 2009년 8월 30일 민주당의 집권으로 인해 FTA 협상은 더욱 어려워졌다고 할 수 있다.

---

32) 조성대, "한－EU FTA 협상 타결에 대한 주요국 동향", pp.1~2.

33) *Ibid.,* p.3

34) *Ibid.,* p.3.

V. 자동차 업계에 주는 영향 및 정책적 시사점

EU는 일인당 국민소득이 약 7천 달러에서 약 10만 달러에 이르는 다양한 경제능력을 지닌 경제 주체들로 이루어진 공동체로 그 속의 공식언어만 해도 23개에 달하는 다양한 소비자기호를 지닌 경제권역이다. 또한 환경부문에서는 세계환경규제를 선도하며, 소비자 10명 중 8명이 친환경성을 고려하는 세계 최고의 그린시장이다. 하지만 EU는 미국처럼 완벽하게 이루어진 연방제 국가가 아니기 때문에 EU 차원에서는 관세, 경쟁, 통상, 통화정책을 관장하며, 회원국은 환경, 안전 및 위생기준 등을 담당하는 것처럼 실제로 획일화된 주권 실행기관이 존재하지 않고 혼재되어 있는 상황이다.

진통 끝에 체결된 한-EU 자유무역협정에 의해 자동차산업에서 한국은 8%, EU는 10%의 관세가 단계적으로 철폐되게 됨에 따라서 한국과 EU 양측 모두 완성차의 수출 증가를 기대하고 있다.

한국 완성차 기업의 현지 진출로 인한 현지 생산과 인도 현대차의 수출 증가로 인해 한국의 완성차 수출률은 2004년부터 감소했으나(<그림 6> 참조), EU 내에서 한국 완성차 기업의 브랜드 비중은 조금씩 증가하고 있는 상황이다.

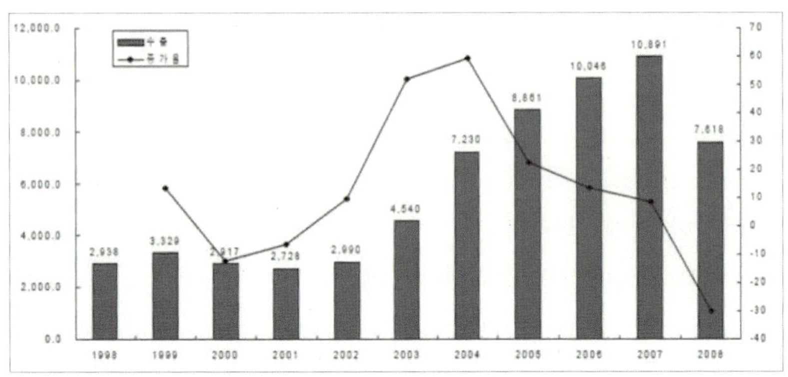

자료: 통계청, KOSIS. 이종규 외에서 재인용, "한－EU FTA의 주요타결 내용과 시사점"(2009), p.19.

〈그림 6〉 對EU 자동차 수출 추이

　　EU시장 판매 중 수출비중의 감소원인은 앞에서 밝혔던 2006년 기아의 슬로바키아 진출과 2008년 체코의 진출로 인한 현지 생산의 증가 그리고 금융위기로 인한 경기침체로 인해 2002년 기준 82%에서 2008년 기준 56%로 감소되었다. 하지만 FTA가 발효된다면 관세 철폐로 인한 직접 수출차의 가격경쟁력 향상과 현지 생산을 위한 국산부품의 가격 인하 및 역내산 인정으로 인해 가격경쟁력을 가지게 될 것이며 <표 4>와 같이 판매될 것으로 예상된다.

〈표 4〉 FTA 발효 후 EU 내 자동차 판매예상

한국차량 EU 내 총판매	↑
완성차 대EU 직접수출	↑ ↑
현지 생산차 EU 내 판매 및 제3국 수출	↑
인도 생산차 대EU 수출	?
대EU 부품 수출(EU차 아웃소싱 포함)	↑ ↑

자료: 직접 작성.

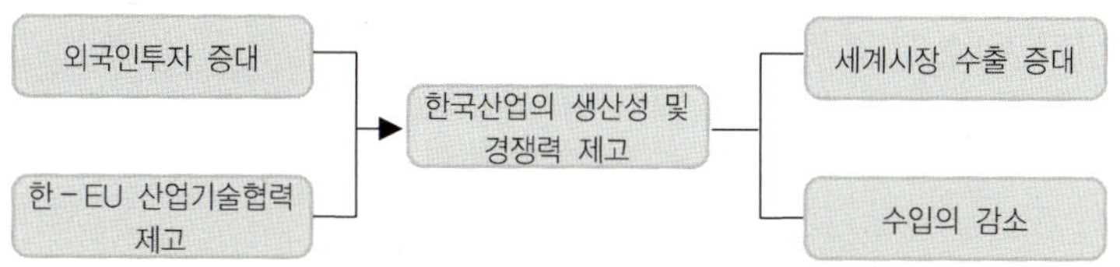

출처: 이항구(2009), "한-EU FTA 체결에 따른 자동차업체의 EU 진출 방안", p.9.

〈그림 7〉 한-EU FTA가 자동차산업에 미치는 영향의 경로

그렇지만 직접 수출과 현지 생산, 그리고 인도/터키에서의 생산 모두 각기 장단점이 있기 때문에 향후 어떤 방면을 늘릴 것인지 전략적인 검토가 필요하다고 할 수 있다.

한-EU FTA는 〈그림 7〉에서 보이는 방식으로 자동차산업에 영향을 미칠 것이며, 이는 장기적으로는 생산성이 향상되는 효과가 있을 것이다. 이는 앞서 상기했던 단기적인 관세 철폐 효과와 함께 고려되어야 하며 무역 이외에 투자와 기술협력을 통한 생산성 증대 효과를 고려해야만 한다.

이는 반드시 한국과 EU 간의 무역에서만 아니라 장기적인 생산성 향상 효과로 인한 완성차 및 자동차 부품의 제3국 수출 증대 효과도 기대할 수 있게 된다. 또한 기술협력을 통한 경쟁력 제고로 인해 만성적인 문제점이라고 할 수 있는 첨단 부품 등의 대일 의존을 대체할 수 있다.

현재 EU의 FTA 파트너 중 자동차 생산국으로는 한국이 유일하다. 이를 적극적으로 활용하여 생산비용 절감, 브랜드 인지도 제고를 위한 적극적인 마케팅, 시장점유율 제고 노력을 함으로써 시장선점효과를 이용할 필요가 있다. 또한 EU가 FTA를 체결한 다양한 국가들에게 EU산 한국 완성차를 무관세로 수출 가능하기 때문에

EU와의 FTA로 인해 새롭게 생겨난 Global Network를 활용하여 판로를 다변화해야 할 것이다.

EU의 대형 완성차 업체의 부품 외부 조달률은 75%에 달하며, 부품수입은 특히 신흥가입국을 중심으로 계속 증가추세에 있다. 이를 이용해 적극적인 마케팅 전략을 수립해야 하며, 동유럽 현지공장에 조달하는 부품 관세의 즉시 철폐로 생산비용 감소와 부품수출 증대를 기대할 수 있다. 이뿐만 아니라 완화된 원산지 규정으로 인해 한국산 부품을 사용하더라도 역내산 기준을 충족함으로써 한국 자동차 부품의 수출 증대를 노릴 수 있다. 이에 따른 글로벌 생산소싱을 위한 전략적인 사고를 필요로 한다.

앞에서 밝혔듯이 예상된 것과 같이 한－EU FTA가 2010년부터 발효된다면 한국의 자동차는 1,500cc 초과 차량에 대해서 2012년까지, 1,500cc 이하의 차량은 2014년까지 관세가 단계적으로 인하·철폐되며 이는 현재 침체되어 있는 유럽의 본격적인 경기회복 시기인 2012~2013년 경과시기가 일치하게 되어 FTA의 효과를 극대화할 수 있게 된다. 이때 만일 경쟁국인 일본과 미국이 한국 또는 EU와 FTA를 발효시키게 되면, 한－EU FTA의 효과는 크게 희석되며 경쟁이 격화되어 그 효과를 정확하게 예측하기 힘들게 된다.

세계 최대 자동차 시장인 유럽에서의 시장점유율을 늘리려는 우리나라는 발효와 함께 FTA의 효과를 극대화할 수 있는 전략을 수립하는 동시에 비준시기가 지연될 수도 있다는 점도 고려하여, FTA의 효과를 극대화할 수 있는 조속한 비준(EU 및 한국 양측)을 위한 거국적 노력을 경주해야 할 것이다.

참고문헌

곽용선 · 김현정. "한－EU FTA의 자동차산업에 대한 영향 및 대응
　　　방향". 한국자동차산업연구소(2009).

관계부처합동. "한－EU FTA 상세설명자료"(2009년 10월).

김선화. "유럽시장 동향과 POST－FTA 진출전략". KOTRA(2009).

김형주 · 이서원. "한－EU FTA 이후 경제환경 변화의 시사점". LG경
　　　제연구원(2008).

김흥종 · 이창수 · 김균태 · 강준구 · 박순찬. "한 · EU FTA의 경제적
　　　효과 분석과 정책적 대응방안". 대외경제정책연구원(2005).

변재웅. "한－EU FTA 체결의 산업별 영향과 과제". 한국유럽학회 추
　　　계세미나(2009.10.16).

송원근. "한－EU FTA의 자동차 교역 영향 및 EU 자동차시장 분석".
　　　한국경제연구원(2008).

이　균. "지역주의와 한국의 FTA정책".『물류학회지』, 한국물류학회
　　　(2007), pp.227～259.

이종규 · 양오석 · 정호성 · 김화년. "한－EU FTA의 주요 타결내용과
　　　시사점". 삼성경제연구소(2009).

이종원 외.『한－EU FTA: 현황과 전망 그리고 추진전략』(높이깊이,
　　　2007).

이항구. "자유무역협정(FTA) 체결 확산과 자동차부품업체의 대응 방
　　　안". KIET(2009년 11월 20일).

이항구. "한－EU FTA 체결에 따른 자동차업체의 EU 진출 방안".

KIET(2009).

조성대. "한-EU FTA 협상 타결에 대한 주요국 동향". 한국무역협회 국제무역연구원(2009).

Copenhagen Economics & Francois. *Economic Impact of a Potential Free Trade Agreement (FTA) Between the European Union and South Korea*, Copenhagen Economics(2007).

Deardorff, A. V. and R. M. Stern. *The Michigan Model of World Production and Trade*. Cambridge: Mass, 1986.

Hanknecht G. (DURA Automotive, Project Purchasing Manager). "한-EU FTA를 활용한 자동차부품 시장진출 전략", KOTRA(2009).

Ianchovichina and McDougall. *Theoretical Structure of Dynamic GTAP*. GTAP Technical Paper No.17(2000).

Ko, J.-H.. "Eastern Enlargement of the EU and its Economic Implications for East Asia". *The Journal of Eurasian Studies*. Vol.2, No.1(2005), pp.187~216.

Ko, J.-H.. "A Korea-EU Free Trade Agreement and its Economic Effects: A Dynamic CGE Approach". *Paper presented at the international conference on Korean-German Economic Relations and Recent Developments in the Korean Economy*, German Institute of Economic Research(DIWBerlin). Germany(26~27 June 2008).

Ko, Jong-Hwan, and Jong-Won Lee. "A Korea-EU Free Trade Agreement and Analysis of its Economic Effects using a Dynamic CGE Model". 유럽연구.(2008), pp.159~186.

Whalley, J. *Trade Liberalization among Major World Trading Areas*. Cambridge: Mass, 1985.

제6장 영국의 해외투자유치정책의 성공요인 분석

변재웅

계명대학교 국제통상학과 교수

I. 서 론

FDI 유치가 경제에 미치는 긍정적인 효과로는 경제성장 촉진의 효과, 무역규모 확대 및 국제수지효과, 고용창출효과, 기술이전효과가 있다. 일례로 해외직접투자는 국내의 자본 형성과 국내기업의 생산성 향상을 증가시켜 경제성장을 촉진하는 긍정적인 효과가 있다.[1] 국내로 유입된 해외직접투자 자본은 직접적으로 유입된 산업의 생산력을 증가시키고, 고용창출을 통해서 부가가치 창출에 영향을 미치게 된다. 관련 산업의 생산 증가와 부가가치 창출 등 다양

---

1) Blomstrom, M. and F. Sjoholm, "Technology Transfer and Spillovers: Does Local Participation with Multinationals Matter", *European Economic Review*, Vol.43(1999), pp.915~923; Cai, H., Y. Yodo, and L. Zhou, "Do Multinational's R&D Activities Stimulate indigenous Entrepreneurship? Evidence from China's Silicon Valley", *NBER Working Paper*, 13618(2007); Grossman, S. and E. Helpman, *Innovation and Growth in the Global Economy*, Cambridge, M.A.: MIT Press, 1995.

한 파급효과(spillover effect)로 궁극적으로는 국내의 경제성장을 촉진하는 효과가 있다. 이러한 해외직접투자의 여러 가지 긍정적인 효과로 각국은 적극적인 해외투자를 유치하고자 노력하고 있다. 본 연구는 해외직접투자 성공적인 유치국으로 관심이 증대되고 있는 영국사례를 분석한다.

영국의 해외투자유치 전략은 매우 적극적이어서, 2007년 기준으로 세계 2위의 투자유치국이며, 세계 6위 무역대국이다. 영국은 해외투자가 경제성장, 고용창출에 기여할 뿐 아니라 산업경쟁력을 직간접으로 강화시키는 데 기여한다고 판단하고 해외투자유치에 적극적으로 나서고 있다.

영국은 철저한 내외국기업 평등주의에 입각하고 있어 외국인 투자가에 대한 차별이 없다. 주요 EU 회원국 중 가장 낮은 수준의 법인세율을 실시하여 세금 공제 전 경상이익의 30%를 보장하며, EU 최저 수준의 개인세율로 경쟁력 있는 세제환경을 제공한다. 또한 영국은 해외투자를 위한 각종 보조금제도와 지원정책을 추진하고 있으며, 지역별 투자유인 보조금 제도를 운영하고 있다. 뿐만 아니라 투자기업의 연구개발 및 교육훈련 지원의 특혜를 공여하고 있다. 또한 외국인투자유치를 위해 보조금 지원제도, 공장부지, 건물지원 및 사회간접자본 시설지원, 외환이동 및 세제 지원, 기업규제 완화와 투자기업 보호 등의 다양한 정책을 통하여 해외투자를 유치하고 있다.

영국의 투자유치를 담당하는 기관은 비즈니스규제개혁부(Department of Business and Enterprise Regulatory Reform) 산하 영국무역투자청 (UKTI: UK Trade and Investment)이다.[2] 영국무역투자청(UKTI:

UK Trade & Investment)은 영국내 국제적인 기업과 영국에서 사업을 확장하고자 하는 해외 기업을 지원해 주는 정부기관이다. UKTI는 영국에서 사업을 시작하고자 하는 외국기업에게 정보와 서비스를 제공하며, 부지 선정, 사업자 등록, 직원 채용, 제휴 파트너 물색, 기술 확보 등 사업 설립에 필요한 모든 지원과 조언을 제공한다.[3]

최근 한국의 경우도 국가 차원에서뿐만 아니라 지방자치단체에서도 외국인투자를 유치하기 위해 적극적이다. 경제자유구역이 지정됨으로써 FDI 유치가 경제자유구역의 성공에 중요한 요인으로 작용하고 있다. 이러한 맥락에서 외국의 해외투자유치정책의 성공요인 분석의 필요성이 더욱 증대된다. 하지만 외국의 해외투자유치정책의 성공요인 분석에 관한 연구는 아직까지 적은 실정이어서 이 분야의 심도 있는 연구가 필요하다. 특히 영국의 해외투자유치정책의 성공요인 분석에 관한 연구는 아직 없는 실정이다.

본 연구는 영국의 해외투자유치정책의 성공요인을 분석하기 위하여, 제2장에서 영국의 투자유치정책 및 제도, 제3장에서 영국의 투자유치 현황, 유치 성과, 성공요인 및 투자유치사례를 분석하고, 마지막 제4장에서 결론과 시사점을 각각 도출한다.

---

2) 과거 영국의 통상산업부(DTI: Department of Trade & Industry) 내에 외국인투자유치업무를 전담하는 대영국투자유치국(IBB: Invest in Britain Bureau)을 설치하여 투자유치 업무를 총괄하였으나 부서 명칭을 변경하였다.

3) http://www.uk.or.kr/new/amblog.html(2008년 10월 15일 검색).

Ⅱ. 영국의 해외직접투자유치정책 및 제도

1. 영국의 해외직접투자유치정책

1) 외국인투자유치를 위한 보조금 지원제도

영국정부는 외국인투자유치를 위한 무상지원 보조금 제도를 운영하고 있다.[4] 지역선별보조금(RSA: Regional Selective Assistance)은 무상지원 보조금제도로 지역경제 활성화 및 고용증진을 위해 공장, 사무실 부지구입비, 부지 및 건축비, 플랜트 및 기계설비 등 자본비용(Capital Cost)을 지원하는데 투자개시 3년간 지원하는 것을 원칙으로 하고 있다. 지원기준은 사업내용을 심사하여 경쟁력이 기대되는 사업으로 고용증대 효과에 따라 그 지원규모가 결정된다. 지원규모는 지역에 따라 다르고 같은 지역 내에서도 고용증대 효과, 기술수준 등에 따라 다르다.

이러한 지역선별보조금은 정부의 재량적 보조금(Discretionary Grant)으로 정부가 특정 프로젝트의 성공을 위하여 필요하다고 판단하는 경우에 지원하는데 과거 스코틀랜드, 웨일즈, 아일랜드 지역 외국인투자유치에 적극적으로 활용하였다.[5] 이 제도의 특징은 기본적

---

4) 기본적으로 EC의 지역원조 가이드라인(European Commission Guidelines on Regional Aid)으로 지정된 낙후지역에 대해 차등 지급한다. "영국의 지역분류제도".
http://www.koreanembassy.org.uk/kor/eu/gbr/main/index.jsp(2008년 10월 7일 검색).

5) "The main form of support is the Selective Finance for Investment scheme in England, which aims to encourage significant investment in projects that lead to long-term improvements in productivity, skills and employment. It is a discretionary grant that may be offered to overseas companies (and UK owned companies) opening a new operation, or

으로 대기업에 의한 대규모 자본투자(Large scale capital investment)
촉진을 목적으로 하며 외국인투자에 차별 없이 적용되며, 고용창출
효과와 투자규모를 고려하여 지원액이 결정된다. 영국은 외국인투
자를 지역개발의 추진 요소로 판단하고 적극적으로 유치하고 있다.
영국의 지역개발정책은 다양한 형태로 지속적이며 성공적으로 추
진되고 있다.[6]

2) 공장부지, 건물지원 및 사회간접자본 시설지원(Industrial and Commercial Premises)

영국은 외국인투자 기업이 지원 대상지역으로 지정된 개발지역
에 투자할 경우 영국정부가 소유하고 있는 새로 지은 공장 또는 유
휴공장을 저렴하게 구입 또는 임차하여 사용할 수 있도록 주선하
고 있다. 공장부지 및 건물을 구입 또는 신축할 경우에는 현지 상
업금융기관으로부터 공장구입을 위한 융자를 받을 수 있도록 주선
하며, 북아일랜드의 경우에는 북아일랜드개발청(IDB)이 소유하고
있는 부지에 투자가가 요구하는 대로 공장을 지어 실비로 임대하
거나 매각하기도 한다. 외국인도 영국에서 아무런 제약 없이 자유

---

expanding/ modernising an existing operation in an Assisted Area. It is available to both manufacturing and service projects meeting certain criteria. Scotland, Wales and Northern Ireland also offer a set of grants and incentives. Companies also benefit from R&D tax relief, with small and medium-sized enterprises able to deduct 150 per cent of qualifying expenditure on R&D activities when calculating their profit for tax purposes and large companies 125 per cent. The government intends to extend additional R&D tax credit support to companies with 250-500 employees, subject to the outcome of state aids discussions with the European Commission."
http://www.ukinvest.gov.uk/Press/10400/ko-KR.html?print=true(2008년 12월 15일 검색).

6) Foley(1998), Gibbs(1998), Hughes(1998), Lagendijk and Charles(1999), Roberts and Lloyd(2000), Tomaney and Ward(2000) 등 참조.

롭게 부동산을 취득할 수 있다.

3) 외환이동 및 세제지원

영국은 1979년 외환관리법이 폐지된 이래 외국인투자(해외투자 포함)를 포함한 국제자본의 거래 및 이동이 완전 자유화되어 외국인투자를 관리하는 법규 및 규제사항이 전혀 없다. 다만 국가안보를 위태롭게 하는 불법적인 거래만 통제될 뿐이다. 영국정부는 해외투자기업에 대한 과실송금과 재투자에 대해 아무런 규제조치도 시행하고 있지 않다. 따라서 해외투자기업이 자유롭게 과실소득을 송금하거나 자체 유보 혹은 재투자할 수 있다.

영국에서 자본금에 관한 규제가 없는 이유는 외자에 대해서는 고용창출, 지역개발에 대한 공헌, 신제품, 신기술의 도입, 경영관리 기술의 활성화 등을 촉진하기 위해서 영국 국내자본과 차별 없이 자유롭다. 구체적인 세제 및 인센티브 제도는 다음 절에서 살펴본다.

4) 기업규제 완화와 투자기업 보호

영국은 정부기관인 비즈니스규제개혁부(Department of Business and Enterprise Regulatory Reform)를 설치·운영함으로써 기업 활동에 지장을 주는 각종 법규를 철폐하고 행정 철차를 간소화하려고 노력하고 있다. 이는 정부 규제로 인한 비용을 최소화하고 기업경영의 효율을 극대화하기 위해서이며, 영국 정부는 또한 투자기업 보호를 위해 다른 EU 국가들보다도 적극적인 자세를 취하고 있다.

영국에서 외국인투자를 위한 특별한 인허가 절차는 없다. 내국
기업에 준하여 자유로이 투자가 가능하다. 다만, 전략물자 취급업
체(롤스로이스, BAE 시스템 등)에 대한 투자는 외국인 인당 전체
지분의 15% 지분 소유가 금지되어 있다. 또한, 방송미디어의 경우
정부로부터의 인허가 획득이 필요하며, 영국 은행지분의 10% 이상
초과 구매 시 Financial Services Authority 신고 의무가 발생한다.

5) 첨단산업 유치 전략

영국은 외자 장려 업종으로 고부가가치 분야나 영국이 앞서 있는
산업 분야, 즉 IT, 전자공학, 바이오 등의 하이테크 산업, 자동차, 연
구개발 등에 우선순위를 두고 있다. 이를 위하여 외국투자에 대해
체재 허가를 부여하는 제도가 있다. IT 등 전문직의 노동허가증 발
급 규제를 완화하고 있어 첨단 분야의 외자유치를 적극 유도하고
있다. 또한 각종 R&D 촉진을 위한 인센티브와 조세제도가 있다.[7]

2. 영국의 투자유치제도

본 절은 영국의 투자유치제도로 조세제도, 투자 인센티브제도를
중심으로 살펴본다.

---

7) http://www.ukinvest.gov.uk/investment-report/ko-KR-list.html(2008년 9월 12일 검색)

1) 조세제도

영국은 외국투자자들을 위해 낮은 세율환경을 유지하고 있다. 영국은 1980년대 초 50% 이상이었던 법인세율을 지속적으로 인하하여 2008년 4월부터는 최고 법인 세율이 28%로 인하되어 선진국 중 가장 낮은 수준이다. 또한 영국의 최고 개인 소득세율은 40%인데 유럽연합에서 가장 낮은 수치 중 하나이다.[8] 소득세(Income Tax)와 법인세(Corporation Tax)를 중심으로 살펴본다.

먼저 소득세(Income Tax)의 근로소득세율은 근로소득액에 따라 각각 3단계로 세율이 적용된다. 개인소득세(Personal Tax Rate)는 £5,435까지 감면된다. 그 다음 단계인 Basic Rate는 22%로 £36,600 미만 소득에 대해 적용한다. 그리고 연간 £36,600 이상 소득에 대해 적용되는 Higher Rate는 최고 40%의 근로소득세율이 적용되는데 이는 유럽국가 중 가장 낮은 적용률이다.[9]

다음은 법인세(Corporation Tax)를 살펴보면 법인세율은 크게 3가지로 구분하여 적용한다. 당해 연도 기업이익 £300,000 미만 회사에게 적용하는 가장 낮은 수준인 Small companies' rate는 21%이다. 이보다 높은 £300,001~£1,500,000 기업이익을 내는 기업은 Marginal relief를 적용하고, £1,500,000 이상 기업이익을 창출하는 기업은

---

8) "The UK has a corporate tax rate lower than any other G7 country with a headline rate of 28 per cent(introduced in April 2008). An extensive network of double taxation treaties ensures that overseas businesses coming over here will not have their income taxed twice. Generous tax allowances such as R&D tax credits add to the UK's attraction for overseas investors. Personal tax rates are also highly competitive and individuals becoming UK residents are entitled to a basic tax-free allowance." UKTI, *Information Sheet*, Tax, 2008.

9) 개인세도 영국은 40%로, 스웨덴(61%), 네덜란드(52%), 프랑스(51%), 독일(47.5%), 이태리(45.2%), 스페인(43%)보다 낮다. UKTI, Key Facts, 2008.

Main Rate로 28%의 법인세를 최근 2008년 4월부터 적용하고 있
다.[10] <표 1>은 주요국의 법인세율을 보여 주는데, 영국의 법인세
는 EU 회원국 중 최저세율로 외국인투자유치를 촉진하는 요인이
되고 있다.[11]

외국 투자자를 위한 영국정부의 조세지원제도의 특징은 최근
R&D 분야 업체에 상당한 혜택을 줄 수 있는 세금우대 정책을 도입
하였다. 이러한 정책은 해외 기업의 R&D 분야 투자를 촉진하고 영
국을 이 분야에 있어서 매력적인 투자국가로 인정받도록 하는 것
을 목적으로 하고 있다. 새로운 조세정책은 기업규모에 따라 크게
중소기업과 대기업으로 구분하여 적용한다.[12]

〈표 1〉 주요국 법인세율 비교

국가	법인세율(%)	국가	법인세율(%)
인도	42.43	독일	30~33
일본	40.1	스페인	30
미국	39.5	오스트리아	30
벨지움	33.99	중국	28
프랑스	33.33	영국	28
캐나다	32~38.1	네덜란드	25.5
이태리	31.4	덴마크	25

자료: UKTI, *Key Facts*, 2008.

---

10) UKTI, *Information Sheet, Research & Development*, 2008.

11) 이병기(2008)에 따르면 법인세의 증가는 외국인 직접투자를 감소시키며, FTA 체결은 FDI의 증가를
가져오는 것으로 분석되고 있다. 이에 따라 세계 주요 국가들은 FDI 유치를 위하여 법인세 인하경쟁을
하고 있는 실정이다. 이병기, "외국인 직접투자 환경과 제도개선 과제", 『정책연구』(서울: 한국경제연
구원, 2008).

12) 중소기업은 종업원 수 250명 미만, 연간 매출액 4,000만 유로 이하 또는 대차대조표상 총 잉여금
2,700만 유로 이하, 자사 소유지분 25% 미만의 요건을 충족하는 기업이 중소기업에 해당된다. 단일
기업이 아닌 그룹 형태의 경우, 모기업 및 25% 이상의 지분을 소유한 모든 계열회사도 위 요건을 충
족하여야 중소기업으로 인정받을 수 있다. 위 요건에 해당하지 않는 기업은 모두 대기업으로 분류된다.

대기업에 대한 세금우대 정책은 총 R&D 분야에 대한 비용의 최대 125%까지 세금감면을 신청할 수 있다.[13] 한편, 대기업의 경우에는 R&D 업무 이후에 발생되는 지적재산권의 소유 유무와는 무관하게 세금 감면을 신청할 수 있다. 해외의 모기업과 영국 내에 위치하고 있는 자회사 간의 연구개발 업무에 대한 계약에 의하여 업무가 진행되는 경우에는 영국 내 자회사만이 혜택을 받을 수 있다.

중소기업 및 대기업은 반드시 12개월 내에 소요된 총 R&D 비용이 최소 10,000파운드 이상이어야 세금 감면 신청이 가능하며, 이러한 비용 중 자본금에 해당하는 금액은 제외된다. 한편, 토지매입을 제외한 해당 R&D 업무와 관련된 고정 자산에 투입된 모든 비용도 세금 감면 신청이 가능하다.

한편 중소기업에 대한 세금우대 정책은 총 R&D 분야에 대한 비용의 최대 150%까지 세금 감면을 신청할 수 있다. 즉 R&D 분야의 세금공제(tax credit) 요건에 해당하는 자본손실(tax losses)이 있는 경우, 이에 해당하는 세금공제를 신청할 수 있다. 외부 보조금 또는 장려금으로 운영되는 R&D 업무와 다른 업체로부터의 하도급으로 진행되는 R&D 업무는 해당 사항이 없으며, 해당 연구개발 업무 이후에 발생되는 지적재산권은 반드시 해당 업체의 소유인 경우에만 세금 감면 요청이 가능하다.[14]

---

13) 이러한 감면은 국세청(The Inland Revenue)으로부터 현금 환불 형태로 이루어지는데 R&D 분야의 비용 100파운드당 최대 24파운드까지 환불된다. 환불은 원천과세/정산(PAYE/NI) 형식으로 해당 회계연도 내에 처리된다. 연구개발 업무에 직접적으로 관련된 인력의 인건비, R&D 프로젝트에 투입된 외부 용역비용, 2004년 4월 이후의 각종 소프트웨어비용, 연료비, 전력비, 용수비용 등, R&D 업무에 소요되는 소모품비용, R&D의 세부 분야에 대하여 제3자와 체결된 하도급 비용 등이 세금 감면을 받을 수 있는 R&D 분야의 비용항목이다.

14) UKTI, *Information Sheet, Research & Development*, 2008.

또한 영국은 VAT가 17.5%로 스웨덴(25%), 아일랜드(21%), 이태리(20%), 프랑스(19.8%), 독일(19%)에 비해서 낮으며, 영국의 사회보장비용도 12.8%로 프랑스(45), 이태리(35), 스웨덴(32.4) 등 다른 유럽국가보다도 낮다는 유리한 점을 제공한다.[15]

2) 투자인센티브제도

투자인센티브제도는 일반적인 인센티브와 R&D 촉진을 위한 인센티브로 구별하여 분석한다. 일반적인 인센티브제도는 크게 선택적인 재정보조금제도(Selective Finance for Investment in England: SFIE)와 지역선별 보조금(Regional Selective Assistance: RSA)이 있다.[16] 먼저 선택적인 재정보조금제도(SFIE)는 투자지원지역(Assisted Areas: Tier1, Tier2, Tier3로 분류)을 설정하여 실업문제 해결 및 당해 지역의 경제 활성화를 위해 투자지원 지역에 투자하는 업체에게 보조금을 제공한다.

이 보조금의 지원범위는 생산성과 기술의 파급효과에 따라 협상에 의해 결정되며 최소 10,000파운드를 무상현금형태로 분할 지급한다. 주로 총 고정투자비용의 10~15%인데, 중소기업의 경우 좀

---

15) UKTI. *Key Facts*, 2008.

16) "영국의 지역분류제도". http://www.koreanembassy.org.uk/kor/eu/gbr/main/index.jsp(2008년 10월 7일 검색) 어떤 기업이 산업진흥지역(Enterprise Zone)에 위치해 있으면 건물인가와 상업 건물, 산업 건물에 소요되는 자본 경비에 대한 100퍼센트 세금 공제뿐 아니라 지방 재산세 완전 면제를 받게 되는 합리화된 절차를 통해 이익을 보게 된다. 지정된 '지원'(assisted) 지역에서 고용을 창출해 내는 기업체들은 보조금과 다른 재정적 지원 또한 이용할 수 있다. 특히 북아일랜드에는 투자 지원 사항들이 풍부하다. 영국에는 여섯 곳의 자유지역(free zone)이 있는데 그곳에는 유럽연합 외부에서 들어온 상품들이 자유롭게 유통될 때까지 세금이나 각종 경비가 전혀 부과되지 않는다. 다른 혜택들로는 그 지역에서는 관세 절차를 간소화하고 안전을 더해 가며 기업의 현금 유-출입 혜택들을 제공하고 있다. 화물을 다른 배로 옮기는 작업, 재수출을 위한 상품 처리와 가공에 관련된 관세에 대한 세금 공제도 영국 전역에서 이용 가능하다.

더 많은 지원이 있을 수 있다. 중기업의 경우 지원한도는 대기업보다 10%, 소기업은 20% 높다.[17]

EU 자원에서 경쟁력이 없는 철강, 석탄, 합성섬유, 자동차, 농업, 그리고 어업 분야는 지원 가능 산업 분야에서 제외한다. 또한 투자 지원지역에서 고용을 창출하거나 유지하는 것이 아닌 고용대체 프로젝트일 경우 지원이 제한된다.

둘째, 지역선별보조금(RSA: Regional Selective Assistance)은 유럽 공동체법의 지원 대상지역(Assisted Area)에 의해 지역정부 지원 대상지역의 투자 및 고용창출을 장려하기 위한 것이다. 제공하는 인센티브의 주된 형태는 무상현금보조로 자본투자비용, 고용창출규모에 따라 지원규모가 달라지나 보통 총 프로젝트 자본 비용의 10~20% 형태로 제공된다. 자본투자가 비교적 적은 프로젝트의 경우, 지원금은 새로운 프로젝트가 창출하는 일자리에 주어지는 처음 2년간의 급여에 따라 산정된다.

<표 2>는 2006년 회계연도 영국의 외국인투자유치 인센티브제도인 지역선별 보조금(RSA)과 재정보조금제도(SFIE)의 지출규모를 보여 준다. 지역선별 보조금(RSA)은, 평균 프로젝트 수는 상대적으로 재정보조금제도(SFIE)보다 작은 263건이지만, 지원금액은 재정보조금제도(SFIE) 많이 보조되었다. RSA의 경우 영국 내 상대적 낙후지역인 스코틀랜드와 웨일즈에 프로젝트 건수 및 지원 금액이

---

17) 10만 파운드 또는 그 이상의 재정 지원을 원할 경우 반드시 고용창출이 있어야 하며, 프로젝트 또한 경쟁력이 있고 3년 내 수익을 창출할 수 있어야 한다. 고정자산비용에는 대지구입, 부지조성 및 건물 건축, 플랜트 및 기계구입에 소요되는 비용에 지원되나 특허료, 자문료, 기계설치 비용도 보조금 지원 대상에 포함된다. 또한, 프로젝트는 지역경제 활성화에 도움을 주어야 하며, 그에 대한 측정은 현재 다른 지역에 투자하고 있는 기업의 산업파급 효과를 기준으로 한다. 그리고 프로젝트는 또한 경쟁력이 있어야 하며 재정지원이 끝났다고 할지라도 5년 동안 성과를 측정한다.

〈표 2〉 영국의 투자유치인센티브제도(RSA와 SFIT)

(2006, 단위: 수, 천 파운드)

구분	프로젝트 수	지원 금액
RSA	263	149,666
스코틀랜드	151	59,415
웨일즈	109	89,679
잉글랜드	3	572
SFIE	401	80,833
총계	664	230,499

자료: UKTI, *Annul Report*, 2006.

집중적으로 보조된 것을 알 수 있다.

셋째, R&D 촉진을 위한 인센티브가 있다. 예를 들면 유럽 내 첨단 기술산업의 경쟁력 향상을 위해 각국 정부가 지원하는 인센티브제도(EUREKA), 산업정보기술에서 일상생활, 사회과학에 이르는 광범위한 분야의 공동프로젝트 소요자금지원을 통하여 업체 간 연구개발 및 산학협동체제를 촉진하기 위한 제도(EU Framework Programme for R&D),[18] 그리고 개인과 기업의 첨단 기술개발을 촉진하기 위한 펀드제도(Grant for R&D)가 있다.[19] <표 3>은 영국의 해외직접투자유치제도의 특징을 조세제도와 투자인센티브제도로 나누어 보여주고 있다.

---

18) EU 회원국 회사 또는 EEA 회원국 국적회사로 경쟁력을 갖춘 공동프로젝트를 추진하는 기업(영국 내 투자기업 포함)을 대상으로 하며, 지원조건은 연구결과의 유용성 즉 연구결과의 보급 및 경제적 이용가능성이 있는 프로젝트이어야 하며 기술 혁신 내지 기술 활용의 가치가 있는 프로젝트에 한해 공동 프로젝트의 소요자금의 50%까지 지원한다.

19) UKTI, *Information Sheet, Research & Development*, 2008.

〈표 3〉 영국의 해외직접투자유치제도

투자 인센티브 제도	일반적 인센티브	선택적인 재정보조 금제도 (SFIE)	· 투자지원지역을 설정하여 실업문제 해결 및 당해 지역의 경제 활성화를 위해 투자지원 지역에 투자하는 업체에게 보조금 제공
		지역선별 보조금 (RSA)	· 유럽 공동체법에 의해 지역정부 지원 대상 지역의 투자 및 고용 창출을 장려 · 인센티브의 주된 형태는 무상현금보조로 자본투자비용, 고용창출규모에 따라 지원규모가 차이. 보통 총 프로젝트 자본 비용의 10~20% 형태로 제공
	R&D 촉진을 위한 인센티브		· EUREKA, EU Framework Programme for R&D, Grant for R&D
조세제도	소득세		· 근로소득세율은 기본 £5,435까지 감면, Basic Rate, Higher Rate에 따라 22~40% 차등 적용 · 세금경감혜택 제공: 각종 개인공제, 주택구입 대출금, 고령자에 대해 일정 한도까지 세금 공제
	법인세		· 영국은 철저한 내외국기업 평등주의에 입각하고 있어 외국인 투자가에 대한 차별 없음 · 법인세 28%는 EU국 중 최저세율로 영국의 외국인투자유치에 일조 · 주요 EU 회원국 중 가장 낮은 법인세율을 실시하여 세금 공제 전 경상이익의 30% 보장 · 법인세율은 Small companies' rate, Marginal relief, Main rate에 따라 21~28% 차등 적용
	R&D 촉진을 위한 조세제도		· 최근 R&D 분야의 업체에 상당한 혜택을 줄 수 있는 세금우대 정책 도입 · 이러한 정책은 해외기업의 R&D 분야 투자를 촉진하고 영국을 이 분야에 있어서 매력적인 투자국가로 인정받도록 하는 것을 목적 · 대기업과 중소기업에 대한 세금우대 정책은 총 R&D 분야에 대한 비용의 최대 125%, 150%까지 각각 세금감면

Ⅲ. 영국의 투자유치 현황 및 성공요인

1. 영국의 투자유치 현황, 투자유치 성과

영국은 많은 외국기업의 투자유치에 성공하면서, 해외투자유치 분야에 선두 국가로 부상하였다. 영국에 투자한 주요 국가는 미국, 유럽, 일본 등 선진국과 고성장하는 중국, 인도 등의 투자가 함께 이뤄지고 있다. 영국은 해외투자유치에서 경쟁력을 가지고 있는 산업 위주의 핵심 산업 분야를 지정하고 있는데, R&D, 창조산업, 에너지, 금융서비스, 정보통신(ICT), 방위산업, 보안산업 등이 있다.

구체적 특징을 UNCTAD(2007), UKTI(2006, 2007, 2008) 자료를 통하여 살펴보면 다음과 같다. <표 4>는 주요국의 외국인 직접투자누적을 보여 주는데, 영국은 FDI 누적유입액 기준으로 세계 2위의 투자유치 성공국가이다. UNCTAD의 세계투자보고서(World Investment Report, 2007)에 의하면 2006년 말 기준 영국의 FDI 누적액은 1조 1,352억 달러로 유럽에서 선두이며, 미국에 이어 세계 제2위의 투자유치국이다. 이러한 괄목할 만한 성과에 대해서 영국무역투자청(UKTI)은 영국경제의 안정성, 공정성과 효율적인 관련법규 및 혁신을 위한 영국정부의 지원 등의 결과라고 평가하였다.[20]

---

20) UKTI, *Annual Report*, 2007.

〈표 4〉 주요국의 외국인 직접투자누적

(단위: 백만 달러)

순위	국가	1990년	2000년	2006년
1	미국	394,911	1,256,867	1,789,087
2	영국	203,905	438,631	1,135,265
3	프랑스	86,845	259,776	782,825
4	홍콩	45,073	455,469	769,029
5	벨기에	NA	NA	603,432
6	독일	111,231	271,611	502,376
7	네덜란드	68,731	243,733	451,491
8	스페인	65,916	156,348	443,275
9	캐나다	112,843	212,176	385,187
10	이탈리아	59,998	121,170	294,790

자료: UNCTAD, World Investment Report 2007.

<표 5>의 최근 3년간 주요국 외국인직접투자 유입액에서 알 수 있듯이, 영국은 2004년 세계 2위, 2005년 세계 1위의 세계투자 유입 국가이며, 2006년 FDI 유입규모도 1,395억 달러로 미국(1,753억 달러)에 이어 2위이다. 따라서 영국은 그동안 꾸준히 해외투자를 유치한 국가임을 알 수 있다. 또한 2005년 이후 외국인투자(Inward FDI)가 대외투자(Outward FDI)보다 많다. 대외투자는 2005년 837억 달러, 2006년 794억 달러이고, 동기간 유입은 각각 1,937억 달러, 1,395억 달러이다.

〈표 5〉 주요국의 최근 3년간 외국인직접투자 유입액

(단위: 백만 달러)

순위	국가	2004년	2005년	2006년
1	미국	135,826	101,025	175,394
2	영국	55,963	193,693	139,543
3	프랑스	32,560	81,063	81,076
4	벨기에	43,558	33,918	71,997
5	중국(홍콩 제외)	60,630	72,406	69,468

자료: UNCTAD, World Investment Report 2007.

영국무역투자청(UKTI) Annual Report(2006)에 의하면 영국에는 2만 개가 넘는 외국기업들이 200만 명이 넘는 직원들을 고용하고 있다. <표 6>은 국가별 투자유치 현황(프로젝트 건수 기준)을 보여 주는데, 미국 및 캐나다의 북미지역 회사가 전체의 1/4을 차지하고, 일본과 유럽국가 기업들이 주요 투자기업들이다. 총 1,220건의 투자를 유치하였으며, 이를 통해 한 해 동안 34,077명의 고용효과가 발생하였다.

영국의 2007~2008 회계연도 동안의 해외투자유치실적을 살펴보면 다음과 같다.[21] 총 48개 국가의 1,573개의 FDI(Foreign Direct Investment) 프로젝트를 유치하여 FDI를 통해 창출된 일자리는 4만 5,000개이며, FDI를 통해 유지된 일자리는 5만 8,000개이다. 이는 2007년도에 비해 10% 증가하였으며, 4년 연속 증가세이다. 외국인 투자 중 42%는 신규 투자프로젝트이며, 28%는 증액투자, 30%는 M&A 프로젝트이다. 2007년 대비 신규 프로젝트는 9% 증가하였고,

---

21) UKTI, *Annual Report*, 2008.

〈표 6〉 국가별 투자유치 현황

(프로젝트 건수 기준)

순위	국가	프로젝트(건수)	고용창출(명)
1	미국	446	14,431
2	일본	84	2,054
3	인도	76	1,449
4	캐나다	75	1,938
5	독일	67	1,822
6	프랑스	59	2,780
7	호주	53	1,047
8	아일랜드	44	1,104
9	네덜란드	30	680
10	노르웨이	28	212
기타	기타	258	6,560(중국 1,017)
총계		1,220	34,077

자료: UKTI Annual Report, 2006.

증액투자 증가는 최고의 수치를 기록하였다. 따라서 외국기업들의 영국투자로 고용창출이 상당히 되었음을 알 수 있다. 이러한 고용을 통한 산업 전반의 연쇄효과가 더욱 크다는 점을 고려할 때 외국인투자유치의 중요성을 알 수 있다.

산업별 투자유치 분야는 소프트웨어, IT, 인터넷, E-commerce, 제약 및 바이오, 금융, 전자 등의 첨단 분야의 투자가 많다. 최근 영국의 해외투자유치로 산업별 성과는 영국이 혁신 및 지식기반 산업에서 최고의 국가로 인식되었고, 유럽에서 R&D와 관련된 FDI 유치에 1위를 차지하였다. 2007년 한 해 R&D 투자는 83% 증가,

전체프로젝트의 2/3가 혁신 혹은 지식기반 첨단산업이다. 투자유치 분야는 정보통신(ICT), 생명과학, 금융서비스, 창조산업, 환경관련 기술, 선진엔지니어링 등으로 전반적으로 좋은 성과를 달성하였다. 따라서 영국은 그동안 각종 정책과 R&D 인센티브제도를 통하여 전략적 투자유치 분야를 잘 유치하여 왔음을 알 수 있다.[22]

2. 투자유치 성공요인 및 투자사례

영국의 투자유치 성공요인은 글로벌 기업으로 성장을 위한 디딤돌 역할을 제공한다는 점이다.[23] 외국 기업이 영국투자에 주요 이점은 첫째, 친기업 환경, 최소의 법 규제로 최고의 비즈니스 환경을 제공하며, 둘째, 세계수준의 R&D, 자동차 디자인 기술, 건축, 디지털 게임, 미디어 관련 상품 등 창조 및 혁신 분야에서 세계 선두국가 중 하나다. 셋째, 네트워킹 지원, 이미 조성된 비즈니스 서비스 단지, 전 세계 비즈니스 콘택트(contact) 포인트가 집중되어 있어 세계와 연결되는 입구의 역할을 한다는 점이다.[24]

---

22) "Many leading global businesses focus their R&D expenditure on the UK and benefit from access to first-class resources. In fact, 70 per cent of foreign-owned companies undertake more R&D activity here(UK) than in their home territories. Government support for innovation is strong with generous R&D credits for companies undertaking R&D in the UK. A range of Government-backed and private schemes support R&D skills development in the UK." http://www.ukinvest.gov.uk/R%26D/ko-KR-list.html?nav(2008년 12월 15일 검색).

23) "The UK's excellent ability to attract international investors is thanks to its compelling mix of business friendly environment, political and economic stability, world-class creative talent, and strong research and development base. A powerful magnet for overseas companies seeking to globalise, the UK continues to punch above its weight against international competition, maintaining its position as the largest recipient of foreign direct investment in Europe and second only to the US world-wide." http://www.ukinvest.gov.uk/investment-report/ko-KR-list.html(2008년 9월 12일 검색).

　기업들의 글로벌화 추세로 특정 국가의 경계 내에 머물지 않고 효율적으로 자금, 기술, 시장접근성이 용이한 국가로 근거지를 옮기는 현상을 초래한다. 따라서 기술 관련 첨단기업의 영국 진출은 전 세계로의 네트워크가 용이하다는 입지적 이점을 이용하기 위해서이다. 일례로 영국정부는 2003년 이후 GEP(Global Entrepreneur Programme)를 실시했고, 이후 100여 개의 첨단기술 관련 기업이 영국에 본사를 설립하기 위해 투자하였다.

　영국은 다양한 외국인투자유치를 위해 보조금 지원제도, 공장부지, 건물지원 및 사회간접자본 시설지원, 외환이동 및 세제지원, 기업규제 완화와 투자기업 보호 등 다양한 정책을 통하여 해외투자를 적극 유치하고 있다. 영국의 투자유치의 성공요인을 살펴보면 다음과 같다. <표 7>는 영국 해외직접투자유치의 성공요인을 보여 준다.[25]

---

24) UKTI, *Annual Report*, 2007.

25) 외국인투자유치를 위해 영국이 사용하고 있는 대표적인 유인책은 유리한 각종 조세제도 및 공제혜택, 중앙정부와 지방정부 차원의 보조금 및 행정적인 지원, 비교적 안정적이고 우호적인 노사관계 및 숙련된 노동공급 조건, 시장성 면에서 영국은 매우 유리한 조건 제시, 효율적인 교통·통신망, 영국의 저렴한 에너지 공급과 저렴한 가격 등이다. 민강휘, 『영국의 지역발전기구와 정책 시사점』(서울: 산업연구원, 2001). 김치호·박의범(2008)은 외국인투자를 성공적으로 유치하기 위해서는 기업환경의 개선, 경제자유구역 등 경제특구의 적극적 활용, 선순환형 기업유치 전략의 수립이 필요성을 주장한다. 김치호·박의범, "다국적기업의 효과적 유치방안에 관한 연구", 『국제경영리뷰』, 제12권, 2호(2008), pp.77~97. 한편, 이석희(2004)는 지역산업전략과 연계한 외자유치 활성화를 주장한다. 이석희, 『지역산업전략과 연계한 외자유치 활성화 방안』(대구: 대구경북연구원, 2004).

〈표 7〉 영국 해외직접투자유치의 성공요인

One-Stop Service 제공	· 영국무역투자청(UKTI)은 영국 내 국제적인 기업 및 영국에서 사업을 확장하고자 하는 해외기업을 신속히 지원하는 정부기관
다양한 투자인센티브 제도	· 영국은 철저한 내외국기업 평등주의에 입각하고 있어 외국인 투자가에 대한 차별 없음 · 외국인 투자기업에 대해 유럽 최저수준의 법인세율 부과 · 개발촉진지구에 투자하는 경우 공장 건설을 위한 자본비용 및 R&D 비용의 100%에 대해 세금 면제 · 사업용도의 건물, 기계류 구입비용에 대해 연 25% 감가상각비를 인정, 세제혜택 부여
첨단산업 유치 확대	· 고부가가치 및 하이테크 산업을 투자유치 역점사업으로 선정(IT, 전자공학, 바이오 등의 하이테크 산업, 자동차, 연구개발 등에 우선순위) · 새로운 조세정책은 업체의 규모에 따라 크게 중소기업과 대기업에 따라 총 R&D 분야에 대한 비용의 최대 125%, 150%까지 각각 세금 감면
금융, 교통, 통신, 교육 등 유리한 기업 환경 제공	· 영국은 금융, 교통, 통신, 교육 등 유리한 기업 환경 조성. 특히 런던은 유럽의 사업 중심지 · 효율적인 교육시스템을 구축하고 교육투자 확대 · 시장성 면에서 영국은 매우 유리한 조건을 제시
유리한 기업 설립과 신속한 행정적 지원정책	· 회사 설립에 유럽 평균 32일, 영국 단지 13일 소요 · 영국은 건축계획 승인절차의 간소화 등 신속한 행정적 지원정책 제공

첫째, 신속한 One-Stop Service를 제공해 주고 있다. 영국무역투자청(UKTI)은 영국 내의 국제적인 기업 및 영국에서 사업을 확장하고자 하는 해외 기업을 지원해 주는 정부기관으로 외국기업에게 정보와 서비스를 제공하며, 부지 선정, 사업자 등록, 직원 채용, 제휴 파트너 물색, 기술 확보 등 사업 설립에 필요한 모든 지원과 조언을 제공한다. 그리고 해외에 있는 관련기관들의 영국 마케팅 활동과 직원들의 친절한 상담이 영국 투자를 촉진하는 원동력이 되고 있다.[26]

---

[26] FDI 유치과정에서 정부의 신속한 행정지원과 역할의 중요성은 아일랜드의 사례에서도 알 수 있다. 김윤형, "FDI 유치와 정부의 역할: 아일랜드와 네델란드의 성공사례", 『경제경영연구』, 제21권(2002), pp.49~69; 김승민, "아일랜드 외자유치의 성공요인과 시사점", 『국제학논총』, 제9집(2004), pp.105~127. 외국인투자유치는 자국(아일랜드)의 경제발전에 기여한다는 주장이 있다. Kim, K. and Bang,

둘째, 다양한 조세 및 투자인센티브 제도를 제공해 주고 있다. 영국은 철저한 내외국기업 평등주의에 입각하고 있어 외국인투자에 대한 차별이 없다. 영국은 그동안 법인세를 지속적으로 인하하여 최근 최고 법인 세율이 28%로 인하되었다. 이는 EU 회원국 중 가장 낮은 법인세율로 세금 공제 전 경상이익의 30%를 보장한다. 영국의 최고 개인 소득세율 40%는 유럽연합에서 가장 낮은 수치 중 하나이다. 또한 개발촉진지구에 투자하는 경우에는 공장건설을 위한 자본비용 및 R&D 비용의 100%에 대해 세금을 면제해 주며, 사업용도의 건물, 기계류 구입비용에 대해 연 25% 감가상각비를 인정, 세제혜택을 부여해 준다.

셋째, R&D 등 첨단산업 유치 확대이다. 외국 투자자를 위한 영국정부의 조세지원제도의 특징은 최근 R&D 분야의 업체에 상당한 혜택을 주는 세금우대정책을 도입하였다. 이러한 정책은 해외 기업의 R&D 분야 투자를 촉진하고 영국을 이 분야에 있어서 우수한 투자국가로 인정받도록 하는 것을 목적으로 하고 있다. 새로운 조세정책은 업체의 규모에 따라 크게 중소기업과 대기업으로 구분하여 총 R&D 분야에 대한 비용의 최대 125%, 150%까지 각각 세금감면을 적용한다. 영국은 해외투자유치에서 경쟁력을 가지고 있는 산업 위주의 핵심 산업 분야를 지정하고 있는데 R&D, 창조산업, 에너지, 금융서비스, 정보통신(ICT), 방위산업, 보안산업 등이 있다.

넷째, 금융, 교통, 통신, 교육 등 유리한 기업환경 제공이다. 영국은 금융, 교통, 통신, 교육 등 유리한 기업 환경을 조성하고 있다.

H., "The Impact of Foreign Direct Investment on Economic Growth: A Case Study of Ireland", KIEP Working Paper, 08 – 04(2008).

특히 런던은 유럽의 사업 중심지이며, 전 세계의 자금 및 투자 시장의 필수적인 구성요소가 되고 있다. 런던은 유럽의 다른 어느 도시보다도 규모가 큰 증권 거래소, 외환 사업체, 국제 채권 업체들이 많다. 또한 그곳은 유로화 거래, 유로 은행 거래, 보험업, 선물매매, 선택매매 그리고 펀드 운용의 주요한 중심지이다. 파리에 280개, 프랑크푸르트의 250개에 비해 런던에는 70개국 550개 이상의 은행들이 있다. 또한 영국은 효율적인 교육시스템을 구축하고 교육투자를 확대하여 경쟁력을 높였다.[27]

다섯째, 유리한 기업설립과 신속한 행정적 지원정책이다. 영국에서 회사를 설립하는 데 13일이 걸리는 반면, 유럽 평균은 32일이다. 그리고 영국은 건축계획 승인절차의 간소화 등 신속한 행정적 지원정책을 해외투자가에게 제공하고 있다.[28]

3. 영국의 FDI 투자유치 사례

2007/2008년 사이 영국에 투자한 국가(Global Overview)를 지역별로 살펴보면 다음과 같다.[29] 첫째, 미주지역 미국은 영국의 전체 유입 FDI의 30%를 차지하는 제1투자국으로 영국이 세계 선두의 금융센터라는 인식으로 MetLife사가 영국에 2개의 비즈니스를 설립했다.

---

27) 영국 런던은 다른 도시에 비하여 경쟁력을 지닌 도시로 평가되고 있다.
http://www.uktradeinvest.gov.uk/(2008년 11월 11일 검색) Ernst & Young, *European Investment Monitor*, 2008.

28) http://www.ukinvest.gov.uk/Key-advantages/ko-KR-list.html(2008년 11월 11일 검색).

29) UKTI, *Annual Report*, 2008.

둘째, 유럽은 영국의 최대 교역 상대이며, 영국에 많은 직접투자를 하고 있는데 특히 첨단기술 산업에 주로 투자를 하고 있다. 일례로 독일의 풍력발전기 제조업체인 Nordex Energy GmbH사는 증액 투자로 많은 고용을 창출했다. 프랑스의 IT 기업인 Sword사는 고부가가치 프로젝트의 입지로 인도를 고려하다가 영국으로 결정했고, 이에 따라 200개의 일자리를 창출했다. 스웨덴의 전자기업인 Ericsson사는 R&D 센터의 확장으로 650개의 신규 일자리를 창출했다. 핀란드의 노키아와 캠브리지 대학은 장기 공동연구 프로젝트를 실시하기로 했고, 노키아 연구소를 캠브리지 대학에 설치하였다. 기타 벨기에, 덴마크, 포르투갈, 스위스, 터키 등으로부터 투자를 유치하였다.

셋째, 아시아지역 인도, 중국 기업들은 비즈니스 활동의 국제화 필요성으로 하이테크 산업 관련 회사들이 영국에 사업체를 설립해 안정된 비즈니스 환경과 지적재산권의 보호의 혜택에 많은 관심이 있다. 인도는 지난 한 해 영국에 직접투자액이 최고의 증가율을 보인 국가로서 IT와 생명과학 분야의 투자가 많다.

인도기업 Tata사는 영국철강기업인 Corus사와 자동차 회사인 재규어, 랜드로버사, 인도 Amteck사는 영국 Triplex－Ketlon Group, Bharat Forge사는 영국 주조공장을 각각 인수했다. 중국 상하이자동차는 유럽 디자인기술센터 영국 설립, 중국 CCTV는 런던에 유럽 본사 설립, Guangzhou Xiangxue Pharmaceutical Factory사는 중국 전통의학연구소를 캠브리지에 설립, 홍콩의 Truly 반도체 회사는 연구소를 영국에 각각 설립하였다. 일본은 아시아에서 제일 큰 투자국으로 영국의 재생에너지 산업에 관심을 가지고 있으며, 일본

재생에너지의 선두기업인 Yanmar사는 첫 연구소를 영국에 설립하였다. 그리고 싱가포르의 E2E Infoware사도 영국에 투자하였다.

다음은 한국의 LG전자 영국 투자 사례를 살펴본다.[30] 영국은 제조업 경쟁력 상실에 따른 실업 증가와 경기침체에 대한 대처방안으로서 투자지원지역과 기업 장려 지구를 지정하여 고용창출효과와 사업타당성에 기초하여 보조금을 차등 지급하는 등 외국인투자에 의한 고용확대와 산업 활성화를 유도하고 있었다. 영국의 웨일즈는 과거 석탄과 제철, 해운산업으로 아주 번영하던 지역이었으나, 제2차 세계대전 이후 산업구조의 변화로 투자 당시 침체지역이었다. 따라서 웨일즈는 외국인투자를 유치하기 위해 부단한 노력과 다양한 투자유치 프로그램을 개발하였다.

LG전자는 1995년 국제경쟁력 강화를 위해 유럽지역에 신규로 생산거점을 물색하던 중 1996년 7월 웨일즈 지역에 약 17억 파운드에 이르는 대단위 투자를 결정하였다. 영국은 LG전자를 유치하기 위해 웨일즈청에서 LG전자가 신청한 도시계획 허가과정에 적극 개입하여 법적·행정적 절차를 신속히 처리하였다. 또한 웨일즈개발공사는 LG전자의 시간과 비용을 절약할 수 있도록 부지 선정부터 도시계획 허가까지 일괄적으로 업무를 처리·지원하는 등 지방정부, 비정부조직, 주민과의 수직·수평적 협력관계를 구축하였다. 그리고 LG전자에 자체보조금, 지역선별보조금(RSA), 교육훈련보조금 등 총 투자비의 14.3%에 달하는 보조금을 지원하였다.

그리고 단순히 인허가를 원스톱(one-stop)으로 처리한다는 개념

---

30) "영국 FDI 유치", http://www.seri.org/(2008년 5월 12일 검색)

을 넘어 투자가의 필요에 부합하는 인프라를 구축하였고 이는 첨단
기업 유치를 위해 국제적 수준의 부품업체, 연구개발 인력을 육성함
으로써 중소기업의 기술력, 생산능력을 제고시키는 등 웨일즈 지역
차원의 산업경쟁력 창출을 위한 끊임없는 노력이 있었다. 그리고 투
자가 완료된 후에도 투자업체와 지속적으로 접촉하여 수출시장 개
척지원, 품질관리 지도 등 기업 활동 지원업무를 수행하여 외국인
직접투자를 유치하는 단계에서 벗어나 유치된 투자기업이 떠나지
않도록 지속적인 사후관리 및 새로운 투자매력을 창출하였다.

영국정부도 쾌적한 주거환경과 훌륭한 지역사회 인프라가 투자
유인이 될 수 있음을 간파하고 생활정보, 문화적 차이 익히기 등
비즈니스 외적인 서비스까지도 상세히 제공하며 적극적으로 마케
팅하였다.

Ⅳ. 결 론

본 연구는 세계 2위의 투자유치국인 영국의 해외투자유치정책의
성공요인을 분석하였다. 해외투자가 경제성장, 고용창출에 기여할
뿐만 아니라 산업경쟁력을 직간접으로 강화시키는 데 기여한다는
점을 고려하여 영국의 해외투자유치 전략은 매우 적극적이며 성공
적이라고 평가할 수 있다. 특히 R&D 관련 첨단산업의 유치를 전략
적으로 유도하고 있다.

영국은 그동안 보조금 지원제도, 공장부지, 건물지원 및 사회간

접자본 시설지원, 외환이동 및 세제 지원, 기업규제 완화책 투자기업 보호 등 다양한 정책을 통하여 해외투자를 적극 유치하고 있다. 영국은 또한 철저한 내외국기업 평등주의에 입각하고 있어 외국인 투자가에 대한 차별이 없으며, 주요 EU 회원국 중 가장 낮은 법인세율을 실시한다. 외국 투자자를 위한 영국정부의 조세지원제도의 특징은 최근 R&D 분야 업체에 상당한 혜택을 줄 수 있는 세금우대정책을 도입하여 첨단 분야의 투자를 상당히 유치하였다.

영국무역투자청(UKTI)은 영국 내 국제적인 기업과 영국에서 사업을 확장하고자 하는 해외기업을 지원해 주는 정부기관으로 신속한 One－Stop Service를 제공해 주고 있다. 또한 영국은 친기업적인 법규와 행정지원, 세계 최고의 금융 서비스 허브 역할, 교통, 통신, 교육 등의 분야에서 양질의 환경을 제공하며, 세계 최대 규모의 단일시장인 유럽연합(EU)으로 통하는 관문 역할을 한다.

영국 투자유치의 성공사례를 통하여 투자가의 요구에 부합하는 인프라 구축 등 다양한 투자유치정책, 유기적인 협력체계 구축, 산업경쟁력 창출을 위한 끊임없는 노력, 투자유치를 위한 적극적인 마케팅 전략 필요성의 시사점을 알 수 있다.

참고문헌

민강휘. 『영국의 지역발전기구와 정책 시사점』(서울: 산업연구원, 2001).

김치호 · 박의범. "다국적기업의 효과적 유치방안에 관한 연구". 『국 제경영리뷰』. 제12권, 2호(2008), pp.77~97.

김윤형. "FDI 유치와 정부의 역할: 아일랜드와 네델란드의 성공사례". 『경제경영연구』. 제21권(2002), pp.49~69.

김승민. "아일랜드 외자유치의 성공요인과 시사점". 『국제학논총』. 제 9집(2004), pp.105~127.

이병기. "외국인 직접투자 환경과 제도개선 과제". 『정책연구』. 08－07(2008).

이석희. 『지역산업전략과 연계한 외자유치 활성화 방안』. 대구: 대구 경북연구원, 2004.

Blomstrom, M. and F. Sjoholm. "Technology Transfer and Spillovers: Does Local Participation with Multinationals Matter". *European Economic Review*. Vol.43(1999), pp.915~923.

Cai, H., Y. Yodo, and L. Zhou. "Do Multinational's R&D Activities Stimulate indigenous Entrepreneurship? Evidence from China's Silicon Valley". *NBER Working Paper*. 13618(2007).

Ernst & Young. *European Investment Monitor*. 2008.

Foley, Paul. "The impact of the Regional Development Agency and Regional Chamber in the East Midlands". *Regional Studies*(1998), pp.777~782.

Gibbs, David. "Regional Development Agencies and Sustainable Development".

Regional Studies(1998), pp.365~368.

Grossman, S. and E. Helpman. 『Innovation and Growth in the Global Economy』. Cambridge, M.A.: MIT Press, 1995.

Hughes, James. "The Role of Regional Development Agencies in Regional Policy: an Academic and Practitioner Approach". *Urban Studies* (1998), pp.615~626.

Kim, K. and Bang, H. "The Impact of Foreign Direct Investment on Economic Growth: A Case Study of Ireland". *KIEP Working Paper*. 08－04(2008).

Lagendijk, Arnoud and Charles, David. "Clustering as a New Growth Strategy forRegional Economies?: a discussion of new forms of regional industrial policyin the UK". OECD. *Boosting innovation: the cluster approach*. 1999, pp.127~153.

Roberts, Peter and Lloyd, Greg. "Regional development agencies in England: New Strategic Regional Planning Issues?" *Regional Studies*(2000), pp.75~79.

Tomaney, John and Ward, Neil. "England and the 'New Regionalism'". *Regional Studies*(2000), pp.471~478.

UNCTAD. *World Investment Report*. 2007. http://www.unctad.org/(2007년 10월 12일 검색).

UKTI. *Annual Report*. 2006. http://www.uktradeinvest.gov.uk/(2007년 3월 9일 검색).

UKTI. *Annual Report*. 2007. http://www.uktradeinvest.gov.uk/(2007년 11월 12일 검색).

UKTI. *Annual Report*. 2008. http://www.uktradeinvest.gov.uk/(2008년 9월 5일 검색).

UKTI. *Key Facts*. 2008.

UKTI. *Information Sheet*. Tax, 2008.

UKTI. *Information Sheet. Research & Development*. 2008.

"영국의 지역분류제도". http://www.koreanembassy.org.uk/kor/eu/gbr/main/-

index.jsp(2008년 10월 7일 검색).

"영국 FDI 유치". http://www.seri.org/(2008년 5월 12일 검색).

"영국의 투자환경". http://www.uk.or.kr/new/amblog.html(2008년 10월 15일 검색).

http://www.ukinvest.gov.uk/Key − advantages/ko − KR − list.html?nav-(2008년 11월 11일 검색).

http://www.uktradeinvest.gov.uk/(2008년 11월 11일 검색).

"Key Advantage". http://www.ukinvest.gov.uk/investment − report/ko − KR − list.html(2008년 9월 12일 검색).

"Key Advantage". http://www.ukinvest.gov.uk/investment − report/ko − KR − list.html(2008년 9월 12일 검색).

"UKTI". http://www.ukinvest.gov.uk/Press/10400/ko − KR.html?print=true-(2008년 12월 15일 검색).

"UKTI R&D". http://www.ukinvest.gov.uk/R%26D/ko − KR − list.html?-nav(2008년 12월 15일 검색).

제7장 전환경제국(Transition Economies)의 제도발전과 외국인직접투자(FDI): 중·동부 유럽과 중국의 사례비교

황기식, 박선화

동아대학교 동북아국제전문대학원 조교수

박선화

동아대학교 강사

Ⅰ. 서론

세계 금융위기의 발발(勃發)로 국제사회의 경제침체가 이어지면서 많은 국가들이 저성장을 나타내고 있는 가운데 전환경제체제[1]의 국가들은 상대적으로 높은 경제성장률을 유지하고 있다.[2] 이런 특이한 현상은 전환경제국들로 많은 관심이 집중되도록 했고 최근에는 이에 관한 연구가 크게 증가하는 추세이다. 그중에서도 외국인직접투자가 집중되는 경향을 보이는 중국과 중·동부 유럽에 대

---

1) 체제 전환이란 경제 질서와 제도의 전환을 의미하는 것으로 지금까지 유지되어 오던 사회주의 제도가 완전히 제거되고 시장경제라는 전혀 다른 새로운 제도가 생겨남을 의미하는 것이다. 경제체제의 전환이란 새로운 체제의 이전(移轉)을 의미하는 것이 아니라 과거의 체제를 대체하여 새로운 체제가 형성됨을 의미한다. 정형곤, "제도개혁의 방법론에 대한 고찰: 중국과 동유럽 사회주의 경제체제의 전환을 중심으로", 한국경제연구원, 『한국경제연구원 시리즈자료 제도연구』, 제4호(2002년 봄), p.279.

2) 2009년 IMF에서 전망한 G20의 경제성장률을 살펴보면 다음과 같다. 미국 −1.6%, 영국 −2.8%, 일본 −2.6%, 독일 −2.5%, 한국 −4.0%이지만 중국은 6.7%를 보이고 있다(단위: %(작년 동기 대비)).

한 연구가 증가하고 있는 것으로 보인다.

전환경제국은 경제성장 과정에서 요구되는 막대한 자본을 확보하기 위해 외부에서 자본을 구하려 한다. 일반적으로 초기에는 ODA(Official Development Assistance)를 중심으로 자본을 확보하다가 경제적인 기반을 마련하면 점차 직접투자로 전향하는 경향을 보이는데 중국과 중·동부 유럽 역시 이런 경향을 보였다.

중국은 1979년 덩샤오핑(鄧小平)의 '흑묘백묘론'(黑猫白猫論)[3]을 특징으로 하는 '선부론'(先富論)에 바탕을 둔 개혁개방을 시작으로 경제를 전환했다. 중국은 특정 지역의 경제를 성장시킨 후 파급효과를 이용해 다른 인근 지역의 경제성장을 이끈다는 계획으로 경제전환을 진행했다. 때문에 중국은 시장의 제도나 환경의 발전보다는 성장을 위한 투자를 유치하는 데에 더 집중했고 외국 기업을 끌어들이기 위해 각종 특혜들을 부여하는 것에 우선했다.

중·동부 유럽은 소련의 붕괴와 함께 1990년대부터 체제 전환을 시작했다. 이 지역의 상당수 국가들은 이미 공업 발전의 오랜 전통을 가지고 있었기 때문에 기본적인 인프라를 구비하고 있었다. 또한 서유럽과 비교하여 상대적으로 낮은 임금에도 불구하고 높은 교육과 기술 수준을 갖춘 노동력을 보유하고 있었으며 지리적으로도 유럽연합(European Union)과 가까이 위치하고 있어 투자지역으로 매우 적합한 위치에 있었다.[4] 예를 들어 폴란드는 외국인직접투

---

3) 흑묘백묘론이란 '흰 고양이든 검은 고양이든 쥐를 잘 잡는 고양이가 좋은 고양이이다'라는 의미로 이는 덩샤오핑이 1979년 미국을 방문하고 돌아와서 한 말이다. 이것은 자본주의든 공산주의든 돈을 잘 벌 수 있게 하는 체제가 좋은 체제라는 의미로 볼 수 있으며 경제체제 전환 시기 '먼저 부자가 될 수 있는 사람부터 부자가 되라'는 선부론과 연관이 있다.

4) 정형곤, *Ibid.*, p.131.

자 유치 요인으로 안정적인 경제 환경, 대규모의 국내 시장규모, 양질의 노동력, 저렴한 인건비, 유럽대륙의 중심에 자리 잡은 전략적 위치, EU 가입으로 향상된 투자환경, 정부의 적극적인 외국인직접투자 유치정책, EU 가입 이후 지원되는 각종 보조금 혜택 등의 우위 요건을 지니고 있다.[5] 기본적인 인프라구축과 낮은 임금, 우수한 노동력, 지리적인 우세를 갖춘 중·동부 유럽은 '선부론'보다는 자본주의의 제도와 환경을 먼저 갖춘 '선제론'(先制論)이라고 볼 수 있다. 경제성장이라는 동일한 목적으로 경제체제 전환을 시작했던 중국과 중·동부 유럽이었지만 이들은 서로 다른 과정을 통하여 전환을 이행했다.

외국인직접투자(FDI)는 세계경제에서 매우 중요한 위치를 차지한다. 선진국은 저렴한 생산비용과 우수한 경제 환경을 갖춘 지역을 찾아 투자하고 이윤을 남기길 원하고 개발도상국은 직접투자를 유치하여 자본과 기술을 확보하고자 한다. 직접투자를 유치하는 요인으로는 시장의 크기, 값싼 노동력, 우수한 경제 환경 등 여러 가지가 있다. 전환경제국들은 대부분 개발도상국들이기 때문에 직접투자 유치에 매우 적극적이다. 그렇다면 전환경제국에서는 어떠한 요인이 중점적으로 작용하여 직접투자를 유치할 수 있는 것인가. 일반적으로 값싼 노동력이 직접투자를 증가시키는 요인으로 작용한다는 주장과 낮은 거래비용이 직접투자를 증가시키는 요인으로 작용한다는 주장이 존재한다. 본 연구에서는 거래비용(Transaction cost)[6]이 직접투자를 증가시킨다는 후자의 관점이다. 직접투자가

---

5) 신상협, "폴란드 외국인직접투자 유치요인에 대한 분석", 『유럽연구』, 제25권, 제2호(2007년 여름), pp.228~240.

이루어질 때 해당 지역에서 발생하는 거래비용이 높으면 생산비용이 높아지기 때문에 투자가 쉽게 이루어지지 않는다. 그러므로 거래비용이 낮은 지역으로 직접투자가 몰리는 것이다. 피투자국의 경제제도와 투자환경이 우수하지 못하면 거래비용이 높아져 직접투자가 감소하기 때문에 피투자국에서 직접투자의 증가를 원한다면 경제제도와 투자환경을 우수한 수준으로 개선시켜 거래비용을 낮추어야 한다는 가설이 성립한다. 이 가설을 증명하기 위해 본 연구는 중국과 중·동부 유럽의 사례를 들어 두 지역의 경제제도와 투자환경의 지수를 분석한 1차 통계자료를 이용하여 그들의 경제제도와 투자환경의 우수함의 정도를 알아보고 비교대상을 선정하여 그들과 비교할 것이다. 그리고 이들의 직접투자 유치금액을 알아본 다음 각각의 비교대상과 어떠한 차이가 나타나는지를 비교 분석하고 그 원인을 찾아 분석하여 가설을 증명한 다음 각 국가들의 특징을 파악하여 그들의 장단점을 알아보고자 한다.

이러한 목표를 달성하기 위한 이 글의 논리구조는 다음과 같다. Ⅱ장에서는 경제제도와 투자환경이 직접투자에 어떠한 영향을 미치는지에 대한 선행연구들을 제시·분석하고 그들이 가지는 한계점을 지적하며 이 연구가 가지는 의의를 전망해 볼 것이다. Ⅲ장에서는 중국과 중·동부 유럽 지역의 경제체제 전환과정의 특징과 통계자료를 이용한 경제제도와 투자환경의 지수들을 파악하고 비교대상을 선정하여 함께 비교하고자 한다. Ⅳ장에서는 Ⅲ장에서 파악한 특징들을 토대로 각 지역에 해당하는 직접투자 유치금액

---

6) 거래비용이란 각종 무역 거래 시 발생하는 비용으로 사전 시장조사비용, 협상비용, 각종 수수료와 세금 등을 포함한다.

상황을 파악하고 전환경제체제에서 제도의 발전 정도와 투자환경의 우수정도가 높을수록 직접투자의 유치에 긍정적인 작용을 한다는 가설을 증명하고자 한다. 따라서 본 연구의 독립변수는 중·동부 유럽과 중국의 경제제도와 사업 환경의 발전 정도이고 종속 변수는 독립변수가 이 두 지역의 직접투자 유치에 어떠한 영향을 주는지 살펴보는 것이므로 중·동부 유럽과 중국의 직접투자 유치현황을 살펴보는 것이다. 이를 위한 설명변수로는 중·동부 유럽과 중국의 경제제도와 투자환경에 대한 변수를 통계자료를 이용하여 선정하고 분석하는 것이다. 이를 위해 이용할 1차 통계자료로는 유럽부흥개발은행(EBRD: European Bank for Reconstruction and Development)에서 발행하는 '전환 보고서'(Transition Report)와 영국 이코노미스트 산하 경제조사기관인 EIU(Economist Intelligence Unit)에서 발행하는 '2011년 세계투자전망'(World investment prospects to 2011), 세계은행(World Bank)에서 발행하는 '세계발전지수'(World Development indicators), 국제연합통상개발회의(UNCTAD: United Nations Conference on Trade and Development)에서 발행하는 '세계투자 보고서'(World Investment Report) 등을 선택하여 자료를 수집·분석할 것이다.

Ⅱ. 전환경제국의 FDI에 관한 선행 연구

최근 전환경제국으로의 직접투자가 증가함에 따라 전환경제국과 관련된 연구가 활발해지고 있는 경향이다. 이 연구들은 전환경제체제에 해당하는 특정한 지역의 경제전환의 과정이나 특징들을 분석하는 경우가 대부분이다. 전환경제국과 직접투자가 관련된 연구들도 저렴한 노동력을 이용하여 직접투자 유치를 증가시키는 것과 관련된 연구가 대부분이다. 직접투자의 유치를 높이는 데에 저렴한 노동력이 중요한 요인으로 작용하지만 이외에도 우수한 투자환경이 거래비용을 감소시켜 직접투자를 증가시키는 경우와 시장의 크기에 따라 내수시장을 목적으로 하는 직접투자 증가 등 다양한 요인들이 존재한다.

본 연구는 투자환경에 따라 발생하는 거래비용의 정도가 직접투자의 증가와 감소에 어떠한 영향을 끼치는지에 대해 연구한다. 현재까지 경제제도와 투자환경에 따라 거래비용이 발생하여 그것이 직접투자에 어떠한 영향을 끼치는지에 대해 분석한 연구는 Dunning[7] 과 Bevan et al.,[8] Meyer & Nguyen[9] 등이 대표적이다.

Dunning은 '방해비용'(Hassle cost)이라고도 불리는 거래비용의

---

7) Dunning, J. H., "Institutional reform, FDI and European transition economies", in Grosse, R.(ed), *International Business and governments in the 21st century*(Cambridge University Press, 2004), pp.49~76.

8) Bevan, A., Estrin, S. Meyer, K., "Foreign investment location and institutional development in transition economies", *International Business Review*, Vol.13(May 2004), pp.43~64.

9) Meyer, K. & Nguyen, H., "Foreign investment strategies and sub-national institutions in emerging markets: evidence from Vietnam", *Journal of Management Studies*, Vol.42, No.1(January 2005), pp.64~93.

발생을 중요하게 생각했다. 피투자국의 경제제도와 투자환경이 발
전하면 그 지역 내에서 발생하는 거래비용이 줄어들기 때문에 제
도의 발전 정도는 경제활동을 비롯하여 직접투자를 촉진하는 중요
한 역할을 한다고 주장하면서 제도발전과 직접투자의 상관관계를
분석했다. 또한 Dunning은 경제제도의 발전이 미숙하고 투자환경
이 우수하지 못한 국가에서는 일반적으로 제도와 환경이 발전된 국
가들과 비교해 직접투자를 유치하지 못한다고 강조한다.[10] Dunning
과 마찬가지로 Bevan et al. 역시 비슷한 주장을 했다. 경제 제도와
투자환경의 중요성을 강조했다. 그는 기업의 생산 활동의 전반적인
부분이 경제제도의 영향을 받기 때문에 직접투자를 유치하는 데에
경제제도와 투자환경의 발전 정도가 매우 중요한 입지 우위를 차
지한다고 주장한다.[11] Dunning과 Bevan et al.에 이어 Meyer &
Nguyen도 부실한 제도는 시장조사, 거래협상, 생산의 집행비용을
증가시키기 때문에 이것은 높은 잠재적 거래비용을 포함하고 있다
고 말하고 있다. 그들은 동유럽처럼 불안정한 제도를 가진 국가는
성숙된 시장경제체제를 갖춘 시장보다 높은 거래비용을 발생시키
고 이 때문에 외국인 직접투자에 큰 영향을 받게 된다고 주장한

---

10) Dunning은 그 중요성을 다음과 같이 강조하고 있다. "제도는 외국인 투자를 유치하려는 국가에게 중
   요한 입지우위요건이 된다. 한 국가의 제도가 가지는 범위와 우수함, 그리고 그것의 구조는 외국인 직
   접투자를 유치하는 데에 더욱 중요한 요소가 되어 가고 있다. …유럽의 전환경제는 제도적 틀과 외국
   인 직접투자 유치결정요소를 연구하는 데에 매우 흥미로운 사례이다." Grosse, R.(ed), *op.cit.*,
   pp.49~50.

11) Bevan도 중요성을 다음과 같이 강조한다. "제도 환경은 중요한 입지우위요인이 된다. 효율적 시장은
   제도의 지원에 의지하는데, 제도는 시장 경제라는 게임에 공식적 · 비공식적인 규칙 및 낮은 거래비용
   과 정보비용을 제공하여 불확실성을 줄일 수 있게 한다. 또한 법률 및 정부 차원의 조치뿐만 아니라
   경제의 근간을 이루는 비공식적인 제도는 기업의 사업 전략, 운영, 실적에도 영향을 끼친다. 따라서 투
   자자들은 제도 환경이 글로벌 기업 우위요인으로 발전한 곳을 찾아 투자를 실행한다." Bevan, A.,
   Estrin, S. Meyer, K., *op.cit.*, pp.45~46.

다.12) 직접투자와 제도 및 환경의 상관관계를 연구한 논문 중 Dunning은 그의 연구가 전환경제국들 중에서 중·동부 유럽의 국가에 한정되어 있다는 한계를 가지고 있다. 다른 두 대표연구자들 역시 다양한 지역에 대한 연구가 진행되지 않고 있다는 한계점을 가지고 있다. 또한 전환경제체제의 제도와 환경의 중요성을 직접투자의 우위요건으로 강조하는 연구 중에서 중국과 러시아(Russia), 인도(India)를 분석하는 연구 역시 찾기가 힘들며 이들 지역들을 서로 비교하는 연구도 찾아보기 어렵다. 때문에 본 연구는 Dunning과 Bevan et al., Meyer & Nguyen에 이론적 바탕을 두고 있지만 중·동부 유럽 지역에 국한한 연구에서 벗어나 중국과 러시아의 전환경제체제의 특징을 살펴보고 이 지역의 직접투자가 경제제도와 투자환경의 발전 정도에 영향을 받고 있는지를 분석할 것이다. 따라서 이 연구는 이 지역들을 대상으로 직접투자를 계획 중이거나 이미 실행 중인 기업들에게 중요한 정보를 제공할 것이라 생각된다. 변화하는 중국과 중·동부 유럽 지역의 경제제도와 투자환경의 특징을 파악함으로써 이 지역들의 정책, 경제, 투자의 방향을 분석하는 다른 연구 및 직접투자를 유치하기 위해 어떠한 전략이 필요한지에 대한 연구에도 도움을 제공할 것이라고 기대한다.

---

12) 한편 Meyer & Nguyen도 다음과 같이 중요성을 강조하고 있다. "외국인 투자자들은 사업을 어디에서 어떻게 시작해야 할지를 결정해야 한다. 이러한 전략적 결정에는 국가와 지역 간의 제도적 조건의 차이에 대한 수용이 필요하다. 제도라는 것은 외국인 직접투자를 유치하려는 국가가 가지고 있는 지역우위요건에 크게 영향을 끼친다. 따라서 투자자는 공식적이든 비공식적이든 제도가 더 우세한 지역을 선택하는 전략을 사용한다. 신흥시장인 동유럽과 동남아시아 지역으로 투자자들이 진출할 경우에는 더욱 그러하다. 그러므로 신흥시장의 경우 제도의 우수성은 특히 외국인 직접투자의 전략에 크게 영향을 끼친다." Meyer, K. & Nguyen, H., *op.cit.*, pp.65~66.

Ⅲ. 전환경제국의 경제개혁 및 투자환경

1. 중ㆍ동부 유럽

1) 중ㆍ동부 유럽의 경제전환 과정

2004년 5월 1일 체코(Czech Republic), 사이프러스(Cyprus), 에스토니아(Estonia), 라트비아(Latvia), 헝가리(Hungary), 몰타(Malta), 슬로베니아(Slovenia), 슬로바키아(Slovakia), 리투아니아(Lithuania), 폴란드(Poland)의 유럽연합 가입이 이뤄졌고 3년 뒤인 2007년 1월 1일에 불가리아(Bulgaria)와 루마니아(Romania)도 추가로 유럽연합에 가입했다. 이것으로 유럽연합은 공식적으로 27개의 회원국으로 이루어진 지역공동체가 되었다. 유럽연합에 가입한 중ㆍ동부 유럽 지역의 국가들은 대부분 소비에트(Soviet) 체제하에서 공산주의 경제체제를 갖춰 오다 소비에트의 붕괴 이후 1990년대 초부터 자본주의로의 경제전환을 시작한 국가들이다. 당시 이 국가들은 중앙계획 경제구조가 무너진 이후 망가진 자국의 경제를 안정화하는 것이 우선이었다. 그들은 피폐해진 자국의 경제를 살리기 위해 성공적인 통합의 길을 걷던 유럽연합에 가입하여 경제성장과 발전에 큰 도움을 받길 희망했고 유럽연합의 가입과 빠른 경제안정화를 위하여 급진적 개혁의 방법[13]으로 경제체제의 전환을 계획했다.

---

13) 개혁의 방법론에 있어서 급진적 개혁이란 빠른 시간 안에 시장경제체제로 체제를 대체하고 시장경제의 기능을 수행하도록 제도를 개혁하여 시장경제에 부합하는 법제도와 정치시스템을 도입해야 한다는 주장으로 동유럽의 경제체제 전환의 방법이 이에 해당한다.

유럽연합에 가입하기 위해서는 연합에서 제시하는 가입기준을 준수해야 하는데 중·동부 유럽의 국가들도 예외는 아니었다. 1993년 6월 코펜하겐(Copenhagen)에서 개최된 유럽이사회에서는 중·동부 유럽 국가들에게 문호를 개방할 것을 결정하고 코펜하겐 기준(Copenhagen criteria)이라는 명칭 아래 연합의 가입조건으로 세 가지 기준을 확정했다. 최근 리스본 조약(Lisbon Treaty)[14]에 의해 갱신된 유럽연합의 가입 기준은 다음과 같다.

<표 1> 유럽연합 가입기준(Copenhagen criteria)

정치 기준	기관의 안정성을 보장하는 민주주의, 법치, 인권 및 소수자의 보호와 존중을 위한 제도 정비
경제 기준	시장 경제의 기능을 갖춘 체제와 유럽연합 내에서 경쟁압력과 시장원리를 수용할 수 있는 능력
유럽연합 규정준수 기준	능력 회원의 의무 사항을 감당할 수 있도록, 정치, 경제, 유럽통화동맹(EMU)의 의무에 대한 이행

출처: http://europa.eu/scadplus/glossary/accession criteria copenhague en.htm(2009년 5월 20일 검색).

중·동부 지역의 12개 국가들은 이 기준을 만족시키기 위해 기존의 국가경제체제를 개선해야만 했기 때문에 민간부문의 경제개발, 은행개혁, 외환 및 교역의 자유화, 법제 정비 등 시장의 자유화와 투자환경의 개선을 준비했다.

현재 유럽연합에 가입한 중·동부 유럽의 국가들은 두 가지 경제 효과를 기대하고 있다. 첫째는 동유럽의 값싼 노동력을 이용해

---

14) 리스본 조약은 유럽헌법조약(EU Constitutional Treaty)이 무산되고 난 뒤 체결된 미니헌법조약으로 유럽연합의 정치 동맹의 성격을 짙게 띠고 있는 것이 특징이다. 리스본 조약의 주요 내용으로는 이중 다수결제(Double majority system) 실시, 연합외교안보정책고위대표자(High Representative of the Union for Foreign Affairs and Security Policy)의 신설 등이 있다. 이종원·황기식, 『EU 27 유럽 통합의 이해』(서울: 도서출판 해남, 2008), pp.156~159.

서유럽 기업의 투자를 끌어들이는 것이다. 이로써 동유럽은 서유럽의 선진기술과 자본을 유치할 수 있게 된다. 둘째는 외국인직접투자의 유입 증가이다. 중·동부유럽의 국가들은 유럽연합에 가입함으로써 투자환경이 연합의 수준으로 개선되었으므로 저렴한 생산비용을 목적으로 한 외국인직접투자의 유입이 증가할 것이다. 또한 유럽연합이라는 거대시장을 노린 기업들이 기존의 가입국보다 값싼 노동력과 환경을 갖춘 이들 지역으로 이동해 올 것이기 때문에 중·동부 유럽 국가들은 경제적인 이익을 볼 수 있다. 이들 국가들 중, 선진국이라 볼 수 있는 폴란드, 체코, 헝가리, 슬로바키아는 이미 사회간접자본이 발달해 있고 금융시스템도 상대적으로 잘 정비되어 있으므로 외국인직접투자의 유입이 증가할 것이라고 기대할 수 있다. 다른 나머지 국가들 역시 유럽연합이 제시한 기준을 만족시켰고 연합에 가입했으므로 투자환경이 점차 유럽연합의 평균수준으로 수렴되어 전반적으로 개선될 것이다. 때문에 이들 국가들의 외국인직접투자 역시 유입이 증가할 것이라 예상할 수 있다.

2) 중·동부 유럽의 경제제도 및 투자환경의 특징

중·동부 유럽은 비교적 낮은 임금과 높은 교육 및 기술 수준을 갖춘 노동력과 기본적인 산업인프라를 갖춘 지역이라고 앞서 언급했다. 이들 국가들 중 선진국에 해당하는 헝가리, 체코, 폴란드, 슬로바키아 4개 국가(이하 CEECs-4)는 중·동부 유럽의 타 국가들과 비교해 경제제도와 투자환경이 특히 우수한 편이다. 이 CEECs-4의 경제제도와 투자환경을 지수로 나타낸 자료를 먼저 살펴보도록

하겠다. EIU에서 발행한 '2011년 세계투자전망'을 토대로 작성한
표는 다음과 같다.

<표 2> CEECs - 4의 경제발전지수

	2007 - 11				
	체코	슬로바키아	폴란드	헝가리	평균
전체	7.55	7.44	7.17	7.12	7.32
정치 환경	7.2	7.2	6.5	7.1	7.0
정치 안정성	8.1	8.1	7.4	7.8	7.9
정치 효율성	6.5	6.5	5.8	6.5	6.3
거시 경제 환경	8.0	7.8	7.5	5.8	7.2
시장 기회	6.8	6.7	7.5	5.5	6.6
민간 기업 및 경쟁 정책 방향	7.3	6.5	7.0	7.8	7.2
외국인 투자 정책 방향	8.2	7.8	7.8	8.7	8.1
해외 무역 및 환율 조절	9.1	8.7	8.2	8.7	8.7
세금	6.2	7.7	6.1	6.0	6.5
금융	7.4	7.8	7.4	7.4	7.5
노동 시장	7.3	7.4	6.9	6.8	7.1
산업 기반	8.0	7.0	6.9	7.6	7.4

출처: EIU, *World investment prospects to 2011*, 2007.

<표 2>에서 제시하는 지수는 10점이 최고 점수이다. 먼저
CEECs - 4의 전체 평균 점수를 살펴보면 7.32점이다. 4개의 국가
중 가장 높은 점수를 나타내는 국가는 체코로 7.55점이고 그 다음
으로 슬로바키아가 7.44점이다. 체코와 슬로바키아는 CEECs - 4 중
에서 다른 두 국가들과 비교하여 각 항목에서 상대적으로 높은 지
수를 보이는 국가로 대부분의 항목이 높은 점수를 보인다. 체코는
특히 '해외 무역 및 환율 조절'이 9.1점으로 가장 점수가 높고 '정
치 안정성'과 '거시 경제 환경', '외국인 투자 정책 방향'이 각각

8.1점, 8.0점, 8.2점으로 높은 점수를 보인다. 슬로바키아는 체코와 마찬가지로 '해외 무역 및 환율 조절'이 8.7점으로 가장 점수가 높으며 '거시 경제 환경'과 '외국인 투자 정책 방향', '금융' 부분이 모두 각각 7.8점으로 높은 점수를 보인다. 폴란드도 '해외 무역 및 환율 조절'이 8.2점으로 지수들 중에서 가장 높은 점수를 보이고 '거시 경제 환경', '시장 기회', '외국인 투자 정책 방향'이 각각 7.5점, 7.5점, 7.8점으로 높은 경향이다. 헝가리는 '해외 무역 및 환율 조절'이 다른 나머지 세 국가처럼 가장 높은 점수를 보이면서 '외국인 투자 정책 방향' 역시 '해외 무역 및 환율 조절'과 동일한 점수인 8.7점으로 가장 높은 점수를 보인다. 그리고 '정치 효율성', '민간 기업 및 경쟁 정책 방향', '산업 기반'이 각각 7.8점, 7.8점, 7.4점의 높은 점수이다.

이들 지역은 1990년 시기부터 급진적인 체제 전환방법을 사용하여 빠른 시간 내에 시장경제체제를 갖추었던 나라들로 시장경제 제도와 투자환경이 비교적 잘 갖춰진 나라이다. 때문에 이들의 경제제도 및 투자환경의 지수는 상위권에 속한다. 그중에서 '해외무역 및 환율'과 '외국인 투자 정책 방향'의 변수는 CEECs – 4 평균 8.7점이라는 매우 높은 지수를 보이는 데 반해 '정치 효율성'과 '시장 기회'라는 변수는 각각 CEECs – 4 평균 6.3점과 6.6점이라는 상대적으로 낮은 점수를 보이고 있다. 이는 이 지역들이 외국인직접투자와 관련된 제도나 환경이 다른 CEECs의 국가들과 비교해 상대적으로 잘 갖춰져 있지만 아직까지는 정치적으로 불안한 부분이 존재하고 잠재적인 시장의 가능성이 그리 높지 않다는 것을 의미한다.

<표 3>은 CEECs-4를 제외한 나머지 동유럽 국가들 중 슬로베니아, 라트비아, 리투아니아, 불가리아, 루마니아(이하 CEECs-5)의 경제제도와 투자환경의 지수를 표로 나타낸 것이다.

<표 3> CEECs-5의 경제발전지수

	2007-11					
	슬로베니아	라트비아	리투아니아	불가리아	루마니아	평균
전체	7.41	7.06	7.03	6.77	6.58	6.97

출처: EIU, *World investment prospects to 2011*, 2007.

<표 3>에서 나타나는 각 국가들의 전체 평균의 점수를 살펴보면 다음과 같다. 가장 높은 점수를 나타나는 국가는 슬로베니아로 7.41점이고 그 다음으로 라트비아, 리투아니아, 불가리아, 루마니아가 각각 7.06점, 7.03점, 6.77점, 6.58점을 나타내고 있다. 이들 지역 중 일부는 CEECs-4와 비슷한 점수를 나타내고 있는 국가가 있는데 이것에 대해서는 다음 장에서 설명하도록 하겠다.

CEECs-5의 경제제도 및 투자환경의 전체 평균지수를 살펴보면 6.97점으로 CEECs-4와 비교하여 낮은 점수임을 알 수 있다. 또한 CEECs-5의 국가들은 CEECs-4의 국가들에 비해 인구수나 GDP의 차이, 그리고 시장의 규모나 구매력 등에서 많은 차이를 보인다.[15] 이것에 대한 원인으로는 CEECs-5가 CEECs-4의 국가들보다 체제 전환이 적용된 시기가 늦었다는 것에서 찾을 수 있다. 체제 전환이 늦었기 때문에 CEECs-4에 비해 아직 제도적으로 환경적으로 제대로 갖추지 못하고 있기 때문이다.

---

15) 국제연합통상개발회의에서 발행하는 '세계투자보고서 2008' 참고.

CEECs - 4와 CEECs - 5의 경제발전지수뿐만 아니라, 직접투자기업들의 기업활동과 밀접하게 연관되는 경제제도의 발전 정도를 알아보도록 하겠다. 다음에 제시되는 <표 4>는 CEECs - 4와 CEECs - 5의 경제정책 및 제도와 관련된 부문을 유럽부흥개발은행에서 발간하는 '전환보고서 2008'을 바탕으로 하여 작성한 것이다.

〈표 4〉 CEECs - 4와 CEECs - 5 경제제도 발전 정도 비교

	민영화					시장 및 무역 시스템		금융기관		기반시설		
	민간부문의 GDP점유율(%)	대규모민영화	소규모민영화	기업개혁	가격자율화	외환 및 무역자율화	경쟁정책	은행개혁	비은행권금융개혁	전력	도로 및 철도	통신
CEECs - 4	78.3	3.8	4.3	3.7	4.3	4.3	3.3	3.8	3.6	3.8	3.3	3.9
CEECs - 5	71.7	3.6	4.3	3.0	4.2	4.3	3.0	3.7	3.1	3.1	3.0	3.4

출처: EBRD, *Transition Report*, 2008.

<표 4>를 살펴보면 전체적으로 CEECs - 4가 모든 지수에서 높은 점수를 나타낸다. 특히 '기반시설'과 '민영화' 항목에서 CEECs - 4와 CEECs - 5의 차이가 뚜렷하다. '기반시설'의 '전력' 부문은 0.7점, '도로 및 철도'는 0.3점, '통신'은 0.5점의 차이가 나는데 모두 CEECs - 4가 높은 점수이다. 이것을 통해 CEECs - 4가 경제 관련 기반시설에서 CEECs - 5보다 월등히 앞서 있음을 알 수 있다. '민영화'에서는 '민간 부문의 GDP점유율'이 6.6점, '대규모 민영화'가 0.2점, '기업개혁'이 0.7점, '가격 자율화'가 0.1점의 차이로 CEECs - 4가 높은 점수를 보인다. 민영화라는 것은 시장이 얼마나 자유화되었는지를 가늠하는 것으로 CEECs - 4가 CEECs - 5보다 더 자유화된 시장을 보유하고 있다는 것을 말한다. '시장 및 무역 시스템'에

서도 '경쟁 정책'이 0.3점의 차이로 CEECs-4가 높은 점수이고 '금융기관'의 항목 중 '은행개혁'과 '비은행권 금융개혁'이 각각 0.1점과 0.5점의 차이로 CEECs-4가 높은 점수를 보인다. 이처럼 <표 4>를 통해 투자환경뿐만 아니라 제도의 발전에 있어서도 CEECs-4가 CEECs-5보다 우수함을 알 수 있다. 따라서 <표 4>의 수치들을 비교해 종합해 본다면 CEECs-4는 CEECs-5보다 기업들이 활동하기에 더욱 좋은 환경을 갖추고 있다고 결론 내릴 수 있을 것이다.

2. 중국

1) 중국의 경제전환 과정

덩샤오핑의 선부론으로 시작된 중국의 개혁개방, 즉 경제전환은 이제 30년이라는 시간을 맞이하고 있다. 중국은 1970년대 말 대약진운동과 문화대혁명을 거치면서 대내적으로는 경제가 크게 낙후하게 되었고 대외적으로는 국가의 이미지가 크게 실추된 상황에 처해 있었다. 이런 상황에서 중국정부는 1980년부터 탈냉전이 시작되었던 국제사회의 흐름과 함께 농촌 지역의 빈곤을 구제시키고 국가 경제를 성장시키기 위해 시장경제로의 체제 전환을 시작했다. 이처럼 중국은 빈곤구제와 국가경제의 성장을 목적으로 전환을 시작했기 때문에 높은 인플레이션과 실업률이 부작용으로 발생하는 급격한 개혁의 방법을 취할 수 없었다. 그리하여 중국은 점진적인 개혁의 방법[16]을 택해 경제체제의 전환을 계획했다.

중국은 중·동부 유럽과 마찬가지로 초창기에는 ODA 등 외국의 차관을 도입하다가 차츰 직접투자를 통하여 외국의 자본과 선진 기술을 도입하는 것으로 변화했다. 그들은 직접투자를 유치하는 데에 매우 적극적인 자세를 취했다. 중국은 투자기업이 원하는 환경을 만들기 위해 외국인 기업들에게 소득세를 3년간 유예하고 수출입관세를 전액 면제하는 등의 파격적인 특혜를 제공했다.[17) 중국은 CEECs-4의 국가들처럼 높은 기술력과 교육수준을 갖춘 노동력을 갖추지 못했기 때문에 값싸고 풍부한 노동력을 바탕으로 하는 가공무역 중심의 산업에 대한 투자가 주를 이루었다. 체제 전환을 시작한 지 30년이 지난 최근에는 직접투자와 관련된 파격적인 특혜들이 크게 줄어들었고 기업들의 중국에 대한 투자전략 역시 가공무역에서 13억이라는 중국의 거대시장을 목표로 한 현지시장 중심의 전략으로 패턴이 변화하고 있다.

그러나 중국은 초창기에 특정한 지역과 산업에 투자를 집중했기 때문에 그로 인한 부작용으로 지역별·산업별 불균형과 빈부격차, 지나친 물가상승을 초래했고 저렴한 노동력에 대한 과도한 사용과 제재의 부재로 인하여 인권문제와 노동파업이 발생하기도 했다. 또한 사회주의 시장경제체제의 미비로 인하여 정책적 문제가 발생하고 중국사회에 깊게 만연해 있는 부패의 문제로 심각한 수준이다.

이처럼 중국은 직접투자기업에 많은 특혜를 부여하면서 빠른 성

---

16) 개혁의 방법론 중에서 점진적 개혁이란 구 사회주의제도들이 오랜 기간에 걸쳐 시장경제제도로 대체되는 것을 말하는데 국가의 기능이 강조되고 이해관계집단과 개혁자에 대한 주의가 요구된다. 중국 및 베트남에서 시도한 방법이 이에 해당한다.

17) 최병철, "중국의 외국인 직접투자 도입정책에 관한 연구", 『울산대학교 사회과학 논집』, 제5권, 제3호 (1996), p.116.

장을 이루었지만 그로 인해 발생하는 부작용도 내포하고 있는 상태이다. 그럼에도 불구하고 중국은 30년이라는 시간 동안 점진적인 체제 전환을 이루었고 직접투자의 과정을 겪으면서 경제제도와 투자환경에 있어서 기본적인 사회 인프라를 갖추게 되었다. 그리고 중국은 2007년 세계 5위의 직접투자 유치국이었고, 2008년을 기준으로 세계 3위의 직접투자 유치국으로 선정되면서 확실한 직접투자 유치대국으로 자리매김하고 있다.[18] 그럼 전환경제국인 중국이 어떠한 요인이 작용하여 이토록 많은 직접투자를 유치하고 있는지에 대해 다음 절에서 알아보도록 하겠다.

2) 중국의 경제제도 및 투자환경의 특징

중국은 산업의 성장을 중요시 여겼기 때문에 경제제도와 투자환경의 지수와 관련하여 중·동부 유럽과 비교하여 그리 높은 점수를 나타내지 않는다. 그러나 중국은 앞서 말한 것처럼 30년이라는 시간 동안 점진적인 개혁을 지행해 왔기 때문에 직접투자의 기본적인 요건들을 비교적 잘 갖추고 있는 상태이다. 때문에 중국의 경제제도와 투자환경을 분석하기 위해서는 중국과 비슷한 시장의 요건을 가진 국가들과 비교하는 것이 타당할 것이다. 그러므로 중국의 비교대상으로는 전환경제국이면서 중국과 비슷한 시장의 크기를 가지고 있는 인도와 지리적으로 인접한 국가인 러시아를 선정하여 각 부문을 비교하도록 하겠다. 먼저 중국의 경제제도와 투자환경 지수를 CEECs−4와 비교해 보면 다음의 <표 5>와 같다.

---

18) 국제연합통상개발회의에서 발행하는 '세계투자보고서 2008' 참고.

<표 5> 중국과 CEECs-4의 경제제도 및 사업환경지수 비교

	2007-11 지수(out of 10)	
	중국	CEECs-4
전체 평균	6.38	7.32
정치 환경	4.8	7.0
정치 안정성	5.1	7.9
정치 효율성	4.5	6.3
거시 경제 환경	7.5	7.2
시장 기회	8.5	6.6
민간 기업 및 경쟁 정책 방향	4.8	7.2
외국인 투자 정책 방향	6.9	8.1
해외 무역 및 환율 조절	7.8	8.7
세금	6.0	6.5
금융	5.9	7.5
노동 시장	6.2	7.1
산업 기반	5.6	7.4

출처: EIU, *World investment prospects to 2011*, 2007.

<표 5>에서 제시한 중국의 경제제도 및 투자환경의 지수를 살펴보면 중국은 CEECs-4와 비교해 대부분의 지수들이 중위권에 머물러 있음을 알 수 있다. 그중에서 중국은 특이하게도 '시장 기회'라는 변수가 8.5점으로 가장 높은 점수를 나타내고 있다. 그 다음으로 높은 지수를 나타내는 변수는 '해외 무역 및 환율 조절'로 7.8점이고 '거시 경제 환경'도 7.5점으로 높은 점수를 보이고 있다. '해외 무역 및 환율 조절'은 CEECs-4 국가들도 매우 높은 점수를 보인 부문으로 전환경제국인 두 지역이 직접투자와 관련하여 해외 무역과 환율에 매우 신경을 쓰고 있다고 예상할 수 있는 부분이다. 이에 반해 '정치 환경'과 '민간기업 및 경쟁 정책 방향'이 각각 4.8점으로 8.5점인 '시장 기회'와 비교했을 때 매우 큰 차이를 보이고

있다. 이것은 중국은 여전히 정치 방면에서는 사회주의체제를 유지하고 있기 때문에 '정치 환경'이 시장경제체제와 다를 수밖에 없는 상황일 것이고 또한 '민간기업 및 경쟁 정책 방향'과 관련해서도 중국이 많은 국영기업을 민간기업으로 전환했다 하더라도 여전히 많은 부분에서 정부의 관리가 있을 것이므로 이러한 점수가 나오는 것이라 예상할 수 있다.

<표 5>에서 제시하고 있는 점수들은 CEECs-4와 비교했을 때 중국이 직접투자의 지역으로는 그리 매력적인 지역이 아니라고 말하고 있다. 하지만 그럼에도 불구하고 중국이 직접투자 유치 세계 3위를 차지할 만큼 직접투자가 중국으로 몰리는 이유는 무엇일까. 그것은 무엇보다도 우선 8.5점을 차지한 '시장 기회'라는 변수에서 그 원인을 찾을 수 있을 것이다. 13억 인구를 가진 중국이라는 거대한 시장은 매우 커다란 매력을 지닌 시장이다. 이 거대 시장이 가진 잠재력과 구매력은 중국이 놀라운 경제성장을 이루는 것과 발맞추어 중국으로 유입되는 직접투자의 형태를 가공무역에서 중국시장을 겨냥한 투자로 바꾸게 만들었다. 90년대부터 고속성장을 계속해서 이어 오고 있는 중국은 높은 성장률까지 포함하여 본다면 '시장 기회'는 중국이 직접투자를 유치하는 데에 매우 중요한 변수로 작용할 것임을 알 수 있다.

그러나 앞에서 언급했듯이 중국은 이러한 제도와 환경 지수를 CEECs-4와 비교해서는 안 된다. 같은 전환경제국이라 하더라도 중국과 CEECs-4는 인구수, GDP, 시장의 규모, 구매력 등에서 많은 차이를 보이기 때문에 서로 비교대상이 되기에 부적합하다. 따라서 중국은 비슷한 수준의 인구수와 시장의 규모를 갖춘 인도와

지리적으로 인접한 러시아를 비교하면서 분석하는 것이 옳다고 생각한다. 그러므로 다음의 <표 6>은 인도와 러시아의 경제제도와 투자환경의 지수를 정리한 표이다.

<표 6> 인도·러시아의 경제제도 및 사업환경지수

	2007-11		
	인도	러시아	평균
전체 평균	6.37	6.07	6.22
정치 환경	5.7	4.5	5.1
정치 안정성	6.3	5.1	5.7
정치 효율성	5.2	3.9	4.6
거시 경제 환경	7.5	8.0	7.8
시장 기회	7.7	8.4	8.1
민간 기업 및 경쟁 정책 방향	6.0	4.5	5.3
외국인 투자 정책 방향	6.9	3.7	5.3
해외 무역 및 환율 조절	6.4	7.8	7.1
세금	6.3	6.0	6.2
금융	6.6	5.5	6.1
노동 시장	6.2	6.7	6.5
산업 기반	4.5	5.8	5.2

출처: EIU, *World investment prospects to 2011*, 2007.

인도와 러시아의 경제제도와 투자환경의 평균지수는 각각 6.37점, 6.07점이다. 인도와 러시아는 '시장 기회' 부문에서 모두 높은 지수를 나타내지만 각 부문별로 비교해 보면 차이를 나타낸다.

인도는 '정치효율성'과 '산업기반'이 낮은 점수를 보이는데 특히 '산업기반'이 4.5점으로 전체 평균지수인 6.37점과 비교하여 매우 낮은 점수이다. 기본적인 '산업기반'이 갖춰 있지 않은 지역으로 직접투자가 이루어질 경우에는 새로운 산업기반을 투자기업이 부담해야 하므로 거래비용이 증가하게 된다. 때문에 인도처럼 매우 낮은 지수의 산업기반을 갖추고 있게 되면 기업의 직접투자가 감소하게 되는 것이다.

러시아는 정치적인 부문의 지수를 나타내는 '정치 효율성'과 '외국인 투자 정책 방향'이 3.9점과 3.7점으로 낮은 점수를 보인다. 이것은 러시아의 정치상황이 다른 지역과 비교하여 매우 불안하다는 것을 말하고 이로 인해 발생하는 거래비용이 높다는 것을 의미한다. 때문에 정치적인 불안이 러시아로 향하는 직접투자에 부정적 영향을 끼칠 것이라고 예상할 수 있다. 아래 <표 7>은 인도와 러시아의 평균지수를 중국과 비교한 표이다.

〈표 7〉 중국과 인도 · 러시아의 경제제도 및 사업 환경 평균지수 비교

	2007 - 11	
	중국	인도 · 러시아
전체 평균	6.38	6.22
정치 환경	4.8	5.1
정치 안정성	5.1	5.7
정치 효율성	4.5	4.6
거시 경제 환경	7.5	7.8
시장 기회	8.5	8.1
민간 기업 및 경쟁 정책 방향	4.8	5.3
외국인 투자 정책 방향	6.9	5.3
해외 무역 및 환율 조절	7.8	7.1
세금	6.0	6.2
금융	5.9	6.1
노동 시장	6.2	6.5
산업 기반	5.6	5.2

출처: EIU, *World investment prospects to 2011*, 2007.

　<표 7>을 살펴보면 중국이 두 국가보다 대부분의 항목에서 높은 지수를 보이는 것을 알 수 있다. 이것은 30년 동안 개혁개방을 진행하면서 중국이 경제제도와 환경의 발전을 이루었다는 것을 의미한다. 또한 중국은 '시장 기회'의 변수가 8.5점으로 가장 높은 점수를 보인다. 인도와 러시아 역시 8.1점으로 높은 점수를 보이지만 중국과 비교하면 여전히 낮은 점수이다. 앞서 언급했듯이 중국을 연구할 경우에는 '시장 기회'가 매우 중요한 변수로 자리매김하는데 중국이 가진 거대한 시장과 경제성장률은 직접투자를 유치하는 데에 매우 중요한 요소로 작용함에 틀림이 없다는 것을 다시 한 번 확인할 수 있다. 또한 적극적인 '외국인 투자유치정책'이라는 요소에서도 중국은 다른 두 나라와 비교하여서 압도적으로 높은 지수를 나타낸다(6.9 대 5.3).

　<표 8>은 중국과 인도·러시아의 구체적인 경제제도 발전 정도를 나타낸 것으로 경제 정책 및 제도와 관련된 부문을 세계은행에서 발행하는 '세계 발전 지표 2008'을 바탕으로 작성했다. 중국의 경제제도는 중·동부 유럽과 동일한 통계자료를 사용하지 않았다. 중·동부 유럽의 경우는 유럽부흥개발은행에서 발행하는 '전환 보고서 2008'을 이용했는데 이 자료는 유럽지역의 자료만을 수집할 수 있으므로 중국의 경우에는 다른 통계자료를 이용했다. 때문에 각 제도별 설정항목과 지수단위가 다르지만 제도의 발전 정도를 측정하기에는 무리가 없다고 판단된다.

<표 8> 중국과 인도·러시아의 경제 발전 정도 비교

	노동력 구조		경제민간부문		재정정책	주식시장
	노동력	노동생산성지수	통신	에너지	중앙정부 세수	시가총액
	2006/ millions	2006/ Index 1980=100	2006/ $ millions	2006/ $ millions	2006/ % of GDP	2007/ $ millions
중국	780.5	599	8,548.0	10,847.0	8.7	6,226,305
러시아	73.5	··	27,700.4	1,726.0	16.7	1,503,011
인도	438.0	278	27,912.6	11,572.2	10.7	1,819,101

출처: World Bank, *World Development indicator*, 2008.

<표 8>을 살펴보면 중국은 인도보다 2배, 러시아보다는 10배가 큰 노동력을 보유하고 있음을 알 수 있다. 러시아의 경우는 인구의 차이에서 발생하는 현상으로 볼 수 있겠지만 노동력의 크기로만 본다면 중국은 비슷한 인구규모를 가진 인도보다 기업의 투자 방면에서 뛰어난 환경을 갖추고 있는 것이 분명하다. 또한 노동생산성 지수에서도 중국은 인도보다 약 2배 높은 효율성을 보이고 있다. 이 역시 중국의 투자환경이 더 뛰어나다는 것을 의미하는 것이다. 반면 '경제민간부문'에서 '통신'과 관련된 수치는 중국이 다른 국가들보다 훨씬 낮은 상황이다. 중국이 아무리 거대한 시장과 막대한 노동력을 보유하고 있더라도 아직까지는 부족한 부분이 존재하고 우수한 환경을 완벽히 갖추고 있지 못하다는 것을 알 수 있다. 다른 부문인 '주식시장'의 시가총액을 살펴보면 중국이 다른 지역보다 4배가 큰 주식시장을 보유하고 있다. 또한 '재정정책'에 있어서도 중국은 인도와 러시아보다 GDP 대비 중앙정부 세수가 가장 낮기 때문에 거래비용이 낮게 발생하고 기업들이 중국과 비슷한 크기의 시장을 보유하고 있는 인도로 투자하지 않는 원인을

찾을 수 있다. 그러므로 중국은 다른 세 국가들과 비교하여 노동력, 주식시장, 재정정책에서 더욱 우수한 조건을 갖추고 있다는 결론을 내릴 수 있다. 아래의 <표 9>는 '2011년 세계투자전망'에서 전망한 중국의 2002년에서 2006년까지의 경제발전지수와 2007년에서 2011년까지의 경제발전지수를 비교한 표이다.

<표 9> 중국의 사업환경지수와 순위 변화

	2002~2006	2007~2011
전체 지수	5.61	6.38

출처: EIU, *World investment prospects to 2011*, 2007.

두 기간 동안의 지수 변화를 살펴보면 2002년에서 2006년은 5.61점이고 2007년에서 2011년은 6.38점으로 0.77점이 상승한 것을 알 수 있다. 이것은 중국의 경제제도와 투자환경이 점진적인 개혁방법과 기업들의 투자전략 변화와 맞물려 개선되고 있다는 것을 전망할 수 있다. 이러한 환경의 개선이 중국의 직접투자 유치에 어떠한 영향을 끼치는지에 대한 분석과 전망은 다음 장에서 중국의 직접투자 유치금액을 살펴본 후에 알아보도록 하겠다.

Ⅳ. 전환경제국의 제도개혁과 FDI 유치

최근 유럽연합의 중·동부 유럽과 동아시아, 특히 중국은 직접투자가 급격히 증가하고 있는 지역으로 두 지역 모두 전환경제국에 해당한다. 이들은 시장경제를 받아들이고 난 뒤 선진국의 앞선 기술과 자본을 확보하기 위해 직접투자의 유치에 적극적으로 나섰다. 이 장에서는 최근 이 두 지역의 직접투자 유치금액이 어느 정도인지를 알아보고 중·동부 유럽의 CEECs-4와 CEECs-5, 중국과 인도, 러시아의 직접투자 유치금액을 비교해 봄으로써 앞장에서 비교 분석한 가설이 직접투자에 어떻게 적용되고 있는지를 알아보겠다.

1. 중·동부 유럽의 직접투자 유치 현황

최근 중·동부 유럽의 CEECs-4의 직접투자 유치금액을 조사하기 위해 각각 1992년에서 1997년까지의 평균 금액과 1998년부터 2007년까지 각 연도별 유치금액, 그리고 2011년까지의 유치금액 전망을 나누어 조사하고 이 평균을 계산하여 <표 10>을 만들었다.

〈표 10〉 CEECs-4의 직접투자 유입금액(Billions of dollars)

| | 직접투자 유입금액 | | | | | | | | | | | | |
	1992~1997	1998	1999	2000	2001	2002	2003	2004	2005	2006	2007	2007~2011	평균
폴란드	2.9	6.4	7.3	9.3	5.7	4.1	4.1	6.2	10.4	19.1	17.6	12.6	8.8
체코	1.3	3.7	6.3	5.0	5.6	8.5	2.1	4.5	11.7	6.0	9.1	5.4	5.8
헝가리	2.9	3.8	3.3	2.8	3.9	3.0	2.2	4.2	7.7	6.8	5.6	5.1	4.3
슬로바키아	0.2	0.7	0.4	1.9	1.6	4.1	0.7	1.1	2.1	4.2	3.3	2.2	1.9
총합계	7.3	14.6	17.3	19.0	16.8	19.7	9.1	16.0	31.9	36.1	35.6	25.3	20.8

출처: UNCTAD, *World Investment Report*, 2004, 2005, 2008; EIU, *World Investment Prospects to 2011*, 2007.

<표 10>에서 제시하는 것처럼 폴란드는 CEECs-4 중에서 가장

많은 금액을 유치했고 그 평균 금액은 약 88억 달러이다. 그 다음으로 체코가 58억 달러를 유치했고 뒤를 이어 헝가리와 슬로바키아 각각 43억 달러와 19억 달러를 유치했다. 이들 CEECs-4 국가가 모두 유치한 금액의 평균은 208억 달러이다. 그럼 CEECs-5의 직접투자 유치금액을 담은 <표 11>을 살펴보도록 하겠다.

〈표 11〉 CEECs-5의 직접투자 유입금액(Billions of dollars)

	직접투자 유입금액												
	1992~1997	1998	1999	2000	2001	2002	2003	2004	2005	2006	2007	2007~2011	평균
루마니아	0.4	2.0	1.0	1.0	1.1	1.1	2.2	5.2	6.5	11.3	9.8	7.7	4.1
불가리아	0.1	0.5	0.8	1.0	0.8	0.9	2.1	2.5	3.9	7.5	8.4	2.6	2.6
라트비아	0.2	0.4	0.3	0.4	0.1	0.2	0.3	0.6	0.7	1.7	2.2	5.1	1.0
리투아니아	0.1	0.9	0.5	0.4	0.4	0.7	0.2	0.8	1.0	1.8	1.9	1.0	0.8
슬로베니아	0.1	0.2	0.1	0.1	0.4	1.7	0.3	0.5	0.6	0.6	1.4	1.0	0.6
총합계	0.9	4.0	2.7	2.9	2.8	4.6	5.1	9.6	12.7	22.9	23.7	17.4	9.1

출처: UNCTAD, *World Investment Report*, 2004, 2005, 2008; EIU, *World Investment Prospects to 2011*, 2007.

<표 11>에서 보는 바와 같이 CEECs-5에서는 루마니아가 가장 많은 금액을 유치했고 그 평균 금액은 약 41억 달러이다. 그 다음으로 불가리아가 26억 달러를 유치했고 뒤를 이어 라트비아, 리투아니아, 슬로베니아가 각각 10억 달러, 8억 달러, 6억 달러를 유치했다. 이들 CEECs-5의 직접투자 유치금액의 전체 평균 총액은 91억 달러이다. CEECs-4와 CEECs-5의 총 유치금액을 비교하면 <표 12>와 같다.

〈표 12〉 CEECs - 4와 CEECs - 5의 직접투자 유입금액 비교(Billions of dollars)

	직접투자 유입금액												평균
	1992~1997	1998	1999	2000	2001	2002	2003	2004	2005	2006	2007	2007~2011	
CEECs - 4	7.3	14.6	17.3	19.0	16.8	19.7	9.1	16.0	31.9	36.1	35.6	25.3	20.8
CEECs - 5	0.9	4.0	2.7	2.9	2.8	4.6	5.1	9.6	12.7	22.9	23.7	17.4	9.1

출처: UNCTAD, *World Investment Report*, 2004, 2005, 2008; EIU, *World Investment Prospects to 2011*, 2007.

<표 12>에서 보는 바와 같이 CEECs - 4와 CEECs - 5의 총 유치 금액의 차이는 약 110억 달러이다. 이는 경제제도와 투자환경의 비교에서 높은 지수를 나타냈었던 CEECs - 4의 직접투자 유치금액이 CEECs - 5보다 110억 달러 많다는 것을 의미한다. 다시 말해 경제제도와 투자환경이 우수한 CEECs - 4의 직접투자 유치금액이 높다는 것으로 경제제도와 투자환경이 직접투자의 증가에 긍정적인 영향을 끼친다는 것을 증명하는 것이다. 이것은 CEECs - 5의 국가들이 경제제도와 투자환경의 발전에 더욱 집중한다면 직접투자의 유치를 증가시킬 수 있다는 말이 된다. 아래의 <표 13>은 CEECs - 4와 CEECs - 5의 경제제도와 투자환경에 대한 평균지수와 직접투자 유치금액을 함께 비교한 표이다.

〈표 13〉 CEECs - 4와 CEECs - 5의 지수와 직접투자 유입 비교

	경제제도 및 투자환경 지수	직접투자 유치금액
CEECs - 4	7.32	20.8(Billions of dollars)
CEECs - 5	6.97	9.1(Billions of dollars)

출처: UNCTAD, *World Investment Report*, 2008; EIU, *World Investment Prospects to 2011*, 2007.

<표 13>을 통해 살펴보면 제도발전 정도의 지수와 직접투자 유치의 상관관계를 더욱 쉽게 이해할 수 있다. 한마디로 종합해 본다

면 CEECs-4의 제도발전지수가 CEECs-5보다 0.33점이 높기 때문에 CEECs-4로 직접투자가 집중되게 되고 이 두 지역의 투자유치 금액의 차이는 약 110억 달러가 나타난다는 결론에 이를 수 있다. 유럽의 전환경제국 내에서 경제제도와 투자환경의 차이가 직접투자의 유치 증가에 영향을 끼친 여부에 대해 알아보았으니 다음 절에서는 중국의 사례를 알아보도록 하겠다.

2. 중국의 직접투자 유치현황

중·동부 유럽의 사례와 마찬가지로 최근 중국의 직접투자 유치 금액을 조사하기 위해 각각 1992년에서 1997년까지의 평균 금액과 1998년부터 2007년까지 각 연도별 유치금액, 그리고 2011년까지의 유치금액 전망을 나누어 조사하고 이 평균을 계산하여 <표 14>를 작성했다.

〈표 14〉 중국의 직접투자 유입금액(Billions of dollars)

	직접투자 유입금액												
	1992~1997	1998	1999	2000	2001	2002	2003	2004	2005	2006	2007	2007~2011	평균
중국	32.8	45.5	40.3	40.7	46.9	52.7	53.5	60.6	72.4	72.8	83.6	86.8	57.4

출처: UNCTAD, World Investment Report, 2004, 2005, 2008; EIU, World Investment Prospects to 2011, 2007.

<표 14>에서 보는 바와 같이 중국은 전체적으로 높은 금액을 유치하고 있다. 1998년 455억 달러였던 유치금액은 약 10년 후인 2007년에는 거의 2배로 증가했다. 1990년대 말 중국의 외국인직접

투자 유치금액은 증가하다 조금 감소했지만 2000년 이후로는 꾸준히 증가하는 모습이다. 2001년에 469억 달러를 시작으로 2002년에는 58억 달러가 증가한 527억 달러를 유치했고 2004년에도 전년도인 2003년도의 535억 달러에서 71억 달러가 증가한 606억 달러를 유치했으며 2005년에는 118억 달러 증가하여 724억 달러라는 금액의 직접투자를 유치했다. 2007년 역시 전년도보다 112억 달러 증가한 836억 달러의 직접투자를 유치했고 2011년까지는 32억 달러가 증가한 금액의 직접투자를 유치할 것이라고 통계는 전망하고 있다. <표 5>에서 볼 수 있듯이 중국의 경제발전지수가 꾸준히 높아짐에 따라 직접투자의 유치금액도 꾸준히 증가하는 경향이다. 이렇듯 유치금액이 계속해서 증가할 것이라는 전망은 앞 장에서 분석한 것처럼 중국이라는 13억의 거대한 내수시장이 가진 '시장기회'라는 커다란 매력이 큰 원인으로 작용한 것임을 예측할 수 있다. 그럼 중국과 인도, 러시아의 직접투자 유치금액을 살펴보도록 하겠다. 아래의 <표 15>는 세 국가의 직접투자유치금액을 중국과 동일한 기간으로 나누어 표로 작성한 것이다.

〈표 15〉 인도·러시아의 직접투자 유입금액(Billions of dollars)

	직접투자 유입금액												
	1992~1997	1998	1999	2000	2001	2002	2003	2004	2005	2006	2007	2007~2011	평균
러시아	2.0	2.7	3.3	2.7	2.5	3.5	8.0	11.7	12.9	32.4	52.5	31.4	13.8
인도	1.7	2.6	2.2	2.3	3.4	3.4	4.3	5.3	7.6	19.7	23.0	20.4	8.0
합계	3.7	5.3	5.5	5.0	5.9	6.9	12.3	17.0	20.5	52.1	75.5	51.8	21.8

출처: UNCTAD, *World Investment Report*, 2004, 2005, 2008; EIU, *World Investment Prospects to 2011*, 2007.

<표 15>를 살펴보면 인도와 러시아의 직접투자 유치금액 평균

총액은 218억 달러로 평균금액이 574억 달러인 중국과 비교하면 약 350억 달러의 차이가 나는 금액이다. 아래의 <표 16>은 중국과 세국가의 경제제도와 투자환경에 대한 평균지수와 직접투자 유치금액을 함께 비교한 표이다.

〈표 16〉 중국과 인도 · 러시아의 지수와 직접투자 유입 비교

	경제제도 및 투자환경 지수	직접투자 유치금액
중국	6.38	57.4(Billions of dollars)
인도 · 러시아	6.22	21.8(Billions of dollars)

출처: UNCTAD, *World Investment Report*, 2004, 2005, 2008; EIU, *World Investment Prospects to 2011*, 2007.

<표 16>에서 알 수 있듯이 CEECs - 4와 CEECs - 5의 사례에서처럼 중국과 두 국가의 사이에서도 경제제도 발전지수가 높은 지역의 직접투자가 증가한다는 동일한 결론에 도달할 수 있다.

V. 결론

외국인직접투자는 세계경제와 무역에서 매우 중요한 위치를 차지한다. 보다 저렴한 생산비용을 찾는 선진국과 경제성장에 필요한 자본과 기술을 찾는 개발도상국은 모두 외국인직접투자에 많은 관심을 가지고 그것을 통하여 자신들의 원하는 것을 이루고자 한다. 시장경제체제로 전환한 전환경제국들은 대부분 외국인직접투자를 통하여 자본과 기술을 확보하려는 개발도상국의 입장에 서 있다.

때문에 이들 국가들은 외국인직접투자의 유치에 매우 적극적이다. 이들의 직접투자 유치의 양상을 살펴보면 특정한 국가로 직접투자가 집중되는 현상을 쉽게 발견할 수 있다. 이것에 대한 원인을 밝히는 것이 이 연구의 목적이었다.

본문에서 제시한 통계자료를 이용하여 살펴보았듯이 CEECs - 4는 CEECs - 5와 비교하여 경제제도와 투자환경의 지수가 상대적으로 높게 나타났기 때문에 거래비용의 발생이 낮아지게 되므로 직접투자가 상대적으로 집중되게 되고 그 유치금액이 CEECs - 5와 비교하여 높게 나타났다. 중국과 인도, 러시아를 비교했을 경우에도 이와 비슷하다. 중국이 경제제도와 투자환경의 지수가 상대적으로 높았기 때문에 거래비용이 낮아졌고 그로 인하여 직접투자가 비교국가들보다 집중되었고 그 유치금액은 350억 달러의 차이를 보였다. 이러한 현상을 분석해 보면 전환경제국에서는 경제제도와 투자환경, 다시 말해 시장경제 관련 제도 발전의 수준에 따라 직접투자가 달라진다는 결론을 내릴 수 있다. 이것은 저렴한 노동력이 직접투자를 유치하는 요인으로 작용하긴 하지만 제도적 발전 정도가 거래비용을 감소시키므로 이 요인이 직접투자의 유치에 더욱 큰 작용을 한다는 것이다. 그러므로 직접투자를 통해 한 단계 높은 산업으로 발돋움하고 높은 기술을 확보하려는 국가에서는 저렴한 노동력과 함께 적정한 수준의 인프라 구축과 잘 발달된 투자환경과 경제제도를 갖추어야 한다.

중·동부 유럽과 중국은 각각의 장단점을 가지고 있다. 중·동부 유럽은 상대적으로 낮은 임금에 높은 기술교육 수준을 갖춘 양질의 노동력을 갖추고 있고 유럽연합과 지리적으로 인접하다는 이

점을 가지고 있다. 또한 비교적 성숙한 경제제도와 투자환경을 갖
췄다는 장점도 가지고 있다. 하지만 이런 환경은 CEECs-4에 치중
되어 발달했다. 때문에 중·동부 유럽으로 향하는 직접투자들이
CEECs-4로 집중되는 경향이 강해 불균형적인 성장이 이루어지고
있는 것이다. '2011년 세계투자전망'에서 전망한 바에 따르면 중·동
부 유럽은 2011년까지 직접투자 유치금액이 감소할 것이라고 한다.
이것은 CEECs-4로 집중되는 직접투자로 인한 불균형적인 성장이
이러한 전망의 원인 중에 하나라고 볼 수도 있다. 만약 CEECs-5가
경제제도 및 투자환경을 개선시키지 않고 CEECs-4로 투자가 계
속 집중되게 한다면 CEECs-4의 직접투자마저도 줄어들 수 있다
는 것을 '2011년 세계투자전망'을 통해 예상할 수 있다. 그러므로
CEECs-5는 경제제도와 투자환경의 발전과 개선에 더욱 매진하여
이러한 불균형을 극복해야 할 것이다.

중국은 비슷한 크기의 시장을 가진 인도와 지리적으로 가까이
위치한 러시아와 비교해 상대적으로 안정적인 경제제도와 투자환
경을 가지고 있다. 또한 세계 최고의 인구수를 자랑하는 거대 시장
과 꾸준히 유지하는 높은 경제성장률을 갖춘 나라이다. 하지만 중
국은 여전히 부패와 정치적인 불안정과 효율성이 떨어진다는 단점
도 가지고 있다. '2011년 세계투자전망'에서 전망한 바에 따르면
중국은 2011년까지 계속해서 직접투자의 유치금액이 증가할 것이
라고 한다. 이러한 전망은 중국이 직접투자정책을 변화시키면서 국
가의 경제제도와 투자환경을 끊임없이 개선시켰기 때문에 나온 것
이라고 볼 수 있다. 중국은 분명 커다란 매력을 가진 투자지역이고
직접투자 역시 계속해서 꾸준히 증가할 것임이 틀림없다. 중국은

비록 인도와 러시아와 비교하여 경제제도 발전지수가 높은 것은 사실이지만 동유럽과 비교하여 경제제도 발전 정도가 낮은 것 또한 사실이다. 그러나 중국으로 유입되는 직접투자의 금액이 동유럽과 비교하여 월등히 높은 것은 중국이 시장기회, 거시경제의 안정성, 지속적인 경제성장률이라는 요인이 동유럽보다 경제제도 발전지수가 낮다는 단점을 극복하기 때문이다. 만약 중국에서 이러한 요인들이 더 이상 중국만의 매력요인으로 작용하지 않게 되면 낮은 제도발전지수에서 발생하는 방해비용이 직접투자 유치에 불리한 점으로 작용할 수 있다. 그러므로 중국은 자본주의 시장경제 관련 제도들을 동유럽 수준으로 끌어올리려는 노력이 필요할 것이다.

이상으로 중·동부 유럽과 중국의 경제체제의 특징과 장단점을 알아보고 경제제도와 투자환경을 분석하여 경제발전 정도와 직접투자 유치와의 상관관계를 알아보았다. 재정정책과 금융정책, 각종 인프라를 고루 갖추는 등 우수한 투자환경은 거래비용을 감소시키기 때문에 생산비용을 더욱 절감시키는 효과를 발생시킨다. 때문에 투자기업들은 거래비용이 낮은 지역으로 집중되고 피투자국은 거래비용을 낮추기 위해 제도와 환경을 우수한 수준으로 끌어올려야만 하는 것이다.

한국도 직접투자를 유치하고자 할 때 이러한 결론을 고려하여 준비한다면 더욱 성공적인 결과를 얻을 수 있을 것이라 생각한다. 또한 중·동부 유럽과 중국으로 직접투자를 준비할 경우에는 이들 지역의 특징과 장단점을 잘 참고하여 투자의 방향을 정하고 대응방안을 마련해야 할 것이다.

참고문헌

신상협. "폴란드 외국인직접투자 유치요인에 대한 분석". 『유럽연구』. 제25권. 제2호(2007).

이종원·황기식. 『EU 27 유럽통합의 이해』(서울: 도서출판 해남, 2008).

정형곤. "제도개혁의 방법론에 대한 고찰: 중국과 동유럽 사회주의 경제체제의 전환을 중심으로". 『한국경제연구원 시리즈자료 제도연구』. 제4호(2002).

조명철. 『경제전환국의 경제개발비용 조달』(서울: 대외경제정책연구원, 2000).

최병철. "중국의 외국인 직접투자 도입정책에 관한 연구". 『울산대학교 사회과학 논집』. 제5권, 제3호(1996), pp.113~134.

Bevan, A., Estrin, S. Meyer, K. "Foreign investment location and institutional development in transition economies". *International Business Review.* Vol.13(2004), pp.43~64.

Dunning, J. H. "Institutional reform, FDI and European transition economies". in Grosse, R.(ed). *International Business and governments in the 21st century*, Cambridge University Press, 2004. pp.49~76.

Hwang, K. S. "Institutional reform and locational advantage of new EU member central and eastern european countries for foreign direct investment". *International Review of Public Administration.* Vol.13. No.1(2008), pp.97~116.

Meyer, K. & Nguyen, H. "Foreign investment strategies and sub‒national institutions in emerging markets: evidence from Vietnam". *Journal of Management Studies.* Vol.42. No.1(2005), pp.64~93.

EBRD. *Transition Report.* 2008.

EIU. *World investment prospects to 2011.* 2007.

UNCTAD. *World investment Report.* 2004, 2005, 2008.

World Bank. *The World Development Indicators.* 2008.

http://europa.eu/scadplus/glossary/accession_criteria_copenhague_en.htm(2009년 5월 20일 검색).

제8장 글로벌 금융위기 이후 기축통화변경 가능성에 관한 연구:
유로화로의 전환가능성을 중심으로

박광수

동의대학교 금융보험학과 교수

I. 서 론

2008년 9월 미국의 투자은행인 리먼브라더스가 파산하면서 본격화된 글로벌 금융위기로 전 세계는 사상 유례없는 금융시스템의 불안정과 실물경기 위축 현상을 경험하였다. 이 과정에서 기축통화로서 미 달러화의 위상에 대한 도전 움직임이 나타나는 가운데 중국 인민은행 총재가 SDR(Special Drawing Rights)을 초국가적 준비통화로 채택할 것을 제안하는 등 기축통화 변경에 대한 논의가 본격화되고 있다.

특히 글로벌 금융위기가 최고조에 달했던 2008년 말까지는 전 세계 금융시장이 극단적인 안전자산선호 현상의 영향으로 문제의 진원지인 미국의 통화인 달러가 강세를 보이는 이상현상이 나타나기도 하였다. 그러나 이후 금융시장 안정을 위한 대규모 유동성 공급과 양적완화정책으로 금융시장이 어느 정도 안정되자 과다하게 공급된 미국 달러화의 가치에 대해 우려하는 견해가 나타나고 있다. 실제 2009년 들어서는 달러화 가치는 지속적으로 하락하는 현상이 나타나고 있으며 과거에 비해 약화되고 있는 미국경제의 체질은 국제통화로서 달러화의 위상을 근본적으로 위협하는 요인으로 인식되고 있다.

한편, 2차 대전 이후 미국의 독주에 대응하여 유럽을 단일 경제권으로 통합하려고 노력하였던 유럽국가들은 1999년 유럽통화동맹(EMU)을 결성하고 2002년 1월부터는 공식적으로 유로화를 EMU 국가들의 모든 통화를 대체하는 단일통화로서 도입하였다. 유로화의 도입 이후 유로화는 국제금융시장에서 제2의 국제통화로서의 확고한 위치를 점하고 있으며 유로경제권의 확대로 그 영향력이 점차 증대하는 상황이다. 이러한 점진적인 유로와의 위상 증대가 이어지는 가운데 발생한 글로벌 금융위기는 달러화와 유로화의 상대적인 위상에 상당한 변화를 가져왔으리라 추측된다. 특히 글로벌 금융위기의 직접적인 피해를 입은 미국의 금융기관과는 달리 유럽의 금융기관들은 상대적으로 피해가 적은 것으로 알려지고 있어, 향후 국제금융시장에서 유럽 금융기관들의 부각이 예상되는데 이러한 점은 유로화 위상에도 상당한 영향을 미칠 것으로 판단된다.

본 연구는 글로벌 금융위기 이후 나타나고 있는 국제금융시장에서의 변화와 기축통화로서의 달러화의 위상변화에 따른 향후 유로화의 역할 증대 가능성을 논의하고자 한다. 본 연구의 구성은 다음과 같다. 먼저 2장에서는 글로벌 금융위기의 원인과 국제금융시장에서의 달러화의 위상변화를 살펴본다. 3장에서는 달러, 엔 등 여타 국제통화와 비교하여 국제통화로서 유로화의 위상을 살펴보고 향후 유로화가 기축통화로서 기능할 수 있는지에 대한 분석을 하고 마지막으로 4장에서 요약 및 결론을 이끌어 낸다.

Ⅱ. 글로벌 금융위기원인과 달러화에 대한 영향

1. 글로벌 금융위기의 원인

2000년에 접어들어 전 세계 경제는 IT 버블 붕괴에 따라 급격한 경기 위축과 디플레이션을 우려하였다. 이에 대한 대응정책으로 미국을 비롯한 전 세계 중앙은행들은 정책금리를 인하하였다. 이에 따라 미국은 2004년 말까지 정책금리를 1% 수준까지 낮추는 저금리정책을 실행하였다.

이러한 저금리정책으로 자산가격이 급등하였는데 그중에서도 부동산가격의 상승이 두드러지게 나타났다. 미국의 경우 이러한 부동산가격 상승과 주택경기의 호황은 주택 관련 대출의 증가로 이어졌으며 무서류(low-doc, no-doc) 대출, NINJA(No Income, No Job, No Asset) 대출 등 금융기관 간 과다한 대출경쟁이 발생하기도 하였다. 투자은행(investment banks)들은 유동성이 떨어지는 주택담보대출채권을 유동화시켜 파생상품으로 만들어 전 세계에 판매하였다. 이리하여 개도국경제에 버금가는 리스크를 가진 미국 내 서브프라임 모기지(비우량 담보대출) 시장에 1조 달러가 넘는 세계 유동성이 유입되었으며 이 과정에서 세계적인 투자은행은 주택모기지 상품에 투자하여 막대한 이익을 획득하였다.

그러나 원유, 비금속 등 국제 원자재 가격이 급등함에 따라 인플레이션에 대한 우려가 증가하자 2004년 이후 전 세계 중앙은행들은 점차 금리를 인상하기 시작하였다. 금리상승이 지속되자 꺾일 줄 몰랐던 부동산 가격이 하락세로 반전되고 이에 따라 신용등급이 떨어지는 주택모기지, 즉 서브프라임 모기지의 부실이 발생하기 시작하였다. 서브프라임 모기지에 투자하고 있던 금융기관의 부실이 증대되면서 금융기관의 신뢰가 붕괴되는 가운데 실제 리먼브라더스의 파산이 발생하자 금융기관들은 앞다투어 투자자산을 매각하여 유동성 확보에 나서는 이른바 디레버리지 현상이 발생하였다. 디레버리지 현상은 주식시장의 폭락으로 이어졌으며 이미 글로벌화된 금융기관의 속성상 특정 글로벌 투자은행의 부실은 전 세계에 동시적 부실로 이어지는 현상으로 나타나고 이는 글로벌 금융위기로 이어졌다.

2. 금융위기에 대한 미국의 정책 대응

1) 금융시장 안정 정책

역사상 유례없는 글로벌 금융위기에 따른 금융시스템 붕괴위기
에 직면한 미국은 금융시스템의 안정을 위해 거의 무제한의 유동
성을 공급하는 정책을 실행하였다. 이에 따라 금융기관의 자본을
확충하고 채무를 정부가 직접 보증하는 동시에 부실자산을 매입하
는 등 금융시장에 대규모 유동성을 공급하였다. 특히 미국의 금융
위기가 전 세계 시장으로 파급되어 국제금융시장 전체의 시스템
불안으로 이어짐에 따라 전 세계적인 금융정책의 공조가 필요하게
되었다. 이에 따라 미국을 비롯한 각국 중앙은행은 우선 정책금리
를 글로벌 금융위기 이전 수준으로 인하하였다.

글로벌 금융위기의 진원지인 미국은 가장 심각한 문제를 금융시
스템 자체에 대한 불안심리라고 판단하였다. 그리하여 금융시스템
불안의 근원을 근본적으로 해소하기 위한 정책을 실시하게 되었는
데 우선 심각한 단기금융시장 경색을 해소하기 위해 약 3조 달러에
달하는 MMF 투자원금 지급을 1년간 보장하였다. 또한 미국 재무
부는 모기지 시장의 안정을 위해 GSEs(Fannie Mae 및 Freddie Mac)
와 함께 MBS 매입[1]규모를 확대하였다. 아울러 미 재무부는 2008
년 10월 부실자산(troubled assets)을 금융권에서 제거하여 금융위기
를 근본적이고 포괄적으로 해결하기 위하여 최대 7,000억 달러 규

---

1) 미 재무부는 2008년 9월 7일 'GSEs 지원조치'에서 GSEs보증 MBS를 시장에서 직매입하는 조치를
   발표하였다.

모의 부실자산 매입을 위한 프로그램인 TARP를 실시하였다. 또한 구좌당 예금보호한도를 10만 달러에서 25만 달러로 증액하고 금융기관 신규 발행채권 보증 등 공공기관을 통한 지원대책도 마련하였다.[2]

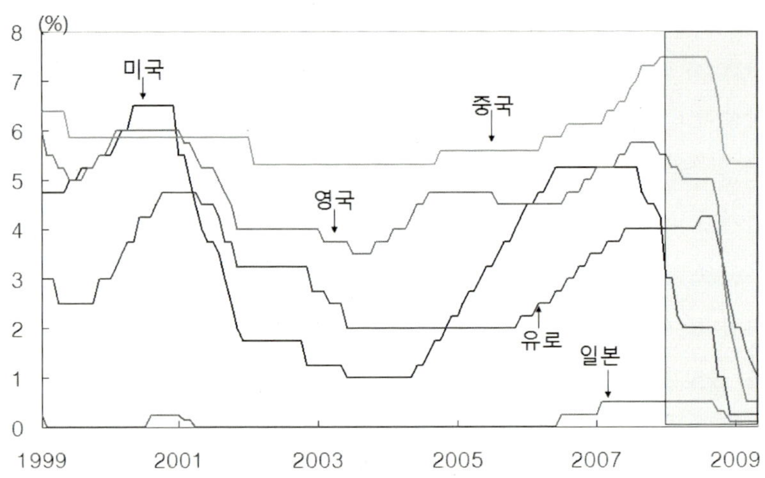

자료: 한국은행(2009.6), 최근 세계 기축통화 논의 내용과 향후 전망 중에서 재인용.

〈그림 1〉 주요국의 정책금리 추이

2) 대규모 확장적 재정정책

각국 정부는 글로벌 금융위기가 실물 부분으로 전파되는 것을

---

2) 한편 미국 이외에 다른 국가들도 미국과 비슷한 정책보조를 취하였다. 영국은 RBS, HBOS, Lloyd 등 영국의 3대 은행에 총 370억 파운드를 자본을 확충에 투입하고 정부보증을 주요 내용으로 하는 6,300억 달러의 구제금융안을 실시하였다. 또한 예금보호한도도 35,000파운드에서 50,000파운드로 상향하였다. 독일 역시 2008년 10월 상업은행의 자본 확충에 800억 달러, 바이레른 주립은행 자본 확충에 100억 달러를 투입하는 등 총 5,000억 달러 규모의 금융시장 안정대책을 발표하였다. 리만브라더스 파산 이후 각국 정부는 막대한 규모의 금융시장 안정대책을 실시하였는데 특히 미국은 GDP의 39%, 영국은 GDP의 81% 수준에 이르고 있다.

최소화하기 위해 적극적인 재정확대정책 및 감세정책을 실시하였다. 미국정부는 2008년 10월 제정된 경제촉진구제법에 의거 2011년까지 1,228억 달러에 이르는 감세안을 마련한 데 이어 2009년 2월에는 2019년까지 총 7,872억 달러 규모의 경기부양책을 추가로 발표하였다. 재정지출 규모는 총 5,754억 달러이며 이 중 2009년 중에는 1,201억 달러에 이르는데 일자리 창출, 실업대책, 지방정부 지원 등에 투입될 예정이다. 또한 감세 규모는 2,118억 달러(2009년 중 648억 달러)로서 개인소득 지원, 기업세액공제 확대 등으로 구분하고 있다.

3. 금융위기 이후 달러화의 위상 변화

1) 달러화 약세

글로벌 금융위기를 극복하기 위해 미국을 비롯한 각국은 대규모의 경기부양정책을 실시하였다. 이를 위해 막대한 재정지출과 감세정책에 따라 각국의 재정은 심각한 적자를 보이고 있다. 미국의 경우 경상수지는 2008년 7,780억 달러 이상의 적자를 보이고 있으며 재정수지는 2008년 8천억 달러 이상의 적자를 보여 GDP의 6%를 넘어서고 있는 상황이다. 이에 따라 미국 중앙정부의 부채는 2008년 말 5조 8천억 달러에 달해 GDP의 40% 수준에 달하고 있다.[3]

---

3) 재정건전성이 크게 악화될 것으로 예상되는 미국, 영국 등 주요 선진국의 국가신용등급이 하락할 가능성도 배제하기 어려운 상황이다. S&P는 2009년 5월 정부재정 악화를 이유로 영국의 신용등급을 AAA '안정적'에서 '부정적'으로 하향조정한 데 이어 무디스는 2009년 6월 미국의 국가신용등급을 Aaa로 유지한다고 밝히면서 공공부채 축소에 실패할 경우 하향조정이 불가피하다고 경고하고 있는 상황이다.

〈표 1〉 미국의 경상수지와 재정수지 적자 추이

(10억 달러, %)

	2004년	2005년	2006년	2007년	2008년
재정수지	− 414(− 3.5)	− 354(− 2.8)	− 242(− 1.8)	− 285(− 2.0)	− 879(− 6.1)*
정부부채	4,307(36.6)	4,606(36.7)	4,848(36.6)	5,055(36.2)	5,820(40.4)
경상수지	− 461(− 4.4)	− 523(− 4.7)	− 625(− 5.3)	− 729(− 5.8)	− 788(− 5.9)

자료: 통계청. http://www.kosis.kr/international/theme(2009년 9월 28일 검색).
　　IMF(2009), Fiscal Implications of the Global Economics and Financial Crisis.
주) 괄호 안은 GDP 대비 비중. *은 잠정치.

사실 미국의 재정적자와 무역수지적자는 금융위기 이전부터 미국경제의 가장 큰 문제였다. 미국은 늘어나는 쌍둥이 적자를 환율정책을 보완하면서 경제를 지탱해 왔으나 달러가치는 이미 지속적으로 하락하는 상황이었다. 그런데 글로벌 금융위기가 심화되기 시작하였던 2008년 8월 이후 전 세계 금융시장의 불안이 확산되자 국제금융시장에 나타난 가장 두드러진 특징은 극단적인 안전자산 선호현상이었다. 이에 따라 미국이 금융위기발생의 원인제공자임에도 불구하고 달러화는 위기 시 가장 안전한 자산으로 인식되어 그 가치가 더욱 상승하는 아이러니한 현상이 나타났다.

즉 금융위기로 금융시장이 불안정해지고 BIS 비율 등 재무 건전성이 금융기관의 생존 요건으로 부각됨에 따라 이머징마켓에 투자하던 자금을 회수하여 미국달러자산으로 보유하고자 하는 현상이 나타났던 것이다. 이에 따라 여타 통화의 가치는 하락하고 달러화가 강세를 보이게 되었던 것이다. 이러한 현상은 한국과 같이 외국자본에 대한 개방도가 높은 국가에서 더욱 두드러지게 나타났다.

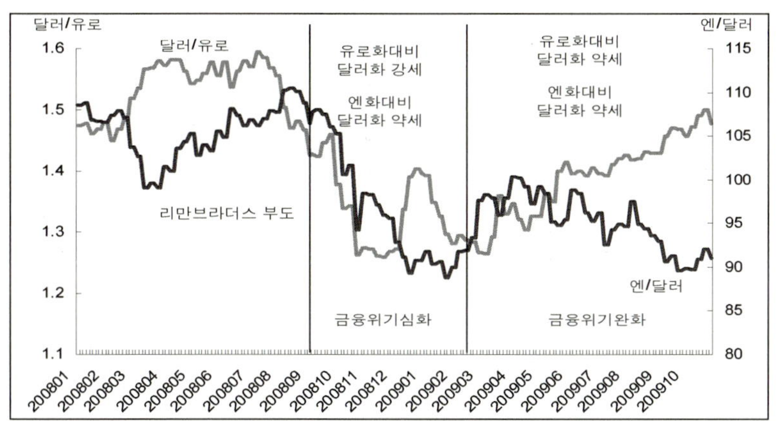

자료: 한국은행 경제통계시스템, http://ecos.bok.or.kr/(2009년 9월 25일 검색).

〈그림 2〉 달러환율의 추이

그러나 2009년 3월 이후 각국 정부의 금융시장 안정화 공조로 국제금융시장이 점차 안정화됨에 따라 달러화의 가치는 하락세로 반전하는 현상이 나타나고 있다. 이는 막대한 재정적자와 구제금융을 투입한 미국경제의 근본적인 구조에 대한 재평가가 이루어지고 있는 것으로 해석할 수 있다.

기조적인 달러 약세추세에서 달러화의 기축통화에 대한 지위는 금융위기 이후 더욱 위협받는 상황에 이르렀다. 국제금융시장에서는 달러화에 대한 회의론이 대두되면서 본격적으로 기축통화로서의 달러화의 대안을 모색하는 움직임이 나타나고 있다.

2) 기축통화로서의 달러화에 대한 도전

(1) SDR로의 기축통화 변경 논의

막대한 재정수지와 경상수지 적자를 기록하고 있는 미국경제가 장기적으로 지속 성장할 수 있을 것인가에 대한 회의론이 부상하는 가운데 미국에서 발생한 글로벌 금융위기는 달러화의 위상을 더욱 하락시키는 요인으로 작용하고 있다. 이러한 가운데 2009년 2월 중국 인민은행 총재는 특정화폐를 기축통화로 사용하기보다는 SDR(특별인출권: Special Drawing Rights)을 초국가적 기축통화로 채택하자는 제안을 하였다. 이는 특정국가의 통화를 기축통화로 사용하게 되면 그 나라는 발권력에 의한 이익(seigniorage)을 너무 크게 얻기 때문에 대외불균형에 놓일 수밖에 없다는 구조적인 문제를 안고 있다는 인식에서 출발하고 있다.[4]

한편 UN 전문가 위원회에서도 달러화 표시 외환보유액의 과도한 축적을 억제하고 현재의 국제금융시스템의 불안정을 해소하기 위해 글로벌 준비통화제도의 창설을 주창하고 국제준비통화(SDR)의 사용을 주장하였다. 또한 현재의 국제금융시스템에서 기축통화가 1~2개 더 늘어난다고 하여도 현재의 금융시스템의 불안정을 근본적으로 해결하지는 못하므로 외환보유액에 맞추어 SDR을 공급하면 안정적으로 경제성장을 달성할 것이라고 주장하고 있다.

이러한 논의는 BRICs 국가의 정상회담에서도 논의가 되어 미 달

---

4) 이론적으로 볼 때 고전적인 화폐수량설(MV＝PT, M: 통화량, V: 유통속도, P: 물가, T: 거래량)에 의하면 전 세계의 실질성장률만큼 국제통화를 공급하면 통화가치의 하락 없이 화폐발행의 이익을 취할 수 있다.

러화 중심의 현행 국제금융시스템은 인플레이션 리스크를 제거할 수 없으므로 초국가 통화(supernational currency)가 창설되어야 한다는 데 합의하였다.

기축통화로서 SDR을 사용하게 될 경우 다음과 같은 장점이 있다. 먼저 SDR은 특정국가의 통화정책과 재정정책의 자치권이 유지되는 형태의 통화바스켓이므로 전 세계의 중앙은행들이 즉시 사용할 수 있다. 즉 IMF가 자금조달 수단으로 SDR 표시 채권을 발행하고 각국 중앙은행이 이를 매입하는 방식으로 운용할 수 있다. 이렇게 SDR이 세계경제에서 사용되는 비중이 늘어나고 실물자산과의 연계성도 심화됨으로써 SDR의 신뢰성이 높아질 수 있다.

그러나 SDR을 기축통화로 사용하기 위해서는 몇 가지 해결해야 할 문제점도 있다.

우선 현재 SDR의 주요 용도는 IMF에서의 회계단위로서의 사용이므로 IMF 회원국 간 공적 거래부문에서만 사용되는데 기축통화가 되기 위해서는 이보다 거래규모가 훨씬 큰 민간부문의 무역 및 자본거래에 사용되어야 한다. 그런데 이를 위해서는 SDR 표시 금융자산이 거래되는 금융상품시장이 풍부한 유동성과 시장성을 갖추어야 한다. 그러나 새로운 금융시장을 창설하고 발전시키는 것은 오랜 시간이 걸릴 뿐 아니라 관련국가의 이해가 대립할 가능성도 크다. 또한 미 달러화가 기축통화로서의 지위를 상실할 경우 미국은 막대한 화폐발행이익을 포기해야 하므로 이에 반대할 가능성이 매우 높다.[5] 특히 IMF 내에서 미국의 지분은 16.77%로서 최대주주

---

5) 미국의 입장에서 기축통화 지위의 유지는 많은 경우 대외정책결정에 핵심요인으로 작용하고 있는 것으로 판단된다. 예를 들어 이라크 전쟁은 후세인 대통령이 석유결제통화를 유로화로 바꾸려는 시도를 저지

이며 거부권(15%)까지 보유하고 있는 상황이다. 여기에 SDR 기축통화체계하에서는 IMF가 SDR의 공급 역할을 담당하게 되어 세계 중앙은행의 역할을 담당하게 되므로 각국의 중앙은행들도 이러한 체제에 반대할 가능성이 높다.

(2) 석유결제통화의 변경 움직임

제2차 세계대전 이후 체결된 브레튼우즈협정은 금 1온스당 35달러로 고정된 금태환 비율로 미국정부가 타국 중앙은행에 금을 지불한다는 협정이었다. 이 협정은 금을 기초로 달러화의 가치를 유지하는 것으로, 이로써 미국 달러화는 영국의 파운드화를 대체하여 국제통화로서 입지를 확고히 하게 되었다. 그런데 1971년 8월 브레튼우즈체제가 붕괴됨에 따라 달러화는 더 이상 금으로 태환되지 않게 되어 기축통화로서의 달러화의 지위가 크게 위협을 받게 되었다. 그러나 1973년 석유수출국들의 원유 가격인상으로 촉발된 오일쇼크는 달러를 세계경제의 기축통화로 부활시켜 주는 계기가 되었다. 1974년 미국은 석유수출국기구인 OPEC과의 비밀협상을 통해 산유국들이 원유 결제 대금을 달러로 사용하는 협약을 체결했다. 브레튼우즈체제 시절 금으로 보증되던 달러가 미국과 OPEC 간 협약을 통해 사실상 석유로 보증되는 시기가 도래한 것이었다.[6]

하려는 미국의 의도가 배후에 깔려 있다는 시각이 상당한 설득력을 얻고 있다. 또 다른 예로는 1997년 동아시아 금융위기 이후 한·중·일을 중심으로 아시아 통화동맹(ACU: Asia Currenvy Union))의 창설에 대한 논의가 활발하게 진행되고 있는데 ACU 창설에 가장 큰 제약 중 하나는 미국의 적극적인 반대입장이라고 볼 수 있다.

6) 미국의 저널리스트이자 비주류 경제학자인 윌리엄 엥달은 양차 세계대전과 최근의 이라크 전쟁은 물론이고, 코소보 사태, 아프리카 내전, 영국의 아르헨티나 공격 등 20세기에 빚어진 숱한 전쟁들이 모두 석유에서 비롯됐다고 단언한다. 특히 '세븐 시스터즈'로 알려진 메이저 석유기업들의 이권과 영미의 세계 지배전략이 수많은 전쟁의 원인이라고 주장하고 있다.

산업화 발전의 필수 생산요소인 석유에 대한 전 세계적인 수요는 달러화에 대한 폭발적인 수요를 유발하게 되었다. 이후 국제원유시장에서 대부분의 원유결제대금은 달러로 결제되었다.

그런데 최근 일부 중동 산유국 국가들과 러시아, 중국, 브라질 등이 달러화 결제 의존도를 줄이기 위해서 달러화를 배제하려는 움직임을 보이고 있다.[7] 이들은 달러화 대신 일본 엔, 중국 위안, 유로, 금과 걸프협력위원회 회원국인 사우디아라비아, 아부다비, 쿠웨이트, 카타르 등이 계획하는 공동통화 등으로 구성되는 통화바스켓을 사용한다는 구체적인 계획을 가지고 있는 것으로 알려지고 있다.

한편 세계 4위의 석유 수출국인 이란은 2009년 10월 국제 석유 거래에서 달러화 결제를 완전히 중단했다고 밝히면서 달러화 이외의 통화로 원유를 거래한다는 이란정부의 정책에 따라 달러화를 받는 원유 판매를 완전히 중단했다고 주장하였다. 이란, 베네수엘라 등 반미 산유국은 최근 달러화 약세에 따른 손실을 줄이기 위해 국제 원유 거래에서 달러화를 포기하고 유로화 등 다른 기축통화로 대체할 것을 꾸준히 주장해 왔다. 여기에는 달러화 가치하락으로 석유 판매 수익의 실질적 가치가 하락하는 것을 막기 위한 경제적 목적뿐 아니라 자국의 주 수입원인 원유 판매에서 달러화에 대한 의존도를 낮춰 미국의 영향력을 축소시키려는 정치적 이유도 깔려 있는 것으로 판단된다.

---

7) 영국 일간 인디펜던트지가 2009년 10월 6일 보도에서 중국·러시아·일본·프랑스 등과 일부 중동 산유국들이 비밀 회동을 갖고 석유거래 시 달러화 대신 새로운 통화를 사용하자는 방안을 추진하기로 했다고 보도하였다.

미국의 경제제재로 외국 은행과 자유로운 국제 금융거래가 제한
된 이란은 석유 판매 등으로 얻은 자산을 달러화 대신 유로화 등으
로 전환하는 등 2008년 이후 달러화에 대한 의존도를 급격하게 축
소해 왔다. 이란은 2008년 3월 원유 결제 통화를 유로화로 요구했
고 베네수엘라도 2001년에 이어 2008년 12월 원유의 유로화 결제
방침을 밝혔다.

(3) 중남미 좌파국가의 도전

2009년 10월 쿠바, 베네수엘라, 볼리비아, 에콰도르, 니카라과 등
중남미 좌파 국가 모임인 '미주를 위한 볼리바르 동맹(ALBA)'[8]이
2010년부터 회원국 간 무역 결제에 달러를 사용하지 않기로 합의
했다. ALBA의 9개 회원국 정상들은 2010년 초부터 회원국 공동 통
화인 'Sucre'[9]를 도입해 무역 결제 수단으로 사용하기로 합의했다.
Sucre는 일종의 가상 통화로 실제 화폐가 발행되지는 않지만, 전산
결제를 통해 무역 상대방으로부터 받은 Sucre를 정해진 환율에 따
라 각 회원국 통화로 인출할 수 있도록 만든 것이다. ALBA 회원국
들은 장기적으로 Sucre를 유로화와 같은 단일 통화로 발전시키고,
미국·유럽연합 등 비회원국과의 역외 무역 결제 수단으로도 사용
한다는 원칙을 세웠다. 그러나 단일 통화로의 채택과 역외 결제 도

---

8) ALBA는 미국 주도의 미주자유무역지대(FTAA) 창설안에 맞서 차베스 대통령과 피델 카스트로 전 쿠바
   국가평의회 의장이 2004년 12월 결성했으며, 2006년부터 본격적인 활동에 들어갔다. 회원국은 베네수
   엘라, 쿠바, 볼리비아, 니카라과, 온두라스, 도미니카공화국, 에콰도르와 카리브 해 지역 소국 등 중남미
   좌파 9개국이 참여하고 있다

9) Sucre는 에콰도르가 2000년 초까지 사용했던 통화의 이름으로 19세기 남미의 독립투사였던 호세 안
   또니오 수크레(Scure · 1795~1830년)에서 유래됐다. 그러나 에콰도르는 2000년부터 수크레를 폐지
   하고 미국 달러화를 자국 통화로 사용하고 있다.

입 시기 등에 대해서는 구체적인 합의를 이루지 못했다.[10]

이와 같이 금융위기 이후 달러화는 기축통화로서의 위상이 크게 약화됨에 따라 그에 대한 대안으로 유로화의 위상이 다시 부각되고 있다. 특히 금융위기에 상대적으로 피해가 적은 독일, 프랑스 등 유로지역 국가들의 금융기관들이 국제금융시장에서의 진출이 더욱 활발해짐에 따라 유로의 위상이 더욱 부각될 전망이다. 다음 장에서는 이런 맥락에서 유로화의 기축통화전환 가능성을 중심으로 분석을 진행하고자 한다.

Ⅲ. 유로화로의 기축통화 변경 가능성 분석

1. 기축통화의 정의와 요건

일국의 통화가 국내거래뿐 아니라 국제거래에서도 교환의 매개수단, 가치척도, 가치저장의 수단으로 사용될 때 국제통화(international currency)라고 한다. 기축통화(key currency)는 국제통화 중에서도 세계 각국의 준비통화(reserve currency), 외환시장 개입통화(intervention currency), 기준통화(anchor currency) 등으로 광범위하게 사용되는 통화(a superior international currency)를 의미한다. 그런데 일반적으로 특정국가의 통화가 기축통화가 되기 위해서는 다음의 조건을

---

10) 에보 모랄레스 볼리비아 대통령은 'Sucre'를 일정 기간 가상 통화로 사용한 뒤, '파차'(Pacha)라는 이름의 새 단일 통화를 창설하자고 제안했는데 '파차'는 볼리비아 원주민 말로 '땅'을 의미한다.

만족하여야 한다.

첫째, 해당국은 세계경제를 선도할 수 있는 경제력을 갖추어야 한다. 이는 해당 국가의 GDP 규모나 무역 등 국제거래의 규모로 파악할 수 있을 것이다. Eichengreen(1998)과 Frankel(2000) 등은 한 나라의 생산액과 무역액이 크면 클수록 대외거래를 유지하거나 화폐적인 앵커로서 자국의 통화를 더 많이 사용한다고 주장하고 있다.

둘째, 화폐의 가장 중요한 기능은 교환의 매개수단이다. 따라서 기축통화는 민간부문과 공공부문 등 모든 국제거래에서 폭넓게 사용되어야 한다. 이를 위해서는 선진화된 금융시장을 갖추어야 하고 금융의 국제화도 폭넓게 진전되어 있어야 한다.

셋째, 화폐의 가치저장과 가치척도의 기능 측면에서 보면 기축통화는 통화가치가 안정적으로 유지되어야 한다. 이는 두 가지 측면에서 파악할 수 있는데 우선 환율 변동성이 크지 않아 외환보유의 위험이 적어야 하고 또한 인플레이션 위험이 크지 않아 구매력 손실의 위험이 적어야 된다. Devereux와 Shi(2005)는 인플레이션이 심해지면 준비통화로서의 지위를 잃을 수도 있음을 이론적으로 증명하였다.

한편 기축통화가 되기 위해서는 이러한 경제적인 요인 이외에도 강력한 군사력을 보유하여야 한다는 것이 일반적인 견해이다. 본 연구에서는 이러한 측면에서 유로화의 역할을 달러화 및 여타 통화와 비교하여 유로화의 기축통화 가능성을 분석한다.

2. 유로화의 기축통화 가능성에 대한 기존 연구

제2차 세계대전 이후 달러화는 기축통화로서 강력한 지위를 유지해 왔다. 그러나 1990년대 들어 유럽통화동맹(EMU)의 등장으로 유로화가 달러화의 위상에 도전할 수 있느냐에 대한 논쟁이 이어졌다. 논의는 대체로 유로화가 달러화를 대체하기는 힘들며 주변통화로서의 기능에 머물 것이라는 견해와 유로화가 장기적으로 달러화를 상당 부분 대체하여 국제통화가 될 수 있다는 주장으로 구분된다.

Frankel(1995)과 Eichengreen(1998)은 유로화가 달러화를 대체하지 못할 것이라고 주장하였는데 그 근거는 역사적으로나 실증적인 연구로 볼 때 통화의 네트워크 외부효과[11] 때문에 유로가 달러의 기득권을 극복하기 어렵다고 주장하였다.

또한 Truman(2004)은 적어도 화폐의 지불수단이나 가치척도의 기능으로 본다면 두 개의 국제통화가 존재하는 것은 비효율적이며 국제통화를 보유하는 이유에 역행된다고 주장하였다. 그는 국제통화로서 유로는 큰 의미를 지니지 못할 것으로 결론지었다.

반면에 Bersten(1997)은 유럽통화동맹 이후 10년 안에 유로화가 달러화에 대적할 만한 수준이 될 것으로 예측하였다. 그는 유로지역경제의 상대적 규모와 국제무역에서의 중요성이 더욱 커지고 EMU가 유로지역 금융시장의 발전을 더욱 심화시킬 것이라고 주장

---

11) 한 통화가 교환의 매개수단으로 더 많이 사용될수록 거래비용이 줄어들게 되고 유동성도 풍부해져 새로운 사용자에게 더 매력적이 되는 효과를 의미하는데 이 효과에 의하면 결국 국제통화는 하나의 통화로 집중화될 것이라고 예상할 수 있다.

하였다.

또한 Gasper(2004)는 국제투자자들이 준비통화를 다변화함으로 써 거시경제적 위험을 헤징한다고 주장하고 유로화가 분산투자의 대상으로 유용한 역할을 수행할 것으로 전망했다.

Chin and Frankel(2005)는 유로화가 제1의 기축통화로서 달러의 지위를 위협할 것이라는 시나리오를 밝히고 있다. 그들은 유로지역 의 경제와 금융시장의 상대적 규모에 주목하고 있다. 만약 영국과 다른 비유로지역 국가들이 2020년까지 EMU에 가입하거나 달러약 세기조가 미래에도 지속된다면 유로는 2022년 기축통화로서 달러 를 능가할 것이라고 예상하였다.

3. 유로화의 기축통화 가능성 분석

1) 경제력 분석

EU는 미국에 비해 GDP 규모는 아직 약간 못 미치고 있으나 더 많은 인구를 보유하고 있을 뿐 아니라 교역액 측면에서도 미국을 능가하고 있는 것으로 분석되고 있다. 더욱이 미국은 막대한 경상 수지 적자를 보이고 있어 대외경쟁력이 크게 약화되어 있는 것으 로 나타난다. 향후 유로화는 사용 지역과 인구 면에서 크게 경쟁력 을 가질 것으로 전망되는데 유로화에 페그된 통화를 사용하는 인 구가 5억 명을 넘어설 것으로 예상되고 있다. 또한 코소보, 몬데네 그로 등 EU 가입후보국들 및 프랑스 식민지였던 아프리카 국가들

〈표 2〉 주요국의 경제지표(2008년 말)

(십억 달러, %)

국가	인구(백만)	GDP (경상)	교역액 (수출＋수입)	경상수지	인플레이션율 (2007년 말)
미국	304(4.5)	14,204(23.4)	3,467(10.8)	-7,061	2.7
유로지역	494(7.4)	13,565(22.4)	4,440(13.9)	-1,277	2.4
일본	128(1.9)	4,910(8.1)	1,549(4.8)	1,566	-0.6
영국	61(0.9)	2,646(4.4)	1,056(3.3)	-457	3.1
중국	1,320(19.7)	4,626(7.6)	2,560(8.0)	4,261	7.4
전 세계	6,692(100.0)	60,587 (100.0)	32,041 (100.0)	-	-

자료: World Bank, http://web.worldbank.org/(2009년 9월 29일 검색).
　　　OECD, http://www.oecd.org/statsportal/(2009년 9월 29일 검색).
주: 괄호 안은 비중.

이 유로화를 자국통화에 페그하고 있으며 폴란드 등 중동부유럽 8개국이 향후 6년 이내 유로화 가입목표를 결정하였으며 최근 금융위기로 영국 및 아이슬란드의 유로화 도입 가능성도 크게 고조되고 있는 상황이다.

또한 인플레이션은 미국과 유로지역 모두 안정적으로 유지되고 있어 달러나 유로화가 구매력 저하의 위험은 크지 않은 것으로 보인다. 한편 최근 경제력이 급성장하고 있는 중국은 인구는 많으나 GDP는 미국이나 유로지역의 1/3 수준에 그치고 있어 아직 위엔화의 국제통화 가능성은 크지 않으나 경제발전속도를 고려한다면 그 중요도가 커질 것으로 예상된다.

2) 국제채권시장에서의 발행규모

국제금융시장에서 자금을 조달하는 방법은 은행의 신디케이트대

〈표 3〉 통화별 장기채권의 발행잔액

(단위: 10억 달러, %)

	1999년 말	비중	2008년 말	비중
달러	2,469	48.3%	8,225	36.2%
유로	1,454	28.5%	10,875	47.8%
엔	497	9.7%	750	3.3%
파운드	391	7.7%	1,702	7.5%
기타	355	7.0%	1,420	6.3%
합계	5,109	100.0%	22,732	100.0%

자료) BIS, http://www.bis.org/statistics(2009년 9월 29일 검색).

출 이외에 국제채권시장에서 채권을 발행하는 방법이 있다. 국제채권시장에서 통화별 사용현황과 위상을 살펴봄으로써 유로화가 국제금융시장에서 화폐의 본질적 기능의 하나인 가치저장의 기능을 잘 수행하는지를 파악할 수 있다.

우선 국제금융시장에 발행되는 장기채권의 발행 잔액을 살펴보면 1999년 말에는 미국달러화 표시가 거의 절반인 48%를 차지한 반면 유로는 28%를 차지하였다. 그런데 2008년 말에는 오히려 유로가 48%를 차지하고 있는 반면 달러화는 36%로 크게 감소하였다. 국제채권시장에서 유로화의 비중이 달러화를 능가하고 있는 점은 유로화가 가치저장의 기능을 원활하게 수행하고 있다는 점을 나타내고 있다. 특히 이 기간 중 엔화표시 채권의 비중도 크게 감소하여 1999년에 10%이던 비중이 3% 수준으로 급감하였다.

한편 이러한 상황은 기업어음(CP) 등 단기채권의 경우에도 비슷한 양상을 보이고 있다. 1999년 43%에 달하던 달러화 표시 단기채권잔액은 2008년 말에는 33% 수준으로 급감한 반면 유로화 표

<표 4> 통화별 단기채권 발행잔액

(단위: 10억 달러, %)

	1999년 말	비중	2008년 말	비중
미국달러	156	43.4%	370	32.7%
유로	121	33.7%	511	45.2%
엔	34	9.5%	33	2.9%
파운드	26	7.3%	149	13.1%
기타	22	6.1%	69	6.1%
합계	359	100.0%	1,132	100.0%

자료: BIS, http://www.bis.org/statistics(2009년 9월 29일 검색).

시 단기 채권잔액은 1999년 34%이던 수준이 2008년에는 45% 수준에 이르고 있어 거의 절반을 차지하고 있다. 이는 통합된 단기금융시장의 창설로 유로의 기능이 보다 활발해진 데 기인하는 것으로 판단된다. 또한 일본 엔화의 비중은 크게 감소한 반면 파운드는 비중이 오히려 증가하여 국제단기금융시장에서 엔화의 쇠퇴를 확인할 수 있다.

3) 외환시장

외환시장에서의 유로의 국제적 위상을 살펴보는 것은 국제금융시장에서 유로화가 교환의 매개수단으로서의 기능을 원활히 수행하고 있느냐를 분석하기 위해서이다. BIS는 3년마다 외환시장과 관련된 서베이를 실시하는데 최근 서베이 2007 Triennial Central Bank Survey에 따르면 2007년 외환에서 거래되는 달러의 비중은 2001년에서 2007년 중 약 4%p 정도 하락한 반면 유로의 비중은 37% 수준에서 유지되고 있다. 엔화는 2001년 23%이던 수준이 16%대 수

〈표 5〉 전체 외환시장거래량의 통화별 구성[12]

(단위: %)

기간	달러	유로	엔	파운드
2001년	90.3	37.6	22.7	13.2
2004년	88.7	36.9	20.2	16.9
2007년	86.3	37.0	16.5	15.0

자료: BIS, *Triennial Central Bank Survey*, December 2007.
주: 4월 중 하루 거래량 평균.

준으로 하락하였다. 미달러화와 일본엔화의 거래량 비중하락은 달러/엔 시장의 약화에서 비롯된 것으로 추정된다. 외환시장에서 유로는 아직 달러화에 크게 못 미치는 거래량을 보이고 있는데 이는 유로화가 아직 교환의 매개수단으로서의 기능에서 볼 때 달러화에 크게 못 미치는 것으로 해석할 수 있다.

한편 각 통화가 외환시장에서 거래되는 용도를 보면 <표 6>과 같다. 외환시장에서 달러는 주로 스왑하는 용도로 60%가 사용되는 반면 유로는 달러에 비해 현물시장에서의 거래빈도가 높은 편이다. 이러한 점은 엔화도 비슷하다. 파운드는 미국달러화와 비슷한 형태를 보이고 있다. 이는 영국과 미국에서는 상대적으로 파생상품시장이 크게 발달한 데 기인하는 것으로 판단된다.

〈표 6〉 외환시장에서 거래되는 상품의 통화별 구성

(단위: %)

상품의 종류	달러	유로	엔	파운드
현물	29.7	36.9	40.4	32.5
선물	10.9	12.1	12.1	10.0
스왑	59.4	51.1	47.5	57.4

자료: BIS, *Triennial Central Bank Survey*, December 2007.

---

12) 외환시장에서의 통화거래를 전 세계적으로 합하면 200%이다.

한편, 장외외환시장에서 이자율 파생상품의 거래량을 보면 유로가 미국달러에 비해 규모가 더 크다는 점을 알 수 있다. 이자율 파생상품시장에서 유로화의 규모가 큰 이유는 전체 이자율 파생상품 거래액의 83%에 달하는 5천억 달러 이상으로 성장한 이자율 스왑시장 때문이다. 이자율 파생상품시장에서 스왑이 크게 부각된 이유는 유로지역 국채시장과 발행자 사이의 단절현상 때문이다. 이런 단절현상으로 말미암아 현물시장에서는 이자율 리스크를 거래하는 데 더 높은 비용이 들기 때문에 시장 참여자들은 이자율스왑에 의존하게 한다.

〈표 7〉 장외외환시장에서 이자율파생상품의 통화별 일간거래량

(단위: 십억 달러)

기간	달러	유로	엔	파운드
2001년	152(100)	231(173)	27(16)	37(23)
2004년	347(195)	461(288)	46(35)	90(59)
2007년	532(322)	656(528)	137(110)	172(124)

자료: BIS, *Triennial Central Bank Survey*, December 2007.
주: 괄호 안은 이자율스왑거래량.

4) 은행의 자산구성비

BIS는 매년 전 세계 은행의 자산구성에 관한 자료를 발표하는데 이 중 외화자산과 외화부채에 대한 통화별 구성비를 살펴보면 다음과 같다. 1999년에는 달러자산과 부채의 비중이 각각 61.7%, 63.9%였으나 2008년에는 58.2%, 57.7%로 하락하였다. 반면 외화자산과 외화부채 중 유로의 비중은 1999년 16.5%, 12.0%였으나 2008년에는 22.1%, 20.6%로 크게 상승하였다. 그러나 절대규모에

〈표 8〉 은행의 외화자산부채 구성비

(단위: 10억 달러, %)

통화	자산				부채			
	1999년		2008년		1999년		2008년	
	금액	비중	금액	비중	금액	비중	금액	비중
달러	3,390	61.7%	9,629	58.2%	3,448	63.9%	9,120	57.7%
유로	907	16.5%	3,651	22.1%	649	12.0%	3,258	20.6%
엔	427	7.8%	634	3.8%	441	8.2%	800	5.1%
파운드	245	4.5%	906	5.5%	308	5.7%	966	6.1%
기타	523	9.5%	1,732	10.5%	549	10.2%	1,674	10.6%
합계	5,492	100.0%	16,553	100.0%	5,395	100.0%	15,818	100.0%

자료: BIS, http://www.bis.org/statistics/bankstats.htm(2009년 9월 30일 검색).

서는 아직 달러화에 크게 못 미치는 상황이다. 한편 엔화는 2008년의 비중이 1999년에 비해 하락하였다. 이처럼 은행들이 외화자산과 외화부채 중 유로의 비중을 증가시킨 이유는 고객들의 유로화 사용이 점점 빈번해짐에 따라 자연스럽게 금융기관의 대차대조표에서 유로화의 비중이 증가하였다고 볼 수 있다.

5) 외환보유고(foreign reserve)의 통화 구성비

IMF의 자료에 따르면 전 세계의 외환보유고는 2008년 말 기준으로 6조 6천억 달러에 이르고 있다. 특히 개발도상국의 외환보유고는 급속하게 증가하여 세계 전체 외환보유고의 63%를 차지하고 있다.

<표 9> 전 세계 외환보유고 현황

(단위: 십억 달러, %)

구분	1999년		2004년		2008년	
	금액	비중	금액	비중	금액	비중
선진국	1,108	62.2%	2,041	54.5%	2,451	36.9%
개발도상국	674	37.8%	1,707	45.5%	4,194	63.1%
합계	1,782	100.0%	3,748	100.0%	6,645	100.0%

자료) IMF, *Currency Composition of Official Foreign Exchange Reserves*, COFER.

세계외환보유고를 통화별로 살펴보면 1999년 말 기준으로 유로화가 약 17.7%를 차지하고 있고 미국달러는 71.0%, 일본 엔은 6.4%를 차지하고 있다. 이때까지 미국 달러화는 미국의 강력한 경제력과 풍부한 유동성을 기반으로 국제거래의 준비통화로서 여전히 절대 우위를 차지하고 있음을 알 수 있다.

<표 10> 통화별 외환보유고

(단위: %)

	1999년	2004년	2008년
전 세계			
달러	71.0%	65.9%	64.1%
유로	17.9%	24.8%	26.5%
엔	6.4%	3.8%	3.1%
파운드	2.9%	3.4%	4.1%
기타	1.8%	2.0%	2.2%
선진국			
달러	70.4%	67.8%	67.8%
유로	17.5%	22.3%	22.7%
엔	7.3%	4.9%	4.3%
파운드	3.0%	2.7%	2.9%
기타	1.8%	2.3%	2.4%

개발도상국			
달러	72.7%	62.0%	60.3%
유로	19.0%	30.0%	30.6%
엔	4.0%	1.7%	1.9%
파운드	2.5%	4.8%	5.3%
기타	1.9%	1.5%	2.0%

자료: IMF, *Currency Composition of Official Foreign Exchange Reserves*, COFER.

외환보유고의 통화구성비 면에서 아직 유로화는 달러화에 크게 못 미치는 수준을 보이는 것은 국제통화로서의 기능과 관련하여 아직 유로화에 대한 신뢰가 달러화에 못 미친다는 점을 나타내고 있다. 이러한 달러화 우위 현상은 선진국보다 개발도상국에서 더욱 분명히 나타나고 있는데 외환보유고 중 달러화의 비중은 선진국에 비해 약 2%P 정도 더 높은 것으로 나타나고 있다.

그런데 이러한 달러화 우위현상은 1999년 이후 점차 약화되고 있는 것으로 분석되고 있다. 1999년 71.0%였던 달러화의 비중이 2004년에는 65.9%, 2008년에는 64.1%까지 하락하고 있다. 반면 유로화의 비중은 꾸준히 상승하여 1999년 17.9%였던 비중이 2008년에는 26.5%까지 상승하고 있는 것으로 나타나고 있다. 반면 엔화의 비중은 3%P 이상 하락한 것으로 나타나고 있다. 이러한 현상은 유로화의 도입 이후 유로화가 꾸준히 달러화를 대체하면서 국제통화의 역할을 수행한 결과라고 볼 수 있다. 이러한 현상은 개발도상국에서 더욱 두드러지게 나타나고 있는데 2008년 유로화의 비중이 30% 수준까지 상승하였다. 이는 동유럽 및 남유럽 국가의 EU 가입으로 유로사용지역이 점차 확대된 결과로 보인다.

4. 유로화의 기축통화 전환 가능성에 대한 종합분석 및 향후 전망

지금까지 경제력 측면, 국제채권시장에서의 사용, 외환시장의 거래량, 은행의 자산구성비, 외환보유고의 통화구성비 등 다양한 측면에서 여타 국제통화와 비교하여 1999년 이후 변화된 유로화의 위상을 분석하였다. 이를 요약하면 다음과 같다.

〈표 11〉 유로화의 국제통화로서의 위상 요약(2008년 말)

(단위: %)

국가 (통화)	GDP (경상)	무역액 (수출 + 수입)	국제채권 (장단기)	외환시장 거래량	은행자산* (자산 + 부채)	외환보유고
미국(달러)	23.4	10.8	36.0	43.2	58.0	64.1
유로지역(유로)	22.4	13.9	47.7	18.5	21.4	26.5
일본(엔)	8.1	4.8	3.3	8.3	4.5	3.1
영국(파운드)	4.4	3.3	7.8	7.5	5.8	4.1
기타	41.7	67.2	6.2	22.6	10.6	2.2
전 세계	100.0	100.0	100.0	100.0	100.0	100.0

주: * 2007년 기준.

<표 11>을 보면 유로지역의 경제규모(GDP)는 미국에 버금가는 수준으로 성장하였다. 또한 교역액과 국제채권시장에서의 발행 잔액 측면에서 보면 유로는 이제 달러를 능가하는 수준으로 성장하였다. 그럼에도 불구하고 아직 외환시장에서의 거래량과 은행자산의 자산구성비 그리고 외환보유고의 통화구성비에서는 미국의 달러화가 절대적인 우위를 점하고 있다.

이러한 점은 가치저장의 기능으로서는 유로화가 달러화의 기능

에 상당히 근접하고 있으나 교환의 매개수단으로서의 기능은 아직 달러화에 크게 미치지 못하고 있음을 나타내고 있다. 이는 신생통화로서 유로화가 기존에 달러화 사용으로 발생하는 네트워크 효과를 쉽게 극복하기 어렵다는 점을 반증하는 것이라고 볼 수 있다. 이러한 점은 역사적으로 볼 때도 확인할 수 있는데 19세기 후반 달러화와 파운드화의 기축통화 주도권 쟁탈과정에서도 나타났다. 즉 19세기 후반 미국경제는 급속한 성장으로 영국의 경제규모를 능가하였음에도 불구하고 당시에는 여전히 파운드가 기축통화로서 절대적인 우위를 점하고 있었다.[13]

19세기 후반 달러와 파운드의 경우에서 볼 수 있는 것처럼 향후에도 상당 기간 유로화가 제1의 기축통화로서의 달러를 대체하기는 힘들 것으로 판단된다. 유로화에 희망적인 사실은 유로지역이 향후에도 계속해서 확대될 것이라는 점이다. 즉 중부, 동부, 남부유럽(CESEE: Central, Eastern and Southern Europe)이 유로지역으로 편입될 것으로 예상되는바 이들 국가에서 지불수단으로서뿐 아니라 저축의 수단으로 유로화의 사용이 증가할 것이라는 점이다. 또한 EU 조약에 따라 모든 EU 국가가 유로화를 도입할 뿐 아니라 영국과 덴마크도 유로화의 채택이 이루어질 것으로 기대된다는 점에서 더욱 고무적이다. 이러한 점을 종합하여 보면 향후에는 달러와 유로 등 두 개 이상의 국제통화가 공존하면서 경쟁할 가능성이 크다고 볼 수 있다.

---

13) 최근 Eichengreen and Flandreau(2008)는 1920년에서 1936년 사이 기축통화 변경과정은 경제적인 요인보다는 전쟁 등 정치적인 요인에 의해 결정되었다고 주장하였다.

Ⅳ. 요약 및 결론

1999년 유로화가 도입된 이후 과거 10여 년 동안 유로화는 유럽과 지정학적으로 가까운 지역의 지역통화로서의 역할뿐 아니라 국제통화로서의 위상이 꾸준히 높아졌다. 특히 2008년 9월 리만브라더스의 부도 이후 나타난 글로벌 금융위기에 대응하기 위해 미국 FRB는 거의 무제한적인 달러 유동성 공급정책과 실물경기의 침체를 막기 위해 대규모의 적자재정정책을 실시하였다. 이 과정에서 기축통화로서의 미국 달러화의 위상은 크게 도전을 받고 있다. 이런 상황하에서 상대적으로 글로벌 금융위기의 피해가 적은 유로지역의 통화인 유로화는 달러화의 대안으로 부각되고 있다.

본 연구는 글로벌 금융위기 이후 나타나고 있는 국제금융시장에서의 변화와 기축통화로서의 달러화의 위상변화에 따라 향후 유로화가 제1의 기축통화로서 기능할 수 있을 것인가에 대하여 분석하였다. 이를 위해 본 연구는 우선 글로벌 금융위기의 원인 및 금융위기 이후 나타나고 있는 기축통화로서의 달러화의 위상 변화에 대하여 분석하였다. 또한 유로화가 국제통화로서의 위상을 살펴보기 위해 경제력 규모, 국제무역규모, 국제채권시장에서의 발행 잔액, 외환시장에서의 거래량, 은행의 자산구성비, 외환보유고의 통화구성비 등 측면에서 달러, 엔 등 여타 국제통화와 비교 분석하였다. 본 연구의 주요 분석결과를 요약하면 다음과 같다.

첫째, 미국에서 기인한 글로벌 금융위기를 극복하기 위해 미국은 거의 무제한의 유동성 공급정책과 대규모 적자재정정책을 실시하였다. 이 과정에서 기축통화로서 달러의 위상이 크게 위협받고 있다. 우선 SDR을 기축통화로 정하자는 주장이 설득력을 얻고 있는데 이는 특정국가의 통화를 기축통화로 사용하게 되면 그 나라는 발권력에 의한 이익(seigniorage)을 너무 크게 얻기 때문에 대외불균형에 놓일 수밖에 없다는 구조적인 문제에 대한 인식에서 출발하고 있다. 또한 달러화 중심 기축통화체제의 근간이 되고 있는 석유결제통화의 변경, 중남미 좌파국가의 달러화 배제 및 지역통화 창설 움직임 등은 기축통화로서의 달러화의 위상을 크게 위협하고 있는 요인들이다. 이러한 과정에서 상대적으로 금유위기의 피해가 적은 지역의 통화인 유로화는 달러화의 대안으로 위상이 높아지고 있다.

둘째, 다양한 기준을 사용하여 국제통화로서 유로화의 위상을 달러 및 엔화와 비교 분석한 결과는 다음과 같다. 우선, 유로지역의 경제규모(GDP)는 미국에 버금가는 수준으로 성장하였다. 또한 교역액과 국제채권시장에서의 발행 잔액 측면에서 보면 유로는 이제 달러를 능가하는 수준으로 성장하였다. 반면에 아직 외환시장에서의 거래량과 은행자산의 자산구성비 그리고 외환보유고의 통화구성비에서는 미국의 달러화가 절대적인 우위를 점하고 있다. 이는 가치저장수단으로서는 유로화가 기축통화의 기능에 상당히 근접하고 있으나, 교환의 매개기능에서 볼 때는 아직 달러화의 선점효과가 크게 나타나고 있음을 의미하고 있다.

셋째, 19세기 후반 달러와 파운드의 주도권 경쟁과 비슷하게 향후에도 상당 기간 유로화가 제1의 기축통화로서의 달러를 대체하기는 힘들 것으로 판단되는데 이는 신생통화로서 유로화가 기존에 달러화 사용으로 발생하는 네트워크 효과를 쉽게 극복하기 어렵다는 점을 반증하는 것이라고 볼 수 있다. 그럼에도 불구하고 유로화는 중부, 동부, 남부유럽(CESEE: Central, Eastern and Southern Europe)이 유로지역으로 편입되고, EU 조약에 따라 모든 EU 국가가 유로화를 도입할 뿐 아니라 영국과 덴마크도 유로화의 채택이 이루어질 것으로 기대되는 등 지속적으로 그 위상이 강화될 것으로 기대된다. 이러한 점을 종합하여 보면 향후에는 달러와 유로 등 두 개 이상의 국제통화가 공존하면서 경쟁할 가능성이 클 것으로 전망된다.

참고문헌

박광수. "유럽중앙은행의 통화정책평가와 정책과제". 『한·독사회과
　　학논총』. 제11권(2001년 여름).

한국은행. "유로화 도입과 국제통화질서의 변화".『조사통계월보』(1999
　　년 6월).

한국은행. "최근 세계 기축통화 논의 내용과 향후 전망"(2009.6).

Bergsten, C F. "The Dollar and the Euro". *Foreign Affairs*(July/August
　　1997), pp.83~95.

BIS. 『Quarterly Review: International Banking and Financial Market
　　Developments』(June 1999).

＿＿. *Triennial Survey of Foreign Exchange Market Activity*. 각 호(2001,
　　2004, 2007).

＿＿. *Annual Report*. 1999~2002.

Centeno, Mário & Antonio S. Mello. "How Integrated are the Money
　　Market and the Bank Loans Market within the European
　　Union?" *Journal of International Money and Finance*. Vol.18(1999).

Cooper, Russell & Hubert Kempf. "Establishing a Monetary Union".
　　NBER Working Paper. 6791(Nov. 1998).

Cohen, B. H. "Currency Choice in International Bond Issuance". *BIS
　　Quarterly Review*(June 2005), pp.53~66.

Chinn, M. and J. Frankel. "Why the Euro Will Rival the Dollar".
　　International Finance. Vol.11(2008), pp.49~73.

Detken, C and P. Hartmann. "The Euro in International Capital Markets". *ECB Working Paper*. No.19(2000).

______. "Features of the Euro's Role in International Financial Markets". *Economic Policy*. Vol.35(2002), pp.555~597.

Deutsche Bank. "Europe's New Currency". Special Report(1998).

Devereux, M and S Shi. "Vehicle Currency". mimeo UBC(June 2005).

Eichengreen, B. "Sterling's Past, Dollar's Future: Historical Perspectives on Reserve Currency Competition". *NBER WP*. 11336(April 2005).

Eichengreen, B. "The Euro as a Reserve Currency". *Journal of the Japanese and International Economies*. No.12(1998), pp.483~506.

Eichengreen, Barry and Marc Flandreau. "The Rise and the Fall of the Dollar, or when did the Dollar Replace Sterling as the Leading International Currency?" *NBER Working Paper*. Vol.14154(2008).

European Central Bank. *Annual Report*. 1999』. 2008.

______. *Monthly Bulletin*. 각 호.

______. *Review of the International Role of the Euro*. Dec, 2002.

______. *The Use of a Minimum Reserve System by the European System of Central Banks in Stage Three－Final specification*. Oct. 1998.

Frankel, J. "Impact of the Euro on Members and Non－members". Robert Mundell and Armand Clesse(eds.). *The euro as a stabilizer in the international economic system*. Boston: Kluwer, 2000.

______. "Still the Lingua Franca: The Exaggerated Death of the Dollar". *Foreign Affairs*. Vol.74, No.4(July/August 1995), pp.9~16.

Gaspar, V. "Financial Integration and the International Role of the Euro". *Remarks made at Euro at Five: Ready for a Global Role*. Washington, DC., 2004.

Gert Peersman and Frank Smets. "Are the Effects of Monetary Policy in the Euro Area greater in Recessions than in Booms?" *ECB Working Paper*. No.52(March 2001).

Gourinchas, Pierre－Olivier and Helene Rey. "From World Banker to

World Venture Capitalist: US External Adjustment and the Exorbitant Privilege". Richard Clarida(ed.). *G－7 Current Account Imbalances: Sustainability and Adjustment*. Chicago: University of Chicago Press, 2007.

Hartmann, P. *Currency Competition and Foreign Exchange Markets: the Dollar, the Yen and the Euro*. Cambridge University Press, 1998.

Hartmann, P. "The Future of the Euro as an International Currency: a Transaction Perspective". *LSE Financial Markets Group Special Paper*. No.91(1996).

Hau, H., W. Killeen and M. Moore. "The Euro as an International Currency: Explaining Puzzling First Evidence from the Foreign Exchange Markets". *Journal of International Money and Finance*. Vol.21(2002).

IMF. "Fiscal Implications of the Global Economics and Financial Crisis" (2009).

____. *World Economic Ourlook*. May 2001.

____. *Annual Report*. 각 호.

Kenen, P. "The Euro and the Dollar: Competitors or Complements?" *The European Union and the United States*. M. Dumoulin and D Duchenne(2003), pp.251~274.

Krugman, P. "Vehicle Currencies and the Structure of International Exchange". *Journal of Money, Credit, and Banking*. Vol.12, No.3(1980), pp.503~526.

Lim, Ewe－Ghee. "The Euro's Challenge to the Dollar: Different Views from Economists and Evidence from COFER(Currency Composition of Foreign Exchange Reserves) and Other Data". *IMF Working Paper*. 06/153(June 2006).

Marcel Fratzscher. "Financial Market Integration in Europe: on the Effects of EMU on Stock Markets". *ECB Working Paper*. No.48(March 2001).

Truman, E M. "The Euro and Prospects for Policy Coordination". *Euro at Five: Ready for a Global Role*. Institute for International Economics. Washington. DC, 2004.

Truman, E M and A Wong. "The Case for an International Reserve Diversification Standard". *IIE Working Paper Series*. 06－2(May 2006).

〈인터넷〉

통계청, http://www.kosis.kr/international/theme(2009년 9월 28일 검색).

한국은행 경제통계시스템, http://ecos.bok.or.kr/(2009년 9월 25일 검색).

BIS, http://www.bis.org/statistics(2009년 9월 29일 검색).

Eurostat, http://epp.eurostat.ec.europa.eu/

OECD, http://www.oecd.org/statsportal/(2009년 9월 29일 검색).

World Bank, http://web.worldbank.org/(2009년 9월 29일 검색).

제9장 유로화의 정치경제:
유로의 국제적 역할을 중심으로

조홍식

숭실대학교 정치외교학과 조교수

I. 유로 대 달러

유럽연합 내 11개국의 기존 화폐를 대신하는 단일 화폐 유로화 (貨)가 공식적으로 출범한 것은 1999년 1월 1일의 일이다. 유로의 출범은 기존에 역사적으로 존재했던 국제적 통화정책의 협력이나 제도화를 초월하는 완전한 화폐통합을 이뤘다는 점에서 매우 획기적인 사건임에 틀림없다. 또한 유로의 출범에 동참하는 국가의 수가 예상을 뛰어넘어 유럽연합 15개국 중 11개국에 도달함으로써 초기부터 대륙적 규모의 광역을 포괄하였다. 유로화의 시작은 이처럼 초기부터 통합의 깊이와 폭에서 모두 세계의 관심을 끌 만한 중요한 변화를 의미했다.

국제정치경제학계에서 유럽 단일화폐 출범과 관련된 관심은 주로 다음 네 가지 부분에서 제기되었다. 첫째 유로에 참여하는 회원국의 입장에서 화폐 단일화 대외경제정책을 설명하는 일이다.[1] "왜 국가 차원에서 자국의 기존 화폐를 포기하고 유로라는 지역 단일 화폐에 동참하는 결정을 내렸나"라는 질문을 중심으로 단일 화폐 선택에 초점을 맞추는 접근이다. 사실 단일 화폐 출범에 동참하는 국가의 입장에서 보았을 때 이는 단순한 대외경제정책이라기보다는 국가의 미래와 운명을 결정하는 중대한 전략적 선택이자 국가 간 상호작용의 결과라는 점에서 이러한 첫 번째 접근은 조금 더 체계적이고 지역적인 차원으로 확대되어야만 했다.

따라서 학계의 둘째 관심은 유럽 연합의 차원에서 단일 화폐의 출범을 설명하려 시도하는 것이다. "국가 주권의 상징으로 여겨지는 자국 화폐를 포기하고 유럽 차원의 새로운 화폐의 형성을 어떻게 설명할 것인가." 이런 관점에서 본다면 상당한 경제적 지역화가 존재하는 다른 지역과의 비교가 중요할 것이다. 기능주의적 시각이라면 지역 경제 통합의 결과로서 - 또는 신기능주의라면 시장 통합의 연쇄효과의 결과로서[2] - 통화 통합이 촉진되었다고 설명한다. 또는 현실주의적으로 프랑스나 독일과 같은 지역 내 주도적 국가의 헤게모니적 역할을 제기할 수도, 제도주의적인 차원에서 기존 유럽 통합의 역사적 기반과 경로 의존성을 논의할 수도 있다.[3]

---

1) 모랍칙은 국내의 정책적 선호 결정과정에서는 자유주의적 모델을 그리고 이것이 대외적으로 표출되어 유럽의 정책으로 결정되는 과정에서는 정부간주의(intergovernmentalism)의 모델을 각각 적용하고 있다. 마스트리히트조약에 이르는 결정 과정에 대해서는 다음 부분을 참고할 것: Andrew Moravcsik, *The Choice for Europe: Social Purpose and State Power from Messina to Maastricht*(Ithaca: Cornell University Press, 1998), pp.379~471. 국내의 연구에서 회원국의 통합에 대한 정책에 관한 연구로는 다음을 참고할 것: Cho Hong Sik, "Interests and Identity in European Monetary Integration: France and Britain", *Korean Journal of International Relations*, Vol.45, No.5(2005), pp.103~129.

2) Ernest Haas, *The Uniting of Europe: Politics, Social and Economic Forces*, 2nd Ed.(Stanford: Stanford University Press, 1968).

셋째, 유로화가 일단 출범한 이후 유로권의 통화정책에 대한 연구를 들 수 있다. "다수의 주권 국가가 포함되는 단일 화폐권의 통화정책은 어떤 요인에 의해 결정되는가." 단순히 제도적인 측면에서 보았을 때 유로권(Eurozone)은 독립된 유럽중앙은행과 물가안정이라고 하는 유일한 정책 목표로 특징지을 수 있지만 실질적으로는 통화정책의 정치경제라고 할 수 있는 동학이 존재하기 때문이다.[4] 다양한 회원국과 정치 및 경제세력은 유로 통화정책에 영향을 미치거나 또는 정책의 틀을 변화시키기 위해 노력하고 있다.

넷째, 유로는 세계정치경제에서 기축통화의 역할을 담당하고 있는 달러의 위상에 잠재적인 위협을 가할 수 있는 경쟁통화로서 관심을 끌고 있다. 유로의 출범으로 세계경제사의 국제통화질서 부분에서 달러가 독주해 온 브레튼 우즈 체제와 포스트 브레튼 우즈 시기의 페이지가 넘어가고 21세기에는 달러의 위상에 유로가 도전을 하는 형국이 되었다. 따라서 학계의 관심은 과연 유로가 달러를 대신할 것인가에 집중되었다.[5]

이 연구는 위의 네 가지 접근 중에서 달러와 유로가 경쟁하는 국

---

3) 유럽 차원에서 통화통합의 이론적 논의와 제도주의적 입장을 위해서는 다음을 각각 참고할 것: Barry Eichengreen and Jeffry Frieden, *The Political Economy of European Monetary Integration*(Boulder: Westview Press, 1994); Paul Pierson, "The Path to European Integration: A Historical Institutionalist Analysis", *Comparative Political Studies*. Vol.29. No.2(1996), pp.123~163. 국내 연구로는 다음을 참고할 것: 최진우. "유럽경제통화통합의 동인과 정치적 쟁점". 『국제정치논총』36권 3호(1997년), pp.129~151; 조홍식. "세계금융시대의 지역통화통합: 유러랜드 출범의 사례". 『국가전략』. 4권 2호(1999년), pp.95~117.

4) Issing, Otmar. "The Euro: Does a Currency Need a State?". *International Finance* Vol.11. No.3(2008), pp.297~310.

5) 국제통화체계의 역사에 대한 전반적인 소개는 다음을 참고할 것: Benjamin Cohen. *The Geography of Money*(Ithaca: Cornell University Press, 1998); Barry Eichengreen. *Globalizing Capital: A History of the Interanational Monetary System*(Princeton: Princeton University Press, 2008). 유로의 출범 즈음에 국내에서 국제통화질서에 대한 영향에 관한 연구로는 다음을 참고할 것: 강명세 · 이숙종 · 정진영 · 조홍식. 『달러 · 유로 · 엔: 국제통화질서의 재편』(성남: 세종연구소, 2000).

제통화질서의 변화와 향후 전망이라는 네 번째 부분을 집중적으로 논의한다. 특히 유로화가 출범한 1999년부터 현재까지 10여 년의 시기를 검토하고 분석함으로써 향후 국제통화질서의 향방을 가늠해 보는 것을 목적으로 한다. 이 과정에서 자연스럽게 세 번째 접근 즉 유로권의 통화정책과 그 제도·정치적 논의도 세밀하게 포함해야 할 것이다. 다음 표는 유로 출범 이후 유로 대 달러의 가치를 보여 준다.

유로 대 달러의 환율은 비교적 짧은 10여 년의 기간 동안 상당히 커다란 등락의 변화를 보였다. 유로의 가치는 초기에는 1.17달러 수준에서 출발하였지만 약세를 보이면서 0.83(2000년 10월)까지 하락하였고, 다시 상승하기 시작해 1.58(2008년 7월)달러를 초월하는 강세를 보였다. 하지만 최근에는 그리스 및 일부 유로권 회원국에 대한 불안으로 다시 하락세를 나타내고 있는 현실이다(2010년 7월

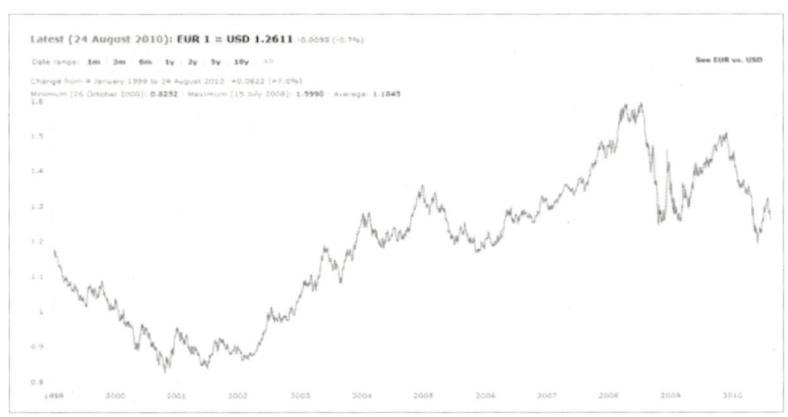

http://www.ecb.int/stats/exchange/eurofxref/html/eurofxref - graph - usd.en.html(검색일 2010년 4월 27일)

〈그림 1〉 유로 대 달러 환율의 변화

현재 1.25). 이처럼 세계 최대 경제권이라고 할 수 있는 미국과 유럽연합(정확히는 유로권)의 화폐가 서로 매우 불안정한 환율 변동을 지속함으로써 국제통화질서는 여전히 포스트브레튼 우즈 체제의 성격을 유지하고 있는 것으로 보인다.

향후 국제통화질서에서 달러와 유로의 비중과 역할에 관해 학계에서는 다양한 주장이 전개되고 있다. 한편에서는 유로의 여러 가지 문제점 때문에 예측 가능한 미래에 유로가 달러를 대체할 가능성은 없다고 판단하고 있다.[6] 하지만 다른 편에서는 가깝게는 2015년쯤에 그리고 멀게는 21세기 중반 정도에서 달러가 유로로 대체될 가능성이 있다고 보고 있다.[7] 미래에 대한 전망에 있어서 이들은 서로 대립된 입장을 보여 주지만 자세한 논리를 살펴보면 상당 부분 사실에 대해서는 공통된 진단을 하고 있다. 우선 유로가 이미 달러에 이어 제2의 국제통화로 확고하게 안착하였다는 점이다. 이에 덧붙여 이들은 달러와 유로가 국제통화질서의 기축통화가 되기 위해 경쟁적인 관계에 있다는 사실을 인정하고 있다. 기본적으로 미국과 유럽연합의 잠재적 경제규모가 세계 경제의 두 축을 형성하고 있기 때문이다.

이 논의에서 달러 및 유로에 대한 평가의 차이는 크게 네 가지 변수에 대한 차이이다. 우선 세계시장에 참여하는 행위자 및 제도의 관성의 정도에 대해 서로 다른 평가를 내린다. 달러 유지론에서

---

6) Benjamin Cohen, "Enlargement and the international role of the euro", *Review of International Political Economy* Vol.14, No.5(December 2007), pp.746~773; Benjamin Cohen, "Global Currency Rivalry: Can the Euro Ever Challenge the Dollar?", *Journal of Common Market Studies* Vol.41(2003), pp.589~591.

7) Menzie Chinn and Jeffrey Frankel, "Why Euro Will Rival the Dollar?", *International Finance* Vol.11, No.1(2008), pp.49~73.

는 관성을 강하게 평가하고, 유로 대체론에서는 관성이 어느 순간 급격하게 변할 수 있다는 이론을 내세우고 있다. 두 번째 변수로는 달러와 유로가 사용되는 시장의 특성을 들고 있다. 요약해서 말하자면 미국은 통합된 대규모 시장을 보유하고 있는 반면 유럽은 여전히 단일화폐에도 불구하고 금융시장이 분산·분할되어 있기 때문에 국제기축통화로 기능하기 어렵다는 논리이다. 세 번째 변수는 각각 시장의 성장 잠재력이다. 여기서도 달러 유지론자는 미국이 유럽연합보다 높은 성장 잠재력을 유지할 것이기 때문에 달러가 유로로 대체되기는 어렵다는 시각이다. 마지막 사회적·정치적 요인으로 통화정책을 결정하는 제도적 기반과 정책적 의지 형성에 주목함으로써 달러 또는 유로의 상대적 역할에 대해 평가하는 것이다.

이 연구는 다양한 변수를 고려하여 유로의 국제적 역할을 분석하고 전망하지만 정치적·사회적 변수에 특히 주목한다. 기존의 관성이나 시장의 특성, 성장의 잠재력 등은 모두 중요한 변수임에 틀림없지만 궁극적으로 유로 통화정책의 제도와 정책, 정치적 의지 등이 결정적인 역할을 담당할 것이기 때문이다. 또한 기존의 논의가 상대적으로 유럽에만 집중됨으로써 정책 제도화의 단계에 있는 유럽의 취약성을 드러냈지만, 균형적인 시각을 갖기 위해서는 미국과 비교하여 논의를 전개하는 방식이 필요하다고 판단된다.

이 연구에서는 유로의 국제적 역할을 분석하기 위해 기존 국제통화질서의 기축통화인 달러와 비교 검토하는 방식을 선택한다. 체계적으로 비교 분석을 진행하기 위해 우선 통화정책의 제도를 살펴보고, 다음 통화정책과 기타 경제정책의 상호 관계를 논의한 뒤 마지막으로 국제적 권력을 향한 정치적 의지를 확인한다.

Ⅱ. 통화정책의 제도

미국과 유로권의 통화정책은 각각 연방준비이사회(Federal Reserve)와 유럽중앙은행(European Central Bank)이 담당하고 있다. 역사적으로 연방준비이사회 제도는 미국에서 금융위기가 발생했던 20세기 초 유럽에 있었던 중앙은행들을 모델로 하여 1913년에 처음 설립되었다.[8] 한 세기 이상의 전통과 경험을 쌓은 미국 중앙은행 제도에 반해 유럽의 ECB는 1990년대 유로화의 출범을 준비하면서 형성되어 이제 초창기에 있다고 하겠다. 물론 정확히 말해서 ECB의 전신이라고까지 하기는 어렵지만 그럼에도 불구하고 ECB의 모태 역할을 담당한 것은 1949년 서독에 설립된 연방은행(Bundesbank)이다. 왜냐하면 유럽중앙은행의 제도는 전후 유럽에서 성공적인 경제발전을 바탕으로 가장 핵심적이고 강한 화폐를 가졌던 독일의 제도를 거의 그대로 복사해 놓았기 때문이다. 그래서 유럽중앙은행은 독일에서 유로권으로 확대된 연방은행이라고 볼 수도 있다.[9]

우선 제도적으로 규정된 정책의 목표에 있어 유럽중앙은행의 유일한 임무는 유로권의 물가안정이다. 미국의 연방준비이사회의 목표는 이에 비해 보다 포괄적으로 물가안정과 경제성장을 동시에 추구하도록 구상하고 있다. 실질적으로도 미국의 통화정책은 국내

---

8) George A. Akerlof, and Robert J. Schiller, *Animal Spirits: How Human Psychology Drives the Economy and Why It Matters for Global Capitalism*(Princeton: Princeton University Press, 2009), pp.80~81.

9) Andrew Martin and George Ross, "Introduction: EMU and the European Social Model", Andrew Martin and George Ross,(eds), *Euros and Europeans: Monetary Integration and the European Model of Society*(Cambridge: Cambridge University Press, 2004), pp.8~11.

의 물가안정만을 추구했다기보다는 오히려 경제성장을 더욱 중점
적으로 지향한 것으로 판단된다. 특히 1930년대의 대공황을 극복
하는 과정에서부터 통화정책은 경제운영의 목표에 따라 유동적이
고 신축적으로 조정되었으며, 전후 케인즈주의 정책 패러다임의 보
편화는 이런 경향을 더욱 강화하였다. 통화주의적 패러다임이 등장
한 이후에도 미국의 통화정책은 여전히 물가안정이라는 목표보다
는 경제성장에 더 강한 무게를 두고 추진한 것으로 보인다. 1990년
대 그린스펀 주도의 신축적 통화정책이 2008년의 경제위기의 근원
에 있다는 분석이 이러한 해석을 가능하게 한다.[10]

반면 유럽중앙은행은 규정상으로도 물가안정만을 추구하는 경직
된 목표를 부여받았고 실질적으로도 이 목표만을 추구한 것으로
분석된다. 위에서 지적했듯이 유럽중앙은행의 모태는 독일 연방은
행인데 독일은 1920년대 제1차 세계대전 이후 충격적인 하이퍼인
플레이션을 경험한 뒤 물가안정에 최우선적 목표를 두는 통화정책
의 전통을 수립하였다. 특히 제2차 세계대전 이후 독일은 연방은행
을 설립하여 물가안정의 수호자 역할을 할당하였고, 실제 독일은
브레튼 우즈 체제 아래에서 있었던 환율 조정에서 항상 자국 화폐
가치를 절상할 정도로 물가안정 위주의 통화정책을 유지하였다. 유
럽 내부적으로도 브레튼 우즈 체제가 붕괴된 1970년대부터 약한 프
랑의 프랑스는 항상 유럽 차원의 화폐통합을 희망하였던 반면 강한
마르크의 독일이 이를 거부한 이유가 바로 서로 다른 화폐정책의

---

10) Tito Boeri and Luigi Guiso, "The subprime crisis: Greenspan's legacy", Andrew Felton and
   Carmen Reinhard(eds.), *The First Global Financial Crisis of the 21st Century*(London: CEPR,
   2008), pp.37~39.

전통 때문이다. 그리고 1991년 마스트리히트조약에서 결국 화폐통합을 결정하는 과정에서 독일은 자국의 강하고 자랑스러운 마르크를 포기하는 대신 독일의 통일을 주변국들로부터 인정받고 연방은행의 모델을 유럽 차원에 확대한다는 약속을 얻어 낸 것이다.[11]

다음은 중앙은행과 정부의 관계에서 미국과 유럽은 서로 다른 양상을 보여 준다. 미국은 통합되고 결속력 있는 강한 연방정부가 존재하여 중앙은행에 상당한 영향력을 행사할 수 있는 제도이다. 예를 들어 베트남 전쟁을 추진하면서 이를 동반한 느슨한 통화정책은 달러 가치의 하락과 궁극적으로는 브레튼 우즈 체제의 종말을 가져왔고, 반대로 레이건 초기의 통화부문에서 강력한 긴축정책은 이자율 상승으로 이어지면서 세계적 외환위기 사태를 초래한 바 있다. 정부의 정책적 의지가 통화정책으로 그대로 반영된 사례이다.

하지만 유럽중앙은행은 독립적인 초국적 기구로서 규정상 때문만이 아니라 실질적으로도 영향력을 행사하기 어려운 실정이다. 유럽의 행정을 상당 부분 담당하고 있는 또 다른 초국가 기구인 집행위원회(Commission)는 ECB를 통제하거나 영향을 미칠 법적 권한도 실질적 권력도 없다. 유럽에서 가장 강한 권위와 정통성을 자랑하는 유럽이사회나 재정경제 담당 각료이사회는 회원국 대표로 구성되어 있어 그들의 분열상을 그대로 반영하고 있다. 예를 들어 독일과 네덜란드는 안정적 통화정책과 중앙은행 독립을 주장하는 세력으로 이미 조약과 제도에 반영된 규칙의 변화에 반대한다. 그러나

---

11) 모랍칙은 심지어 '통화통합: 독일의 유럽'(Monetary integration: A German Europe)이라는 표현을 사용한다. Andrew Moravcsik, *op. cit.*, p.431.

프랑스와 이탈리아와 같은 회원국은 신축적 통화정책과 중앙은행에 대한 정치적 통제를 주장해 왔다. 특히 프랑스의 경우 지속적으로 유럽 차원에서 경제정부(economic government)가 필요하다고 주장하고 있으나 지금까지는 기존의 제도를 유지하자는 독일 중심의 비토권을 극복하지 못하고 있다.[12]

세 번째 차이는 중앙은행 자체가 가지고 있는 제도적 자율성이다. 이 개념은 중앙은행이 제도적으로 얼마나 자율적인 정책 수행을 할 수 있는가의 정도이다. 미국의 경우 정부가 강하지만 동시에 중앙은행도 강하다. 연준의 의장은 임기를 보장받는 것은 물론 정권 교체에도 장기적으로 재임하는 모습을 보여 주고 있다.[13] 반면 유럽의 중앙은행은 제도적으로 아직 초기 단계에 있기 때문에 자율성이 제한적일 수밖에 없다. 대표적으로 중앙은행 총재에 초대로 역임한 도이센베르흐는 임기의 절반만 채우고 사임하였고, 그 뒤를 이어 프랑스의 트리셰가 취임한 사례를 들 수 있다.[14] 회원국 간 외교적 합의에 의해 규정에 정해진 총재의 임기를 마음대로 조정한 경우로서 취약한 제도적 자율성을 보여 주었다. 이처럼 회원국의 정치적 합의가 존재할 때는 중앙은행의 규정도 무시할 수 있고, 회원국의 합의가 없을 경우에는 규정을 문자 그대로 존중할 수밖

---

12) 프랑스는 마스트리히트조약을 준비하는 과정에서부터 유럽경제정부를 주장하였고, 최근 위기가 발생한 이후에도 다시 유럽경제정부의 필요성을 들고 나왔다. Française Lazare, "Paris et l'union de l'Europe M. Bérégovoy souhaite la création d'un" gouvernement économique "des Douze" *Le Monde*(ler décembre 1990); Guillaume Klossa et Jean–François Jamet, "Un gouvernement économique pour l'Europe, c'est maintenant!" *Le Monde*(10 mars 2010).

13) 제2차 세계대전 이후 미국 연준 의장의 수는 8명에 불과하다. 그린스펀은 1987년부터 2006년까지 20여 년 가까이 재임하면서 미국의 통화정책을 담당하였다. Bernard Shull, *The fourth branch: the Federal Reserve's unlikely rise to power and influence*(Westport: Praeger, 2005).

14) Philippe Ricard, "Relaxé par la justice, Jean–Claude Trichet préidera la BCE" *Le Monde*(20 juin 2003).

에 없는 것이 창립 초기의 유럽중앙은행이다.

마지막으로 미국 연준에 있어 환율의 관리는 중요한 정책적 고려 대상이다. 물론 미국 통화정책의 최우선적 고려는 국내 정치 상황이지만 미국은 반세기 이상 세계적 헤게모니 역할을 수행하면서 어느 정도는 환율에 대한 고려가 통화정책에 반영되는 모습이다. 하지만 유럽중앙은행에 있어 환율정책은 존재하지 않는다.[15] 경제성장에 대한 효과는 무시하고 물가안정만을 추구하듯이, 환율에 미치는 통화정책의 영향은 커다란 정책의 고려 대상이 아니라는 말이다.

이처럼 명문화되어 있는 규정이나 또는 비공식적 제도라는 측면에서 모두 미국과 유럽의 통화정책 기관은 서로 다른 특징을 나타내고 있다. 미국은 물가안정과 경제성장을 모두 고려하면서 강한 정부와 자율성이 높은 중앙은행이 협력하여 통화정책의 국내·국제적 결과를 모두 감안하는 정책을 추구한다. 반면 유럽은 제도적으로 취약하기 때문에 물가안정이라는 유일한 공식 목표에서 벗어나기 어려운 중앙은행이 다소 경직적으로 통화정책을 주도한다. 이런 정책이 환율을 비롯해 국제적으로 미치는 영향은 사실상 커다란 정책 고려의 대상이 아닌 다소 놀라운 상황이다.

---

15) Kathleen R. McNamara and Sophie Meunier, "Between National Sovereignty and International Power: What External Voice for the Euro?", *International Affairs* Vol.78. No.4(2002), pp.849~868.

Ⅲ. 통화와 재정정책

  일반적으로 거시경제 정책에서 통화와 재정정책은 양대 축으로
작동한다. 미국은 연방정부의 주도 아래 통화 및 재정정책 조정이
실현된다. 물론 재정정책은 중앙정부의 재무성(Treasury)에서 담당
하는 한편 통화정책은 형식적으로 독립된 연준에서 담당하고 있지
만 실질적으로는 통화와 재정정책의 조율과 협력이 활발하다. 반면
유럽은 독립된 중앙은행의 통화정책과 분산된 회원국 정부의 재정
정책이 공존하는 상황으로 미국과 대조적인 모습을 보여 주고 있다.
  유로화 출범 이전부터 화폐통합과 관련하여 경제학이 제공하는
최적통화지역(OCA, Optimum Currency Area) 이론에 기초한 논의
가 활발하였다.[16] 이 이론에 의하면 적절한 통화지역이란 다음 세
가지 조건을 충족해야 한다. 우선 경제적인 지표가 상당한 수렴현
상을 나타내야 한다. 이는 비슷한 경제 조건의 지역이 같은 화폐를
사용하는 것이 적절하다는 인식의 결과이다. 다음은 같은 화폐권
내에서 생산 요소가 자유롭게 이동할 수 있어야 한다는 점이다. 특
히 유럽과 관련해서는 자본의 자유로운 이동이 확보되었던 만큼
노동의 자유 이동이 중요한 논쟁 거리였다. 마지막으로는 재정정책
의 통합이라는 조건이었는데 이는 지역 내에서 비대칭적 경제 충
격이 발생할 경우 이를 해결하기 위해 재정정책을 통한 보완이 가
능한가이다.

---

16) Robert A. Mundell, "A Theory of Optimum Currency Areas" *The American Economic Review*
    Vol.51 No.4(september 1961) pp.657~665.

미국은 사실상 하나의 국민경제(national economy)라는 틀 속에서 오랜 기간 동안 지속되어 왔기 때문에 경제적 수렴은 이미 실현되어 있는 것으로 평가할 수 있다. 그러나 유럽은 다양한 국민경제가 서로 다른 주기와 조건 속에서 존재해 왔기 때문에 실질적으로 수렴되어 가거나 충분히 수렴되었다고 판단하기 어려운 상황이다. 화폐통합을 진행하는 과정에서 지역 내 수렴을 나타내는 기준으로 일명 마스트리히트조약의 수렴 기준이라는 것이 제기되었다. 이는 사실 독일이 제기한 것으로 이자율, 물가상승률, 환율, 공공부채의 수준 및 재정적자 수준 등으로 나누어져 있다. 종합적으로 마스트리히트 수렴 기준은 공공부채가 GDP의 60% 이하, 재정적자도 GDP의 3% 이하 등 재정 건전성에 관한 것과 낮은 이자율과 낮은 물가상승률, 환율의 안정성 등 물가안정에 관한 것이다.[17] 하지만 이런 조건의 수렴은 경제적 수렴이라는 포괄적 개념의 한 부분에 불과하다. 특히 경제발전 수준에 있어 유럽의 다양한 국가는 매우 다른 위치에 있었다는 점은 간과되었다.

최적통화지역론 두 번째 조건은 생산 요소의 자유로운 이동, 특히 노동의 자유로운 이동에 주목한다. 미국의 경우 대규모의 노동이동이 가능하다. 실제로 미국은 강하게 통합된 노동시장과 전통적으로 유동적인 노동력을 가지고 있다. 뉴욕에서 실직한 사람이 샌프란시스코에서 재취업하는 경우가 드물지 않고, 주의 경계를 넘어 직장을 찾는 일도 보편적이다. 유럽의 경우에는 단일시장이 형성된 1993년 이후 이론적으로 노동의 자유로운 이동이 보장되었지만 실

---

17) Kathleen McNamara, *The Currency of Ideas: Monetary Politics in the European Union*(Ithaca: Cornell University Press, 1998) pp.163~166.

질적으로 유동성은 매우 낮은 형편이다. 미국과는 달리 국가 간 언어의 장벽이 여전하고 이에 덧붙여 사회적 관습이나 제도의 장벽이 여전히 존재하고 있기 때문이다.[18]

이처럼 유럽은 단일시장 내에서 자본은 자유롭게 이동하는 데 노동의 이동이 제한적이라는 점 때문에 상당한 불균형이 조장되었다. 에스파냐의 경우 프랑스나 독일과 같은 선진산업국에 비해 상대적으로 낙후한 경제를 가지고 있었는데 단일시장과 단일화폐 이후 대규모 자본이 에스파냐로 이동함으로써 에스파냐의 붐을 형성하였다. 1990년대와 2000년대 에스파냐는 고성장의 혜택을 누리면서 동시에 임금과 전반적인 물가의 상승을 경험하였다. 에스파냐는 유럽 내에서 비대칭적 경제적 호황을 누린 셈인데 문제는 세계적 경제위기와 함께 이번에는 강력한 비대칭적 위기와 불황을 경험하게 되었다는 점이다. 최근 유럽의 약한 고리로 인식되어 국제자본의 공격을 받고 있는 그리스의 경우는 에스파냐와 마찬가지로 단일통화권의 혜택을 누리다 위기를 겪은 사례인데, 이에 덧붙여 무책임한 재정적자와 공공 부채가 대표적으로 누적된 결과이다.[19]

재정정책을 통한 경제 충격 완화의 기능이라는 점에서도 미국과 유럽의 대조적인 상황을 두드러진다. 미국은 연방국가로서 상당 규모의 연방 예산을 보유하고 있다. 따라서 비대칭적 경제 충격에 대해 연방정부가 예산을 통해 완충 작용을 할 수 있다. 유럽에서는 유로 출범을 위한 거시경제 정책 수렴의 노력에도 불구하고 공동

---

18) Alberta M. Sbragia, "Shaping a polity in an economic and monetary union: the EU in comparative perspective" Andrew Martin and George Ross(eds). op.cit., pp.51~75.

19) Paul Krugman, "The Making of a Euromess" *The New York Times*(14 February 2010).

의 정책 결정 체제는 존재하지 않는다. 독일은 화폐통합 이전에 건전한 재정과 안정적 정책의 틀을 강요하였듯이 통합 이후에는 안정성장협약(SGP: Stability and Growth Pact)을 통해 안정적 재정정책 관리 제도를 수립하였다.[20] 이 협약은 일부 회원국 정부의 과도한 재정정책에 대해서 유럽집행위원회가 감시하고 경우에 따라 처벌하는 구조이다. 독일은 단일 화폐가 출범한 이후 적자 성향이 강한 일부 정부가 무책임한 재정정책을 추진하는 것을 방지하려 했던 것이다. 그러나 집행위는 초국적 기구로서 회원국 정부에 대한 권위와 정통성이 취약하다는 문제를 안고 있다. 또한 연방국가에서 존재하는 연방-주 정부의 관계에 비교했을 때 유럽연합과 회원국의 관계는 훨씬 약하다. 끝으로 독일과 같이 애초에 긴축을 주장하던 정부조차 재정적자가 GDP의 3% 이하라는 기준에 미달하는 경우가 많이 발생함으로써 문제를 드러냈다.

경제 충격에 대한 대응이라는 측면에서 유로권은 특히 이번 경제위기 과정에서 취약점을 노출하였다. 미국발 2007년 경제위기, 그리고 2008년 9월 리먼브라더스 파산 이후 유럽연합은 재정적자를 비롯한 안정성장협약 수렴 기준 충족에 대해 유연하게 반응하였다. 위기에 대처하기 위해 유럽중앙은행의 유연한 유동성 공급을 결정하였고, 회원국 정부의 일시적 재정적자 및 공공부채 증가를 허용하였다. 위기의 상황에서 제도적 경직성에 의존하지 않고 상당히 유동적이고 유연한 반응을 보임으로써 유로권 전체에 있어서는 커다란 문제가 제기되지 않았다. 물론 이런 상황에는 유럽의 금융

---

20) Michael Artis and Bernhard Winkler, "The Stability Pact: Safeguarding the Credibility of the European Central Bank", *National Institute Economic Review* Vol.163 No.1(1998), pp.87~98.

버블이 미국만큼 심각하지 않았고 규제가 강한 유럽 금융의 건전성도 꽤 높았다는 사실이 기여하였다. 문제는 유로권의 약한 고리에 대한 국제 자본 투기세력의 공격이었다. 그리스 사태 및 일명 PIIGS(Portugal, Italy, Ireland, Greece, Spain)라 불리는 국가들에 대한 국제 자본의 불신으로 유로권 전체가 출범 이후 최대의 위기를 맞고 있는 현실이다.

이번 그리스 사태를 통해 드러나는 미묘한 담론의 대립도 흥미롭다. 영미권 언론의 논조는 주로 국제 시장이 그리스의 무책임한 재정정책의 책임을 추궁한다는 데 맞추어져 있다.[21] 하지만 유로권 내의 논조는 어느 국가를 막론하고 국민의 세금으로 국제 금융 자본이 생존할 수 있도록 구원하였는데 이제 되살아난 국제 자본이 다시 국가를 공격하고 나섰다는 해석이다. 여기서 무책임한 것은 더 이상 그리스와 같은 정부가 아니라 국제 자본이 되는 것이다. 따라서 그리스의 재정적자도 문제지만 근본적으로는 국제 금융 질서를 형성하는 데 동반되어야 하는 규제와 협력의 틀을 만드는 것이 더 중요하다는 주장이다.[22]

유로권의 출범 이후 가장 심각한 위기에서 몇 가지 향후 시나리

---

21) 예를 들면 CNN에서 그리스 위기에 대한 설명은 대표적이다. So what's the problem in Greece? Years of unrestrained spending, cheap lending and failure to implement financial reforms left Greece badly exposed when the global economic downturn struck. This whisked away a curtain of partly fiddled statistics to reveal debt levels and deficits that exceeded limits set by the eurozone: http://edition.cnn.com/2010/BUSINESS/02/10/greek.debt.qanda/index.-html(검색일: 2010년 4월 28일).

22) 프랑스의 르몽드지는 사설을 통해 다음과 같이 국제자본을 비난하고 나섰다. A peine un an après avoir sauvé les banques en y consacrant de chaque côté de l'Atlantique des sommes colossales – 25% du PIB, selon la Banque centrale européenne –, voici les Etats endettés attaqués par ces mêmes établissements financiers. Telle est l'une des leçons – amères – de la crise grecque, la plus importante qu'ait connue l'euro depuis sa création: "Spéculation" *Le Monde*(11 février 2010).

오를 발견할 수 있다. 우선 유로권 붕괴의 시나리오로서 유럽의 약한 고리라고 할 수 있는 PIIGS 등 회원국이 유로권에서 탈퇴하고 독일 및 프랑스와 같은 핵심 국가만 유로권을 유지하는 시나리오다. 실제로 이번 그리스 사태를 계기로 처음으로 심각하게 일부 국가가 유로권에서 탈퇴하는 경우가 논의되었다. 다른 시나리오는 유로권이 국제 금융의 공격에도 불구하고 유지된다는 가정이다. 이 경우 현재와 같이 통화와 재정정책의 분리 및 괴리가 유지되는 경우를 상상할 수 있다. 커다란 틀은 유지하지만 조정의 부담은 약한 고리라 불리는 경제에서 질 수밖에 없는 구조이다. 이럴 경우 유로권의 주변부에서 유로에 대한 정통성 문제가 심각하게 제기될 가능성이 높아 보인다. 다른 하나의 가능성은 이런 위기를 계기로 재정정책의 통합 필요성을 인식하고 제도적 변화가 뒤따르는 것이다.

여기서 유로권 붕괴 시나리오는 상당히 비현실적으로 보인다. 왜냐하면 유로권을 형성하기 위한 노력은 장기적이고 정치적이기에 일시적인 경제적 비용이 크더라도 이를 지속할 가능성이 높아 보이기 때문이다.[23] 유로에서 탈퇴를 결정할 경우 신축적인 경제정책이 가능해지지만, 동시에 헝가리의 사례에서 볼 수 있듯이 국제 시장의 강력한 공격에 대응할 수 있는 능력도 축소되어 더 커다란 환율의 폭락과 폭등이 발생할 수 있다.

다른 한편 유로권이 지금의 상태로 유지된다고 하더라도 재정정책의 통합을 심화시키기보다는 정책괴리가 지속되는 시나리오가

---

[23] 일부 학자는 유로화의 도입을 로마 시대의 통합성을 되찾았다는 식으로 해석할 정도로 유럽에서 화폐 통합의 의미는 단순히 경제적 이익을 위한 것이 아니라 보다 거시 역사적이고 정치문화적 의미를 지닌다. Padoa-Schioppa, Tommaso, *The Road to Monetary Union in Europe: The Emperor, the Kings, and the Genies*(Oxford: Clarendon Press, 1994).

더 현실적이다. 왜냐하면 재정정책의 조정 및 기능 강화에 대해 이미 16개국에 달하는 유로권의 합의 도출이 매우 어려울 것이기 때문이다. 또한 중앙은행의 독립성 침해나 물가안정 우선원칙의 재고에 대한 독일의 반대가 여전히 강하기 때문이다. 이럴 경우 남은 대응책은 유럽 차원의 제도적 대응보다는 이번 그리스 사태에서 보듯이 프랑스·독일 중심의 양자적·사례별(bilateral and case-by-case) 해결책 마련이다. 이 경우 지원의 반대급부로 수혜국가의 긴축적 재정을 요구하게 되고 결국 유럽이 유로권 내부의 IMF 역할을 수행하게 될 가능성이 높다. 이로써 주변부 국가에서 유로화에 대한 정통성 약화 및 사회적 반발도 강화될 것이다.

다시 미국과의 비교로 돌아온다면 유럽은 경제위기 관리라는 차원에서 미국과는 비교가 되지 않을 취약성을 안고 있다. 거시경제정책의 주체와 단위가 미국에서는 연방 수준으로 집중되어 있는 반면 유럽의 경우 통화정책의 중앙화와 재정정책의 분산이 위기에 대한 대응을 어렵게 하고 있기 때문이다.

Ⅳ. 국제적 권력

자국의 화폐가 국제 기축통화로 사용되는 경우 해당 국가가 누리는 장점은 여러 가지다. 우선 일명 세뇨레지(segniorage) 효과를 누릴 수 있다. 과거 이 표현이 등장했을 때는 군주가 화폐 발행권을 통해 누리는 이익이었고, 역사적으로 그 이후에는 국내의 중앙은행이, 그리고 국제적으로는 기축 통화 국가가 누리는 이익을 의미한다.[24] 가장 기초적으로 자국이 발행하는 화폐의 순수 가치에 비해 국제적으로 더 높은 가치를 인정받기에 얻는 이익이라고 할 수 있다. 둘째, 기축 통화 국가는 다른 국가에 비해 매우 높은 수준의 안정성을 누릴 수 있다. 대외 무역이나 채권·채무 관계를 모두 자국 화폐로 관리하기 때문에 환율의 불안정성에 노출되지 않으며 안심하고 대외 관계를 추진해 나갈 수 있다. 셋째, 기축 통화 국가는 환율에 미치는 영향을 크게 고려하지 않아도 되기 때문에 높은 수준의 정책 자율성을 보유할 수 있다. 따라서 재정적자나 국제 수지의 적자를 기록하더라도 일반 국가보다는 훨씬 약한 국제적 제약에 노출된다. 끝으로 기축 통화국가는 국제무대에서 강력한 상징적 및 구조적 권력을 보유하게 된다. 외환이나 경제위기가 발생할 경우 국제 기축통화국은 주도적인 역할을 자연스럽게 담당하게 되며, G3, G7, G20, IMF 등 다양한 국제협력체와 기구에서도 핵심적인 역할을 인정받는다.

이상과 같은 다양한 장점 때문에 과거 영국이나 미국은 국제 기

---

24) Benjamin J. Cohen, *The Geography of Money*(Ithaca: Cornell University Press, 1998) pp.123~125.

축통화국이 되기 위해 구체적인 정책 노력을 기울였다. 일명 고전적 자유주의 시대라고 일컬어지는 19세기 헤게모니 국가인 영국은 금본위제를 국제적으로 정착시키는 데 결정적으로 기여하였다.[25] 영국은 금은 양본위제나 은본위제를 사용하던 대부분의 국가들로 하여금 금본위제로 전환하도록 하는 데 영향력을 행사하였다. 특히 1870년대 들어서는 산업혁명에 동참한 대부분의 국가들이 금본위제 전환함으로써 금본위제가 세계 경제의 표준으로 등장하였고 여기서 영국은 자국의 금융 산업을 획기적으로 발전시킬 수 있는 기회를 맞았다. 실제로 19세기 후반 영국은 제조업에서 나타나는 경제적 노화 현상을 금융을 통해 만회하는 경제적 레짐을 수립하였고, 이 과정에서 런던의 시티(City of London)는 세계 금융의 중심으로 부상하였다.

미국 역시 제2차 세계대전 이후 일명 브레튼 우즈 체제(1944~1971)를 수립하는 과정에서 주도적인 역할을 담당하였고, 달러 – 금 태환제를 통해 자국의 화폐가 공식적이자 실질적인 기축통화로 활용될 수 있도록 제도적 보장을 마련하였다.[26] 반증법적인 차원에서 보더라도 미국은 제1차 세계대전 이후 영국의 헤게모니가 쇠퇴하면서 이를 대체할 수 있는 유일한 세력으로 부상하였으나 달러를 국제 기축 통화로 추진하거나 이를 담당하려는 의지를 보이지 않았다. 따라서 능력이 되더라도 실질적인 정치적 의지가 없을 경우 헤게모니적인 기축 통화국이 되기는 어렵다는 사실을 보여 주고 있

---

25) Robert Gilpin, *The Political Economy of International Relations*(Princeton: Princeton University Press, 1987) pp.123~127.

26) Jeffry Frieden, *Global Capitalism: Its Fall and Rise in the Twentieth Century*(New York: Norton & Company, 2006) pp.290~292.

다.[27] 미국은 1970년대 이후 금융의 세계화 속에서 브레튼 우즈 체제를 포기할 수밖에 없었다. 하지만 포스트 브레튼 우즈 시기에도 미국은 여전히 비공식적이지만 실질적인 기축통화국의 역할을 수행하였다. 이 시기는 미국이 통화정책의 국제적 관리를 위한 구체적인 노력보다는 국내적 목표에 따른 일방적 정책 추구의 경향을 강하게 보여 주었다. 그 때문에 정책 변화에 따른 조정의 비용과 책임은 다른 국가로 전이시키는 장치로 작동하였다.

영국 중심의 1870년대부터 1914년 사이의 고전적 금본위제나 미국 중심의 1944년부터 1971년 사이의 달러 금태환제의 두 시기에 각각 헤게모니 세력은 세계 통화질서를 주도하려는 정치적 의지를 표명하였고, 이 질서를 관리하기 위한 리더십을 발휘하였다. 그러나 브레튼 우즈가 붕괴된 이후 1970년대와 80년대 미국은 일방적으로 통화정책을 운영하였고, 이로서 다른 국가들은 기축 통화 운영의 변화에 따른 조정의 비용을 치를 수밖에 없었다. 이러한 비대칭적 충격과 불평등한 비용의 부담은 유럽으로 하여금 화폐통합을 추진하도록 만든 중대한 구조적 원인이다.[28]

특히 프랑스는 유로를 달러를 대체할 수 있는 화폐로 인식하고 정책적으로 추진하는 국가이다. 미테랑 – 시라크 – 사르코지로 이어지는 프랑스 정치 지도자들은 유로의 상징적 및 국제적 권력 추구의 담론을 생산해 내면서 유럽이 유로를 통해 달러 및 미국의 경제적 헤게모니를 대신해야 한다는 의지를 표명하였다. 하지만 유럽

---

27) Edward Hallett Carr, *The Twenty Years' Crisis, 1919~1939: An Introduction to the Study of International Relations*, 2nd Ed.(London: Macmillan, 1946) p.234.

28) Randall Henning, "Systemic Conflict and Regional Monetary Integration: The Case of Europe" *International Organization*, Vol.52 No.3(Summer 1998) pp.537~573.

다른 회원국의 정책 의지 및 관심은 이와 크게 다르다. 독일은 상기했듯이 화폐를 통한 권력보다는 안정적 화폐 가치의 유지와 물가안정을 추구한다. 다른 회원국들도 유로의 국제적 역할과 세계적 리더십보다는 유로 도입으로 인한 국내적 조정에 더 관심을 기울인다. 초국적 기구라고 할 수 있는 유럽 집행위원회나 의회 역시 1990년대와 2000년대 화폐의 국제적 영향력 확산보다는 시급한 과제로 유럽통합의 확산으로 인한 중·동유럽 관리에 더 관심을 보여 주었다.

결국 유럽은 대외적으로 유로정책을 가지고 있다고 하기 어렵고 따라서 국제 금융무대에서 유럽의 목소리는 작을 수밖에 없다.[29] 프랑스가 거의 독보적으로 제도적 개혁과 정치적 리더십을 강조하는 정책적 권력의 재배분, 그리고 대외적으로 활발한 정책을 주장하고 있지만 독일을 포함한 대부분의 다른 회원국들은 이에 별다른 관심을 보이지 않고 있는 것으로 판단된다. 화폐 부문에서 이러한 상황은 사실 유럽통합의 일반적인 특징을 반영하고 있다. 유럽연합에서는 모든 권력이 분산되어 있고 균형을 추구한다는 점에서 대부분 소극적·온건적·안정적 경향을 표출하고 있다.[30] 국제통화질서에 대한 유럽의 입장과 정책도 미국의 헤게모니를 적극적으로 대체하거나 이에 저항하기보다는 역내적 조정과 균형을 중시하는 기조를 유지하고 있다.

---

29) Kathleen R. McNamara and Sophie Meunier. *art.cit.*

30) "Most fundamentally, decision-making is so difficult that scholars find it necessary to explain how policy-making happens at all. In both, major policy change in any single policy area is relatively infrequent; legislation, once adopted, is difficult to modify. The kind of political bargains which are needed to underpin major legislation can be put together only with difficulty" Alberta Sbragia. *art.cit.* pp.51~52.

V. 전망

   이 연구는 국제통화질서의 핵심을 형성하고 있는 달러와 유로의
정치적 및 제도적 기반을 비교함으로써 유로의 도입으로 인한 변
화 또는 변화의 가능성을 분석하였다. 유로는 달러와 비교했을 때
다양한 차이점을 드러내고 있다. 우선 통화정책에 있어 유럽중앙은
행은 미국의 연준에 비해 훨씬 물가안정을 지향하고, 역내 경제 상
황에 민감하며, 제도적으로 취약한 형편이다. 둘째, 통화와 재정정
책의 조정에 있어 미국은 상당한 조율과 협력이 이뤄지는 데 반해
유럽에서는 통화정책만 중앙화되어 있고, 재정정책은 여전히 각 회
원국별로 결정되기 때문에 제대로 조화가 이뤄지지 않는다. 그만큼
두 정책 사이에 괴리가 발생할 가능성이 높으며, 이는 대외적으로
예상하기 어려운 결과를 초래하기 쉽다. 마지막으로 국제통화질서
에 권력을 행사하려는 정책적 의지를 비교해 보면, 여전히 미국의
헤게모니 관리적 접근과 유럽의 분열상이 대조적으로 나타난다. 유
럽에서는 프랑스만이 권력의 의지를 표명하는 한편 독일을 비롯한
다른 국가들에게 유로의 국제적 역할은 부차적인 결과물로 인식하
는 경향이 강하다. 결국 유로는 물가안정이라는 단일목표를 지향하
면서 적어도 주관적·의식적으로 국제적 역할을 추구한다고 분석
하기는 어렵다.

   흥미로운 사실은 유럽연합 또는 유로권이 그것을 원하지는 않았
지만 이미 세계 금융 시장에서 국제 기축 통화를 향한 달러와 유로
의 경쟁은 시작되었다. 유로가 출범하기 이전부터 미국의 학자들은

달러와 유로의 경쟁을 의식하였고, 한편으로는 유로의 출범 가능성을 낮게 평가하면서 다른 한편으로는 유로가 출범하면 국제 질서에 불안정한 갈등의 요인으로 등장할 것이라고 예측하였다.[31] 가장 대표적으로 펠드스타인의 포린 어페어스 발표문은 이러한 불안과 비관적 시각을 드러냈다.[32] 그로부터 15년의 시간이 흘렀다. 학자들의 예측을 뒤엎고 유로화는 11개국의 대대적인 참여로 시작되었고, 이제는 16개국으로 확산되었다. 게다가 유로 출범 이후 다시 11년이 흘렀지만 유로와 달러의 경쟁으로 세계 평화에 부정적인 영향을 미쳤다고 보기는 어렵다.

이 연구에서 관심을 가지고 있는 유로의 국제적 역할에 대해 이러한 비관적 학자들은 한 가지 중요한 사실을 인식하게 해 준다. 과거 영국이나 미국의 헤게모니 등장시기와는 달리 20세기 말과 21세기 초의 세계 경제에서 특정 화폐의 국제적 역할을 규정하는 것은 헤게모니 후보 국가의 정치적 의지와 정책보다는 국경 없는 경제의 첨병으로 등장한 세계적 경제 행위자들의 선택이라는 점이다. 실제로 미국 중심의 브레튼 우즈 체제의 붕괴 원인은 미국 정책의 실수와 트리핀 딜레마와 같은 문제이기도 했지만 무엇보다 중요했던 것은 국가의 권력이 통제할 수 없는 거대한 세계 금융의 형성이라고 분석되었다.[33] 따라서 1970년대부터 세계화로 특징지

---

31) "Creation of the European Monetary System(EMS) and the common currency(euro) pose a serious threat to the unity of the international monetary system" Robert Gilpin, *Global Political Economy: Understanding the International Economic Order*(Princeton: Princeton University Press, 2001) p.255.

32) Martin Feldstein, "EMU and International Conflict", *Foreign Affairs*, Vol.76. No.6(November/December 1997), pp.60~73.

33) Robert Triffin, *Gold and the Dollar Crisis: The Future of Convertibility*(New Haven: Yale University Press, 1960); Saskia Sassen, *Losing Control? Sovereignty in an Age of Globalization*(New

어지는 구조에서는 화폐 발행 권력의 의지보다는 이를 선택적으로
사용하는 행위자들의 선호와 행동의 집합이 국제통화질서를 결정
한다는 예측을 해 볼 수 있다.

사실상 행위자들의 선택이 국제통화질서를 결정하는 데 미치는
영향이 과거보다 강화된 것은 명백하다. 그러나 그렇다고 해서 이
연구에서 주로 고려하였던 화폐 정책의 제도적 기반이나, 정책적
기조, 그리고 국제정치적 의지 등이 무시할 정도의 변수로 축소되
는 것은 아니다. 다만 향후 전망에 있어 화폐 공급의 축과 수요의
축 간에 존재하는 작용을 조금 더 심각하게 고려해야 할 것이다.
이런 사실을 염두에 두고 이 연구를 마치면서 다음과 같은 몇 가지
지적과 함께 미래에 대한 예측을 상상해 볼 수 있다.

첫째, 수요의 차원에서 본다면 집중지점이론(focus point theory)
이 매우 흥미로운 현실을 묘사하고 있다. 특정 도시에서 사람들에
게 미리 약속을 하지 않고 다른 사람을 만나려면 언제 어디로 갈
것인가를 조사해 보았다. 뉴욕의 경우 정오에 센트럴스테이션 즉
중앙역 안내소로 가보겠다는 답변이 주를 이뤘다고 한다.[34] 국제통
화질서에 이 이론을 적용한다면 과거 대부분의 사람들은 자국 화
폐가 아닌 외국 화폐를 사용하거나 저축하거나 투자한다면 달러를
선택했을 것이다. 문제는 이제 달러가 아닌 대체 가능한 국제적 위
상의 화폐가 등장했다는 사실이다. 이 집중지점이론이 우리에게 암
시하는 것은 한 집중지점에서 다른 집중지점으로의 변화가 점진적
이라기보다는 매우 신속하고 대폭적으로 이뤄질 가능성이 높다는

York: Columbia University Press, 1996) pp.39~52.

34) Thomas Schelling, *The Strategy of Conflict*(Cambridge: Harvard University Press, 1960).

점이다.

둘째, 역시 수요의 차원에서 기존의 논의는 주로 불특정 다수라고 판단하는 경제적 논리의 투자자나 기관이 수요의 주체라고 인식했지만 사실은 국가 및 정치적 성향을 가진 투자자 및 기관 역시 매우 중요한 수요의 주체이다. 수출 주도의 동아시아 국가와 그 중앙은행들은 이미 거대한 외환 보유고를 운영하는 주체이다. 이들은 단순히 경제적인 고려뿐 아니라 정치적인 의도로 투자 화폐를 전환할 수 있다. 그만큼 향후 국제통화질서는 미국과 유럽연합이라는 국가 또는 초국가 행위자는 물론 동아시아(특히 중국) 국가 행위자 또는 주권펀드(sovereign fund)와 같은 준국가 행위자의 역할에 좌우될 가능성이 높다.[35]

셋째, 수요가 아닌 공급의 차원에서 변화가 일어난다면 그것은 소극적·온건적이고 예측 가능한 유럽 측보다는 정책 변화를 추진할 수 있는 미국 측에서 주도한 변화가 될 가능성이 높다. 이번 경제위기에서도 강력하게 이자율은 낮추고 상황에 따라 신속하게 출구전략을 선택하는 것은 미국 측이다.[36] 유럽중앙은행은 물가안정의 유일한 목표를 향해 예측 가능한 미온적 대응이 주를 이루고 있다. 결국 변화하는 미국의 정책과 달러의 매력이 불변의 유럽정책과 안정적이지만 성장세가 약한 유로화의 상호 관계를 결정지을 것이다.

---

35) Simon Johnson, "The Rise of Sovereign Wealth Funds" *Finance and Development* Vol.44, No.3(september 2007).

36) 헤닝은 미국의 통화정책에 대한 의회의 통제권을 민주적 개입과 통제로 파악하고 있다. Randall Henning. "Democratic accountability and the exchange-rate policy of the euro area". *Review of International Political Economy* Vol.14. No.5(December 2007), pp.774~799.

참고문헌

강명세 · 이숙종 · 정진영 · 조홍식. 『달러 · 유로 · 엔: 국제통화질서의
　　재편』(성남: 세종연구소, 2000).

조홍식. "세계금융시대의 지역통화통합: 유러랜드 출범의 사례". 『국
　　가전략』. 4권 2호.(1999년). pp.95～117.

최진우. "유럽경제통화통합의 동인과 정치적 쟁점". 『국제정치논총』.
　　36권 3호(1997년). pp.129～151.

Akerlof, George A. and Robert J. Schiller. *Animal Spirits: How Human
　　Psychology Drives the Economy and Why It Matters for Global Capitalism.*
　　Princeton: Princeton University Press, 2009.

Artis, Michael and Bernhard Winkler, "The Stability Pact: Safeguarding
　　the Credibility of the European Central Bank", *National Institute
　　Economic Review* Vol.163, No.1(1998), pp.87～98.

Caporaso, James A.. *The European Union: Dilemmas of Regional Integration.*
　　Boulder: Westview, 2000.

Carr, Edward Hallett. *The Twenty Years' Crisis, 1919－1939: An Introduction
　　to the Study of International Relations*, 2nd Ed. London: Macmillan,
　　1946.

Chinn, Menzie and Jeffrey Frankel. "Why Euro Will Rival the Dollar?".
　　International Finance Vol.11. No.1(2008), pp.49～73.

Cho, Hong Sik. "Interests and Identity in European Monetary Integration:
　　France and Britain", *Korean Journal of International Relations*,

Vol.45. No.5(2005), pp.103~129.

Cohen, Benjamin J.. "Enlargement and the international role of the euro". *Review of International Political Economy* Vol.14. No.5(December 2007), pp.746~773.

Cohen, Benjamin J.. "Global Currency Rivalry: Can the Euro Ever Challenge the Dollar?". *Journal of Common Market Studies* Vol.41(2003), pp.589~591.

Cohen, Benjamin J.. *The Geography of Money*. Ithaca: Cornell University Press, 1998.

Eichengreen, Barry. *Globalizing Capital: A History of the International Monetary System*. Princeton: Princeton University Press, 2008.

Feldstein, Martin. "EMU and International Conflict". *Foreign Affairs*. Vol.76. No.6(November/December 1997), pp.60~73.

Felton, Andrew and Carmen Reinhard(eds.), *The First Global Financial Crisis of the 21st Century* London: CEPR, 2008.

Frieden, Jeffry. *Global Capitalism: Its Fall and Rise in the Twentieth Century*. New York: Norton & Company, 2006.

Gilpin, Robert. *Global Political Economy: Understanding the International Economic Order*. Princeton: Princeton University Press, 2001.

Gilpin, Robert. *The Political Economy of International Relations*. Princeton: Princeton University Press, 1987.

Henning, C. Randall. "Democratic accountability and the exchange-rate policy of the euro area". *Review of International Political Economy* Vol.14. No.5(December 2007), pp.774~799.

Issing, Otmar. "The Euro: Does a Currency Need a State?". *International Finance* Vol.11. No.3(2008), pp.297~310.

Johnson, Simon. "The Rise of Sovereign Wealth Funds" *Finance and Development* Vol.44. No.3(september 2007).

Klossa, Guillaume et Jean-François Jamet, "Un gouvernement économique pour l'Europe, c'est maintenant!" *Le Monde*(10 mars 2010).

Krugman, Paul. "The Making of a Euromess" *The New York Times*(14 February 2010).

Lazare, Française, "Paris et l'union de l'Europe M. Bérégovoy souhaite la création d'un" gouvernement économique "des Douze" *Le Monde* (ler décembre 1990).

Martin, Andrew and George Ross.(eds). *Euros and Europeans: Monetary Integration and the European Model of Society*. Cambridge: Cambridge University Press, 2004.

McNamara, Kathleen R.. "A rivalry in the making? The euro and international monetary power". *Review of International Political Economy* Vol.15. No.3(August 2008), pp.439~459.

McNamara, Kathleen R., *The Currency of Ideas: Monetary Politics in the European Union* Ithaca: Cornell University Press, 1998.

McNamara, Kathleen R. and Sophie Meunier. "Between National Sovereignty and International Power: What External Voice for the Euro?". *International Affairs* Vol.78. No.4(2002), pp.849~868.

Moravcsik, Andrew. *The Choice for Europe: Social Purpose and State Power from Messina to Maastricht*. Ithaca: Cornell University Press, 1998.

Robert A. Mundell, "A Theory of Optimum Currency Areas" *The American Economic Review* Vol.51. No.4(september 1961) pp.657~665.

Padoa–Schioppa, Tommaso. *The Road to Monetary Union in Europe: The Emperor, the Kings, and the Genies*. Oxford: Clarendon Press, 1994.

Sassen, Saskia. *Losing Control? Sovereignty in an Age of Globalization*. New York: Columbia University Press, 1996.

Schelling, Thomas. *The Strategy of Conflict*. Cambridge: Harvard University Press, 1960.

Shull, Bernard, *The fourth branch: the Federal Reserve's unlikely rise to power and influence*. Westport: Praeger, 2005.

Triffin, Robert. *Gold and the Dollar Crisis: The Future of Convertibility*. New Haven: Yale University Press, 1960.

■■■ 제2부

유럽연합과 회원국의 경제정책

제10장 EU 중소기업 지원 정책과 금융 지원 프로그램의 시사점

김한원

경희대학교 경영대학 교수

Ⅰ. 서론

유럽은 EEC에서 EC로 그리고 EU로 지역적 통합을 이루어 왔으며 유럽과 아시아를 잇는 ASEM으로까지 진화하였다. 확대된 EU를 보다 효율적으로 재정비하고 하나의 유럽이라는 정치적 통합을 지속하기 위해 2002년부터는 기존의 여러 조약을 하나의 유럽헌법으로 대체하는 합의를 얻어 냈다. 유럽헌법이 발효되면 EU는 세계 최대의 단일시장에서 하나 된 정치적 토대가 마련되는 것이다.[1]

EU 확대에 의해 역내 시장의 지리적 범위는 넓어지게 되었으나 회원국 간의 경제적 격차를 해결하여야 하는 새로운 문제에 봉착하게 된다. 이러한 문제에 직면한 EU는 유럽을 2010년까지 세계에

---

[1] 하지만 유럽헌법은 각 회원국의 비준을 거치는 과정에서, 프랑스와 네덜란드의 국민투표에서 부결되자 국민투표가 필요 없는 '미니 조약' 형태의 신유럽헌법이 부활하게 되었다.

서 가장 경쟁력 있고 역동적인 지식기반형 경제로 만든다는 목표를 정립하여 중소기업을 그 목표 달성을 위한 전략적 수단으로 리스본 아젠다를 채택하게 된다. 즉 EU는 (단일시장으로서 기능하게 하는 요구와) 고용창출에 중점을 두었던 중소기업정책을 고용과 경제 성장 그리고 지식기반형 경제를 구축하기 위한 방향으로 움직이게 된다.

2003년 1월, "중소기업을 모든 공동체 정책의 전면에 내세운다"는 EU 집행위원회의 전략은 EU가 본격적인 중소기업 시대를 맞이하고 있음을 시사한다.[2] EU 중소기업정책을 리스본 전략이라는 큰 틀에서 볼 때 MAP을 중심으로 체계화되고 유럽중소기업헌장이 중소기업에 바람직한 제도와 사업 환경을 구축하는 근간이 된다는 것이다. 또한 'think small first'는 중소기업정책에서 기본적인 이념으로 제시되어 오다가 2008년 12월에 발효된 'EU 중소기업법'(Small Business Act for Europe)에 명시되어 중소기업을 최우선적으로 고려할 것을 촉구하고 있다. 특히 EU의 중소기업 지원정책은 정부에 의한 직접적인 지원보다 민간 금융시장을 이용한 간접 지원정책을 강조하고 있을 뿐 아니라 혁신을 목표로 하고 있는 것이 특징이기도 하다.[3]

---

2) "Putting SMEs at the forefront of all Community policies", Communication from the Commission to the Council and the European Parliament "Thinking small in an enlarging Europe", http://ec.europa.eu/enterprise/enterprise_policy/sme-package/doc/com26_en.pdf(2009년 6월 15일 검색).

3) 우리나라 경제가 녹색산업으로 전환하기 위해서는 기술집약적 중소기업에 대한 지원이 불가피하다. 여기에는 대기업의 고용 없는 성장의 부작용을 막기 위한 중소기업의 고용창출도 큰 축으로 작용하고 있다. 그러나 중소기업에 대한 정부의 직접 지원 방식은 과거 금융시장이 발전하지 못하고 금융산업의 투명성이 낮았던 시기에 적합한 지원 방식이었으나 WTO 체제하에서는 정부의 중소기업 지원제도는 정부의 직접적인 지원 방식에서 시장을 이용한 간접적 지원 방식으로 전환되어야 한다.

본 연구는 EU 중소기업 지원 프로그램으로부터 우리나라 중소기업 지원정책에 대한 시사점을 찾는 데 있다. 이와 같은 목적에 부합하기 위하여 Ⅱ장은 EU 중소기업정책의 변화와 주요 내용을 살펴보고, Ⅲ장에서는 MAP을 축으로 한 중소기업정책을 리스본 전략 차원에서 정리하였다. Ⅳ장에서 MAP은 리스본 전략의 목표를 달성하기 위해 편성한 금융지원 사업이므로 EIF를 중심으로 중소기업 금융지원과 고용창출을 위한 다양한 혁신 중소기업 지원 프로그램을 살펴볼 것이다. Ⅴ장은 중소기업 지원정책을 시행함에 있어서 목표 선정의 중요성과, 특히 혁신 중소기업의 육성을 위해 정부의 지원과 시장 메커니즘이 조화를 이룰 수 있는 다양한 방법에 대한 시사점을 살펴보았다.

2000년 이후 EU는 커다란 전환기를 맞아 역동적이며 지속 가능한 경제성장을 실현하기 위하여 혁신적인 중소기업의 역할에 기대하고 있다. EU 중소기업 지원 프로그램들은 본격적인 중소기업 시대를 맞이한 우리나라의 중소기업 지원 정책에 시사하는 바가 크다.

Ⅱ. EU 중소기업정책의 전개과정

1. 산업정책

일반적으로 산업정책은 산업의 효율성을 제고하고 경쟁력을 강화하기 위한 정책으로써 정부 지원 방법에 따라 세 가지로 나누어 볼 수 있다. 첫째는 산업에 보조금이나 조세감면 등 직접적으로 지원하는 방법, 둘째로 연구 · 개발, 사회간접자본시설 투자, 교육훈련 등에 대한 지원 등 우회적으로 산업의 경쟁력 강화에 도움이 되는 지원, 그리고 셋째로는 경쟁정책, 표준화 정책 등 국제적인 규범으로 작용할 수 있는 표준이나 제도의 적용으로 산업 경쟁력 강화를 목표로 하고 있다. 한편 WTO 체제에서 산업정책은 과거 직접적인 보조금을 통한 지원에서 연구 · 개발지원 등 우회적 지원이나 경쟁정책 적용 및 표준 · 제도의 선제적인 적용으로 옮겨 가고 있다. UR 자체가 정부의 간섭과 개입을 최소화하는 것이므로 국제통상의 기본 틀에 부합하는 구조로 변화되어야 하며 자국 산업의 보호 수단과 각종 지원제도는 축소 또는 폐지되어야 한다.[4] EU 산업정책은 마스트리히트조약 체결 전후로 나누어 볼 수 있다.

1) 마스트리히트조약 체결 이전의 EU 산업정책

유럽공동체 설립 이후 마스트리히트조약이 체결되기 전까지의 유럽의 산업정책은 회원국별 산업정책으로 진행되었다. 즉 1952년 유럽통합의 모태가 되었던 유럽석탄철강공동체(ECSC)를 통해 유럽의 협력과 조정이 시작되었음에도 불구하고 실질적으로 80년대까지 유럽의 산업정책은 개별 회원국 차원에서 이루어지고 있었다. 당시 유럽의 산업정책은 전반적으로 석탄산업, 섬유산업, 조선산업

---

4) WTO 협정 제16조 4항은 UR이 정부의 개입을 최소화하는 것이므로 모든 회원국은 자국의 국내법규를 WTO 협정에 합치시켜야 한다. 세계경제의 판도는 한편으로는 WTO 체제를 정점으로 하는 다자간의 무역질서를 추구하면서, 다른 한편으로는 EU, NAFTA 등 지역적으로 배타적인 블록을 형성하는 양면성을 갖고 있다. 이와 같이 서로 모순되는 세계 경제 질서의 흐름이 세계 경제를 규정하는 현실이기도하다.

등 사양산업에 대한 지원으로 보조금 지급이나 무역장벽 설정 등을 통해 이루어졌다.[5]

또한 단일유럽법(SEA: Single European Act, 1987년)이 발효되기 이전까지는 EC의 경쟁정책에 대한 옹호가 거의 없었다.[6] 따라서 SEA는 로마조약 이후에 지향해 온 단일시장 확립의 구체적 방법과 추진계획을 밝힌 점에서 중요한 의미를 갖는다. SEA는 공동 산업 정책의 가능성을 언급함으로써 향후 산업에 대한 EC의 입장을 구체화하게 된다. 단일 시장의 완성을 상품시장뿐만 아니라 노동, 자본 등 요소시장과 서비스시장까지로 확대했다. 따라서 단일 시장의 완성에서 가장 중요한 것은 공동체 차원의 경쟁정책인 것이다. 경쟁정책은 로마조약에서 이미 규정되어 있었지만 실질적으로 효력을 발휘하기 시작한 것은 SEA 발효 이후이다.[7]

2) 마스트리히트조약 체결 이후의 EU 산업정책

유럽의 산업정책이 개별 회원국 차원이 아닌 공동체 차원으로 강구된 것은 마스트리히트조약에 의한 것이다. 마스트리히트조약에 의한 산업정책 방향은 EC 조약의 개정과 함께 유럽 공동체 설립 목적으로써 공동체 산업의 '경쟁력 강화'가 필요하다는 점이 추

---

5) ECSC에서 석탄 및 철강에 대한 조세를 부과금 형식으로 징수하여 그 수입을 투자 및 생산규모 조정을 비롯한 합리화, R&D 투자, 근로자의 교육 및 재훈련, 인력조직의 효율화 등 구조조정에 사용하였다. 이종원 외, 『유럽경제론』(서울: 법경사, 1997), p.163.

6) 단일유럽법 혹은 단일유럽의정서로 1986년에 체결되어 1987년에 발효된 조약으로, 마스트리히트조약과 함께 유럽연합에 많은 변화를 가져온 조약이다. 특히 역내 단일시장을 이루기 위해 가중다수결 투표제(QMV)를 도입해 300여 개의 법안을 통과시켰을 뿐 아니라 인적·물적 자본 및 서비스의 이동을 제한하는 각종 규제를 철폐하는 국내입법을 시행하였다.

7) SEA법 13~19조는 역내 단일시장의 수립을 1992년 12월로 확정하는 것이다.
박성택, "EU의 새로운 산업정책 접근방법과 시사점", 『EU학 연구』, 제12권, 제2호(2007), p.16.

가되었다. 마스트리히트조약 제3조는 EU의 산업 경쟁력 강화를 목표로 제시하고 있다. 이를 위한 정책 방향으로서 구조적 변화에 대한 산업의 신속한 적응, 중소기업의 창업과 발전에 유리한 환경 조성, 기업 간 협력을 위한 환경 개선, 잠재력 있는 산업육성과 경영개선 정책 장려, 혁신 및 R&D를 지원하는 것이다.

유럽 차원의 산업정책은 경쟁정책을 우선하여 각국이 자국의 산업에 보조금을 집행하는 것을 엄격하게 규제하고 '단일 시장'이라는 목표와 공동 연구개발 정책 및 표준화 정책이 추진되었다. '단일 시장'이 가져올 규모의 경제 효과를 최대한 활용하고자 한 것이다.[8] 그리고 1990년대에 들어와서 EU의 공동 연구개발 정책과 표준화 정책 등이 유럽 차원의 산업정책으로 구체화되기 시작하였다. 그리고 1999년에는 유로화의 도입을 계기로 역내시장이 점진적으로 완성되어 가면서 경쟁력 강화를 위한 새로운 차원의 산업정책에 대한 요구가 있었다. 이와 같은 정책 변화는 2000년 3월 포르투갈 리스본에서 채택된 '리스본 전략'으로 진화되는데, 이는 III장에서 살펴볼 것이다.

2. EU의 중소기업정책

1) 중소기업 프로그램

EU의 중소기업정책은 1983년 EC 위원회와 유럽의회 등이 공동으로

---

8) 역내시장의 완성을 위해서는 유럽 차원의 경쟁정책과 통화통합을 통해 추진된 회원국의 역내시장은 개방되어야 하고 역외 경쟁자들에 대한 차별은 철폐되어야 했다.

중소기업 육성을 위한 '유럽중소기업과 수공업을 위한 해'(European Year of Small and Medium – Sized Enterprises and Craft Industry)가 발표되면서부터 시작되었다.[9] 그 배경으로는 유럽 각국의 심각한 실업문제를 해결하기 위한 대안으로 중소기업에 의한 고용창출이 었다.[10] 이를 위해 1986년에는 중소기업 진흥정책으로 '중소기업 전담팀'(SME Task Force)이 설치되었으며, 같은 해 11월에는 'EC 중소기업을 위한 행동계획'(SME Action Programme)이 이사회에서 채택되면서 중소기업에 대한 인식이 전환되는 계기가 되었다. 그것은 중소기업에 바람직한 환경을 조성하고 중소기업이 갖는 유연성을 통해서 유럽경제에 활력을 높인다는 것이다.[11]

그러나 1990년대에 들어와서도 전반적으로 저성장과 실업률이 감소하지 않자 고용확대와 경제성장을 위해 중소기업에 대한 적극적인 지원과 육성이 필요하다는 인식이 EU 전체로 확산되었다. 이에 EC

---

9) 'craft'(수공업)라는 의미는 불어로 'artisanat', 이태리어로 'artigianto', 독일어로 'handwerksbetrib' 폴란드어로 'Ambacht', 오스트리아에서는 'Meisterprüfung' 등 유럽의 각 국가에서 사용하는 의미가 정확하게 일치하지는 않다. 다만 비슷한 의미와 개념으로 사용된다. 수공업기업은 경제적 목적으로 자영업 형태로써 주로 가공을 주 업무로 수행하며 특히 개별수요자의 요구에 직접적인 주문에 맞추어 작업이 이루어지며, 재화의 형태가 다양한 것이 특징이다. 또한 생산과 소비와의 관계가 개인적인 연관에 의해 전문지식이나 기술을 바탕으로 이루어진다. 참고로 가족기업은 일반적으로 자본조달이 가족에 의해 조달되고 한 명 또는 그 이상의 가족대표가 경영에 참여한다.

10) EU 회원국들은 통일된 기업정책을 수행하고자 하나 서로 다른 기업정책으로 각국의 현실에 맞는 중소기업 범위를 정하고 있다. 이러한 중소기업에 대한 정의는 자국의 관할권에 속하는 범위 내에서만 타당하여 다른 회원국들에게는 주장될 수 없다. 그러므로 EU 차원의 중소기업 범위를 정의함으로써 회원국 상호간의 불균형을 시정하고 경쟁의 왜곡을 예방할 수 있는 것이다. 이런 까닭에 위원회는 EU 차원의 중소기업정책을 수행하기 위한 범위를 권고의 형태로 채택하였다. 이 권고는 종업원 수와 총 매출액(turnover) 및 대차대조표 총액(balance – sheet total)을 기준으로 하여 중기업(medium sized enterprises), 소기업(small enterprises) 및 영세기업(micro enterprises)으로 분류하였다. "Commission Recommendation of 3 April 1996 concerning the definition of small and medium – sized enterprises", *Official Journal*, L107/4(1996), p.4 & p.30 참조.

11) 김한원, "EU 중소기업정책의 변화와 시사점", 『유럽연구』, 제25권, 1호(2007), p.279 참조. 더 자세한 내용으로는 SME action programme COM(86) 445 final 및 Council Resolution of 22 December 1986, *Official Journal*, C340/2, 1986.12.31. 참조.

위원회는 중소기업을 위한 통합 프로그램(Integrated Programme in favour of SMEs and Craft Sector)을 추진함으로써 중소기업 정책을 새롭게 준비하게 된다.[12]

1993년에는 EU가 결성되면서 기업정책과 관련하여 획기적인 법적 근거가 마련되었다. 이는 마스트리히트조약 제130조로서 기업정책과 관련하여 보다 명확하게 규정하였다.[13] 이 규정에 의하면 EU의 기업정책을 중소기업 정책, 기업혁신지원 정책, 단일시장을 통한 산업의 경쟁력강화 등 3가지 정책으로 나누었다.[14] 그리고 EC 위원회는 'think small first'라는 기업정책 관련 보고서를 1995년에 마드리드 유럽이사회에 제출하면서 중소기업에 대한 EU의 관심은 보다 강화되었다.[15] 이어 1996년에는 중소기업정책의 법적·재정적 제도에 대한 규정 등 중소기업 정책의 지속성과 통일성을 강조하는 '다년간계획'(MAP: Multi Annual Programme, 1997~2000년)을 채택한다.[16] 또한 '유럽중소기업헌장'이 제정되고 중소기업이

---

12) http://www.europarl.europa.eu/sides/getDoc.do?pubRef=-//EP//TEXT+REPORT+A4-1997-0034+0+DOC+XML+V0//EN(2009년 6월 30일 참조)

13) EU의 중요한 목적 중 하나는 공동정책을 수행하고 균형적인 발전을 도모하는 것이다. 이를 위해 고용 증진과 경제 발전을 위해 기업 활동과 관련하여 공정 경쟁 제도 확립, 공동시장의 원활한 기능을 강화하기 위하여 회원국의 통일된 국내법, 산업의 경쟁력 강화 및 경제적 사회적 통합 강화 등을 들 수 있다. 이와 같은 정책은 회원국마다 서로 다른 중소기업정책을 통일하고 개별적인 회원국 중소기업의 국제경쟁력도 강화시킬 수 있기 때문이다. Maastricht 조약 130조 참조.

14) 이에 따라 EC 조약 157조에서 회원국 기업 간 협력 강화, 신속한 산업구조조정, 중소기업의 발전, 혁신, 연구 및 기술의 증진 등이 '경쟁력 강화'를 위해 추진되어야 할 조치들로 명시되었다. 아울러 마스트리히트조약의 구체화로 유럽 집행위원회는 1993년에 발간된 '성장·경쟁력 및 고용백서'(White Paper on Growth, Competitiveness and Employment)에서 범세계적 경쟁력 확보를 위한 산업 개발정책을 주장하였다. Maastricht조약 제130조 참조.

15) "Think Small First: A Small Business Act for Europe", http://europa.eu/rapid/pressReleasesAction.do?reference=IP/08/1003&format=HTML&aged=0&language=EN&guiLanguage=en 참고(2009년 5월 8일, 6월 19일 검색).

16) Council Decision 97/15/EC of 9 December 1996 on a Third Multiannual Programme for SMEs in the European Union(1997~2000), O.J. L6/25, 1997.1.10. 참고로 이 계획은 유럽연합의 중소기업정책을 통합계획에 일치시키는 방식으로 이루어져 있다. 또한 공동체 차원에서 위원회

경쟁력 향상과 혁신 그리고 고용창출의 원동력으로서 평가되면서 경쟁력 있는 역동적인 지식기반경제의 실현을 위해서는 새로운 중소기업정책의 전개가 필요하다는 EU 차원의 인식이 변화하게 된다.

EU의 중소기업에 대한 인식 변화는 <표 Ⅱ-1>에서 보는 바와 같이 1990년대 말 미국의 신경제에 의한 고도성장으로 EU와의 경제적 격차가 확대되면서 커다란 전환기를 맞이하였다. 따라서 EU의 중소기업정책은 경기변동으로 인한 실업문제를 해결하기 위한 고용확대와 산업경쟁력 강화에서 2000년대 이후에는 고용과 산업경쟁력 이외에 기업 환경의 정비, 세제 및 금융 지원, 지역정책 등과 연계하는 좀 더 구체적인 정책으로 추진된다.

〈표 Ⅱ-1〉 EU 경제와 미국경제의 비교(1960년~2000년)

(단위: %)

연도	1인당 GDP 증가율		노동생산성 증가율	
	유로지역	미국	유로지역	미국
1960~1970	4.4	2.9	–	–
1970~1980	2.7	2.2	3.9	1.6
1980~1990	2.1	2.2	2.2	1.4
1990~1995	1.1	1.4	2.6	1.3
1995~2000	2.3	3.2	1.6	2.1

자료: 삼성경제연구원, *Global Issues*, 제17호(2005), 재인용.

2) EU의 중소기업법

유럽위원회는 'think small first'라는 이념의 실현과 2010년까지

(Commission) 내에 기업정책을 담당하는 Directorate General(DG) XXⅢ이 창설되었다. DG XXⅢ는 중소기업실행반의 업무를 인수하여 중소기업의 기업환경 개선 및 기업의 개발 증진에 관한 이사회의 결정이 채택되었다.

EU를 세계에서 가장 역동적인 지식기반 경제로 구축한다는 리스본 아젠다에 의해 '성장 및 고용창출 전략'의 일환으로 2007년 10월부터 'EU 중소기업법(SBA)' 제정을 추진해 왔다.

2008년 6월 25일, 유럽위원회는 유럽중소기업협의회와 유럽노동조합총연맹 등 중소기업 단체들의 의견을 수렴한 후에 중소기업법을 채택하고 유럽의회와 유럽이사회의 승인을 받아 12월에 정식 발효되었다. 이 법은 중소기업이 급속한 세계화와 기술 환경 변화 속에서 기회를 포착할 수 있는 강점을 갖고 있으므로 EU의 미래는 중소기업의 성장과 혁신의 잠재력을 극대화할 필요가 있다는 것이다. 따라서 지금이야 말로 중소기업의 육성을 EU 정책의 최우선으로 하고 "EU 중소기업 환경을 세계 최고 수준으로 만들자"[17]는 EU 정상회담의 비전을 실천하는 것으로 볼 수 있다. 결국 EU 중소기업의 잠재력을 최대한 발휘할 수 있도록 역내 중소기업에 대한 재정적·인적 지원을 통해 이들의 성장 잠재력을 실현할 수 있는 환경을 조성해야 한다는 것이다. 그리고 EU SBA는 기업이 번성하고 기업가정신이 보상받을 수 있는 환경 조성 등 10대 원칙을 토대로 유럽위원회와 EU 회원국에 총 86개 실천 사항을 관계 법령에 반영하도록 제시하는 형식으로 구성되어 있다.

---

17) "Now it is time once and for all to cement the needs of SMEs in the forefront of the EU's policy and to translate the vision of the EU Heads of State and Government of 2000 into reality — making the EU a world — class environment for SMEs".
참조: Commission of the European communities, Brussels, 25.6.2008, COM(2008) 394 final, communication from the commission to the council, The European Parliament, The European Economic and Social Committee and The Committee of the Regions, "Think Small First" A Small Business Act for Europe, SEC(2008) 2101; SEC(2008) 2102. p.2.

〈표 Ⅱ-2〉 EU 중소기업법(Small Business Act for Europe)의 10대 원칙

EU SBA의 10대 원칙
① 기업이 성장하고 기업가정신이 보상받을 수 있는 환경 조성
② 도산한 정직한 기업가들에게 빠른 시일 안에 재기할 수 있는 기회 제공
③ '중소기업을 먼저 생각한다'(think small first)는 원칙에 부합하는 법률 제정
④ 공공기관은 중소기업 요구에 즉각 부응
⑤ 공공 조달에 중소기업의 참여를 촉진하고 각종 지원에서 중소기업 우대
⑥ 중소기업의 자금 조달 환경 개선 및 상거래에 따른 대금을 제때 지급받는 법적 장치와 환경 개선
⑦ 중소기업이 단일시장에서 보다 많은 혜택을 받을 수 있도록 지원
⑧ 중소기업의 기술 개발과 혁신을 추진
⑨ 중소기업이 새로운 환경을 기회로 전환할 수 있도록 지원
⑩ 중소기업이 시장 확대로 인한 이익을 얻을 수 있도록 지원

자료: Commission of the European Communities, Brussels, 19.6.2008, COM(2008) 394 요약.

발효된 EU SBA는 크게 기업가 문화 구축, 중소기업 요청에 대한 부응, 중소기업 혁신 및 국제화 지원 등 3가지로 구분할 수 있다. 기업가 문화 구축은 기업이 번성하고 기업가정신이 보상받을 수 있는 환경 조성을 구축하는 것이다. 중소기업 요청에 대한 부응은 중소기업이 공공조달 시장 참여를 장려하고 자금 조달을 지원하며 중소기업이 상거래에 따른 대금을 제때에 지급받을 수 있는 법적 장치와 환경을 개선한다는 것이다. 중소기업 혁신 및 국제화 지원은 중소기업의 기술 수준을 높이고 혁신을 촉진하며 중소기업이 해외 시장에서의 기회를 창출할 수 있도록 지원하는 것으로 판단된다.[18]

---

18) http://ec.europa.eu/enterprise/entrepreneurship/docs/sba/com_2008_394_sba.pdf(2009년 5월 8일 검색).

Ⅲ. 리스본 전략과 중소기업 지원 정책

1. 리스본 전략과 중소기업 정책

1) 리스본 전략의 성립 배경

EU 경제는 비록 화폐를 통합하고 단일시장을 확립하는 성과를 거두었으나 세계화, 지식기반경제, 정보·통신사회로 경제 환경의 패러다임이 변화에 신속하게 대처하기에는 경제 전체의 활력이 부족했다. 그 이면에는 유럽통합이라는 정치적 성과에도 불구하고 1인당 GDP, 취업률, 생산성 등 주요 경제지표에서 미국에 뒤처졌다. 뿐만 아니라 여성 및 고령자의 취업률 저조, 시장의 분할, 창업 관련 규제, R&D 투자 부족, IT개발 및 이용 부족 등 원인으로 경쟁력과 활력이 상실될 수 있다는 위기의식이 확산되고 있었다. 이에 유럽 경제사회 전반을 혁신적으로 재편성하지 않으면 역내시장의 완성이라는 동력을 이어 갈 수 없다는 위기의식에서 새로운 돌파구를 찾기 시작했다.

따라서 EU는 2010년까지 새로운 차원의 산업정책으로 경쟁정책이라는 틀을 통해 명시적인 보조금 축소와 연구·개발 지원 등 우회적으로 산업 경쟁력을 구축해야 한다는 목표로 리스본 전략을 수립하게 되었다.[19] 리스본 전략을 통해 중소기업이 글로벌화의 진전과 ITC혁명이라는 새로운 조류에 의해 규모의 경제를 극복할 수

---

19) 2000년 3월에는 유럽 경제를 경쟁력 있는 지식기반경제를 수립한다는 목표하에 리스본 전략을 채택하였다. 리스본 전략은 보다 나은 일자리를 지속적으로 창출하고 사회통합을 더욱 진전시키는 가운데 일정 수준의 경제성장을 지속시킨다는 아젠다이다.

있다는 판단이었다.

2) 리스본 전략의 주요 내용

리스본 전략은 2010년까지 세계에서 가장 역동적이고 경쟁력을 갖
춘 지식기반경제를 만든다는 목표로 고용, 경제개혁, 사회결속 등 세
분야에서 EU의 경제체질을 전환시키기 위한 것이다(<표 Ⅲ－1> 리
스본 아젠다의 주요 내용 참조).[20] 고용 측면으로는 보다 많은 양
질의 일자리를 창출하기 위하여 지식기반사회에 부응할 수 있는
적합한 교육과 훈련을 제공하는 것을 주된 내용으로 하고 있다. 이
를 위한 구체적인 목표로는 2010년까지 고용률 70%(2005년 67%),
여성취업률 60%(2005년 57%), 준고령자(55~64세) 취업률 55%까
지 증가시키는 것으로 설정하였다.

또한 경제개혁 정책과 관련해서는 정보화의 진전, 연구 및 혁신
촉진, 창업 촉진, 역내 시장통합, 거시경제정책의 조화 등을 포괄하
고 있다. 정보화 사회 실현을 위해서 유럽연합은 인터넷을 통한 공
공서비스, 교육, 의료, 상거래가 이루어질 수 있도록 구체적인 사업
을 실행하고 인터넷상의 보안을 강화한다는 것이다. 특히 역내 시
장통합은 리스본 전략의 핵심과제로서 화폐를 통합한 것과 마찬가
지로 유럽연합 전체 시장에 동일한 거시경제 정책과 경제규범의
적용을 목표로 하고 있다. 이를 위해 금융시장통합, 상호 인증, 유
럽특허제도 도입, 가스, 전기, 우편서비스 등의 자유화, 단일항공관

---

20) 김득갑, "고전하는 유럽경제와 신리스본전략", *Global Issues*, 제17호(2005).
　　http://europa.eu/scadplus/glossary/lisbon_strategy_en.htm 참고.(2009년 5월 8일 검색).

제제도 도입, 서비스 시장통합 등의 시행을 계획하였다.

　사회결속(social inclusion)은 모든 시민들이 고용, 의료 서비스 등에서 소외되지 않고 더불어 사는 공동체를 실천한다는 것이다. 그러므로 리스본 전략은 투자와 고용을 위한 환경 조성과 지식과 혁신 기반의 성장을 추구하는 전략으로 지식, 혁신, R&D, 교육 등을 통해 생산성을 향상하기 위한 것이다. 따라서 지식과 혁신을 위한 구체적인 실천계획인 것이다. 리스본 아젠다의 정책 추진배경 및 추진전략의 내용은 <표 Ⅲ-1>과 같다.

<표 Ⅲ-1> 리스본 아젠다의 주요 내용

배경 및 전략		구체적 내용
추진 배경		○ 세계화와 지식중심의 경제 환경에 부응하기 위한 지식 인프라 구축, 혁신 및 경제 개혁 추진, 사회복지 및 교육제도의 개선 ○ 경쟁력 있고 역동적인 지식기반경제 지향을 위한 3개 분야(golden triangle) 목표수립 ① 경쟁력 있고 역동적인 지식기반경제로의 이행 준비 ② 인적 투자와 활기찬 복지국가 건설을 통한 유럽사회 모델의 현대화 ③ 적절한 거시경제정책으로 건전한 경제전망과 양호한 경제성장 유지
추진 전략	○ 지식기반경제로의 이행 준비	○ 정보화 사회 ○ 연구 및 혁신관련 유럽지대 창설 ○ 혁신 기업, 특히 중소기업을 위한 우호적 환경 조성 ○ 역내 시장을 위한 경제 개혁 ○ 효율적이고 통합된 금융시장 ○ 거시경제정책의 조정
	○ 유럽사회 모델의 현대화	○ 지식기반사회에 있어서 삶과 노동을 위한 교육·훈련 ○ 능동적인 고용정책 개발 ○ 사회보장의 현대화 ○ 사회 결집(social inclusion)의 촉진
	○ 결정의 실행	○ 기존 프로세스의 개선 ○ 새로운 개방형 통합방법의 이행 ○ 필요 수단의 동원

출처: http://www.euractiv.com/en/agenda2004/lisbon-agenda/article-117510(2009년 5월 8일 검색); 김한원, "EU 중소기업정책의 변화와 시사점", 『유럽연구』, 제25권. 1호(2007), p.287.

리스본 전략에서 중소기업 정책은 유럽의 경제체질을 바꾸기 위한 경제 전반의 개혁 프로그램 중 하나이다. 또한 중소기업 정책은 크게 '중소기업지원 다년간 프로그램'(Multiannual Programme for Enterprise and Entrepreneurship, 2001~2005)과 유럽중소기업헌장(European Charter for Small Enterprises)에 잘 반영되어 있다. 여기에 나타난 중소기업정책은 크게 기업가정신(entrepreneurship)을 증진시키고, 중소기업과 관련된 규제를 간소화하여 R&D 및 혁신을 장려하며, 중소기업의 금융환경을 개선시키고, 중소기업 지원프로그램에 대한 접근을 용이하게 함으로써 지식기반하의 국제경쟁에서 경쟁력을 강화시키는 것으로 정책 간 긴밀하게 연계되고 있음을 알 수 있다.

2. 신리스본 전략

1) 신리스본 전략의 추진 배경(Wim Kok 보고서)

리스본 전략의 추진에도 불구하고 유럽경제는 저성장과 생산성 하락으로 미국과의 격차를 좁히지 못했다. 1999년 1인당 국민소득은 미국 대비 70.3%에서 2003년 71.1%로 소폭증가에 그쳤으며, 고용율도 1999년 미국 대비 87.4%에서 2003년 92.2%로 당초 기대에 미치지 못했다.[21] 같은 기간에 근로자당 노동시간도 미국 대비

---

[21] 2000년 이후 세계 주식시장의 거품이 붕괴되면서 유럽경제가 침체되고, 9·11테러, Doha 세계무역협상의 난항 등 국제정세의 불안이 계속되었다. 또한 지구환경문제와 지속적인 유가상승에 대한 우려도 증가하였다. 이처럼 외부적으로 유럽경제와 세계정세의 불안으로 리스본 전략은 구체적인 성과를 보이지 못했다.

87.5%에서 88.2%로 소폭 증가했으며 시간당 노동생산성은 경제활동참가율 증가를 반영하여 91.9%에서 87.5%로 크게 하락했다. 이 시기의 중소기업 정책의 세부 내용은 1990년대의 '통합 프로그램 및 성장과 고용의 initiative'와 크게 차이는 없으나 리스본 전략의 시행 이후에도 EU 경제는 당초의 기대보다 나아지지 못했다.[22]

이처럼 유럽경제는 국민소득, R&D, 생산성, 고용 등에서 미국의 70년대 후반 수준에 머물러 있기 때문에 유럽의 생산성 증가율이 매년 0.5%p씩 미국을 앞선다 해도 2056년이 되어야만 미국수준에 도달할 것으로 예측되었다. 따라서 유럽이 미국을 추월하기 위해서는 리스본 전략의 목표 시한인 2010년보다 훨씬 더 긴 시간이 필요한 것으로 분석되었다.[23]

또한 세계 인구의 43%를 차지하고 있는 소위 'BRICs' 국가들이 부상하고 있고, 그들 중 중국과 인도는 거대한 시장과 저렴한 노동력을 바탕으로 제조업과 IT산업에서 경제성장을 주도하는데, 유럽경제의 성장 잠재력은 점차 약화될 것이라는 예측이 지배적이었다. 이와 같이 유럽경제에 대한 위기론이 증가되면서 리스본 전략이 성공하기 위해서는 경제성장과 혁신에 집중해야 한다는 점이 강조

---

22) '성장과 고용의 initiative'는 공동체 지역전체의 조화와 균형 있는 지속 가능한 발전의 촉진을 목적으로 하는 국경을 넘는 지역 간 협력, 농촌의 발전, 지속 가능한 도시발전의 촉진과 구조적인 문제를 갖고 있는 도시의 지원 그리고 노동시장에 접근할 기회를 보장해 주는 것이다. 또한 고용을 창출하는 혁신적인 중소기업에 대한 금융지원책으로 중소기업정책의 목표로서 고용확대를 최우선으로 강조하였으며 성과 역시 고용창출로 평가하였다. 그리고 예산편성 기간은 2년으로써 단기였기 때문에 정책효과를 보기에는 시간적으로 어려운 문제점이 있었다. Council Decision 98/347/EC of 19 May 1998 on measures of financial assistance for innovative SMEs creating employment(Growth and Employment Initiative)[Official Journal L 155 Of 29 May 1998].

23) "US economy ahead of EU by at least 20 years! 4 point plan to European leaders to reflate economy", Eurochambres(2005), p.3 참조. http://www.eurochambers.be/PDF/pdf_-press_2005/09-SpringBusinessForum11March05.pdf(2009년 5월 8일 검색)

되기 시작하였다. 특히 Spring Summit 2004에서 리스본 전략의 목
표를 달성하기 위해서는 성장과 고용에 집중하여야 하고, 성장과
고용의 핵심은 혁신 중소기업 육성에 있다는 컨센서스가 널리 확
산되고 있었다.[24]

2004년 이사회의 요청에 의해서 네덜란드 전 총리 Wim Kok은
리스본 전략을 중간 평가하여 전략의 보완 방안을 제시하였다(<표
Ⅲ-2> Wim Kok 보고서 참조). Kok 보고서의 핵심은 리스본 전
략을 통해 실업, 건강, 고령화문제는 사회계약 방식으로 대처하고,
높은 질의 교육을 제공하여야 하며, 시장 경제가 환경과 조화를 이
루며 작동할 수 있도록 시스템을 현대화하여야만 성장과 고용을
증가시킬 수 있다는 것이다. Kok의 권고에 의해 2005년 초 EU 집
행위원회는 리스본 전략을 대폭 수정하여 고용과 연구개발 그리고
경제성장에 초점을 맞춘 새로운 리스본 전략이 제시된다.

결국 유럽은 리스본 전략의 목표들을 달성하기 위해서는 무엇보다
성장과 고용에 집중해야 하고, 성장과 고용에 있어서의 핵심은 중소
기업의 경쟁력 제고에 있으며 혁신 중소기업의 육성이 향후 리스본
전략의 보완에 있어서 핵심요소가 된다는 것이다.[25] Kok 보고서
'Facing the Challenge: The Lisbon Strategy for growth and employment'
내용 중 중소기업 관련 권고 사항은 <표 Ⅲ-2>와 같다.

---

24) http://www.agcc.co.uk/documents/2004%20EU%20Spring%20Summit%20Position%20Paper.pdf-
    (2009년 5월 8일 검색)

25) Kok 위원장의 리스본 전략에 대한 평가 보고서에서 궁극적으로 복지를 제공하기 위해서는 성장을 통
    한 고용에 집중해야 한다는 것이다.

<표 Ⅲ-2> Wim Kok 보고서(리스본 전략 중간 평가)의 중소기업 관련 권고

주요 권고	내 용
ㅇ 기업가를 위한 투자, 혁신 및 기업가정신 고취에 도움이 되는 환경 조성	ㅇ 저비용 금융(low-cost finance)에 대한 접근 제고 ㅇ 파산관련 법령 개선 ㅇ 중소기업의 특성 고려 ㅇ 산업 구조(industrial frame work) 개선 ㅇ 책임있는(responsible) 기업 지배구조 독려
ㅇ 사업 기회비용 절감 및 규제 개선/제거	ㅇ EU 전체 및 각 회원국 차원에서의 규제법령 개선 전략 마련 ㅇ 회사 설립에 소요되는 시간 및 비용 경감
ㅇ 창업 관련 절차 및 비용 경감	ㅇ 회원국들이 실적이 뛰어난 3개 회원국 평균치에 도달할 수 있도록 추진 ㅇ 창업관련 one-stop shop 설치를 강력 권고
ㅇ 취업률 증대	ㅇ 전체 취업률: 2010년 70%(2005년 67%) ㅇ 여성 취업률: 2010년 60%(2005년 57%) ㅇ 노인 취업률: 2010년 50%
ㅇ 인적자본에 대한 투자	ㅇ 2005년까지 평생교육을 위한 국가별 전략 채택 ㅇ 급속한 기술변화에 부응, 실업률 감소

자료: "Facing the Challenge: The Lisbon Strategy for growth and employment", Report from the High Level Group chaired by Wim Kok, November 2004.
http://ec.europa.eu/growthandjobs/pdf/kok report en.pdf(2009년 6월 5일 검색).

2) Wim Kok 보고서 이후의 신리스본 전략

Wim Kok 보고서 이후의 신리스본 전략은 투자와 고용촉진을 위한 환경 조성, 지식과 혁신 기반 구축, 고용창출 및 사회보장제도 개선 등 3대 핵심 분야와 10대 실행계획이 제시되었다. <표 Ⅲ-3> 에서와 같이 신리스본 전략의 실행계획은 2010년까지 역내 경제성장률을 3% 선으로 끌어올리고, 600만 명 이상의 고용창출을 목표로 설정하고 있다.[26]

---

26) 고용창출을 위해 고용확대 및 사회보장제도의 현대화, 기업과 노동자의 적응력 향상과 노동시장의 유연성 개선, 교육과 훈련을 통한 인적자원 투자 확대 등 시행전략을 설정하였다. 교육과 훈련을 통한 인적자원 투자 확대는 높은 기술력을 지닌 노동력이 많은 경제일수록 신기술의 창출과 효율적인 사용이 가능해진다. 생산성 향상을 위해서는 지속적으로 양질의 교육과 기술을 제공하여야 하는데 이를 위해 평생교육 장려와 직업훈련 강화 등 인적자원에 대한 투자 확대이다.

결국 노동시장의 유연성 확보와 직원훈련의 강화 그리고 R&D의 확대 등, Pax European을 건설하겠다는 신념으로 미국과 비교한 성장 전략을 설정한 것이다. 특히 신리스본 전략은 중소기업을 육성해야 한다는 커다란 목표가 있음에도 불구하고 유럽의 중소기업들은 지나친 규제로 인해 사업을 시작하기가 어려울 뿐 아니라 기회를 잃고 있기 때문에 이를 해결하기 위해서는 기업가 정신을 재조명할 필요가 있다고 판단한 것이다.

〈표 Ⅲ-3〉 신리스본 전략의 3대 핵심 분야와 10대 실행계획

핵심 분야	10대 실행계획	내 용
투자와 고용 촉진을 위한 환경 조성	① 역내시장의 확대 및 심화 ② 개방적이고 경쟁력 있는 대내외 시장 확보 ③ EU 차원과 회원국 차원의 규제 완화 ④ 현대적 인프라 개선 및 확충	① 서비스, 에너지, 운송시장 자유화 및 시스템을 단일시장에 맞도록 개선 ② DDA 및 FTA 추진, 혁신, R&D, 위험자본의 확충을 위한 정부지원 정책 개선, 정부 보조금 축소 ③ 제도의 경쟁력 영향 평가시스템 구축, 규제시스템 개선 ④ 범유럽통신네트워크(TENs) 추진, 역내 시장 단일화를 위한 현대화된 인프라 구축
지식과 혁신 기반 구축	⑤ R&D 투자확대 및 개선 ⑥ 혁신, ICT, 효율적 자원 이용 ⑦ 강력한 산업기반 구축	⑤ 정부지출 효율화 및 혁신기업에 대한 자금지원 확대 모색(GDP의 3% 수준 달성) ⑥ 역내 특허제도, 혁신기업 지원, IT 및 미디어산업지원, 에너지 효율화 ⑦ 첨단 산업 육성, 지역 클러스트 조성, 민관 협력
고용창출 및 사회 보장 제도 개선	⑧ 고용률 확대 및 사회보장제도 현대화 ⑨ 노사 간 화합과 노동시장 유연성 제고 ⑩ 교육과 훈련 강화를 통한 인적자원 투자 확대	⑧ 노동시장에서 기회균등 제공, 적극적인 노동시장정책, 인구고령화 대책, 청년실업 대책, 연금 및 사회보장제도 개혁 ⑨ 노동의 유동성 제고, 생산성과 임금 연계, 노동시장 유연성 촉진 ⑩ 평생교육강화, 직업훈련 및 교육 개선, 인적자원 투자 확대

자료: European Commission, "Lisbon Action Plan", SEC(2005) 192.
http://ec.europa.eu/growthandjobs/pdf/SEC2005 192 en.pdf(2009년 6월 5일 검색).

EU는 신리스본 전략을 통해 경제성장과 고용을 창출하기 위해
서는 혁신의 원동력인 중소기업을 육성하는 것이 무엇보다 중요하
다는 공감대가 형성되었다. 더욱이 중소기업을 위한 최적의 환경을
조성하기 위해 제정된 것이 유럽중소기업헌장(European Charter for
Small Enterprise)이다.[27) 회원국들은 상술한 바와 같이 2000년 3월
의 리스본 정상회담에서 새로운 MAP의 작성과 함께 중소기업을
위한 헌장을 작성하는 것에 합의하였다. 같은 해 6월 13일, 이사회
에서 헌장을 채택하고, 6월 19~20일 포르투갈 훼이라(Santa Maria
Feira)에서 개최된 유럽이사회에서 이를 승인하였다. EU회원국들은
유럽중소기업헌장의 내용을 자국 중소기업정책에 반영하여야 함은
물론이거니와 그 결과를 매년 보고서를 통해 공표하여야 한다. 유
럽중소기업헌장은 유럽 중소기업정책의 구조(frame work)를 형성하
는 중요한 요소로 자리매김하고 있다.[28)

또한 유럽중소기업헌장에서 중소기업은 혁신과 고용 그리고 사
회적·지역적 통합의 원동력으로 인식되어야 하는 것으로서 EU
및 각 회원국이 지향해야 할 방향(비전)을 구체적으로 제시하고 있
다. 특히 유럽경제에서 차지하는 중소기업의 역동성을 인정하고,
중소기업이 지역사회 발전에 중요한 역할을 수행한다는 것과 기업
가정신의 중요성을 새롭게 인식하게 하는 것이다.[29) 그리고 성공한
기업가에 대한 충분한 보상과 혁신을 이루려는 기업가에게 수반되

---

27) EU에서 "small medium-sized enterprises"은 중소기업헌장에서 접근하는 "small enterprise"와
    같은 내용을 가지고 있다.

28) Council of the European Union(2000), *Europe*, 제222호, 2000년, CES/00/55. 참고.

29) Presidency Conclusion Santa Maria da Feria European Council, "European Charter for
    Small Enterprise"(19 and 20 June 2000), Annex III. http://ec.europa.eu/enterprise/enterprise_-
    policy/charter/docs/charter_en.pdf(2009년 5월 8일 검색).

는 실패에 대해서는 단순히 실패가 아닌 학습 기회로 고찰할 수 있도록 환경을 조성할 필요가 있으며, 신경제에 있어서 지식과 가치에 대한 인식이 필요하다는 것을 주장하고 있다. 그 주장으로서의 중소기업 정책 과제와 창업 촉진과 중소기업 경영환경 개선을 위해 10가지의 행동 지침은 <표 Ⅲ-4>와 같다.

<표 Ⅲ-4> 중소기업 정책 과제와 창업 촉진 및 중소기업 경영환경 개선 행동 지침

중소기업 정책 과제	창업촉진과 경영환경 개선을 위한 행동지침
○ 기업 혁신과 기업가정신의 강화	○ 기업가정신 교육과 훈련
○ 기업가적 활동에 저해하는 규제 제거	○ 창업비용 절감과 신속한 창업지원
○ 연구와 기술의 상업화 적극 추진	○ 보다 좋은 법규와 규제의 개선
○ 기업금융 접근 및 지원 개선	○ 기능 인력 공급
○ 중소기업의 애로사항 타개	○ on-line 접근성 개선
○ 최적의 창업 환경 조성	○ 시장통합에서의 성과 향상
○ 최고 수준의 중소기업 지원	○ 조세와 금융지원
	○ 소기업의 기술력 향상
	○ e-Biz model과 우수한 소기업지원
	○ EU 및 개별 회원국 차원에서 중소기업의 이익 제고

그리고 2006년 12월 EU 집행위원회는 신리스본 전략 성과 보고서를 작성하여 2007년 3월 EU 정상회의에 제출했다. 성과 보고서에 의하면 개혁에 대한 성과가 나타나고 있음에도 불구하고 지속적인 개혁이 필요하다는 점을 강조하고 있다. 특히 R&D, 혁신, 규제 개선과 중소기업 환경 개선에 진전이 있었지만 노동시장의 유연성이 떨어지고 경쟁력이 저하되고 있으며 정규직과 비정규직의 양극화 문제가 해결해야 될 과제로 지적되었다.[30]

---

30) 2006년 초에 개최된 EU 정상회의에서 제시된 교육, R&D, 혁신과 기업환경, 노동시장에서의 유연성, 에너지와 환경변화 등 분야에 대한 상세한 평가를 포함하고 있다. http://ec.europa.eu/growthandjobs/-index_en.htm(2009년 5월 10일 검색).

Ⅳ. EU의 중소기업 금융지원 프로그램

1. 중소기업의 금융 접근

1) 내용

EU 집행위원회는 창업 환경 개선에 관한 권고[31]를 1997년 4월 22일에 채택하였다. 이 권고에는 기업 관련 법규를 새롭게 제정하거나 개정하는 경우에 각 회원국은 '기업영향평가'(Business – impact assessments)와 '비용효과분석'(cost – benefit analyses)을 거쳐야 한다는 것이다. 유럽공동체 수준에서 각종 법규 및 정부절차의 간소화를 위한 'think small first' 원칙이 적용되는 것이다.

그러나 EU 중소기업정책이 커다란 전환기를 보인 것은 2000년 초에 제23총국(DG ⅩⅩⅢ)을 기업총국(DG Enterprise)[32]으로 개편하여 기업정책, 기업가정신과 환경문제 등 폭넓은 업무를 담당하면서부터이다. 특히 다년도 계획인 MAP(2001~2005)[33]은 기업의 경쟁력 향상, 기업가정신의 장려, 기업 규제, 행정 및 금융환경의 간

---

31) Commission Recommendation of 22 April 1997 on improving and simplifying the business environment for business start – ups.

32) EU의 중소기업정책은 유럽중소기업헌장에 근거하여 추진하고 있다. DG Enterprise는 EU의 기업 및 산업정책을 총괄하고 기업 활동에 대한 장벽을 낮추며 창업을 장려하는 등, EU 역내 기업들의 혁신을 통한 경쟁력 강화가 정책의 핵심이다. DG Enterprise는 정책을 13개 분야(기업, 산업, EU확대, 혁신 및 네트워크, 기업의 사회적 책임, 해외시장개척, 규제완화 등)로 분류하여 별도로 정책을 집행하고 있다.

33) Council Decision@2000/819/EC) on a multi – annual programme for enterprises and entrepreneurship, and in particular for small and medium – sized enterprises(SMEs)(2001~2005), Official Journal L 333 of 29.12.2000. http://ec.europa.eu/enterprise/enterprise_policy/mult_entr_programme /doc/map_wp2001_en.pdf(2009년 5월 20일 검색).

소화 및 개선, 공동체(EU) 지원서비스 및 프로그램에 기업의 접근성 강화 등 유럽중소기업헌장의 목적을 달성하기 위한 수단으로 구성되어 있다.[34]

<표 Ⅳ-1> MAP(2001~2005)의 금융환경 개선 목표와 주요 내용

MAP	목표	주 요 내 용
2001~2005	금융환경 개선	○ 창업 초기 단계에서 자금 조달 지원: EIF ○ biz incubator 설립과 발전, 관련 follow-up 프로그램 지원 ○ 보증제도에 대한 재 보증: EIF ○ 성장 가능성 중소기업에 대한 융자 지원 ○ 소액대출 및 소액융자
1997~2000	금융 및 정책 지원	○ 기업의 금융환경 개선(Risk Capital인 CREA, Innovation and Technology Equity Capital, Eurotech Capital 운영) ○ 중소기업의 정책 수단 개선

자료: Council Decision@2000/819/EC) on a multi-annual programme for enterprises and entrepreneurship, and in particular for small and medium-sized enterprises(SMEs)(2001~2005), Official Journal L 333 of 29.12.2000.
http://ec.europa.eu/enterprise/enterprise_policy/mult_entr_programme/doc/map_wp2001_en.pdf(2009년 5월 15일 검색).

구체적으로 MAP(2001~2005)은 1999년부터 2002년까지의 '성장과 고용의 initiative'에서의 미비점을 개선하고 이를 지식기반 사회에서 핵심이 되는 기업가정신과 혁신을 강조하는 방향으로 발전시키기 위한 계획이다. 근본적으로는 금융의 이용가능성을 높여 고성장 중소기업의 창업과 발전을 원활히 함으로써 고용을 창출하는 혁신적인 중소기업에 대한 금융지원 프로그램인 것이다.

또한 MAP(2001~2005)은 예산 집행 기간을 5년으로 늘렸고, 최우선 정책목표도 고용에서 혁신으로 전환하였으며 수적인 고용보

---

34) 김한원, "EU 중소기업정책의 변화와 시사점", 『유럽연구』, 제25권, 1호(2005), pp.281~285에서 발췌, 재인용.

다 지원 대상 기업의 수로 결정했다.[35] MAP의 목표가 고용에서 혁신으로 전환된 것은 혁신을 통해 중소기업의 경쟁력을 확보함으로써 효과적으로 고용창출이 가능하다는 판단에서이다. 과거 EU는 중소기업을 보호하기 위한 지원정책으로 인해 시장에서의 한계기업 퇴출이 늦어지고, 재정 부담과 조세부담이 커지는 고용과 형평을 강조하는 소위, 유럽식 중소기업 지원 모델로써 재정적 부담 증가로 계속적인 지원이 이루어지기 어려운 상황이었다.[36]

또한 정책의 우선순위도 유럽 각국 중소기업들 간의 경쟁이 격화되면서 경쟁 우위를 확보하기 위해 우량 중소기업을 지원하는 방향으로 전환되었다. 우량 중소기업을 지원함으로써 중소기업의 혁신을 유도하고 경쟁력 확보를 통해 고용창출 효과를 극대화시키고자 하는 것이다.

2) 중소기업 금융지원 원칙

2003년 12월 EU 집행위원회는 중소기업 금융에 관한 권고 및 의견(recommendation and opinion)의 한 형태인 의사전달(Communication)[37]을 제정하였다. 이 의사전달은 EU 집행위원회 및 EU회원국에서 강구되어 왔던 2001년 이후 대책들을 검토하고, 중소기업의 금융

---

35) 혁신은 IT 사업만을 의미하는 것이 아니고 마케팅, business 절차개선 등을 포함하는 개념으로 사용되고 있다. 따라서 MAP은 high tech 기업만을 지원하는 사업이 아니고 high growth 기업을 지원하는 것을 목표로 하고 있다.

36) MAP(2001~2005)의 주요 사업 내용은 'Growth & Employment Initiative'와 유사하다. 주요 금융수단인 중소기업보증기금(SME Guarantee Facility, SMEG), 유럽기술창업지원기구(European Technology Facility start-up scheme, ETF-SU), 유럽조인트벤처(Joint European Venture) 프로그램은 계속 사업이며 Seed Capital Action(SCA)만이 추가되었다.

37) Communication from the Commission to the Council and European Parliament, "Access to finance of small and medium-sized enterprises", COM(2003)713final.

부분 접근문제를 개선하는 것이 기업가정신을 강화하기 위한 중요한
정책의 하나로 평가한 데 따른 것이다. 이를 위해 MAP(2001~2005)
에서는 <표 Ⅳ-2>에서와 같은 대출 보증이나 벤처캐피탈의 공
급 등을 통해 민간 자본시장과 중소기업을 연결시킴으로써 중소기
업의 성장을 도모하고 있다.

<표 Ⅳ-2> MAP(2001~2005)의 금융지원 원칙

지원 시스템	내 용
역선택 및 도덕적 해이의 최소화	○ 과다한 보증은 부실기업의 퇴출을 막는데 역효과를 가져옴. 따라서 처음부터 성장가능성이 있는 유망한 중소기업이 지원받을 수 있도록 노 력하는 것이 무엇보다 중요함.
	○ 중소기업 지원과 부실기업 지원은 명백히 다른 문제이기 때문에 지원대상의 하 한에 대해 명확한 제한이 필요함.
시장왜곡의 최소화	○ 금융지원으로 인해 어느 정도의 시장왜곡은 불가피하지만 최소화해야 함.
	○ 금융지원으로 인해 위험에 대한 시장 가격이 적절히 형성되는 데 부정적 영향 을 주지 않도록 해야 함.
	○ 금융지원으로 인해 민간부분의 구축효과(crowding-out)가 없어야 함.

출처: Communication from the Commission to the Council and the European Parliament, "Access to finance
of small and medium-sized enterprises", COM(2003)713 final.

일반적으로 중소기업의 외부자금 조달비용은 대기업에 비해 상
대적으로 높다. 또한 신용등급 측면에서도 취약하여 리스크 프리미
엄이 높게 적용되고, 필요자금의 액수가 상대적으로 작기 때문에
상대적으로 자본조달비용도 높아진다. 따라서 중소기업의 자금사
정이 어렵고 정보의 비대칭성으로 인한 시장실패가 존재하기 때문
에 개별 회원국 및 EU 차원에서 중소기업을 지원하기 위한 여러
가지 기금을 운용하여야 한다는 사실을 인식하였다.

<표 Ⅳ-3>에서 보는 바와 같이 투자위험이 높은 창업 중소기업

을 대상으로 하는 기술창업지원기구(Start-up scheme of the European Technology Facility, ETF-SU)는 벤처자본과 유사한 제도이다. 이 제도는 유럽투자기금(European Investment Fund, EIF)[38]에 의해 운영되며 투자의 선정, 실행 및 관리를 책임지게 되어 있다. 또한 장기 투자로 설계되어 있어서 정보통신기술, 의료 및 바이오기술 등의 분야를 전문적으로 취급하는 벤처자본 펀드에 출자하며, 5년에서 12년까지 비교적 장기에 걸쳐 혁신적인 중소기업에 투자(공동투자)를 하고 있다.[39]

또한 중소기업보증기금(SME Guarantee Facility, SMEG)은 중소기업 혹은 신규 사업에 대한 금융지원을 목적으로 정부보증제도 및 민간의 상호보증제도에 대한 재 보증 혹은 공동보증을 한다.

<표 Ⅳ-3> 중소기업의 금융수단과 내용

수단	내용
중소기업 보증기금 (SMEG)	○ EIF를 통해 민간 신용보증기구가 중소기업 대출 보증 일부를 재보증하여 자금 조달이 용이하도록 도와주는 역할을 담당 ○ 융자보증으로부터 편익을 받는 기업의 90% 이상이 종업원 10인 미만의 영세 기업으로, 그 고용창출은 현저하게 증가하거나 수익자의 약 45%는 새롭게 창업한 기업에 지원

---

38) 유럽투자은행(EIB: European Investment Bank)은 1994년 4월 EIF를 설치하였으며 주로 철도, 도로, 통신, 에너지 분야 등 범유럽 네트워크 건설과 중소기업의 설비투자에 대해 지급보증을 하거나 지분으로 참여한다. EIB는 비영리 목적의 금융기관으로서 로마조약에 따라 1958년에 설립되었으며 대규모 투자가 소요되는 사회간접시설의 건설, 산업경쟁력 향상을 위한 설비 및 연구개발 투자, 낙후지역 개발, 중소기업 설비투자, 환경 개선사업 등 중장기 과제에 대한 투자지원을 통해 유럽연합 내의 지역 간 균형개발, 중소기업 육성, 유럽의 경제와 사회의 통합에 주된 역할을 수행하고 있다. http://www.eif.org/about/default.htm(2009년 5월 8일 검색).

39) 자기 자본 외에 EIF는 EC로부터 위탁받아 MAP(2001~2005)의 금융 사업을 수행하고 있다. MAP과 관련된 사업이 SMEG, ETF-SU, SCA이다. European Commission, Activities of the European Union, "Summaries of legislation, Growth and Employment Initiative."

유럽기술 창업지원 기구 (ETF – SU)	○ 중소기업에 위험자본을 제공하는 펀드에 투자함으로써 중소기업의 성장과 고용을 촉진시키는 역할을 수행함 ○ EIF를 통해 벤처자본 펀드 및 biz incubator에 투자하여 창업단계에 있는 중소기업에 자금 조달 ○ Fund of Fund 형식으로 지분투자를 행하는 사업
seed capital action (SCA)	○ 신생 기업에 대한 지원 프로그램 ○ Seed Fund나 인큐베이터 및 기타 EIF가 투자하는 펀드에 직접 지원 ○ 성장과 고용창출의 잠재력이 있는 신생 기업에 대한 자본 공급

출처: Communication from the Commission to the Council and the European Parliament,
"Access to finance of small and medium – sized enterprises", COM(2003)713 final.
참고: 2000년 12월 유럽이사회는 '성장과 고용의 initiative'를 위한 금융수단을 MAP(2001~2005)에 포함시킴

금융수단으로서의 SMEG는 광범위한 영세기업에게 자금을 지원하여 고용을 창출한다는 것이다. 그리고 ETF – SU는 벤처자본 펀드에 출자함으로써 해당 중소기업이 필요한 자금을 이용할 수 있다. MAP(2001~2005)은 1년 더 연장되어 2006년에도 시행되었으며 2007년부터는 MAP에 대한 평가(신리스본 전략을 달성하기 위한)를 바탕으로 좀 더 포괄적인 '경쟁혁신프레임워크프로그램'(Competitiveness and Innovation Framework Programme: CIP, 2007~2013)을 채택하였다.[40] CIP는 중소기업만을 대상으로 R&D 및 혁신 프로젝트를 지원하는 EU 최초의 정책수단이라는 점에서 매우 중요한 의미를 지닌다.

---

40) 2005년 4월, 유럽위원회는 신리스본 전략의 목적을 달성하기 위한 통합적 전략의 일환으로 CIP를 채택한다. CIP는 역내 성장 잠재력을 제고함으로써 성장과 고용창출에 대한 문제를 다루고 있다. 새로운 프레임 워크인 CIP(2007~2013)는 포괄적인 프로그램으로 유럽 중소기업의 경쟁력과 생산성을 향상하기 위하여 기존의 정책들을 통합하여 실행하게 된다. 특히 중소기업만을 대상으로 연구개발과 혁신 그리고 지속적인 성장을 촉진시키기 위한 지원으로 EU 최초의 정책 수단이다.
http://ec.europa.eu/information_society/activities/eten/newsroom/programme/framework/index_en.htm(2009년 6월 2일 검색).
http://www.eif.europa.eu/guarantees/news/2008 – EIF – sign – first – agreement – under – CIP.htm(2009년 5월 8일 검색).

2. 중소기업 지원 프로그램

1) 구조기금 중소기업 지원

EU에서 중소기업은 지역경제의 활성화와 지역개발을 위해 중요한 역할을 담당하고 있다. 구조기금(Structural Funds)은 EU의 경제적 및 사회적인 결속을 강화하기 위한 주요한 수단인데, 특히 중소기업에 대한 금융지원의 중요한 수단 가운데 하나이다. 구조기금에는 유럽지역개발기금(European Regional Development Fund, ERDF), 유럽사회기금(European Social Fund, ESF), 유럽 농업지도자 보증기금 지도부문(European Agricultural Guidance and Guarantee Fund(EAGGF)Guidance Section) 및 어업지도기금(Financial Instrument for Fisheries Guidance, FIFG) 등이 포함된다.[41]

또한 EU는 구조기금으로부터 3가지 특정 목표분야를 설정하여 지원하고 있다. 낙후한 지역에 대한 개발과 구조적 어려움에 있는 지역의 경제적 및 사회적 전환 그리고 인적자원 개발 정책이다(참고, <표 IV-4>). 구조기금에서의 지원은 설비투자에 대한 물적 자본지원, 인큐베이터와 네트워크 등 공용사업서비스, 컨설턴트, 마케팅 및 사업 상담서비스 등 광범위하게 지원되고 있다.[42]

---

41) European Commission, Activities of European Union, "Summaries of legislation, General provisions on the Structural Funds"에 의하면, 각 형태의 구조기금의 목적 혹은 역할은 다음과 같다.
   ○ 유럽지역개발기금(ERDF): 주로 개발이 낙후한 지역의 개발을 한다거나 구조적인 문제에 직면하고 있는 지역을 지원.
   ○ 유럽사회기금(ESF): 주로 고용창출 관련 지원.
   ○ 유럽 농업지도자 보증기금 지도부문(EAGGF Guidance Section): 농산물 및 임산물의 생산, 가공 및 시장거래 구조의 효율성을 향상시킴으로써, 개발이 뒤처져 있는 농촌지역의 발전 및 구조조정 등에 지원.
   ○ 어업지도기금(FIFG): 어업부문의 재구축을 지원.

<표 IV - 4> 구조기금의 목표 및 예산배분(2000~2006)

구분	개요	예산
목표 1	○ 낙후 지역개발 및 구조조정 촉진 ○ EU GDP 평균 75% 미만인 지역 ○ EU 총인구의 22%가 생활하는 지역	1,359억 유로
목표 2	○ 구조적인 어려움에 처해 있는 지역의 경제적 및 사회적 전환을 위한 지원 ○ EU 인구의 18%가 생활하는 지역	225억 유로
목표 3	○ 인적자원 개발, 고용창출 및 촉진	240.5억 유로

출처: European Commission, Activities of the European Union, Summaries of legislation, "General provisions on the Structural Funds", http://europa.eu/scadplus/leg/en/lvb/l60014.htm(2009년 5월 8일 검색).

2) 유럽투자기금(EIF)

EIF는 유럽집행위원회의 '성장과 고용의 initiative'라는 목표의 일환으로 1997년 벤처캐피탈에 대한 투자를 시작으로 2000년부터는 중소기업에 대해 보증 및 벤처자금을 지원하는 중소기업 금융기관으로 운영 형태가 바뀌게 된다.[43] 그리고 중소기업 지원에 초점을 두고 있으나 한편으로는 자기 자본과 EIB 및 EC에서 위임받은 자금을 기반으로 벤처자본과 보증을 통한 적절한 수익이 발생하도록 운영되고 있다. 특히 EIF의 중소기업 관련 사업은 보증사업, 벤처 캐피탈 투자 및 자문 등으로 구분되는데 EIF는 기금의 운영자금을 자기 자본과 EIB, EU 위원회, 독일연방경제노동부로부터 위임받은 자금을 통해 조달하고 있다.

EIF의 벤처캐피탈 투자는 EIB 자금을 활용하여 역내 혁신 기업

---

42) Commission Staff Working Paper, "Creating an entrepreneurial Europe, The activities of the European Union for small and medium-sized enterprises(SMEs)", COM(2003)26, Table 4: Structural Funds-Community contribution in favor of SMEs.

43) EIF는 유럽횡단 운송, 통신 및 에너지 네트워크 사업을 EIB로 이전하고, EIB는 중소기업 벤처자금 관리 사업을 EIF에 이전시킴으로써 EIF는 벤처캐피탈과 보증 전문 금융기관으로서 중소기업의 창업, 성장 그리고 발전에 중요한 역할을 하고 있다.

을 대상으로 초기와 중기 기술펀드에 중점적으로 지원하고 있다. EIF의 자기 자본은 주로 보증사업에 사용되고 있지만, 벤처 캐피탈 운영은 EIB와 공동 투자로 일부 자본금을 사용하고 있다.[44] 이와 같이 EIF는 자기 자본을 이용하는 사업에서는 증권화, 주식 투자 등을 통해 중소기업을 지원하면서도 수익을 추구하므로 자체적으로 위험을 감수하고 있으나 EC나 EIB 자금을 활용하는 위탁사업은 운영 수수료만 받기 때문에 위험부담은 없다.

또한 EIF는 성장잠재력이 있는 혁신 신기술 집약적 중소기업에 직간접적인 보증을 하고 있다. 이로써 중소기업 투자의 위험을 감소시킴으로써 금융기관의 자기 자본 수익률 향상과 중소기업 지원을 위한 자금 제공 여력을 증대시키고 있다. 특히 경기 침체로 인한 기업의 신용도가 하락하여 은행으로부터 자금 조달이 어려울 경우에 EIF는 중소기업에 대한 보증활동, 신용 보증활동, 증권화 사업 등으로 기업 자금 조달을 원활하게 하고 금융시장의 안정화에 기여한다.[45] 더구나 바젤 Ⅱ 하에서 금융기관은 위험자산에 대해 적정자본을 확보하고 있어야 하기 때문에 자산의 증권화는 위험자산 규모를 줄일 수 있어서 시장 변화에 대처하기 위한 수단으

---

44) 2000년 리스본 전략에서 제안되었듯이 유럽이 '2010년까지 세계에서 가장 경쟁력 있고 역동적인 지식기반 경제'로 가기 위해서는 벤처캐피탈의 공급을 증가시킴으로써 혁신을 촉진하고 첨단 기술에 투자를 확대시킬 필요가 있었다. EIF는 초기 단계에 있는 펀드를 지원하고 이어서 다른 투자자들이 투자하게 유도한다. 그리고 EIF는 초기단계 펀드, 첨단기술 펀드, 지역단위 펀드, 범유럽 펀드에 투자함으로써 벤처캐피탈 시장의 활성화와 균형을 유지하고 있다. European Investment Fund, European Commission resources 참조.
http://www.eif.org/venture/resources/european_commission/index.htm(2009년 5월 8일 검색).

45) 2008년도에 EIF는 CIP의 시책에 따라 역내 6개국 9개 중개기관을 통해 10억 유로 이상의 중소기업 대출보증을 제공하였으며, 향후에도 신용경색으로 자금 조달이 어려운 중소기업의 대출보증을 지속할 계획이다.
http://www.eif.europa.eu/guarantees/news/2009－EIF－sign－over－1－billion－of－guarantees－under－CIP.htm(2009년 6월 10일 검색).

로 활용되고 있다.[46]

한편, EIF가 자체적으로 위험부담을 갖는 보증의 경우에는 개별 대출에 대한 보증을 하지 않으며 대출 포트폴리오에 대해서만 보증을 한다. 본 프로그램으로부터 지원받기 위해서는 EU 역내에 설립되어 있어야 하고, 최대 500명을 넘지 않는 근로자 사업장으로 순 고정자산 규모가 7,500만 유로를 넘지 않아야 하며 중소기업이 아닌 기업의 지분 참여율이 33.3%를 넘지 않는 독립기업이어야 한다.[47]

특히 재보증 프로그램일 경우에 EIF는 민간 보증기구가 보증한 것을 재보증하는 형식으로 중소기업을 지원하고 있다. EIF는 상대 보증기관의 포트폴리오 보증에 대해서 재보증을 하지만 개별 프로젝트나 개별 기업에 대해서는 재보증을 하지 않는다.[48] EIF의 보증 프로그램에서의 위험 분담 원칙은 대상 사업, 상대방 기관의 신용도 등을 참고하여 50% 내에서 자유롭게 보증의 범위를 정하며, 민간신용보증기구와 함께 위험을 분산하고 있다.

증권화 거래에서 EIF의 핵심적인 역할은 중소기업 대출을 담당하

---

46) 바젤 II의 가장 큰 특징은 은행의 필요 자본량의 증가보다는 은행의 위험관리 기능 및 공시 강화에 더 중점을 주고 있다는 것이다. 따라서 신용도가 높은 자산에 대해서는 현행 제도보다 낮은 자기 자본의 충당이 요구되고, 신용도가 낮은 자산에 대해서는 현행 제도보다 높은 자기 자본의 충당이 요구된다. 결국 바젤 II는 신용도가 낮은 중소기업은 담보 문제뿐만 아니라 높은 대출비용을 부담하게 되어 중소기업 간 양극화 현상이 심화와 회계처리의 표준화와 투명성 제고를 위하여 추가비용이 필요하다는 점이다.

47) European Investment Fund, "Portfolio Guarantee", http://www.eif.org/attachments/presentations/credit_insurance_presentation.pdf(2009년 6월 5일 검색).

48) EIF는 EU 역내 금융기관 중 우수한 금융기관을 평가하여 파트너로 선택한다. 파트너 요건으로는 건전한 재무 상태와 우수한 운영 능력과 해당 프로그램에 대한 보증 제공이 원활하게 이루어지는 금융기관으로서 경영자문 서비스를 제공할 수 있는 능력을 갖추어야 한다. 또한 광범위한 지역 중소기업을 포괄할 수 있는 영업망을 갖추고 있어야 하며, 전반적인 위험 관리 능력과 국가적 지원 규정에 적합한 금융기관이어야 한다. EC의 위탁으로 운용하고 있는 중소기업보증기금(SMEG)이 대표적인 예이다. http://www.cip.gov.pl/download/2.3.5.CIP%20-%20SMEG%20-%20Gwarancje%20kredytow%20-%20Instytucje%20poreczeniowe.ang.pdf(2009년 6월 10일 검색).

는 금융기관의 신용위험을 자본시장의 위험선호 투자자에게 이전시 킴으로써 중소기업이 원활하게 자금을 조달할 수 있도록 지원하는 것이다. 또한 EIF는 금융기관에 대하여 대출 자산에 대한 신용보험을 제공하고 있다. EIF의 신용보험은 은행의 대출 자산 관리에 있어서 혁신적인 변화를 가져왔다. 즉 은행은 보유한 자산을 효율적으로 운용이 가능해졌으며, 보험을 통해 신용위험을 줄일 수 있었기 때문에 대차대조표상의 자산 건전성을 개선시킬 수 있었다.[49]

한편 중소기업을 지원하기 위해 조성되는 기금인 구조화투자기금(Structured Investment Fund, SIF)은 상업은행으로부터 조달할 수 없는 중소기업에 자금 지원을 하기 위한 한시적 기금으로서 주식 발행을 통해 자금을 조달한다. 이 프로그램의 적용 대상이 되는 중소기업은 신기술 분야에서 급성장하는 기술집약형 중소기업, 우수한 경영진을 보유한 혁신형 중소기업, 담보 부족으로 일반 은행으로부터 대출을 받기 어려운 기술집약형 중소기업, 전반적으로 부실이 없는 중소기업, 장래성 있는 사업아이템을 지닌 중소기업이 주 대상이 된다.

결국 EIF는 EU 집행위원회의 핵심적인 벤처캐피탈 지원정책 집행수단으로서 중소기업 금융지원을 위해 은행여신에 대한 신용보증 업무와 벤처캐피탈에 대한 모태펀드(fund of fund) 업무 등을 수행함으로써 중소기업의 경쟁력과 혁신역량을 강화하기 위한 프로그램인 것이다.

---

49) 은행의 특정 대출 포트폴리오의 손실액에 대해 50%까지 손실을 보전해 주며, 포트폴리오의 최대 규모는 보통 4억 유로를 넘지 않는다. EIF는 은행에게 은행의 재무상태, 중소기업 대출 부문에 대한 실적, 대출자산에 대한 신용도 등에 대한 일반적인 정보 제공을 요구하며, 은행은 중소기업 대출 과정에서 은행 자체의 평가체계, 내부감시 체계, 채무불이행 발생시대책 등에 대한 정보를 제공한다.

Ⅴ. 결론: 시사점

1990년대 EU는 미국과의 경제격차가 확대되면서 유럽을 세계에서 가장 경쟁력 있고 역동적인 지식기반형 경제로 만들기 위해 중소기업을 그 전략적 수단으로 간주하고 리스본 전략을 채택하게 된다. 리스본 전략은 경제개혁 프로그램으로서 기업가정신을 증진시키고 중소기업과 관련된 규제를 간소화하며 R&D 및 혁신을 장려하고, 금융환경을 개선시킴으로써 경쟁력을 강화시킨다는 내용이다.

그러나 리스본 전략의 시행 이후에도 유럽 경제는 새로운 도전에 봉착하게 된다. 성장과 고용창출의 핵심이 혁신 중소기업 육성을 통해 달성해야 한다는 논리가 지배하면서 고용창출을 위한 중소기업지원에서 혁신의 주체로서 중소기업지원으로 바뀌게 된다. EU의 경쟁력 강화를 중소기업에서 찾는 이유는 중소기업이 경제성장과 고용창출은 물론 지식기반형 경제하 중소자로서 새로운 하면한 중소해야 한다고 판단하기 때문에 고용창출에 따라서 1990년대 EU의 중소기업 정책은 중소기업과 관련된 행정과 규제를 간소화하고 금융환경을 개선하며 중소기업의 R&D 및 혁신을 독려하여 경쟁력을 강화시키고, 기업가정신을 장려하는 것 등에 맞추어졌다. 이러한 목표는 이후의 중소기업정책에서도 계속 유지된다.

2000년대 EU의 중소기업 정책을 대표하는 것으로 MAP과 유럽 중소기업헌장 및 EU 중소기업법을 들 수 있다. 리스본 전략이 경쟁력을 제고시키기 위해 채택한 종합적인 중장기 발전전략이라고 한다면, 유럽중소기업헌장은 리스본 전략의 프레임 안에서 유럽 중소기업정책의 비전을 제시하고, MAP은 리스본 전략에서 설정된 가치를 창조하기 위해 마련된 중소기업 관련 각종 규제 및 행정, 금융 환경의 간소화, 기업가정신의 장려 등을 목표로 하고 있다. 여기에 EU 중소기업법은 EU 중소기업의 성장 잠재력을 실현하는 환경을 조성해 주는 것이다. 그리고 중소기업 금융 접근의 개선을 도모하는 것은 EU 중소기업정책에 있어서 중요한 과제 중 하나이다. 따라서 벤처자본 시장의 육성, 은행과 중소기업의 행동규범의 책정, 개인 투자가에 의한 투자의 촉진 등의 금융지원책이 실시되고 있다. 그리고 EIB(융자) 및 EIF(투자, 보증)가 EU의 중소기업 금융에서 중요한 역할을 수행하고 있는 정책기관으로 작용하고 있다는 것이다. 또한 성장잠재력이 있는 혁신과 신기술 집약적 중소기업에 직간접적인 보증과 특히 기업의 신용도가 하락한 중소기업에 대한 자금 조달을 원활하게 하고 금융시장의 안정화에 기여하고 있다. EU 집행위원회는 중소기업의 금융 접근의 지속적인 개선이야 말로 기업가정신을 육성하기 위한 초석으로 판단하고 있다는 것이다.

본 연구에서 EU의 중소기업 지원 프로그램 경험이 우리에게 시사해 주는 바는 다음과 같다.

첫째, 기업가정신에 관한 Action Plan에 대한 내용이다. 전략적인 정책 분야로서 기업가적 발상의 증진과 많은 사람들에게 기업가가 될 것을 장려하고, 기업 성장과 경쟁력 향상을 위한 중소기업에 적합한 규제 개선이다. 또한 중소기업의 자금상황이 상대적으로 어렵고 정보의 비대칭성으로 인해 시장의 실패가 존재하므로 은행과 기업 간의 신뢰확립과 투명성 증대 및 의사소통의 장려가 필요하다.

둘째, 모든 EU정책은 think small first라는 철학을 갖고 있다. EU 중소기업정책의 범위는 매우 넓다. 따라서 경제성장과 발전의 원동력으로 중소기업을 주목하고 모든 정책 분야가 중소기업과 깊은 관계를 가져야 한다는 것이다. 모든 경제 관련 정책은 '중소기업 차원'의 중심적 체계가 중소기업정책이어야 한다.

셋째, 'EU 중소기업법'(Small Business Act for Europe)의 제정이다. EU 중소기업의 잠재력을 최대한 발휘할 수 있도록 재정 및 인적 지원 등 이들의 성장 잠재력을 실현하는 환경을 조성해야 한다는 것이다. 이를 위해 'SBA 10원칙'과 대기업들이 중소기업들을 지도/지원하여 세계시장을 개척하도록 유도한다는 등의 실천 방안을 통해 이 법의 이행과 관리를 지속적으로 점검한다는 것이다.

넷째, 혁신과 경제성장을 통한 고용창출 정책이다. 중소기업 진흥을 위한 일련의 정책들이 공동체 차원에서 시행되었지만 정책목표가 협소하고 산만하게 구성되어 있던 중소기업정책 목표를 보다 명확하게 개선시켰다. 2004년 Wim Kok 보고서 이후의 신리스본 전략은 성장과 고용의 핵심은 혁신 중소기업의 육성임을 천명하였다는 것이다. 따라서 세부 정책 수단은 유사하지만 정책 목표가 혁신을 통한 고용창출로 바뀌었다는 점에 주목할 필요가 있다.

다섯째, 대기업과 중소기업 간의 적극적인 역할 분담이다. 변화와 혁신이 빨라지면서 기업들이 내부역량에 치중하기보다 외부역량을 최대한 활용하는 방향으로 경영 패러다임을 전환하고 있기 때문에 협력업체의 경쟁력을 강화해야 최종제품의 가치도 높아진다는 것이다. 따라서 대기업이 아웃소싱과 다운사이징을 추구하는 등의 요인으로 중소기업의 발전은 사회와 경제를 통합하고 대기업과 중소기업 간의 적극적인 역할 분담이 지역 경제를 균형 발전시킨다는 것이다.

여섯째, 유럽중소기업헌장(European Charter for Small Enterprise)의 채택이다. 유럽중소기업헌장은 유럽 중소기업정책의 구조(framework)를 형성하는 것이다. EU 중소기업의 역동성을 인정하고, 중소기업이 지역사회 발전에 중요한 역할을 수행한다는 것과 기업가정신의 중요성을 새롭게 인식하게 하는 것이다. 또한 성공한 기업가에 대한 충분한 보상과 혁신을 이루려는 기업가에게 수반되는 실패에 대해서는 단순히 실패가 아닌 학습의 기회로 고찰할 수 있도록 환경을 조성하고, 신경제에 있어서 지식과 가치에 대한 인식이 필요하다는 것이다.

참고문헌

김대순. "마스트리히트 유럽동맹조약에 나타난 보충성의 원칙에 관한 연구".『국제법학회논총』. 제39권 제2호(1994).

김득갑. "고전하는 유럽경제와 신리스본 전략".『Global Issues』. 제17호(2005).

김승호. "세계 최고의 경쟁력을 향하여 – 리스본 전략의 이행동향".『KIEP 세계경제』. 제7권. 제4호(2004).

김은경. "EU 지역정책의 변화와 정책적 시사점". SNU – KIEP EU센터 연구시리즈, 08 – 02(2008).

김한원. "EU 중소기업정책의 변화와 시사점".『유럽연구』. 제25권. 1호(2007), pp.269~297.

김한원/박원규 역.『중소기업경영론』(서울: 시그마프레스, 2008).

박성택. "EU의 새로운 산업정책 접근방법과 시사점".『EU학연구』. 제12권. 제2호(2007), pp.2~41.

신용대. "최근 유럽연합의 과학기술정책동향과 시사점".『KISTI』(2005).

이갑수. "EU 경제정책과 경제질서".『유럽연구』. 제27권. 1호(2002), pp.89~114.

이종원외.『유럽경제론』(서울: 법경사, 1997).

외교통상부.『EU 정책 브리핑』(서울: 외교통상부, 2004).

중소기업청.『중소기업 연감』. 각 연호.

__________.『업무편람』. 각 연호.

한국개발연구원 지식경제팀.『한국의 산업경쟁력 종합연구』(서울: 한국개발연구원, 2003).

日本中小企業聽. 『中小企業白書』. 2005, 2006, 2007, 2008.

中小企業金融公庫綜合研究所. 『21世紀最初の５年におけるEU　中小企業政策の新展開』. 2005.

Acs, Z. J. and David B. Audretsch. "Innovation in Large and Small Firms: An European Commission, Economic evaluation of the internal market". *European Economy*. No.4(1996).

European Commission. "Steps towards a deeper economic integration: the Internal Market in the 21st century". *A contribution to the Single Market Review*. N. 271(January 2007).

European Commission. "Labour market prospects and policies to soften the impact of the financial crisis". Issue 1(May 2009).

European Commission. "Economic Reform: Report on the functioning of Community product and capital markets". Commission report COM(2001)736, 2001b.

European Commission. Directorate General for Economic and Financial Affairs. "The Economic Impact of Enlargement". Enlargement papers. N.4(2001).

European Commission. "A report on the functioning of public procurement markets in the EU: benefits from the application of EU directives and challenges for the future". 2004c.

European Commission, Directorate General for Economic and Financial Affairs and the Bureau of European Policy Advisers. "Enlargement, Two Years After". *Occasional Paper*. N.24(2006a).

European Commission. "Internal Market Scoreboard". N.15(July, 2006d).

European Commission. "Dynamic adjustments in the euro−area. Experiences and challenges". *EU Economic Review*(2006, forthcoming. 2006h).

Eurostat. "Population projection 2004−2050: EU25 population rises until 2025, then falls". Eurostat press release. n.448(2005).

OECD. *OECD SME and Entrepreneurship Outlook*. 2007.

SBA. *Performance and Accountability Report*. 2008.

SBA. *The Small Business Economy*. 2008.

http://ec.europa.eu/enterprise/enterprise_policy/sme-package/doc/com-26_en.pdf(2009년 6월 15일 검색).

http://www.europarl.europa.eu/sides/getDoc.do?pubRef=-//EP//TEXT+-REPORT+A4-1997-0034+0+DOC+XML+V0//EN(2009년 6월 30일 참조).

"Think Small First: A Small Business Act for Europe", http://europa.eu/-rapid/pressReleasesAction.do?reference=IP/08/1003&format=HTML&aged=0&language=EN&guiLanguage=en 참고.(2009년 5월 8일, 6월 19일 검색).

http://ec.europa.eu/enterprise/entrepreneurship/docs/sba/com_2008_394_sba.pdf(2009년 5월 8일 검색).

http://europa.eu/scadplus/glossary/lisbon_strategy_en.htm 참고.(2009년 5월 8일 검색).

http://www.euractiv.com/en/agenda2004/lisbon-agenda/article-117510-(2009년 5월 8일 검색).

http://www.eurochambers.be/PDF/pdf_press_2005/09-SpringBusiness-Forum11March05.pdf(2009년 5월 8일 검색).

http://www.agcc.co.uk/documents/2004%20EU%20Spring%20Summit%20Position%20Paper.pdf(2009년 5월 8일 검색).

http://ec.europa.eu/growthandjobs/pdf/kok_report_en.pdf(2009년 6월 5일 검색).

http://ec.europa.eu/growthandjobs/pdf/SEC2005_192_en.pdf(2009년 6월 5일 검색).

http://ec.europa.eu/enterprise/enterprise_policy/charter/docs/charter_en.pdf(2009년 5월 8일 검색).

http://ec.europa.eu/growthandjobs/index_en.htm(2009년 5월 10일 검색).

http://ec.europa.eu/enterprise/enterprise_policy/mult_entr_programme/doc/map_wp2001_en.pdf(2009년 5월 15일 검색).

http://ec.europa.eu/enterprise/enterprise_policy/mult_entr_programme/doc/map_wp2001_en.pdf(2009년 5월 20일 검색).

http://www.eif.org/about/default.htm(2009년 5월 8일 검색).

http://ec.europa.eu/information_society/activities/eten/newsroom/programme/framework/index_en.htm(2009년 6월 2일 검색).

http://www.eif.europa.eu/guarantees/news/2008 – EIF – sign – first – agreement – under – CIP.htm(2009년 5월 8일 검색).

http://europa.eu/scadplus/leg/en/lvb/l60014.htm(2009년 5월 8일 검색).

http://www.eif.org/venture/resources/european_commission/index.htm(2009년 5월 8일 검색).

http://www.eif.europa.eu/guarantees/news/2009 – EIF – sign – over – 1 – billion – of – guarantees – under – CIP.htm(2009년 6월 10일 검색).

http://www.eif.org/attachments/presentations/credit_insurance_presentation.pdf(2009년 6월 5일 검색).

http://www.cip.gov.pl/download/2.3.5.CIP%20 – %20SMEG%20 – %20Gwarancje%20kredytow%20 – %20Instytucje%20-poreczeniowe.ang.pdf(2009년 6월 10일 검색).

제11장 이탈리아의 지역 중소기업 지원 시스템에 관한 연구

김한원

경희대학교 경영대학 교수

문병준

경희대학교 경영대학 교수

I. 서론

중소기업은 국민경제의 기반을 형성한다는 점에서 그 중요성과 역할이 재조명되고 있다. 이는 대다수 국가의 전체 산업에서 중소기업이 차지하는 비중이 매우 높고 지속적인 경제성장 및 발전을 위한 산업구조의 고도화에 크게 기여하기 때문이다. 특히 지식정보화 사회에서의 글로벌 경제환경은 급격히 확산되는 지식화·정보화·기술화로 인해 대기업보다 유연성이 높은 중소기업에 보다 유리하게 작용한다. 이에 주요 선진국들은 국가 성장의 원동력과 경쟁력을 강화하기 위하여 중소기업 창업과 육성의 중요성을 재인식하고 있다. 중소기업은 경제환경 변화에 대한 신속한 대응, 기술개발의 원천, 새로운 산업의 개척, 경기대응력 제고, 소비자의 다양한 기호 충족 그리고 창업 기회 제공 등 중요한 역할을 수행하고 있기 때문이다. 또한 지식기반 경제에서는 대내외 경제 환경변화에 빠르게 적응하는 중소기업이 대기업보다 더 큰 경쟁력을 지니고 있기 때문에 오늘날 중소기업은 활력 있는 다수로 인식되어 중소기업이 튼튼한 경제일수록 활력이 높다는 평가를 받고 있는 것이다.

특히, 글로벌 경제 환경에서 선진 각국들이 중소기업 역할을 강조하고 있는 또 다른 이유는 경제 환경의 불확실성이 높아지면서 지역 산업 경쟁력 강화를 위해 지방 중소기업 활성화에 전략적 우선순위를 두고 있기 때문이다. 또한 지방 중소기업이 혁신과 유연성, 효율성과 역동성이 탁월하여 성장과 발전을 가져오는데 이를 필수적인 구성체로 인식하고 있기 때문이다. 이에 따라 선진 주요국의 중소기업정책은 중소기업이 국민경제에서 차지하는 비중이 현실적으로 높다는 점과 국민경제의 재생산과정에서 경제발전에 크게 기여한다는 인식에 기초하여 '중소기업헌장'까지 선포하는 추세에 있다. 이처럼 격화되는 글로벌 경제의 무한 경쟁에서 우리나라 산업이 경쟁력을 갖기 위해서는 지역 산업을 받쳐 주고 있는 지방 중소기업의 발전이 매우 긴요하다.

본 연구는 지역산업의 발전 방안을 모색하기 위해서 산업집적을 통해 지역산업의 활성화에 나서고 있는 이탈리아 중소기업 관련 프로그램을 검토, 분석할 것이다. 이로써 EU 회원국인 이탈리아 산업의 경쟁력 원천인 '지역생산체제'(territorial production system), 즉 전문화된 중소기업들이 특정 지역에 집적되어 차별화된 특성을 규명하여 우리나라 중소기업 정책에 대한 시사점을 찾는 데 있다.

이를 위해 Ⅱ장에서는 G7국가이지만 타 선진국과는 경제발전과정이 다른 이탈리아의 경제 특징을 살펴보고, Ⅲ장에서는 이탈리아 중소기업 발전 배경과 특징 그리고 특화된 지역 집적 형성과정을 검토하였다. Ⅳ장에서는 이탈리아 중소기업 관련 특화된 산업단지와 다수의 전문화된 중소기업들이 집적된 수평/수직적 네트워크 사례를 중심으로 중소기업 지원 시스템을 살펴본다. Ⅴ장에서는 중소기업 지원정책을 시행함에 있어서 목표 선정의 중요성과, 특히 혁신 중소기업의 육성을 위해 정부 지원과 시장 메커니즘이 조화를 이룰 수 있는 다양한 방법에 대한 시사점을 살펴본다.

Ⅱ. 이탈리아의 경제 현황 및 특징

1. 경제개요

이탈리아는 1950년대 초까지만 해도 다른 서유럽 국가들에 비해 산업 근대화가 지연되어 기본적으로 농업 중심의 경제구조였다. 제2차 세계대전 직후까지도 대량실업과 극심한 인플레이션, 국제수지 적자 등 경제위기에 직면하였으나 Marshall Plan, Mutual Security Agency(MSA) 등의 원조에 의해 산업 재건을 이루게 된다. 그 후 정부주도에 의한 국가지주회사를 설립하여 철강, 석유화학, 에너지, 통신, 해운, 항공, 도로 등 기간산업과 금융 및 서비스 산업에 집중 투자했다. 이탈리아의 경제발전 과정이 다른 G7국과 다른 점은 정부 주도로 이루어진 중화학공업화와 자연 발생적 지방 전통산업을 바탕으로 발전해 온 민간 장인 중소기업들이 지역경제를 지탱함으

로써 선진국으로 발돋움하는 기반을 구축하게 된 점이다.[1]

특히, 1960년대 중반에는 대기업의 중소기업 인수 및 합병으로 중소기업의 경제적 기여도가 주춤하였으나, 공업단지 내 중소기업들의 자생력이 증가되는 계기가 되었다. 또한 1970년대 말 이후 대기업들이 노사분규 등으로 어려움을 겪으면서 노조가입이 면제되는 종업원 15인 이하의 가내공업 형태의 중소기업으로 전환하면서 경쟁력을 유지하는 또 하나의 계기가 된다. 1980년대 중반 이후에는 이탈리아 정부가 중소기업의 중요성을 새롭게 인식하면서 정부 주도로 중소기업공업단지를 중북부지역에 조성함으로써 세계 제5위 경제대국으로 성장하는 데 크게 기여하였다.[2]

<표 II-1> 이탈리아 주요 경제지표

구분	2005년	2006년	2007년	2008년	2009년
GDP(1인당), $10억	1,781(30,663)	1,867(31,918)	2,114(35,963)	2,311(38,996)	2,027(33,253)
GDP, €10억	1,430	1,487	1,545	1,572	1,527
경제성장률(EU27), %	0.8(2.0)	2.1(2.3)	1.5(2.9)	-1.0(0.9)	-4.6(-4.3)
소비자물가상승률, %	2.0	1.9	2.6	2.2	0.7

---

1) 특히 1960~1980년대 기간 동안에는 독일의 경험을 벤치마킹하면서 중소기업의 중요성을 인식하면서 정부 주도에 의해 중소기업 공업단지를 이탈리아 중북부지역에 조성하였다.

2) 이탈리아는 2008년 기준, GDP 2조 3천140억 달러로 EU 4위, 인구 5,800만여 명으로 EU 4위의 경제규모를 기록하고 있어 EU 내에서 상대적으로 큰 시장을 형성하고 있다.
   2008년도 이탈리아 주요 경제지표로는, 1인당 GDP: 31,300달러, GDP성장률: -1%(1.9%, 2008년), 수출: 5,469억 달러, 수입: 5,469억 달러, 물가상승률: 3.4%, 실업률: 6.8%, 산업구조로는 농업 2%, 공업 29%, 서비스업 71%. 출처: CIA, The World Facebook.

실업률(EU27), %	7.7(9.3)	6.8(8.6)	6.1(7.4)	6.8(7.2)	8.2(10.0)
수출(FOB), $10억	372.4	418.1	502.4	546.9	387.3
수입(FOB), $10억	371.8	430.6	498.1	546.9	383.3
무역수지, $10억	0.6	- 12.5	4.2	- 0.2	4.0
재정수지(GDP대비),%	- 4.2	- 3.3	- 1.5	- 2.7	- 5.2

출처: Banca D'Italia, ISTAT, EIU. 각 연도.

2. 경제적 특징

스위스 국제경영개발원(IMD, 2008년)의 국가경쟁력보고서에 따르면 이탈리아의 국가경쟁력은 조사 대상국가 55개국 중 46위로 나타났다. 주요 개발도상국인 인도, 대만, 말레이시아 등에 비해서도 크게 낮은 순위이다. 이는 산업 분야에 있어서 산업구조가 중소기업 중심으로 되어 있고 국제규모의 민간 대기업은 소수에 불과하여 '규모의 경제' 면에서 국제경쟁력에 한계가 있는 것으로 판단된다.[3]

하지만 국제무역연구원(KITA)이 발표한 '2006년 세계 시장점유율 1위 제품 보유국 순위' 자료에 의하면, 이탈리아는 세계시장점유율 1위를 차지하는 제품이 306개로 중국, 독일, 미국에 이어 세계 4위를 차지하고 있다. 이는 240개로 5위를 차지한 일본, 160개로 6위를 차지한 프랑스 및 영국(122개)보다 높은 순위에 있는 것이다. 이와 같이 이탈리아의 국가경쟁력이 낮다는 일부 평가가 있음에도 불구하고 세계시장점유율 1위 제품을 300여 개나 보유하고

---

3) IMD, The World Competitiveness Scoreboard 2008. IMD.
http://www.imd.org/research/publications/wcy/upload/scoreboard.pdf

있다는 사실은 이탈리아 중소기업만의 역동성과 저력 그리고 활력이 경쟁력의 원천으로 작용한 데 기인한 것으로 판단된다.

1) 부정적 측면

이탈리아 경제의 가장 현격한 구조적 특징은 심각한 지역적 이중성이다. 산업이 발달된 중북부지역(주로 민간 기업 소재)과 낙후된 남부지역(주로 국영기업 소재) 간의 심각한 경제적 격차는 균형적 경제발전의 장애요소이기도 하다. 이탈리아 남부지역(Abruzzo, Molise, Campania, Puglia, Basilicata, Calabria, Sicilia, Sardegna)은 메쪼조르노(Mezzogiorno)로 지칭되는데, 이탈리아 전체 면적의 40%, 인구는 35% 정도를 차지하고 소득은 중북부의 60~70%에 불과하다. 농업인구 비중은 중북부의 2배 정도인 반면에 제조업에서의 인구 비중은 타 지역의 1/2에도 미치지 못하며 제조업의 노동 생산성도 중북부에 비해 크게 떨어진다.[4] 이와 같이 이탈리아는 지역적으로 산업화된 북부와 농업위주의 남부라는 이중구조와 남부 내부에서도 상대적으로 산업화된 지역과 저발전 지역이 혼재하고 있다.[5]

이탈리아의 산업적 이중구조는 근대화되고 생산성이 높은 산업부문과 그렇지 못한 부문 간의 격차를 의미할 뿐만 아니라 고용시장에서도 높은 임금의 안정적인 직업과 낮은 임금의 불안정한 직

---

4) 이탈리아 정부는 1950년대부터 남부지역개발법을 제정, 남부지역에의 투자 시 투자자금의 무상지원 및 조세지원 등 각종 혜택을 제공하고 있으나 낮은 노동생산성, 사회간접자본의 부족 등 때문에 그동안 충분한 성과를 거두지는 못했다. 김한원, 『이탈리아 정치와 경제』(1994), pp.73~83. 참조.

5) 이탈리아 산업이 GDP에서 차지하는 비중을 보면 서비스산업이 약 69%, 제조업 및 농업 비중이 각각 약 29% 및 2%를 차지한다. 그리고 이탈리아 GDP의 지역 분포는 북부지역이 75.2%(중부 31.8%, 동북부 21%, 북서부지역 22.3%)로 2/3가 훨씬 넘고 남부지역이 24.8%를 차지하고 있다.

업이 존재한다. 이러한 이중구조는 전후 이탈리아 사회의 정치, 경제, 문화 등 여러 요소들이 작용한 결과로써 산업구조는 이탈리아 경제의 가장 큰 특징이자 해결해야 할 과제이기도 하다.

이탈리아 경제의 또 하나의 특징으로는 국영 지주회사를 들 수 있다. 2대 국영 지주기업이었던 IRI(Istituto per la Ricostruzione Industriale, 1933년 설립)와 ENI(Ente National Idrocarburi, 국립석유공사, 1953년 설립)는 1989년 이래 민영화 추진으로 규모가 크게 축소되면서 2000년에 IRI는 해체되었으며, 민영화된 ENI는 석유 및 가스 분야에 특화하고 있다.[6] 또한 많지 않은 수의 민간 대기업은 거대기업 경영체제로 유지되고 있다.[7]

이들 소수의 국제적 규모의 대기업은 국제경쟁력 측면에서 비교열위에 있을 뿐만 아니라 노조의 영향력이 막강하기 때문에 노동시장이 매우 경직되어 높은 사회보장 부담금 부담으로 인해 기업 경쟁력이 저하되는 문제점이 있다.

2) 긍정적 측면

이탈리아 경제의 긍정적인 측면을 살펴보면 경제잠재력이 중화

---

6) IRI는 국영기업 형식을 취하여 경제 및 산업에 막대한 통제력을 행사했다. 1933년 정부의 전액출자로 설립되었을 당시에는 대공황으로 도산에 직면한 주요은행이나 중화학공업회사에 대한 지원 역할을 담당하였으나, 1937년 이후에는 국방 및 경제자립을 위해 권한이 강화되었다. 1948년 이후에는 정부통제가 완화되면서 은행, 철강, 기계, 조선, 해운, 전력, 도로, 항공, 방송사업 등을 소유하고 있었다. IRI 계열사였던 FINMECCANICA(우주항공, 방위산업, 에너지, 자동화), FINCANTIERI(조선, 건설), ALITALIA(항공), FINMARE(해운) 등은 FINMECCANICA 그룹과 ALITALIA사를 재편하여 민영화하였다. ENI는 AGIP PETROLI(정유), SNAM(석유산업, 천연가스) 등의 계열사를 2002~2003년에 합병하여 사업본부제로 운영하고, SAIPEM(원유시추 및 건설), SNAMRETEGAS(가스배관) 등 4개 자회사를 보유하고 있다. Ibid., pp.113~118. 참고.

7) FIAT, PIRELLI(고무·타이어), RIVA(철강), FININVEST(미디어), BENETTON(의류), TELECOM ITALIA(통신), ZANUSSI (가전), MARZOTTO(섬유) 등이 대표적인 거대 기업들이다.

학, 경공업, 농업 등 모든 분야에서 균형적으로 발달되었고 인구의 지방분산, 지방자치제 확립, 교통망의 정비 등으로 소도시 및 농촌까지 경제활동이 활발하다는 점이다. 또한 전통적인 중소기업이 건실하여 국가 기반산업에서 중추적인 역할을 하고 있는데 이는 있는 데가 중소기업 중심으로 되어 있기 때문이다.

특히 이탈리아 중소 제조업의 기반이 기계산업, 부품산업 등 주요 기간산업과 식품, 종이, 안경, 보석, 신발, 가구, 직물, 의류 등 경공업과 전통산업으로 이루어져 있다. 이들 경공업과 전통산업들은 오랜 기간에 걸쳐 자생적으로 집적된 산업단지로 전 지역에 분포되어 있다. 산업단지 수는 각 기관의 분류기준에 따라 다소 상이하나 200개 내외로 집계되고 있다.[8]

1980년대 이후, 이탈리아 정부는 산업집적지 기업에 새로운 시장개척과 연구개발을 지원하기 위해 클러스터라는 개념으로 대체하면서 대규모 투자가 이루어지기도 했다. 이로써 전통 중소기업은 국제시장에 신축성 있게 대처하는 경영능력을 배양하면서 세부 전문 분야별로 독자적인 첨단기술을 개발하게 되는 기회가 되기도 했다.[9]

---

8) 특히 이탈리아가 강점을 갖고 있는 산업 분야로는 자동차부품, 유압기기, 특장차 부품 및 장비 등이 있다. 이들 업체들은 중북부(볼로냐, 모데나), 북동부(브레시아, 베르가모)를 중심으로 밀집해 있으며 전문화 및 특화전략, 틈새시장공략 등으로 세계시장에서의 치열한 경쟁을 이겨 나가고 있다.

9) 이탈리아의 중소기업은 각종 기계(공작, 목가공, 섬유, 석가공, 요업, 농업), 식품가공, 가구, 피혁가공, 귀금속가공, 공예품, 염색, 디자인 등 분야에서 세계 첨단수준의 기술을 보유하고 있다.
1990년대 초까지 수출의 65%를 담당하던 중소기업이 글로벌 추세에 따른 경쟁력 약화로 인해 수출비중이 57% 수준으로 하락(종업원 250인 이하 기준, 2006년)하였다.
중소기업은 Sassuolo(세라믹타일), Prato(양모), Como(실크), Verona(신발), Marche(부엌용품) 등 예에서 볼 수 있듯이 지역별로 특화되어 있다. 예) Sassuolo 지역: Modena를 중심으로 한 타일특화 지역으로서 이탈리아 타일 생산의 80%, 세계생산의 25%, 미국시장의 21%, 독일시장의 45%를 점유하고 있다.

또 하나의 경제적 특징으로는 산업조직 측면으로써 중소기업들이 각 지역특성에 따라 동 업종(간혹 이업종)에 의한 집적을 구성하고 있다는 점이다. 그리고 이탈리아가 지역경제 개발에서 주목을 받고 있는 이유는 대량생산 체제가 아닌 지역적 생산체제로 발전했기 때문이다. 다수의 전문화된 지방중소기업들이 집적하고 네트워크를 형성하여 다품종 소량생산으로 막강한 경쟁력을 창출하는 특징을 가지고 있기 때문이다.

Ⅲ. 이탈리아 중소기업의 특징: 지역집적

1. 중소기업 현황

이탈리아는 제2차 세계대전 후 본격적인 공업화 과정에서 중소기업 단지를 조성하는 등 정부 지원형 창업활성화가 중북부지역에서 이루어지게 된다. 특히 1960년대 유럽경제 붐이 일어나는 시기에 대기업의 중소기업에 대한 인수합병으로 중소기업 창업이 저조하였으나 1970년대 이후에는 사회복지에 대한 요구가 증가되고 노사분규가 심화되면서 노사분규 해결 방안으로 중소기업 창업이 또다시 활성화되는 계기가 되었다.

<표 Ⅲ-1>에서 EU와 비교한 이탈리아 중소기업의 규모별 기업체 수, 고용비중, 부가가치 비중에서 보는 바와 같이 이탈리아 중소기업은 종업원 수 250인 미만의 중소기업이 전체 기업의 99.9%

를 차지하고 있는 반면 대기업은 0.1%에 불과하다.[10] 중소기업이 총 고용에서 차지하는 비중은 81.3%로 고용창출의 주역으로서의 역할과 부가가치 생산액의 70.9%를 담당하면서 이탈리아 경제를 지탱하고 있을 뿐만 아니라 몇몇 부문에서는 세계적인 경쟁력을 갖고 있다. 그리고 전통 제조업부문의 마이크로기업(주로 장인기업) 및 소기업 고용비중은 EU보다 월등히 높다.[11]

〈표 Ⅲ-1〉 EU 및 이탈리아 중소기업의 규모별 기업체 수, 고용비중, 부가가치

(단위: %)

	기업체 수		고용비중		부가가치비중	
	이탈리아	EU 26 평균	이탈리아	EU 24 평균	이탈리아	EU 26 평균
마이크로기업	94.6	91.8	47.1	29.6	31.8	21.1
소기업	4.8	6.9	21.7	20.6	23.2	19.0
중기업	0.5	1.1	12.4	16.8	16.0	17.8
중소기업	99.9	99.8	81.3	67.1	70.9	57.9
대기업	0.1	0.2	18.7	32.9	29.1	42.1

출처: Eurostat SBS data base, 2004 and 2005 data.
재인용: SBA Fact Sheet Italy, EU Commission.

---

10) EU의 중소기업 분류의 기준은 고용근로자 수에 재정규모 및 독립성이 추가된다. 고용근로자 수에서 250인 미만이어야 하고(1996 위원회 권고 제1조 제1항) 연간 총 매출액이 4천만 ECU 미만이거나 연간 총수익이 27백만 ECU 미만 그리고 25% 이상의 자본 또는 경영권을 보유하지 않아야 한다.

	중기업	소기업	마이크로기업
종업원 수(명)	250 미만	50 미만	10 미만
연간 매출액(백만 ECU)	40	7	–
연간 수익(백만 ECU)	27	5	–

자료: 96/280/EC: Commission Recommendation of 3 April 1996 concerning the definition of small and medium-sized enterprises(Text with EEA relevance).

11) 기업규모에서 마이크로기업(micro-enterprises)은 피고용자 수 10명 미만으로 제조업 기업의 84%가 마이크로기업이며 이들이 고용의 25%, 매출의 11.4%, 부가가치의 15.3%를 차지하고 있다.

주목할 만한 것은 밀라노(Milano)를 중심으로 한 이탈리아 북부 지역이다. Il Sole 24 Ore 자료에 의하면 2005년까지 최근 10년간의 통계에서 4,000여 개의 이탈리아 중소기업 중 1/3에 해당하는 약 1,266개의 업체들이 북부 롬바르디아(Lombardia) 주에 집중되어 있다. 이들 중소기업의 매출액은 310억~430억 유로로 전체 매출의 38%를 차지하고 있는데 롬바르디아 주 내 지역별로 보면 밀라노와 브레시아(Brescia)가 전체 총 매출의 50% 이상을 차지하고 있다.

이들 지역 중 전체 생산에서 수출 비중이 가장 높은 지역은 바레제(Varese)로 총 매출액의 46%, 코모(Como)가 41%를 나타내고 있으며, 롬바르디아 중소기업은 평균 총 매출의 35.6%를 수출하는 것으로 나타났다. 업종별 중소기업 분포를 보면 기계류가 31.7%, 섬유 의류, 가구 등 생활 주거 분야가 19%, 제철업 16%, 화학업종이 13%, 식품업이 12%, 제지류 5% 등이며, 최근 7년 동안 현저한 성장을 보인 업종으로는 80%의 성장률을 보인 베르가모(Bergamo)와 브레시아 지역의 고무 플라스틱 분야와 21%의 상승률을 나타낸 브리안자(Brianza) 지역의 가구 생산이 있다.[12]

---

12) 이탈리아 경제에서 중추적 역할을 담당하고 있는 중소기업은 이탈리아 경제성장의 원동력이며 국가경제의 기반이 된다. 중소기업이 발달된 분야로는 기계, 화학, 광학, 정밀전자 등이며 의류 및 디자인 분야는 세계적인 경쟁력을 보유하고 있다. Il Sole 24 Ore, 04. 2008, 이탈리아밀라노무역관 자료 재인용.

2. 중소기업 특징: 특화된 지역집적 형성

1) 소규모 기업 경영

<표 Ⅲ-1>에서 보는 바와 같이 중소 및 마이크로기업의 비중이 매우 높다. 또한, 종업원 수가 15인 미만인 소기업의 경우 노조 가입에 대한 의무에서 벗어날 수 있기 때문에 양적 확대를 지양한다.[13] 규모의 확대보다는 이익을 중시하는 이탈리아 중소기업은 가족기업을 중심으로 우수한 품질의 소량 다품종 생산체제를 구축하고 있다는 것이다. 가족경영의 장점은 관련 기업들이 연대하여 의사결정이 신속하고 전문화하기 쉬우며 정보를 공유한다는 점이다. 또한 가족경영은 수요변동에 유연하게 대응한 생산을 가능하게 하고 고정비용의 증대를 억제함으로써 경영의 유연성을 확보할 수 있으며 가족에 의한 경영의 계승은 기술을 계승·축적시킬 수 있다는 장점을 가지고 있다.

일반적으로 이탈리아인들은 가족과 지역을 중요시하는 국민성으로 인해 가족 중심의 경영 형태를 유지하고자 하는 문화가 강할 뿐 아니라 자부심까지 가지고 있기 때문에 대부분 중소 단위의 개인기업뿐만 아니라 법인기업까지도 가계에 의해 경영되고 있다.

이들 가족기업은 전문적 생산형태의 기업이면서 다른 가족기업과 차별화를 위해 독자적인 발전과 기술을 통해 스스로 새로운 제품을 개발하고 있다. 따라서 가족기업 경영은 전문화된 제품 생산

---

13) 이탈리아는 노동자에 대한 권리가 강력하게 보호되고 있어 기업규모가 15인 이상일 경우 노동조합을 결성할 수 있어 기업경영이 경직화되는 문제가 있다.

기업집단 혹은 전문화된 집단으로 결속을 하게 된다. 가족에 의해 경영되는 대부분의 마이크로기업은 가업승계로 이어져 성장하면서 네트워크를 구축하여 가족 소유의 주식회사로 설립되기도 한다. 그리고 우리나라의 중소기업 협동조합과 유사한 컨소시엄을 자유롭게 조직한다. 예컨대 수출을 위한 컨소시엄이 조직된다면 공동 전시장운영과 바이어에 대한 홍보 등을 공동으로 수행하며 필요에 의해 컨소시엄에 자유롭게 가입 및 탈퇴할 수 있다는 것이다.

뿐만 아니라 이탈리아는 기업규모가 대부분 소규모이기 때문에 국내외 경제환경이 급변하는 경제상황에 빠르게 적응할 수 있고 기업의 의사결정구조 역시 상대적으로 단순하다. 때문에 기업경영 정책이나 경영전략이 신속하게 이루어질 수 있어 경쟁력을 갖춘 제품의 전문화가 가능한 것이다. 그리고 기업규모를 확장함에 있어 신중을 기하는 이유는 사회보장 부담금과 엄격한 노동자 보호규정, 일일 노동시간 등 고용조건에 대한 정부규제로 기업규모가 확대되어 노동조합이 결성되면 기업경영이 경직되기 때문이다.

2) 장인정신(전통브랜드)

이탈리아 중소기업 제품의 경쟁력 원천은 장인정신과 국가브랜드 그리고 우수한 제조업 기반이다. <표 Ⅲ-2>에서 보는 바와 같이 특히 경공업제품에서 명품으로 인정받는 것은 장인정신에서 그 원인을 찾을 수 있다.

이탈리아 중소기업의 뿌리는 15세기 르네상스시대의 장인(artigiano) 전통에서 비롯된 장인정신에서 그 원인을 찾을 수 있다.

〈표 Ⅲ-2〉 이탈리아 중소기업 발전배경, 특성 및 역할

문화적 · 역사적 배경	특성 및 역할
르네상스 이래의 장인전통	· 세련된 미적 감각: 예술가, 디자이너의 '눈' · 탁월한 손재주: 정밀, 세공기술자의 '손'
가내공업 전통	· 장인정신 · 고품질 정밀 · 세공작업
가족유대	· 가족중심 경영 · 대를 이어 작업 계승 · 장인기업 발달(기업주 및 가족이 작업에 직접 참여하는 소기업)
중세의 길드(Guild) 전통	· 중소기업단지 내에 중소기업 상호간의 지원을 위해 각종 협동조합(협동조합은행, 상호신용조합, 장인기업조합, 과학기술진흥조합, 수출조합, 부문별 조합, 상품별 조합, 지역별 조합, 정보지원센터)을 자발적으로 설립, 성공적 운영 · 이탈리아는 위와 같은 각종 협동조합을 세계에서 가장 다양하게 조직
공동체 정신	· 도시국가 전통에서 비롯된 공동체 협동정신 · 지역별 중소기업공업단지의 성공적 설립 및 운영에 기여
국민성	· 독창성: 디자인 발달 · 자립심: 중소기업 선호 · 환경적응능력: 세계시장의 수요 변화에 민감
지역경제 지원	· 제2차 세계대전 후 본격적인 공업화 과정에서 범국가적 중소기업 창업 지원 · 중 · 북부 지역에 중소기업 단지 조성 지원 등 · 1960년대 유럽경제 붐에 따라 대기업의 중소기업 인수 합병 등으로 상대적으로 중소기업 창업이 악화 · 1970년대 이후 사회복지제도 강화 요구 등에 따라 파업 등 노사분규가 심화됨에 따라, 노사분규 해결방안의 하나로 중소기업 창업 활성화

세련된 미적 감각의 예술적 기질과 탁월한 세공기술자 손을 가진 장인들의 끊임없는 실험정신이 이탈리아 경공업 발달의 밑거름이 되고 있는 것이다.[14] 이들 장인은 최고급 소재와 부자재로 이탈리아인만의 오랜 전통인 장인정신이 바탕이 되어 오늘날의 명품을 있게 했으며 세계 최고수준을 자랑하고 있다. 여기에는 산 · 학연계

---

14) 2007년도 2분기 Anholt Nation Brands Index 자료에 따르면 이탈리아 국가브랜드 인지도는 세계 7위를 기록하고 있다. 이는 호주, 일본, 미국, 네덜란드보다 높은 순위로 나타나고 있다. 이탈리아는 tourism과 culture and heritage 부분에서 월등히 강한 모습을 보이고 있다. 이 같은 확고한 국가브랜드 인지도는 주요 경쟁국들의 표면적인 경쟁력이 아무리 높아진다 해도 단기간에 이룰 수 없는 부분인 것이다(이탈리아 국가 브랜드 인지도 순위, 자료원: Anholt Nation Brands Index).

교육프로그램 및 실무위주의 전문학교가 이탈리아 제품의 경쟁력에 크게 기여하고 있다. 이로써 이들은 경쟁국들이 모방할 수 없는 이탈리아만의 잠재력과 저력인 그들의 장인정신과 전통 그리고 기술력에 의해 이탈리아를 유럽 4대 강국 및 G7에 자리매김하고 있다고 할 수 있다.

3) 특화된 지역집적 형성

세계 각국은 1990년대에 들어서면서 지역 산업정책의 이론적 배경으로 Michael Porter의 산업지구(industrial district)론을 이론적 배경으로 제시한다.[15] 산업지구, 지역집적 혹은 산업 클러스터는 지역경제 활성화와 기업경쟁력 강화의 유용한 수단이 된다. 지식기반경제에서 위 개념은 혁신을 창출하는 새로운 형태로써 지역산업의 경쟁력을 높이는 효과적인 정책수단이다.[16]

특히 지식기반경제에서는 산업 간 컨버전스화와 네트워크화가 가속되고 있는 추세인데 이는 기업들이 산업지구 혹은 클러스터를 통해 전문화된 지원서비스, 전문인력, 전문지식 등을 지원받음으로

---

15) 마샬(Alfred Marshall)은 그의 경제학 원론에서 '전문화된 산업입지의 외연성'에서 최초로 클러스터라는 용어를 사용하였다. 마샬은 19세기말 영국의 쉐필드와 랭카셔 지역의 산업발전을 통해 동일 지역 내에 집적되어 형성된 산업단지에서 대량생산의 이점이 발생한다는 것을 발견했다. 한 지역에 동일업종의 기업들이 집적하여 접근성을 통해 개별 기업이 경제적 효과를 누릴 수 있다는 것이다. M. Porter는 클러스터를 광범위하고 역동적인 경쟁이론에 접목시킴으로써 한 국가 내 클러스터-산업네트워크-산업시스템의 중요성을 강조하였다.

16) 산업지구와 유사한 개념으로 신산업지구(new industrial district)는 A. J. Scott(1988)이 제안한 개념으로 특정 전문화된 산업 분야로 고도의 혁신역량 산업지역으로 산업클러스터(industrial cluster)이다. 신산업지구는 도시의 성장을 유도하고 변화시켰다. 미국의 실리콘 밸리(Silicon Valley)나 루트 128(Route 128) 그리고 서유럽과 신흥공업국에서도 신산업지구 형성 사례를 접할 수 있다(Park and Markusen, 1995, 박삼옥 외, "중소기업육성을 위한 지역혁신체계 및 산업지구 개발", 『국토계획』, 제35권, 통권108호, 2000, 대한국토도시계획학회 p.19 참조).

써 비용 절감과 혁신이 이루어져서 경쟁에서 우위를 확보할 수 있기 때문이다.

또한 특정지역에 연관관계가 있거나 유사업종 기업 특히 소기업들이 일정한 지역에서 관련 부품조달, 인력 및 정보교류, 기술개발 등에서 시너지효과를 얻을 수 있다. 즉 대학과 연구소에서는 R&D 기능을 담당하고 기업은 생산활동을 하며 금융 및 컨설팅기관 등이 해당 지역에서 지식과 정보를 공유하게 함으로써 시너지효과를 가져올 수 있다.

산업지구 유형을 <표 Ⅲ-3>에서처럼 네트워크 구성 및 조직 측면에서 마샬(Marshall)형, 허브 및 스포크(hub and spoke)형, 위성(satellite)형, 첨단산업기술(technopolis)형 산업지구로 분류할 수 있다.[17] 오늘날 여러 가지 형태의 산업지구가 우연적으로 혹은 정부의 발전계획에 따라 존재하는데, 본 연구에서는 연구 목적에 따라 마샬형 산업지구에 초점을 맞추었다. 마샬형 산업지구에서는 공급자와 고객의 연계에서 타 지역과 연결된 네크워크보다는 국지적 네트워크가 강하다. 이는 전형적인 이탈리아 산업지구 형태로서 그 주요 요소로는 유연한 생산체계와 기업분화 및 창업 등으로 국지적인 지역경제에서 긴밀하게 협력관계를 유지하고 있기 때문이다.

---

17) 참고: 김윤태, '변화의 바람', 새로운사람들, 2001. 제3이탈리아, pp.35~38, 산업지구, pp.32~34.

〈표 Ⅲ-3〉 산업지구의 유형과 특징

유형	주요 특징
마샬형 (Marshall)	- 공급자와 고객의 연계에서 국지적 네트워크가 강함 - 소기업 중심으로 협회, 조합을 형성, 경영 관련 공동으로 협력(각종 정보, 훈련, 마케팅, 해외시장 정보 등) - 유연생산체계, 기업분화 및 창업, 기업 간 하청관계 형성 - 매몰비용을 절감하는 데 크게 기여
허브 및 스포크형 (hub and spoke)	- 선도기업(hub)과 소기업(spoke) 간 네트워크 형성 - 유연생산체계와 대량생산체계가 공존 - 소기업 간 협력보다 선도기업이 산업체계의 네트워크 조직 - 선도기업의 매몰비용이 매우 큼
위성형 (satellite)	- 공급자와 고객 간의 네트워크가 국지적으로 미약, 비국지적으로는 강함 - 국제적 네트워크로 대량생산체계가 지배적, 유연생산체계는 매우 미미함 - 중앙정부나 지방정부에 의한 개발계획에 의해 형성되어 매몰비용 및 고정자본 투자비용 절감
첨단산업기술형 (technopolis)	- 네트워크체제가 완벽해서 기술개발 및 서비스에서 국제적 네트워크 형성 - 기업 간 공동 R&D, 서비스와 생산에서 합작투자, 노동력의 공동이용, 전략적 제휴 등 선도적 첨단기술 산업지구

출처: 박삼옥(1994), "첨단산업발전과 신산업지구 형성: 이론과 사례", 대한지리학회지, 제29권, pp.125~129 참고하여 작성.

    이탈리아의 경우 산업조직의 가장 큰 특색은 그 중심을 이루는 중소기업군이 각 지역에서 동 업종에 의한 집적을 구성하고 있다. 또한 지역 중소기업집적이 북부 이탈리아부터 중부 이탈리아에 걸쳐 폭넓게 산재하고 있으며 자생적으로 형성된 전통과 역사를 가진 지역집적(클러스터)이 대부분이다.[18] 이들 중소기업군 중에서도 마이크로기업들이 대부분을 차지하며, 안경, 직물 및 의류, 기계류, 보석, 가죽 및 신발, 가구, 식품, 종이, 플라스틱 및 고무 등 전통산업 위주의 산업구조를 가지고 있다.

---

18) 흔히 이탈리아 중소기업이 발달한 이유를 유연성(Flessibilita), 상상력(Fantasia), 신뢰성(Fiducia)으로 판단하고 있다. 유연성은 특히 시장의 니즈에 유연하게 대응하고 상상력은 제품에서 보여 주는 뛰어난 미적 감각이 디자인과 제조공정의 기술 혁신에서 창의적인 아이디어가 발휘된다. 그리고 신뢰성은 자신의 가능성과 능력을 믿고 창업에 도전한다는 것이다.

대표적인 지역 산업집적지로는 모직산업의 비엘라(Biella), 실크산업의 코모(Como), 신발산업의 베로나(Verona), 귀금속 단지의 비첸자(Vicenza), 타일산업의 모데나(Modena) 지역을 꼽을 수 있다. 이러한 산업지구(클러스터)는 오랜 기간 축적된 기술과 장인정신을 바탕으로 철저한 분업을 통해 상호 보완적인 협력체계로 형성되어 있다.[19]

Ⅳ. 이탈리아 중소기업 지원시스템 및 사례

1. 산업지구 지원시스템

산업집적단지로서의 산업지구는 지역 내 다양한 경제 주체들이 지역의 생산과정이나 새로운 기술과 지식을 창출하고, 확산하며, 활용하는 과정에서 상호작용을 증대시킨다. 이러한 네트워크는 특정지역에서 유사업종의 기관(기업)들이 독립적인 기능을 가지고 정보와 자원의 교환, 공통문제에 대한 집합적 해결책 제공 등의 역할을 수행하고 있다. 따라서 집적단지 지원정책은 기업과 공공기관 간의 중개자 혹은 연계자 역할을 수행하는 것이다. 따라서 지역의

---

19) 지역별로 전문화된 산업단지가 다양하게 분포하고 있는데 이탈리아 전역에 분포하고 있는 산업단지 수는 각 기관의 분류기준에 따라 다소 상이하며 60~200개 내외로 분류하고 있다. 이탈리아 산업진흥원(IPI)의 분류에 의한 이탈리아 61개 산업단지의 경제기여도는 90만 개의 일자리를 창출(이탈리아 전체 일자리의 5.4% 차지, 제조업 일자리에서 8.6% 차지)하고 있으며, 이탈리아 통계청(ISTAT)의 199개 산업단지는 이탈리아 제조업 고용인원의 42.5%를 차지하고 있으며, 동 산업단지 내의 업체들이 보다 높은 수익률과 생산성을 보이는 것으로 분석하고 있다.

자생적인 발전을 통한 국가산업의 고도화 및 균형발전정책의 일환인 것이다.

　이탈리아 산업지구는 오랜 역사를 가지고 자생적으로 발생하였으며, 근래에 와서는 중소기업 종합지원대책 및 지방경제개발을 위해 산업지구 활성화 및 개발지원정책을 추진하고 있다. 이탈리아의 중소기업지원에 대한 근거로는 1952년 법률 제949호에 따라 제조업체에 대해서 저금리의 융자를 제공하는 제도가 있다.[20] 또한 Sabatini Act라고 불리는 1965년 법률 제1329호는 중소기업이 새로운 기계나 설비 등을 구입할 경우 저금리융자를 받을 수 있는 제도이다. 그리고 중소기업 기술근대화를 촉진하는 것으로 기계류 투자에 대한 이자부담에 보조금을 지급하고 기계류 구입 혹은 판매에 대해 할인비용에 대한 지불유예를 하는 제도가 있다.[21]

　이탈리아 중소기업을 지원하기 위한 적극적 프로그램으로는 <표 Ⅳ-1>에서 보는 바와 같이 첨단기술센터 프로그램(High Technology Poles), 전자상거래 인센티브(Incentives for Electronic Commerce), 기술역량센터 프로그램(Technology Competence Centers), 첨단기술지구 프로그램(Technological Districts), 중소첨단기술기업 인센티브 프로그램(Incentives for medium and high-tech enterprises) 등으로 연구

---

20) 특히 이 법률에서는 소기업 금고(ARTIGIANCASSA: Cassa per il Credito Alle Imprese S.P.A)에 의한 저금리 융자제도가 규정되어 있어 기계구입, 설비개조, 재고투자 등에 소요자금을 저금리로 융자한다.

21) 유로화가 사용되기 전인 1991년 이탈리아는 법률 제317호에서 혜택을 받을 수 있는 중소기업에 대해 제조업은 종업원 수 200인 이하로써 자본금 200억 리라 이하인 기업, 서비스업은 종업원 수 75인 이하로 자본금 75억 리라 이하인 기업으로 정의하고 있다. 그러나 이탈리아 상공부가 일반적으로 표시하고 있는 중소기업 정의에는 '자본금이 약 163억 4,300만 리라 이하이며 종업원이 300인 이하인 사업체'로 규정하고 있으므로, 지역별, 규모별, 분야별로 혜택을 받을 수 있는 중소기업의 범위가 광범위하여 주별로 중앙정부의 가이드라인에 따르면서 독자적으로 사업체의 보호 발전에 필요한 시책을 시행할 수 있는 권한을 인정하고 있다.

개발 투자에 대한 보조금, 관련정보에의 효과적 접근성, 인가기간의 단축 등을 시행하고 있다.[22]

이와 같이 지원프로그램은 중소기업들이 투자하기 어려운 부분인 실험, 파일롯 프로젝트, 교육훈련, 생산시스템 업그레이드, 기술컨설팅지원에 목표를 두고 있다.[23]

〈표 Ⅳ-1〉 이탈리아 중소기업 지원 프로그램

주요 프로그램	개관	목적	특징
첨단기술센터 프로그램 (High Technology Poles)	생산성활동부와 혁신기술부가 공동으로 36개 첨단기술센터구축, 정보통신, 자동화, 항공우주, 전자 부문에 종사하는 첨단 중소기업 지원	중소기업이 디지털기술 이용 제품혁신 및 제품을 시장에서 상용화, 대기업·중소기업·연구센터 클러스터를 통한 혁신인프라 구축	기술혁신펀드(FTI)를 통해 자금을 공급 (법령 46/86)
전자상거래 인센티브 (Incentives for Electronic Commerce)	전자상거래를 수행하는 중소기업들에 사회부담금 감소를 포함해 조세 인센티브를 제공	중소기업들이 창업단계에서부터 첨단솔루션을 통해 전자상거래를 수행하도록 지원	투자프로그램으로 舊법률 388/2000의 감세규정에 근거, 비용의 35~45% 범위 내에서 세제상 혜택을 부여
기술역량센터 프로그램 (Technology Competence Centers)	이탈리아 교육대학연구부가 중소기업의 과학기술적 역량을 제고하는 네트워크 구축	이탈리아 남부지역개발 지원, 지방혁신역량 강화, 중소기업연구역량 강화 등 혁신수요를 확인한 뒤 적합한 기술이 제공되는 환경 조성	산업/농업식품, 환경리스크 평가, 신생산 기술, 정보통신기술, 생명공학, 운송 등 6개 기술 분야가 대상

---

22) 연구개발과 기술혁신을 위한 주요 지원내용(중소기업공단 "유럽중소기업백서 제5차 보고서")으로는: 세금 감면(기술혁신 프로젝트에 해당), 임금보조(연구개발인력에 적용), 공공연구기관 설립(공적연구 및 시행), 네트워크와 협력 촉진(연구기관과 기업에 적용)이 있다.

23) 관련 법령으로는: ① Law 317 of 5th October 1991, art. 36, ② Decree by Minister of Industry of 21 st April 1993, ③ Law 598/1994, ④ Law 266 of 7th August 1997, ⑤ Law 140/199.

첨단 기술 지구 프로그램 (Technological Districts)	지역중소기업 역량강화로 공정과 제품혁신 및 클러스터 구축	공동혁신활동과 지식공유로 기업과 기타 주체들 사이 협력과 발전촉진	무선응용(Piemonte), 생명공학, ICT, 첨단재료(Lombardia), 메가트로닉스(Emilia-Romagna), 나노공학(Veneto), 문화유산(Calabria) 등 클러스터 구축을 위해 보조금을 지급
중소 첨단기술기업 인센티브 프로그램 (Incentives for medium and high-tech enterprises)	이탈리아 생산성활동부가 산업·농업·운송 분야에서 활동하는 이탈리아 중소기업과 신생업체의 개발프로젝트(18~36개월) 지원프로그램	첨단 중소·신생기술기업의 연구와 기술혁신을 장려	첨단 중소·신생 기술기업 프로젝트 비용의 25% 한도 내에서 보조금 지원(2006~2008년에는 프로젝트당 100만~300만 유로 지급)

출처: 이탈리아 정부, 이탈리아의 중소기업 지원 프로그램, 2007.
　　　KOSBI 동향자료실 자료 부분 인용.

　이탈리아의 중소기업지원은 각 주별로 지방정부가 구체적인 정책을 시행하고 있다. 특히 산업단지를 포함한 지역경제 활성화를 위해 여러 가지 관련 서비스나 인프라가 필요한데 각 지역별로 기계설비에 대한 수선 등의 서비스, 원재료, 금융, 각종 정보, 물류와 통신, 인재육성, 세무대책, 법률상담 등의 관련서비스에 대한 지원체제가 형성되어 있다.

　예컨대 금융서비스는 신용금고와 함께 지역 자치단체 등에 의해 설립된 저축은행 등 공공성이 강한 은행도 지역기업에 맞춤 금융서비스를 제공하고 있다. 기업 지원서비스에는 중소기업 경영지원뿐만 아니라 창업 촉진도 포함된다.[24] 중소기업 지원기관들은 중소기업들에게 관련 정보수집, 신기술전파, 기술개발 및 창업지원 등을 수행하고 지방정부, 지방정부 출자기관, 상공회의소 또는 관련

---

24) 지방자치단체나 지역상공회의소에 의해 독자적인 창업 촉진프로그램이나 보육센터가 설치되어 있다.

산업협회들과 협력하여 운영하고 있다.[25]

<표 Ⅳ - 2> 이탈리아 중소기업 지원 주요 기관

주요 지원기관	개관	목표	사업 내용
이탈리아 상공회의소 연맹 (Unioncamere)	상공회의소 회원업체들의 이해를 대변하는 법정사업자 단체로 1901년에 설립, 현재는 상공회의소 제도를 개편, 하는 법년 법률로 80호 적용	상공회의소 회원 활동지도 및 조정	규제 및 시장 투명성 확립, 창업기업 지원, 혁신·연구 및 기술이전 장려, 노동의 수요와 공급을 충족시키는 새로운 서비스 개발, 지식재산권 보호, 기업의 사회적 책임 제고
이탈리아 해외투자무역공사 (SIMEST)	1990년 관련 법률(1990 Law 100/1990)에 따라 기업의 해외사업을 촉진하기 위해 설립한 민간법인	이탈리아 기업의 해외시장진출 및 개척과 관련된 모든 업무 지원	외국기업에 대한 최대 49%까지의 자본 참여, 창업기업을 위한 벤처캐피탈 펀드 운영, 국제입찰 참여, 수출신용 지원
이탈리아 산업연맹 (Confindustria)	1910년에 설립된 민간 경영자단체	점증하는 노동계 요구에 대응하고, 국가 경제정책 수립 과정에서 경영자 입장 대변	경제정보 등 기본 정보 제공, EU 금융 등 전문정보 제공, 마케팅과 조세 등 컨설팅 실시, 근로자 대상 직업훈련 실시, 금융기관과의 협약을 통한 자금조달지원

2. 산업지구 사례

1) 제3이탈리아(Terza Italia)

국민경제에서 중소기업의 가치는 대규모 경제이익의 도전에도 불구하고 중소기업은 쇠퇴하지 않고 성장하고 발전한다는 사실에서부터 출발한다. 마샬(A. Marshall)은 중소기업의 잔존 이유를 대규모 경제이익의 한계와 그 실현조건이 제대로 갖추어지지 않았을

---

25) 주이탈리아대사관 자료 참고: http://countryinfo.mofat.go.kr/webmodule/htsboard/hbd/hbdrea-d.jsp?typeID=17&boardid=6801&seqno=553188&c=&t=&pagenum=1&tableName=TYPE_CYBERBOARD&pc=&dc=&wc=&lu=&vu=&iu=&du=

경우나 소기업의 독자적 유리성에서 구하였다.[26] 즉 마샬은 완전경쟁을 전제로 하여 대규모 경제의 이익을 인정하면서도 기업가 능력의 한계나 소비자의 기호성과 지역성에 의한 시장의 한계 등, 불완전 경쟁영역의 존재를 강조하였다. 또한 대량생산의 이익 또는 효율성을 특정한 장소에 유사한 성격을 가진 많은 소규모 기업들이 집적에 의하여 달성될 수 있다고 주장하였다.[27] 마샬은 전문화된 소기업들이 집적되어 있는 특정한 지역을 산업지구라 지칭하였다. 산업지구의 필요조건으로는 업자들과 소비자가 집중되어 있어야 하고 산업지구 내에 있는 기업들 간에 분업이 이루어져야 하며 전문화된 각 분야에서 유기적으로 협력관계가 되어야 한다는 사회적 구조의 개념이 된다.[28]

그러나 마샬의 산업지구 이론이 제시된 후 오랜 기간 산업지구에 대한 논의가 별로 없었다. 1950년대부터 1970년대에 이르는 포디즘(Fordism)의 산업화가 유럽 전체에 확산되면서 산업지구에 대한 관심이 쇠퇴하고 조립라인 대량생산 체제인 대기업 혹은 다국적기업이 경제를 지배하면서 중소기업은 상대적으로 쇠퇴하게 된다. 그럼에도 불구하고 제3이탈리아(Terza Italia) 지역은 이러한 산업화 과정에서도 전통적 소규모 산업활동이 근대적인 방식으로 틈새시장을 고집하면서 성장한다.[29] 이에 더하여 기술학교 및 대학에

---

26) 마샬의 중소기업론의 기초가 되는 대규모경제의 이익은 내부경제 이익(internal economies)과 외부경제 이익(external economies)으로 구분된다. 내부경제 이익은 기업의 자본력, 조직, 경영능률에 의존하는 이익이며, 외부경제 이익은 산업의 발달에 의존하는 이익으로 중소기업이 특정지방에 집중하는, 즉 산업지방화에 의해서 나타나는 이익을 말한다. 김한원. 『중소기업론』(학문사, 1998). pp.46~49 참조.

27) 박삼옥, op.cit., p.118에서 재인용.

28) 사회적 구조의 개념은 산업지구 내에 대다수의 장인이 있어야 하며 여러 종류의 산업이 발달되어 있고 가족 노동력 활용이 가능해야 한다.

서 공급되는 인력으로 인해 산업활동의 집적은 더욱 가속화되면서
소위 마샬리안 산업지구의 유연적 전문화의 특성을 갖는 대표적
산업지구로 제3이탈리아 지역이 주목받게 되었다. 제3이탈리아 지
역은 독특한 지역적 생산체계(territorial production system)로 전문성
소기업들이 집적하여 네트워크 형성으로 경쟁력 있는 생산체제를
구축하고 있는 '유연적 전문화'의 상징적 모델이 되었다. 이곳에서
생산업자들이 발전시킨 새로운 생산방식으로써 소규모 생산업자들
간 분업적 생산체제가 형성되어 산업활동의 집적은 더욱 가속화되
었다. 이윤창출 및 고용창출 등 대기업에 비해 상대적으로 우월한
성공사례가 발표되면서 마샬의 산업지구 이론이 적용된 것이다. 예
컨대, 접근성으로 인해 물류 및 거래비용의 감소, 적정 재고 확보,
전문 분야의 기술 확산 및 학습과정에서 상호 연계로 시너지효과
가 발생한 것이다.[30]

　제3이탈리아의 또 하나의 특징은 제조업 분야가 지역산업을 주
도하고 지방정부가 후원한다는 점이다. 주로 경공업 형태의 전문화
된 산업지구들로 형성되어 전문화된 중소기업들이 긴밀한 네트워
크로 생산과정에 참여하고 있다. 이들 기업들은 소비자 기호 변화
에 탄력적으로 부응하고 신기술에 대해 신속하게 적응하는 유연한
생산방식과 생산과정에서의 분업, 장인정신, 경쟁과 협동을 구현하

---

29) '제3이탈리아'(Terza Italia), '유연 전문화'의 개념은 20인 미만의 소기업이지만 세계적인 경쟁력을 갖
　춘 산업지구로 1980년대 MIT의 Michael Piore와 Charles Sable에 의해 소개되었다. 제3이탈리아는
　산업화된 부유한 북부지역과 낙후지역인 남부지역에 대비한 개념으로 중북부지역의 8개 주(Lombardia,
　Emilia Romagna, Toscana, Veneto, Piemonte, Marche, Abruzzo, Friuli Venezia Giulia)를 지칭한다.
30) 제3이탈리아 지역은 2000년대에 들어서면서 경공업 위주의 산업구조로 규모의 경제 효과를 얻기 어
　려운 점과 중국 등 신흥공업국들의 모방제품과의 경쟁, 인건비 상승 등 경쟁력에 문제가 있었다. 하지
　만 사회의 주요 주체들이 유기적으로 참여하는 직업훈련시스템 등은 그들만의 잠재력과 저력으로 유럽
　4대 강국으로 유지시켜 주는 힘이 되고 있다.

고 있다. 최근에는 디자인형 경공업 혹은 장인형 경공업에 특화하
여 국제적 이미지를 통해 제3이탈리아 산업의 국제경쟁력을 높이
고 있다.

2) ERVET

이탈리아 에밀리아 로마냐(Emilia – Romagna) 주는 장인 위주의
생산방식을 특징으로 하는 소기업들이 집적을 이루고 있는 지역이
다. 이 지역은 이탈리아 총 인구의 7.1%, 국토의 약 11%로 약
379,000개의 기업이 집적되어 있다.[31] 이들 기업은 약 160만 명을
고용하고 있는데, 대부분이 가족 경영 형태의 소기업으로 5명 이하
의 종업원으로 구성되어 있다. 이처럼 지역경제의 중추적인 역할을
담당하고 있는 중소기업들은 산업 형태에 따라 특정 분야에서 유
연 전문화를 추구하는 방향으로 집적되어 있다. 이러한 산업구조의
다양성과 분야별 전문화가 지역경제 성장과 발전을 견인하는 핵심
요소로 평가되고 있다.[32]

에밀리아 로마냐 지역 발전은 지방정부와 민간경제 주체들이 지
역경제 활성화와 지역산업의 성장과 발달을 지원하기 위해 1974년
공동출자라는 개념으로 지역발전 혁신기구로 **ERVET**을 설립한 데
크게 기인한다.[33] **ERVET**의 역할은 지역산업정책을 입안하여 시행

---

31) 에밀리오 로마냐 지역은 이탈리아 GDP의 10%, 1인당 GDP 30,700유로(2006년), 전체 수출의
12.6%를 차지하고 있으며, 특히 수출 지향적 산업구조로써 하이테크 분야의 수출비중이 50%를 차지
하는데 이는 전체 평균 41.7%보다 높다. 인구 9명당 1개 회사로 기업들이 집중되어 있다.

32) 2006년, 이 지역의 실업률은 3.4%로 전체 실업률 6.8%보다 낮으며, 고용률은 이탈리아 평균 57.5%
보다 높은 68.4%이다. 특히, 여성의 경제활동은 고용률이 61.5%로 이탈리아 전체 46.3%를 상회하고
있다. 이는 지방정부의 육아 지원정책으로 예산의 15%가 보육예산으로 유치원 비용지원은 물론 유아
센터 설립 운영에도 적극 지원하고 있기 때문이다.

하며 다른 하나는 정책과 사업별 지방정부와 지역 내 경제 주체 간 이해관계를 조정하여 지원하는 것이다. ERVET이 설립되는 시기의 이탈리아는 지역산업정책에 대한 권한이 중앙정부에서 지방정부로 이양되면서 제3이탈리아 지역을 중심으로 마이크로(장인)기업, 영세기업 등 소기업들이 급속하게 성장하는 시기이기도 하다.

1970년대 초에 ERVET는 Emilia – Romagna 주의 저개발지역을 중심으로 지역경제 활성화 정책의 일환으로 산업단지를 조성하여 주로 창업기업지원으로 지역경제의 성장에 중점을 두었다. 그러나 1980년대에 들어서자 산업집적으로 이루어진 기업 간 네트워크의 중요성이 인식되면서 활동의 초점이 바뀌었다. 즉 하드웨어 측면의 시설지원보다는 정보수집 제공이나 기술혁신활동과 관련된 정보제공이다. 즉 경제환경 변화에 따른 특화산업과 경쟁력 강화를 위해 Real Service Policy라는 산업정책의 일환으로 <표 Ⅳ-3>에서 보는 바와 같이 Real Service Centre들이 산업지구별로 설립된다. Real Service Centre는 산업지구별로 집적되어 있는 중소기업에 유용한 정보지원기관으로 제품과 조직혁신, 기술이전, 제품테스트 및 시연, 제품 및 생산공정에 대한 품질인증, 직업교육 및 훈련 등 기업에 필요한 서비스를 제공하는 기관이다.

---

33) ERVET(Emilia – Romagna Valorizzazione Economica Territorio SpA)는 '지역산업혁신기구'로 지역경제의 경쟁력을 높이기 위해 통합적 성격의 프로젝트를 실행하는 기구로써 주 정부 80.04%, 지역금융기관 18.51%, 지역상공회의소와 하위 지방자치단체 0.92%, 지역산업협회 0.53%를 출자하고 있는 준공공의 법인체이다.

〈표 Ⅳ－3〉 ERVET Real Service 기관

서비스 기관	분야	지역	설립연도
Centro Ceramico	세라믹 산업 지원	Sassuolo	1976
CITER	섬유 및 패션산업 관련 정보지원	Carpi	1981
CERCAL	신발 및 가죽 관련 산업지원	San Mauro Pascoli	1984
CESMA	농업 관련 기계산업 지원	Reggio Emilia	1984
ASTER	기술이전 및 혁신프로젝트 촉진	Bologna	1985
NUOVA QUASCO	건설 산업 지원	Bologna	1986
CERMET	품질 검사/인증 서비스	Bologna	1986
QUASAP	품질 및 교육 연구 서비스 지원, 공공사업 수주 발주	Bologna	1986
DEMOCENTER	공장 자동화 서비스	Modena	1991

1990년대에 들어와서 ERVET 시스템의 운영원칙이 정립된다. 시스템의 운영원칙은 시장 지향적으로써 첫째, 지원 대상을 특정 산업부문과 개별기업을 초월한 기업 간 네트워크에 두고 둘째, 지역 산업시스템이 지속적으로 활동할 수 있는 정책 및 지역경제발전을 위한 연구를 수행하며 셋째, 지역산업단체와의 긴밀한 협동과 지역 기업들을 위한 정보 제공과 기술지원활동을 수행한다.[34] 이러한 운영상의 원칙을 바탕으로 한층 더 다양화되는 기업의 요구에 맞춰 실질적인 비즈니스 서비스를 추구하고 있다.

하지만 ERVET의 업무가 점차 비대해지고 복잡해지자 2002년에 교체된 지방정부는 기업과 대학 공공연구기관 간의 파트너십을 강화하기 위한 법률(Regional Law n5)을 제정하고 ERVET 시스템의 역할과 기능을 재정비하였다. 예컨대, ERVET 시스템에 포함되어 있던 ASTER는 법적 지위와 주주 구성이 달라지면서 응용연구와

---

34) ERVET 정관 참고, http://www.ervet.it/documenti/pdf/Statuto.pdf

기술이전, 지역 생산시스템의 혁신 등의 업무를 맡게 되는 등 Real Service Centre도 모두 독자적으로 운영하게 된다. 또한 지방정부는 관련법을 개정하여 ERVET의 역할을 지역개발진흥 및 개선을 위한 지방정부와 지역당국에 대한 기술지원에 중점을 두도록 했다.

ERVET은 산업진흥정책에 초점을 두고 지방정부와 밀접한 관계를 유지하면서 지역개발 관련 이슈를 발견해 내고, 응용연구 프로젝트를 실행하며, 각종 정보를 수집하고 가공하여 확산시키는 데 집중하고 있다. 지역 단위의 민관 공통투자에 의해 설립된 ERVET은 지역혁신체제의 중추적인 기업지원서비스 조직으로서 성공한 요인을 다음과 같이 정리할 수 있다.

첫째, 중앙 및 지방정부로부터 완전히 자유로운 조직이다. 운영자금의 93%를 지방정부로부터 지원받고 있음에도 불구하고 수직적 업무관계라기보다는 피드백을 통한 수평적 업무관계를 유지하고 있다.

둘째는 소프트웨어 중심의 지원체제이다. 1980년대에 접어들면서 건물대여 위주의 하드웨어 지원정책에서, 기술혁신 및 개발, 마케팅, 교육 등 기업경영에 실질적으로 필요한 실질적 서비스를 지원하고 있다.

셋째, 지방정부 주도의 지속적인 정책추진이다. 지방정부는 지역 관련 산업정책에 대한 권한을 중앙정부로부터 이양받아 리얼 서비스 정책 등을 정착시킴으로써 지역 소기업들이 성장하는 데 기여한다.

<표 Ⅳ-3>에서 보는 바와 같이 ERVET Real Service 시스템의 각 서비스기관들은 크게 산업별 서비스기관과 범 산업 서비스기관

으로 구분된다. 산업별 서비스기관은 산업지구별 특화된 산업에 필요한 서비스를 제공하고 범산업 서비스기관은 혁신과 기술이전, 생산 자동화 등 산업별 관심 분야별 각종 서비스를 지원한다. ERVET와 9개의 Real Service 기관은 지역 내의 기업과 연구기관, 대학, 중소 및 장인기업협동조합연합(CNA: Confederazione Nazionale dell'Artigianato e della Piccola e Media Impresa)을 연결함으로써 소기업이 접하기 어려운 기업 관련 서비스를 제공하고 있다. 제3섹터로서 구성된 9개의 Real Service 기관들은 운영의 자율성을 가지고 분야별 특화된 서비스로 지원하면서 상호 수평적 관계구조를 가지고 있는 것이 특징이다.

V. 결론 및 시사점

1. 결론

중소기업은 업종과 사업형태가 매우 다양하여 경영성격과 규모가 이질 다원적이다. 이는 생업적 형태의 기업과 생산성이 매우 높은 기술집약형 기업이 포함되어 있기 때문인데 그에 따라 국민경제에서 중소기업의 위치에 관한 견해가 서로 다르게 나타나기도 한다. 그럼에도 불구하고 선진국들은 중소기업의 위치를 높게 평가하는 견해가 지배적이다. 예컨대, 유럽위원회가 채택한 '유럽중소기업법'(Small Business Act for Europe) 그리고 '중소기업 우선'(think small first) 원칙, '중소기업헌장' 제정 등은 혁신 담당자로서의 중소기업에 대한 기대가 크기 때문이다. 또한 일본도 추락하는 경제를 견인하기 위한 결의를 '일본중소기업헌장' 선포로 보여 준 바 있다. EU와 일본의 중소기업헌장은 중소기업에 대한 기본 원칙으로 경제활력의 원천, 창업, 시장개척, 공정한 시장환경 조성, 안전네트워크 확보 등의 중요성을 인정 및 인식한 것이다.

따라서 우리나라의 성장잠재력 제고를 위해서는 '한국중소기업헌장'(Korean Charter for SMEs)의 채택이 절실하게 요청된다. 한국중소기업헌장은 우리나라 중소기업정책의 구조를 형성하고 우리나라의 사회적·지역적 통합의 원동력이 되어 중소기업의 역동성을 배가시킬 수 있을 것이다. 이는 중소기업이 지역사회 및 지방경제 발전에 중요한 역할을 수행한다는 점과 기업가정신의 중요성을 새롭게 인식하게 하는 것이다.

우리나라 제조업생산의 70% 이상을 차지하는 전통산업이 무너지는 상황에서 첨단산업만으로 2~3만 달러의 국민소득 시대를 열 수 없다. 전통산업과 함께 지역산업의 중요성은 글로벌경쟁이 촉진되면 될수록 그 중요성은 더해 가고 있다. 이러한 글로벌 무한경쟁에서 우리나라 산업이 생존하기 위해서는 지역의 산업자원을 활용하여 신산업을 창출하는 것이다. 우리나라의 공업단지 조성이 다수의 기업들이 단순히 모여 있는 공간을 의미한다면 산업지구의 개념은 동종의 기업들이 일정한 지역에 집적하는 것이다. 이들 산업지구 내 기업들은 공간적 의미만이 아니라 전문화된 산학연의 긴밀한 네트워크가 구축되는 현상으로 전후방 연계로 강력한 경쟁력을 갖고 있다.

앞에서 논의한 바와 같이 이탈리아의 산업지구는 제품생산과정을 여러 단계로 분리해서 생산되는 중소기업의 영역 체계로 특정 산업 분야의 기업들의 활동들이 형성된 긴밀한 네트워크를 기반으로 하고 있다. 이 네트워크에는 전문화 기업, 대학, 연구소, 관련 정보서비스 등 다양한 활동들이 상호 연계되어 다품종 소량생산을 지원하고 집적경제를 창출하고 있다. 이와 같은 집적경제 창출을 위해 이 지역의 산업지구들은 산업시스템을 재구성하였고 그 결과 산업의 질적 고도화는 물론 산업경쟁력을 향상시켰다. 우리나라의 경우 공업단지나 기계단지 등 산업적 전문화를 가져왔음에도 불구하고 지역적 산업네트워크가 취약하고 산업지구화를 이룩하지 못했다. 이탈리아 산업시스템은 '산업 지역집적' 모델로서 생산단계별 전문화된 중소기업들이 한정된 자원의 효율을 극대화하고 경쟁과 협력으로 국제경쟁력을 갖추고 있어 우리에게 시사하는 바가 크다.

2. 시사점

글로벌화와 지식정보화의 진전에 따라 생산방식의 변화와 산업조직의 변화, 확대 등으로 인하여 중소기업의 산업조정이 급속히 진행될 것이다. 따라서 중소기업정책 방향은 핵심역량의 축적과 기술우위를 기반으로 전문화 중소기업이 집적하고 네크워크화하여야 한다. 이와 같은 혁신 네트워크화와 혁신시스템 준비가 미흡한 우리에게 이탈리아의 중소기업 지원시스템이 시사해 주는 바는 다음과 같다.

첫째, 세부산업에 필요한 전문인력을 탄력적으로 공급할 수 있는 여건 조성이다.

우리나라는 근로자의 평균 교육수준이나 총량적 인력공급에서 이탈리아에 뒤지지 않지만 세부산업전문 인력의 공급이 부족하다. 따라서 현행 학문 위주의 교육체계를 이원화하여 기술 분야 전문 인력 공급을 확대해야 한다. 이탈리아 전통산업의 경우 대규모 연구개발 투자 없이 현장 중심의 기술개선이 가속화되고 있다. 하지만 우리나라는 해외 기술도입 및 가공조립기술을 제외하고는 기술 격차가 좁혀지지 않고 있기 때문에 기업이 필요로 하는 인재를 양성하여 산학이 지속 성장하는 시스템 구축이 요청된다.

둘째, 클러스터 구축과 함께 지방중소기업들이 환경 변화에 유연하게 적응하고 경쟁력을 갖도록 촉진하기 위한 매개기관의 설립이다.

이탈리아 지방정부인 에밀리아 로마냐 주는 지역산업발전을 촉진하기 위해 지역개발기관인 ERVET를 설립했다. ERVET는 지역기술이전센터 등 각종 Real Service Centre로 통합적인 프로젝트를 구상하고 실행하며, 지역경제발전을 연구하여 수행하고 있다. 지역기업들이 글로벌경쟁력을 갖기 위해 각종 기술지원 및 정보를 제공하는 매개기관에 주목할 필요가 있다.

셋째, 실질적인 산학연협력에 의해 이루어진 기업경영에 필수적인 지식과 정보가 원활히 이전되고 확산될 수 있는 네트워크 관리기관의 구축이다.

그동안 우리나라의 지역산업 육성정책이 주로 보조금지원과 하드웨어구축이었다면 지역 중소기업이 필요로 하는 실질적 서비스

제공에 초점을 맞춰야 한다. 지방정부에 의한 소프트웨어 지원으로
는 기업경영에 필수적이며 지역기업이 요구하는 마케팅, 기술개발,
인적교육 등 시장에서 공급이 어려운 실질적인 서비스를 제공하는
산학연 간의 네트워크기관이 설치되어 제3섹터로 운영되어야 한다.

넷째, 지역산업정책을 중앙정부가 기획하고 평가하는 시스템에
서 지방정부에 책임과 권한 을 대폭 이양하여야 한다.

산업정책이 지방정부 주도하에 운영됨으로써 해당 지역의 산업특
성과 여건에 일치하는 지원체제를 구축할 수 있다. 따라서 제3이탈
리아 지역에서 이루어지고 있는 산업 이전정책이라든가 Real Service
Policy처럼 지역의 자율성을 최대한 보장해 주고 권한에 따른 책임
을 지게 하는 것이다.

다섯째, 한국중소기업헌장(Korean Charter for Small Enterprise)의
채택이다.

중소기업헌장의 기본원칙은 EU와 일본의 경험에서와 같이 경제
활력, 창업활성화, 공정한 시장환경 조성, 안전네트워크 확립 등이
다. 한국중소기업헌장의 채택은 중소기업에 대한 새로운 인식을 가
져오는 계기가 될 것이다. 우리나라는 1960년대 이후 수많은 중소
기업 정책을 추진했음에도 불구하고 그 비중과 역할에 비해 과소
평가 받고 있다. 따라서 중소기업에 대한 인식과 실천의지를 새롭
게 전환하고 사회적·지역적 통합의 원동력이 되는 행동지침
(Action Plan)이 설정되어야 한다.

참고문헌

저서

김윤태. 『변화의 바람』. 제3이탈리아 pp.35~38, 산업지구(서울: 새로
운사람들, 2001). pp.32~34.

김한원 외. 『이탈리아 정치와 경제』(서울: 이탈리아연구소, 1994).

Bamford J., P. Saynor(eds.), "Small Firms and Industrial Districts in
Italy", Routledge London/NY, 1989, pp.111~121.

Becattini, G., Rullani E. "Sistema locale e mercato globale, Economia e
politica industriale", 1993, n.80.

___________, "The marshallian industrial district as socio‑economic
notion, In Industrial districts and inter‑firm co‑operation in Italy",
in Frank Pyke, Giacomo Becattini and Werner Sengenberger(eds),
1990, pp.37~51.

___________, "Riflessioni sul distretto industriale marshalliano come
concetto socio‑economico", Stato Mercato 25, pp.111~128.

___________, "Sectors and/or districts: Some remarks on the conceptual
foundations of industrial economics", in: Edward Goodman and
Julia Bamford(eds) Small firms and industrial districts in Italy,
Routledge: London, 1989, pp.123~135.

Michael Piore and Charles Sable, "The Second Industrial Divide:

Possibilities for Prosperity", *New York*: Basic Books, 1984.

Pyke, F., Becattini, G., Sengenberger W. Industrial districts and inter-firm co-operation in Italy, International Institute for Labour Studies, ILO: Geneva, (eds), 1990.

논문

권오혁, "제3이탈리아 산업지구 발전과정에 대한 비교 연구: 모데나와 미란돌라를 중심으로", 『한국경제지리학회지』, v.6 no.1, 한국경제지리학회, 2003, pp.21~44.

김한원, "EU 중소기업정책의 변화와 시사점", 「유럽연구」, 제25권 1호, 2007.

박삼옥, "첨단산업발전과 신산업지구 형성: 이론과 사례", 『대한지리학회지』, 제29권, 1994, pp.120~130.

박삼옥 외, "중소기업육성을 위한 지역혁신체계 및 산업지구 개발", 『국토계획』, 제35권, 통권108호, 대한국토도시계획학회, (서울: 2000), p.19.

Bianchi, Giuliano, "Requiem for the Third Italy? Rise and Fall of a too succesful concept", *Entrepreneurship and regional development*, Routledge(1998), v.10 no.2, pp.93~116.

Corò, G., Grandinetti R. "Evolutionary patterns of Italian industrial districts", Human Systems Management, 18, 1999, pp.117~129.

Molina-Morales, F. Xavier, "Industrial districts and innovation: the case of the Spanish ceramic tiles industry", *Entrepreneurship and regional development*. Routledge(2002), v.14 no.4, pp.317-335.

Park S. O. and Markusen A., "Generalizing new industrial districts: a theoretical agenda and an application from a non-Western economy", Environment and Planning A, Vol.27, 1995, pp.81~104.

Raffaello Balocco, A. Rangone, "eBusiness applications in SMEs of

Italian industrial districts: the textile and wood/furniture cases",
Springer－Verlag, 2008. 8, pp.303〜304.

잡지

Banca D'Italia, ISTAT, EIU, 각 연도.

Banca Nazionale del Lavoro, "Italy: EIB loan of EUR 200m to BNL
　　for SMEs", EIB, 2009. 1

IMD, The World Competitiveness Scoreboard 2008. IMD.

http://www.imd.org/research/publications/wcy/upload/scoreboard.pdf

Italy SBA Fact Sheet, "European Commission Enterprise and Industry",
　　2009.3.

______________________, SMEs in Italy－basic figures.

Paniccia, A. "Structural Features and Performance of an Industrial
　　Districts Tipology", ICE Conferensce on Internazionallizzazione e
　　Frammentazione della Produzione nei Distretti Indstriali, Rome,
　　marzo 2003, pp.20〜21.

PRO INNO Europe, "Incentives for medium and high－tech enterprises",
　　2008.7.24.

______________________, "Technology competence centres", 2009.5.26.

인터넷 자료

http://ec.europa.eu/enterprise/policies/sme/facts－figures－analysis/-
　　performance－review/pdf/final/sba_fact_sheet_italy_en.pdf(2010
　　년 10월 22일 검색).

http://eur－lex.europa.eu/LexUriServ/LexUriServ.do?uri＝CELEX:31996-

H0280:en:HTML(2010년 11월 22일 검색).

http://www.camcom.it, Unioncamere(2010년 9월 10일 검색).

http://www.confindustria.it, Confindustria(2010년 9월 10일 검색).

http://www.cna.it/CNA/Statuto2(2010년 10월 22일 검색).

http://www.ervet.it/ervet2010/Default.asp(2010년 11월 05일 검색).

http://www.eubusiness.com/europe/italy/econ(2010년 9월 10일 검색).

http://www.innovazione.gov.it/ita/intervento/normativa/pubblicazioni/pian
o_imprese_2005.shtml, Ministro delle attività produttive, Ministro
per l'innovazione e le tecnologie: "Piano per l'innovazione Digitale
nelle imprese"(2010년 11월 05일 검색).

http://www.mofat.go.kr/economic/economicdata/statistics/index4.jsp?TabM
enu=TabMenu6(2010년 10월 22일 검색).

http://www.simest.it/frameset.asp, SIMEST(2010년 10월 22일 검색).

제12장 영국의 중소기업정책에 대한 소고:
한국에 주는 시사점

신상협

경희대학교 국제대학원 통상협력학과 교수

Ⅰ. 서 론

오늘날, 특히 1980년대 이후 영국경제에서 중소기업이 차지하고 있는 역할은 매우 중요하고[1] 또한 그 중요도는 앞으로도 점차 증가할 것으로 생각된다. 2004년 말 현재 영국에는 약 430만 개의 기업들이 활동하고 있다.[2] 이 숫자는 2003년과 2004년 2년 동안 영국기업체의 숫자가 약 8.5% 증가했음을 나타내고 있다. 이들 기업들의 규모를 좀 더 살펴보면, 전체 430만 개의 기업전체 중 약 99.3%의 기업들은 고용인원 숫자가 49인 이하인 소규모의 기업들이었다. 단지 0.6%의 기업들만이 고용인원 숫자가 50인 이상 249

---

1) James Curran, "What is Small Business Policy in the UK for Evaluation and Assessing Small Business Policies", *International Small Business Journal*, Vol.18, No.3(2000).

2) DTI(Department of Trade and Industry) news release, *Statistical Press Release*(2006.12.20).

인 이하인 중간 규모의 기업들이었다(<그림 1> 참조). 250인 이상의 근로자를 고용하고 있는 대규모 기업들은 전체 430만 개 기업들 중 6,000개 기업, 즉 전체의 0.1%뿐이었다.

2004년 말 현재 중소기업들이 고용하고 있는 고용근로자의 숫자는 약 2,200만 명으로 전체 고용에서 58.7%를 차지하고 있다. 총 매출액에 있어서도 중소기업이 기업들이 총 매출액의 51.1%를 차지하고 있다.[3]

이런 상황이 지속되어 2007년 초에도 영국경제에서 중소기업이 차지하고 있는 역할은 매우 중요하다는 것을 나타내고 있다. 2007년 초 현재 2006년도보다 4% 증가해서 468만 개의 개인기업체가 경제활동을 하고 있었다.[4] 이들 기업체들 중에 99.9%가 249명 이하의 근로자를 고용하고 있는 소규모였다. 특히 전체 기업체들 중 약 3%에 해당되는 16만 7천 개의 기업체들이 고용한 고용자의 숫자가 10명 이상 50명 이하 규모의 소규모기업이었고, 전체 기업체의 약 5.7%인 2만 7천 개의 기업체들이 고용인원 50명 이상 250명 이하의 중간 규모였다.[5]

---

3) DTI(Department of Trade and Industry) news release, *Statistical Press Release*(2006.8.31).

4) Matthew Williams and Marc Cowling, *Annual Small Business Survey 2007/08*(2009).

5) 영국의 1985년 회사법(Companies Act) 249조에서는 '소기업'은 다음의 3가지 설명 중 2가지 이상을 충족하는 기업이라고 설명하고 있다. (1) 년간 매출액이 80만 파운드 이하인 기업, (2) 총자산 규모가 40만 파운드 이하인 기업, (3) 종업원 숫자가 50명 이하인 기업.
동 규정은 '중간 규모기업'도 다음의 3가지 설명 중 2가지 이상을 충족하는 기업이라고 설명하고 있다. (1) 년간 매출액이 1,200만 파운드 이하인 기업, (2) 총자산 규모가 60만 파운드 이하인 기업, 그리고 (3) 종업원 숫자가 250명 이하인 기업.

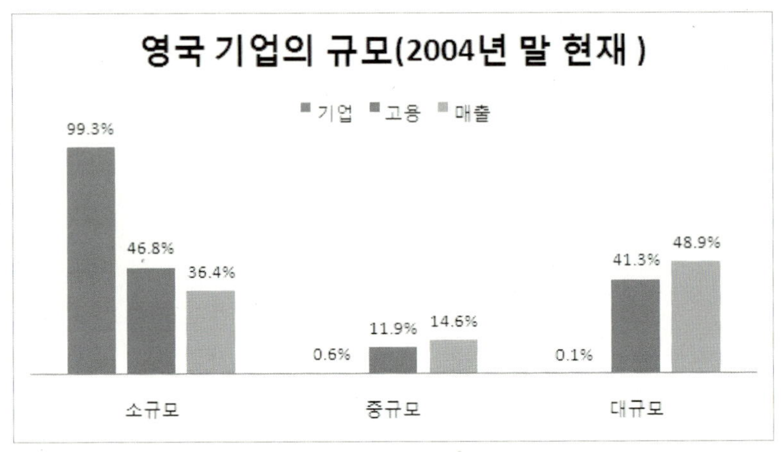

출처: DTI News Release, *Statistical Press Release*(August 31 2006).

〈그림 1〉

또한 2007년 초 현재 영국의 전체 노동력의 30.55%인 약 968만 명이 중소기업에서 일하고 있으며, 전체 영국의 민간부문(Private sector)이 산출하고 있는 총 28억 파운드 상당의 재화와 서비스 중에서 약 44%인 12억 파운드 상당의 재화와 서비스를 산출했다. 이렇듯 영국경제에 있어서 중소기업의 역할과 비중은 매우 중요하고, 또한 매우 높다는 것을 알 수 있다.

영국의 중소기업은 대기업보다 더 고객 지향적이고, 틈새시장에서 활동하고 있으며, 새로운 기회를 파악하고, 시장수요를 좀 더 적극적으로 충족시키는 잠재력을 갖고 있는 것으로 평가받고 있다.

영국정부의 정책도 'think small first'라는 원칙을[6] 기본으로 중

---

6) Department for Business Innovation & Skill의 Homepage. 'think small first' 원칙은 EU의 중소기업정책의 원칙과 일치한다. 이 원칙은 EU의 중소기업정책에서 기본적인 이념이었고 2008년 12월에 발효된 'EU 중소기업법'(Small Business Act for Europe)에 명시되었다. 김한원, "EU의 중소기업 지원 프로그램이 한국 중소기업정책에 주는 시사점", 『유럽연구』, 제27권, 2호(2009 여름호), p.105.

소기업의 활동을 활성화시키는 데에 목적을 두고 개발, 실행되어 오고 있다. 실제로 중소기업의 활성화를 위하여 다양한 정책을 개발하고 실행한 국가들 중에 가장 대표적인 한 예가 영국의 사례이다.

한국에서는 1960년대부터 본격적인 경제 개발이 시작되었는데, 이 시기의 경제 개발은 대기업 편중의 독점적 사업이 그 핵심 사업이었다. 1980년대 들어서 한국의 경제가 어느 정도 안정되자, 그 이후부터 한국정부가 중소기업의 중요성을 인식하고 지속적으로 중소기업들을 다양한 정책으로 지원하고 있다. 2004년 말 현재 한국의 전체 기업체들 중에서 약 99.8%가 중소기업이라고 할 수 있다. 또한 2004년 말 현재 경제실적 중에서 중소기업이 차지하는 비중이 42.2%이고, 중소기업에서 근무하고 있는 노동자의 비중도 전체 근로자의 87.7%를 보이고 있다.[7]

이런 추세가 계속되어서, 한국경제에서 중소기업이 차지하는 비중이 계속 증가되어 왔다. 2007년 말 현재 297만 6,646개의 전체 기업체들 중에 99.9%인 297만 4,185개의 기업체가 중소기업체이고, 전체 고용 근로자 1,261만 2,692명 중에 88.4%인 1,114만 9,134명이 중소기업체에서 근무하고 있다. 2004년 말과 비교해 봤을 때, 전체 기업체 중에 중소기업이 차지하는 비중이 0.1%, 근로자의 비중은 0.7% 증가했음을 알 수 있다(<표. 2> 참조).

그러나 한국경제에서 중소기업들이 매우 중요한 비중을 차지하고 있고, 다양한 정부 지원을 받고 있음에도 불구하고, 아직까지도

---

7) 중소기업중앙회, 『2004년 중소기업현황』(서울, 2004), p.26 & 219.

한국의 중소기업들은 기업경영에 많은 어려움을 갖고 있다.

한국의 경제가 지속적으로 발전하기 위해서는 중소기업의 발전이 선행되어야 하고 이를 근간으로 대기업이 활발하게 활동하여야 할 것이다. 또한 국민 경제의 균형 있는 발전을 추구하고 사회적 측면에서 안일한 기업들에 자극과 안정제 역할을 동시에 하기 위해 이들 중소기업에 대한 지원정책과 자체의 문제해결 능력이 필요시된다고 할 수 있다.

본 연구에서는 전체 경제에서 중소기업의 비중을 높이고자 노력하고 있는 한국정부에 중소기업의 비중이 전체 경제에서 매우 높은 비중을 차지하고 있는 영국의 정책적 경험을 분석하여 도움을 주고자 한다. 이를 위해서 우선 영국의 중소기업정책에 대한 심층 분석을 할 것이고, 이로부터 정책적 교훈을 얻고자 한다.

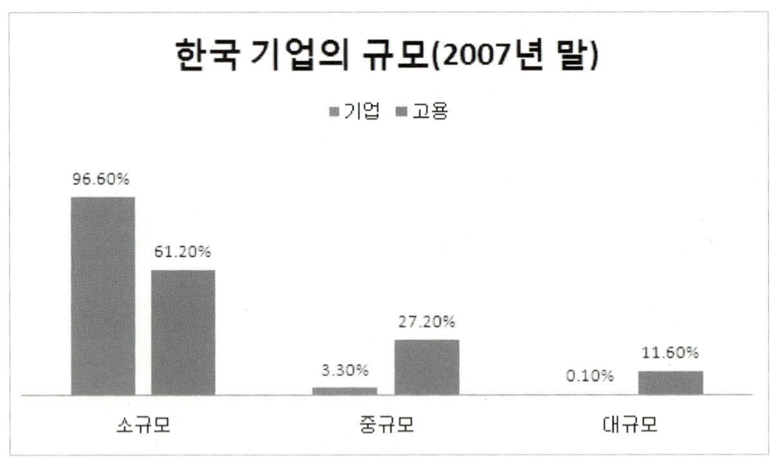

출처: 중소기업청, 중소기업관련통계(2009년 4월).

〈그림 2〉

Ⅱ. 영국 중소기업의 현황

1. 중소기업의 개념

중소기업의 범위의 기준을 설정하는 것은 중소기업정책의 대상을 설정한다는 점에서 매우 중요하다. 일반적으로 중소기업의 범위를 양적 기준과 질적 기준으로 나누어 구분한다. 양적 기준으로는 보통 기업체의 종업원 수, 자산액, 매출액, 자본액, 생산액, 부가가치액, 동력사용량 등을 사용한다. 질적 기준으로는 기업의 소유형태나 경영의 독립성 정도, 시장점유율 또는 독과점 정도 등을 사용하고 있다. 이러한 양적 또는 질적 기준은 이를 설정하는 목적에 따라 국가마다 그리고 업종마다 다를 수 있다.

영국에서도 중소기업에 대한 통일된 정의가 없다. 중소기업은 '이질적·다원적'이라는 인식에서 중소기업에 대한 통일된 정의를 설정하기가 어렵다는 것이 지배적인 생각이다. 또한 영국에는 미국, 일본 등과는 달리 중소기업기본법에 해당하는 중소기업 관련 일반법이 존재하지 않는다.

영국에서는 1971년 '볼튼 위원회'(Bolton Committee)의 소기업에 대한 보고서에서 규정한 정의를 현재까지 중소기업에 대한 보편적 정의로서 널리 사용하고 있다. 볼튼 위원회 보고서에서는 중소기업을 다양한 통계기준을 사용하여 기업의 규모를 시장부문과 연계하여 대기업과 소기업을 규정하고 있다.

볼튼 위원회에서 정의하고 있는 중소기업의 정의는 다음과 같다.

첫째, 시장점유율이 상대적으로 낮고 둘째, 소유주 또는 일부의 소유권을 갖고 있는 소유주에 의하여 개인적이고 사적인 방법으로 운영하며, 셋째, 대기업의 일부를 구성하는 계열회사가 아니며, 소유경영자는 기업의 중요 의사결정을 외부의 통제를 받지 않고 독립적으로 하는 기업으로 규정하고 있다. 볼튼 위원회의 질적 기준으로 만든 중소기업에 대한 정의는 우리나라 중소기업의 소유 및 경영의 실질적인 독립성 기준과 동일하다.

볼튼 위원회는 중소기업의 양적 기준으로의 정의를 제조업의 경우 종업원의 수가 200명 미만인 경우, 건설업, 광업, 채석업인 경우 종업원이 25명 미만인 경우, 소매, 각종 서비스업의 경우 매출액이 5만 파운드 미만인 경우, 도매업인 경우 매출액이 20만 파운드 미만인 경우, 육상 수송업인 경우는 보유차량이 5대 미만인 경우, 음식업인 경우는 체인점, 양조장 직영의 대중 술집을 제외한 경우를 중소기업으로 정하고 있다.

2. 영국 중소기업의 어려움

이미 앞에서 설명하였듯이 영국경제에서 중소기업은 매우 중요한 역할을 하고 있다. 이런 중소기업들의 기업 활동에 지속적이고, 효과적인 지원을 하기 위해서는 중소기업체들이 그들의 성공적인 기업 활동에 방해가 된다고 생각하는 것이 무엇인지를 아는 것이 선행되어야 할 것이다.

영국정부의 사업규제개혁부(BERR)가 실시한 조사[8]를 기초로 하여, 영국의 중소기업들이 기업 활동을 함에 있어서 어렵다고 생각되는 사항을 분석해 보면 다음과 같다.

조사 결과에 따르면 영국의 중소기업들이 2007/08년 기간 동안 기업 활동을 하는 데 있어서 가장 큰 어려움이 '경제상황'이라고 답하고 있다. 전체 응답한 기업체의 16%가 '경제상황'이라고 답하고 있는데, 이는 2006/07년 동안에 실시한 조사에서 같은 답을 한 10%보다 매우 높은 비율이다. 이는 2007/8년 동안의 경제상황이 2006/07년 기간보다 더욱더 악화되었음을 간접적으로 설명하고 있다고 할 수 있다. '시장에서의 경쟁'이 두 번째로 많은 기업체들이 답한 기업 활동에 가장 큰 어려움이었고(전체 응답기업체들의 14%), 세 번째 요인으로 전체 응답 기업체의 12%가 답한 '각종 세금' 등이었다(<표 1> 참조).

〈표 1〉 중소기업의 성공적인 기업 활동에 가장 큰 애로사항

순위	내용	2007/08 %	2006/07 %
1	경제상황	16	10
2	시장에서의 경쟁	14	15
3	세금, VAT, PAYE, 국가보험(NIC), 원천세금, 법인세, 지방세	12	12
4	각종 규정	12	14
5	자금 운영(Cash flow)	9	10
6	사원 모집	5	6
7	일반적인 기술 부족	4	4
8	자금 확보(Obtaining finance)	3	3
9	적절한 부동산의 확보 및 비용	3	4
10	전문성 및 관리능력 부족	1	1
	어려움 없음	2	2
	의견 없음	2	2

출처: Matthew Williams and Marc Cowling, *Annual Small Business Survey 2007/08*(2009), 〈표 5.1〉.
Base: All SME employers(weighted data); unweighted N = 7783

---

8) Matthew Williams and Marc Cowling, *Annual Small Business Survey 2007/2008*(2009).

조사 대상 기업체들에게 기업 활동을 하는 데 있어서 가장 어려운 것을 포함한 다른 어려움들을 다 답하라는 질문에 역시 가장 많은 기업체들, 즉 전체 응답 기업체들 중에 64%의 기업이 답한 것이 '경제 상황'이었다. 그 다음으로 전체 기업체들의 62%가 어려움으로 답한 부분이 '각종 세금', '부가세', '보험' 등이었다. 세 번째로 많은 기업체들이 어려움으로 답한 것이 각종 '규정'이었다(전체 응답기업체의 59%). 네 번째, 다섯 번째 어려움으로 '시장에서의 경쟁'과 '자금운영'(cash flow)을 기업 활동의 어려움이라고 답한 기업체들이 각각 전체 조사 대상 기업체들의 55%와 47%였다.

특별히 일정하지 않고 변화가 심한 수입으로 인해 성공적인 기업 활동에 필요한'자금운영'에 많은 어려움을 경험하고 있다고 답하고 있다.[9] 특별히 기업 활동을 하는 데 있어서 각종 규정이 커다란 장애요인이라고 답한 기업체들에게 어떤 규정이 기업 활동에 장애요인이 되는지와 또 그 특정 규정이 왜 기업 활동에 장애요인이 되는지에 대하여 질문하였다. 이 질문에 대한 결과는 <표 2>에서 볼 수 있듯이, 전체 응답 기업체의 약 32%가 '건강과 안전' 관련 규정이 가장 큰 장애요인이라고 답했는데, 2006/7년도에도 '보건 및 안전' 관련 규정이 가장 큰 장애요인이라고 가장 많은 기업체들이 답했다.

실제로 영국정부 산하의 한 연구소의 연구 결과에 의하면 영국의 중소기업체들은 영국의 현행 '보건 및 안전'에 관한 의무에 대

---

9) 응답 기업체들 중 71%가 일정하지 못한 수입이 자금운영을 하는 데에 하나의 이유라고 답했고, 21%가 자금운영을 하는 데 어려움을 주는 가장 큰 요인 중에 하나라고 답했음. 앞에서 말하고 있는 '자금운영' 의 어려움은 회사를 설립하고자 할 때와 운영할 때의 상황을 다 포함한 경우를 의미함.

해 정확히 이해하고 있지 못하다.[10] 영국의 중소기업들이 '보건 및 안전' 관련 규정을 정확히 이해하지 못하는 이유는 다음과 같다. (1) 중소기업들은 스스로 위험을 이해하고 관리하는 역량이 부족하기 때문에, (2) 중소기업들이 정부, 법적 파트너와 상업적 파트너, 미디어 등과 같은 다양한 정보원으로부터 동일한 주제에 대해 서로 다른 메시지를 종종 전달받기 때문에, 그리고 (3) 보건 및 안전 컨설턴트 들이 '보건 및 안전' 관련 규정에 대한 위험의 심각성과 어려움 등을 과장할 경우 중소기업들은 이들 위험과 관련해 더 많은 자문 기회를 갖게 되기 때문이다.

'고용 관련 규정'과 각종 '세금 관련 규정'이 2006/7년도 실시한 조사에서와 동일하게 기업 활동의 두 번째 큰 장애요인이었다(<표 2> 참조).

〈표 2〉 중소기업의 성공적인 기업 활동에 장애가 되는 규정

순위	내용	2007/08(%)	2006/07(%)
1	보건 및 안전 관련 규정	32	37
2	고용 관련 규정	17	16
3	각종 세금 관련 규정	17	15
4	사업부문 관련 규정	13	12
5	환경 관련 규정	10	11
6	계획, 개발 관련 규정	5	7
7	최저임금제	3	4
8	정보 제공 및 자료보존	2	3
9	무역 기준 관련 규정	2	2
10	차별금지관련 규정	1	2
	특정 규정이 아니거나 모든 규정	11	13

출처: Matthew Williams and Marc Cowling, *Annual Small Business Survey 2007/08*(2009), 〈표 6.1〉.
Base: All SME employers that consider regulations to be obstacles to business success(weighted data), unweighted N=4,907.

---

10) Risk and Regulation Advisory Council: RRAC, *Health and safety in small organisations*(2009).

한 가지 고용 관련 규정에 대한 답변이 기업체의 규모에 따라 다르게 나타났다.[11] 중간 규모의 기업체들 중에서는 30%의 기업체들이 '고용 관련 규정'이 기업 활동에 장애가 된다고 답한 반면, 소규모 기업체들 중에서는 24%, 영세규모(micro - size) 기업체들 중에서는 15%만이 '고용 관련 규정'이 기업 활동에 장애가 된다고 답하고 있다. 이는 기업체의 규모에 따라 고용인원의 숫자가 크고, 작다는 점, 즉 중소기업체들이 소규모 기업체들보다 더 많은 근로자를 고용하고 있다는 점을 고려해 봤을 때, 쉽게 이해가 되는 부문이다.

<표 3> 규정이 장애가 되는 이유

이유 (응답비율)	일반 규정	건강 및 안전	고용	세금	환경	계획 및 건물	최저임 금제
규정 이행을 위한 어려움/시간/노력	40	33	24	17	23	26	8
서류작업 및 행정 절차	32	31	23	16	14	23	4
이행을 위해 변경해야 하는 비용	24	24	24	28	38	23	51
규정 이행을 어떻게 적용할지에 대한 불확실성	6	12	13	4	8	6	5
자문을 받는 데에 대한 어려움/비용	6	5	4	8	4	5	4
규정을 적용하지 않는 기업들과의 경쟁	3	3	2	2	3	1	3
일관성의 부족	2	2	1	*	*	8	4
규제적/침해적/융통성 부족	1	4	10	3	7	17	5
높은 수준의 세금	2	*	*	30	*	*	
	563	1,217	578	415	273	188	95

출처: Matthew Williams and Marc Cowling, *Annual Small Business Survey 2007/08*(2009), 〈표 5.3〉.
Base(unweighted): All SME employers citing each regulation as main obstacle.

본 조사에서 나타난 결과를 보면, 대부분의 규정이 중소기업의 기업 활동에 장애요인이 되는 이유는 다음의 3가지 유형으로 요약될 수 있다(<표 3> 참조).

---

11) Matthew Williams and Marc Cowling, *Annual Small Business Survey 2007/08*(2009), p.15.

(1) 어떻게 규정들을 적용할 것인지를 결정하는 데 필요한 어려
   움, 시간 그리고 노력
(2) 또한 이런 규정들을 지키기 위해서 필요한 행정적 일과, 서류
   작업
(3) 그리고 이런 규정들을 준수하기 위해서 필요한 기타 비용들

본 연구에서는 영국의 중소기업체들이 기업 활동을 하는 데 있
어서의 어려움, 즉 중소기업체들이 필요로 하는 사항들이 영국정부
의 중소기업정책에 얼마나 반영되고 있는지를 분석했다.

Ⅲ. 영국의 중소기업정책

1. 영국 중소기업정책의 이념

영국의 중소기업정책의 이념은 지난 40여 년 동안 많이 변화해
왔다. 이런 변화를 한마디로 설명하자면 중소기업을 보호 육성하는
관점에서 중소기업과 대기업이 동일한 조건에서 경쟁 질서를 유지
해야 한다는 관점으로 변화되었다고 할 수 있다.
1950년, 60년대까지만 해도 영국정부는 영국기업들의 국제경쟁
력을 강화하기 위해서 산업을 국유화하고 독점화하는 정책을 시행
하였었다. 이런 과정에서 회사들 간에 합병, 흡수되는 경우가 많이
발생하였고, 그 결과 영국 내 중소기업의 수는 큰 폭으로 감소하게

되었다.

　그러던 중 1969년에 조직된 '볼튼 위원회'(Bolton Committee)에서 중소기업이 계속적으로 침체되고 있는 경향을 지적, 영국경제의 활성화를 위해서는 중소기업의 부활이 필요하다는 점을 1971년 발간한[12] 보고서에서 밝혔다. 또한 중소기업이 영국경제의 활성화에 중요한 역할을 할 수 있도록 하기 위하여 중소기업을 창업하고자 할 때 예견되는 다양한 장애를 제거하는 정책의 시행이 필요하다는 점도 동 보고서에서 강조하였다. 실제로 이미 위에서 설명하였듯이, 이 보고서의 권고로 영국의 중소기업정책의 근간이 마련되었다고 할 수 있다.

　이후 1970년경부터 영국에서 중소기업이 활성화되었다. 따라서 이후 10여 년간 중소기업의 수가 급격히 증가하였다. 이 기간 동안 중소기업에 대한 정책의 기본 구상을 재검토하고 중소기업정책의 이념에 변화가 있었다.

　1980년대에 접어들면서 중소기업은 영국경제에서 전략적으로 매우 중요한 역할을 하게 되었다.[13] 영국정부는 1980년대에 들어서면서 1930년대 이후 최악의 경제위기를 경험하게 되었는데, 이런 상황에서 영국경제의 성공을 위하여 다양한 중소기업정책을 개발 실시하였다. 특히 1980년대 이후 영국정부는 고용창출이라는 관점에서 중소기업을 위한 진흥정책을 시행해 오고 있다.[14] 실업문

---

12) David Kirby, "Guest Editorial", *Environmental and Planning C: Government and Policy*, Vol.22(2004), p.775.

13) James Curran, "What is Small Business Policy in the UK for Evaluation and Assessing Small Business Policies", *International Small Business Journal*, Vol.18, No.3(2000).

14) 1980년대 이후 영국의 중소기업정책의 목적을 두 가지로 요약, 설명한다면, 고용창출과 기업 문화와 높은 기업 수준의 고취였다. *Ibid.*

제가 심각해짐에 따라 대처 정권은 중소기업 진흥에 적극적으로
관심을 가지게 되었고 주로 중소기업의 창업지원을 중점적으로 추
진하였다. 최근에는 캠브리지 대학 주변에 하이테크기업이 성장하
는 캠브리지 현상이 주목되고 있고, 연구개발형 벤처기업의 지원이
나 비즈니스엔절의 육성과 같은 정책이 중점적으로 추진되고 있다.

2. 영국 중소기업정책의 유형

영국의 중소기업정책의 유형을 이해하기 위해서는 먼저 중소기
업정책이 왜 필요한지를 분석하는 것이 필요하다. 일반적으로 중소
기업정책의 필요성은 중소기업이 갖고 있는 아래와 같은 상대적
어려움 때문이라고 할 수 있다. 첫 번째로, 정보수집의 상대적 불리
함을 말할 수 있다. 시장정보, 자금조달, 정부규제에 관한 정보수
집, 분석비용은 기업 활동을 함에 있어서 필요한 비용인데, 중소기
업은 앞에서 말한 이런 활동을 하는 데 있어서 대기업에 비해 상대
적으로 더 많은 비용, 시간 노력 등을 사용해야만 하는 불리한 상
황에 놓여 있다.

두 번째로, 기술혁신의 수행자로서의 중소기업들의 역할을 말할
수 있다. 기술혁신, 신제품개발, 신 시장개척 등은 불확실성이 크고
위험이 크다. 따라서 대기업들에 비해 상대적으로 약한 자금력, 기
술력 등을 갖고 있는 중소기업은 불확실성이 크고 위험성이 큰 기
술 혁신활동에 더 조심스러울 수밖에 없고 이는 곧 중소기업들이
기술 혁신활동에 참여할 수 있는 기회를 잃을 우려가 높다.

세 번째로, 금융에서의 규모격차에 따른 중소기업의 상대적인 어려움을 지적할 수 있다. 자본시장에서의 조달이 어렵고, 신규 기업과 중소기업에 대한 대출과 투자 시 조사 등 비용이 대기업의 경우보다 비싸고, 사업위험성과 겹쳐 금융 내지는 외부자금 조달에 있어 대기업에 비해서 상대적으로 좀 더 큰 어려움을 경험하게 된다.

마지막으로, 효율적 자원 분배에 대한 상대적 어려움을 말할 수 있다. 실제로 중소기업은 대기업에 비해 자원도 부족할 뿐만 아니라 이를 분배하는 데 있어서도 상대적으로 더 많은 어려움을[15] 갖고 있어서 정부의 지원정책이 필요하다.

지금까지 위에서 설명하였듯이, 영국정부는 중소기업의 기업 활동을 지원하기 위하여 지난 40여 년 동안 다양한 지원정책을 실행해 오고 있고, 그동안 많은 정책의 변화가 있었다.

특히 최근에는 미국에서 시작된 전 세계적인 금융위기를 극복하기 위하여 영국정부는 새로운 중소기업정책을 실행하여 중소기업을 보호하려고 노력하고 있다. 가장 눈에 띄는 정책으로 독일, 프랑스 정부와 함께 전 세계적인 금융위기에 공동 대처하기 위하여 총 2,600억 달러를 금융기관에 추가 투입하고, 은행 간 거래를 보증하고, 정책금리를 인하하고[16] 은행 간 거래를 보증하기로 합의하였다.

이 외에도 영국 재무부는 다음과 같은 중소기업 지원책을 발표하였다.[17] 첫째로, 상업은행이 1,000파운드에서 100만 파운드 규모의 중소기업들을 대상으로 하는 대출을 신속하게 실시할 수 있도

---

15) 조영삼, 『중소기업정책금융의 주요쟁점과 정책과제』(서울: 산업연구원, 2008).

16) 실제로 영국중앙은행은 정책금리를 4.5%에서 3%로 인하하였음.

17) 대표적인 내부적인 조치는 2008년 11월 24일에 영국 재무부가 발표한 '사전예산보고서'(Pre — Budget Report)이다.

록 10억 파운드 규모의 대출보증제도를 한시적으로 시행하기로 하였다. 두 번째 조치로 특별히 수출을 하고 있는 중소기업들을 지원하기 위해서 10억 파운드의 기금을 별도로 조성하기로 결정하였다. 세 번째로 중소기업 법인세를 현행 21%에서 22%로 인상하는 계획을 1년간 유예하기로 하였다. 네 번째는 현행 17.5%인 부가가치세(VAT)를 1년 동안 15%로 인하하기로 하였다. 다섯 번째로는 기업의 부채를 자본으로 전환하는 데 5,000만 파운드를 투입하고, 한때 이익을 냈지만 현재 손실을 기록하고 있는 기업에 대한 세금 부과를 유예하기로 결정하였다. 또한 유럽투자은행(EIB)이 영국 중소기업 대출을 위해 공급한 40억 파운드 중 10억 파운드 규모의 대출보증제도를 한시적으로 시행하기로 하였다. 마지막으로 집권 노동당이 차기 총선에서 승리할 경우 연소득 15만 파운드 이상 고소득자에 대한 소득세율을 현행 40%에서 45%로 인상하기로 결정하였다.

또한 영국정부는 이런 변화된 정책적 이념을 근간으로 해서 다양한 중소기업정책을 개발, 운영해 오고 있다. 영국정부가 실행하고 있는 주요 중소기업지원정책은 금융정책,[18] 세제정책,[19] 인력양성정책, 정보 및 연구 개발지원정책, 정부조달정책, 수출진흥정책, 행정규제의 간소화의 내용 등으로 구성되어 있다.

이들 중소기업 진흥 정책들 중에서 금융정책과 세제정책을 중심으로 좀 더 자세히 분석해 보면 다음과 같다.

---

18) 소기업 신용보증제도(LGS), 기업투자감세제도(Enterprise Investment Scheme), 기업창업수당제도(Business Establishment Allowance Scheme), 투자자본 조달(Equity Funding), 법인벤처(Corporate Venturing) 등 이 금융정책으로 분류되는 세부 정책이다.
19) 기업투자감면제도, 법인세상의 특례, 부가가치세 과세한도의 특례 등이 세제 정책의 주요 내용이다.

1) 금융정책

영국정부가 자금조달에 있어 중소기업의 원하는 자금수요와 자
금공급 간에 상당한 격차가 존재하고 있음을 인지하고 이런 문제
를 해결하기 위하여 필요한 조직을 만들고 다양한 정책을 개발 실
시하고 있다.[20] 실제로 금융정책은 영국정부가 중소기업을 활성화
하기 위해 가장 먼저 실시한 정책 중에 하나이다. 영국정부가 많은
보고서[21]에서 지적하였듯이 많은 중소기업들이 자금을 원하지만
실제로는 자금 수급에 많은 어려움을 겪고 있다는 사실을 인지한
것이 이 정책을 실시하게 된 출발선이었다.

영국정부의 사업규제개혁부(DBER: Department for Business, Enterprise
and Regulatory Reform)[22]는 영국에서의 기업 활동을 장려하기 위하
여 다양한 중소기업 금융지원 프로그램을 시행하고 있다.[23] 영국정
부가 실행하고 있는 대표적인 금융지원정책은 1981년에 시작한
'중소기업 대출 지급보증'(Small Firm Loan Guarantee)[24] 제도이다.
이 제도는 실행된 이후 몇 차례 개선, 발전되었는데, 특히 2005년
12월에 대규모의 변화가 있었다.

'중소기업 대출 지급보증' 제도는 창업 및 사업 초기단계에 있는

---

20) 영국정부가 실행하고 있는 중소기업 육성을 위한 재정 – 금융 지원은 영국이 회원국으로 있는 EU의 보
　조금 규정(Regional Aid Guideline)의 범위 안에서 시행되고 있음. 변필성, "영국 중앙정부의 중소기
　업 육성을 위한 재정 – 금융 지원", 『한국경제지리학회지』, 제12권, 1호(2009).

21) 1931년 맥밀런 보고서, 1959년 라도크리프 보고서, 그리고 1979년에 발표된 윌슨 보고서 등이 있다.

22) Department of Trade and Industry의 후속 기관임.

23) '중소기업 대출 지급보증'제도는 농업, 작가, 음악 작곡가 등 과 같은 혼자서 활동을 하는 사람, 도박산
　업, 어업, 교육, 보험과 보험관련 사업, 부동산업과 연관된 대출사업, 교통사업, 우편업무사업 등등에게
　는 서비스를 제공하고 있지 않다. http://www.berr.gov.uk/whatwedo/enterprise/enterprisemes/ –
　info – business – owners/access – to – finance/sflg/page37607.html(2009년 5월 1일 검색).

24) SFLG가 Enterprise Finance Guarantee Scheme라는 새로운 이름으로 변화되었음.

기업들을 돕기 위하여 마련된 제도로서, 대출을 받은 중소기업이 대출한 금액을 지급할 수 없는 상황일 때, 사업규제개혁부가 현재 이 제도를 통하여 제공하고 있는 서비스는 대출 잔액의 75%와 6개월간의 이자에 대한 지급을 보증하는 것이다. 또한 대출금액이 5,000~25만 파운드이고[25] 기간이 2~10년인 대출에 대해 지급을 보증한다(사업규제개혁부, 2007).

연간 매출액이 560만 파운드 이하이며 창업한지 5년 이하인 기업이 '중소기업 대출 지급보증' 제도의 수혜대상이 될 수 있고, 본 제도의 수혜를 받은 기업들은 매년 대출 잔액의 2%를 보증비용으로서 사업규제개혁부에 지불하여야 한다.

최근의 전 세계 금융위기로부터 중소기업을 보호하기 위하여, 영국정부는 기존에 제공된 '중소기업 대출 지급보증' 제도를 유지하면서 '중소기업 대출 지급보증' 제도에 의한 신규제공은 잠정적으로 보류하였고, 그 대신 보다 많은 중소기업에게 더 많은 대출을 지급보증 하기 위해 2010년 3월 말까지 '기업금융보증제도'(EFG: Enterprise Finance Guarantee)를 운영할 예정이라고 지난 2009년 1월 14일에 발표하였다.[26] 기업금융보증제도는 연간 매출액이 2,500만 파운드 이하인 중소기업에게 1,000~100만 파운드의 대출에 대해 지급보증을 제공하므로 '중소기업 대출 지급보증' 제도보다 더 많은 중소기업을 대상으로 금융서비스를 제공할 수 있다.[27] 단 이 제도를 통하여 영국정부는 대출금의 75%만을 지급 보증하고 나머

지 25%의 대출금은 대출을 제공하는 은행이 책임을 지는 방식으로 운영된다.

영국정부에서는 영국의 은행들이 중소기업을 대상으로 대출을 제공하기 위하여 최고 13억 파운드의 금액 준비했다고 설명하고 있다. 그러나 중소기업관계자들은 이 제도의 문제점으로 은행들이 실제로는 이들 중소기업들에게 대출을 해 줄 준비가 되어 있지 않다는 것을 불평하고 있다.[28]

'중소기업 대출 지급보증' 제도[29] 이외에도 중소기업, 특히 상대적으로 발전이 다른 지역에 비해 뒤처진 지역의 중소기업들을 대상으로 활동하는 전문 금융기관에 투자를 하는 개인 및 법인에 대해서 제공하는 세금공제(Community Investment Tax Relief), 그리고 중앙정부의 참여에 기반을 둔 중소기업 전문 벤처캐피탈 투자 조합(venture capital fund)을 설립하고 운영하는 등의 프로그램들을 사업규제개혁부가 시행하고 있다.

위에서 설명한 '중소기업 대출 지급보증제도'와 '기업금융보증제도' 이외에도 영국정부가 2009년 1월부터 운영을 시작한 자본기업기금(Capital Enterprise Fund: CEF)이 있다. 이 기금은 많은 부채를 갖고 있지만 유망한 중소기업들에게 정부가 5,000만 파운드, 은행들이 2,500만 파운드를 투자하기 위해서 마련되었다.[30]

위에서 설명하였듯이 영국정부가 중소기업들의 자금 수요를 충족시키기 위하여 다양한 정책들을 실행하고 있지만, 아직도 많은

---

28) http://UK.techcrunch.com/2009/01/15/free-lunch-what-does-UK-government-funding-mean-to-startups/(2009년 5월 1일 검색).

29) SFLG가 Enterprise Finance Guarantee Scheme라는 새로운 이름으로 변화되었음.

30) www.strategycorporatefinance.co.uk(2009년 5월 1일 검색).

중소기업들은 자본 시장에 접근하는 데 국내적으로나 국제적으로
큰 어려움을 갖고 있다. 이런 상황이 발생된 것 이유는 여러 가지
가 있지만 그중에서도 가장 직접적인 이유는 중소기업에 대한 일
반적인 인식 또는 편견 때문이다. 중소기업들은 여러 면에서 안정
적이지 못하고, 정보를 얻는 데 상대적으로 어렵고, 소규모의 사업
에 많이 참여하고 있다는 인식이 영국 사회가 갖고 있는 중소기업
에 대한 일반적인 인식이다(<표 4> 참조).

〈표 4〉 자금을 확보하는 데 가장 어려운 점

내용	2007/8(%)	2006/7(%)
부족한 안전성	13	9
신용거래실적의 부재/짧은 기업 활동 기록	8	6
위험성이 높은 업종	8	4
부실한 경영결과/낮은 이익률	7	6
부족한 경영 신용 기록	6	7
갖고 있는 신용으로 받을 수 있는 대출을 다 받았기 때문에	5	5
대출을 신청할 수 있는 자격이 없어서	5	–
신용리스크가 높아서	4	6
행정적인 절차를 하는 데 필요한 시간 때문에	4	4
너무 많은 대출을 신청하여서	4	3
좋지 않은 개인 신용 기록 때문에	3	6
높은 이자율 때문에	2	6
기업체가 너무 작아서	2	2
아직도 협의 중이어서	2	–
규정 때문에	1	3
잘못된 경영 분야	1	3
적절하지 못한 경영 계획 때문에	1	2

출처: Matthew Williams and Marc Cowling, *Annual Small Business Survey 2007/08*(2009), 〈표 6.1〉.

    <표 4>에 따르면 2006/7년 조사에 참여한 전체 중소기업 중에

서 75%가 자금을 확보하는 데 어려움이 없다고 답한 반면, 2007/8
년 조사에 참여한 기업체들 중에서는 79%가 자금 확보에 어려움이
없었다고 답하고 있다.[31] 이는 영국의 중소기업을 위한 금융지원정
책이 어느 정도 도움을 주고 있다는 것을 간접적으로 설명하고 있
다고 할 수 있다. 이런 중소기업에 대한 좋지 않은 편견 등으로 인
해 중소기업체들은 장기로 자금을 대출받는 것 등이 쉽지 않고 대
부분의 투자를 중소기업체들 자신이 한다.[32]

한국의 이명박 정부도 2009년부터 중소기업체들의 자금운영을
돕기 위하여 중소기업 대출을 지급 보증하는 것을 정부의 최우선
정책으로 하고 있다.[33] 그러나 최근의 상황은 중소기업들이 은행권
으로부터 대출을 받기가 어려워졌고, 상황이 더욱 어려워질 전망이
다. 실제로 2009년 1월에서 5월 사이에 3조 원 이상씩 늘어났던 중
소기업에 대한 대출액이 지난 6월에는 1조 1,000억 원으로 7월에
는 5,000억 원 이하로 크게 감소하였다. 이는 은행들이 중소기업에
대출을 심사하는 과정에서 건전성을 강조하는 쪽으로 영업 방향을
선회했기 때문이다.[34]

2) 세제정책

세제정책은 영국정부가 역시 중소기업의 기업 활동을 지원하기

---

31) Matthew Williams and Marc Cowling, *Annual Small Business Survey 2007/08*(2009).

32) Chang Woon Nam and Doina Maria Radulescu, "Effects of Corporate Tax Reforms on SMEs' Investment Decisions under the Prticular Consideration of Inflation", *Small Business Economics*, Vol.29(2007), p.101.

33) 『코리아 헤럴드』, 2009년 2월 19일.

34) 『매일 경제』, 2009년 8월 5일.

위하여 제공하는 세제상의 혜택을 내용으로 하고 있다. 기업투자감 면제도 이외에 법인세의 특례, 부가가치세 관련 특례 등이 있다.

영국정부는 중소기업 법인세를 현재의 어려운 경제 상황을 고려하여 현행 21%에서 22%로 인상하는 계획을 1년간 유예하기로 하였다. 또한 중소기업의 기업 활동을 지원하기 위하여 연간 총 매출액이 3,500파운드 미만이 중소기업들은 부가가치세 신고를 면제하도록 하는 과세한도상에 특례를 중소기업들에게 제공하고 있다. 특히 전 세계적인 금융위기 상황에서의 중소기업의 부담을 덜어 주기 위하여 현행 17.5%인 부가가치세(VAT)를 1년 동안 15%로 인하하기로 결정하였다. 또한 중소기업 활동의 지원 조치로서 기업의 부채를 자본으로 전환하는 데 5,000만 파운드를 투입하고, 한때 이익을 냈지만 현재 손실을 기록하고 있는 기업에 대한 세금 부과를 유예하기로 결정하였다.

영국에서는 소득세를 10퍼센트로 낮추고, PAYE(Pay As You Earn)에서 결혼한 부부들에게 부과했던 세금(married-couples allowance)을 없애고, 일하는 가족들에게 제공하는 세금상의 혜택(working families tax credit)과 장애인들에게 제공하는 세금상의 혜택(disabled persons tax credit)을 제공하는 등, 영국정부는 중소기업의 기업 활동을 지원하기 위하여 다양한 세금관련 혜택을 제공하고 있다.

세금을 납부하는 시기도 자금운영'을 하는 데 가장 큰 영향을 준다고 전체 응답기업체들 중에 6%의 영국 중소기업체들이 답했고, '자금운영'에 영향을 주는 하나의 요인이라고 답한 영국 중소기업체들도 전체 응답기업체의 37%나 되었다. 이런 것을 고려해 봤을 때, 세금 납부시기를 조정해 주는 것도 중소기업들에게는 하나의 혜택이라고 할 수 있다.

위에서 설명하고 있는 세제상의 변화는 개인이나 기업체들에게 부과되는 세금의 부담을 줄여 주기 위한 조치이지만, 실제로는 이런 세제상의 변화로 인해 발생되는 비용(compliance costs)[35]이 있다. 이런 금전적인 비용은 시간이 지남에 따라 점차적으로 줄어들지만, 중소기업들이 받는 금전적인 부담은 대기업 등에 비해서 상대적으로 더 크다. 실제로 영국의 중소기업연합(the Federation of Small Business)은 새로운 조세정책이 너무 복잡하고 현실성이 없어서 오히려 중소기업에는 많은 금전적 부담을 주고 있고, 그들이 바라는 조세정책은 단순하고 큰 변화가 없는 정책이라고 주장하였다.[36]

일반적으로 중소기업들이 대기업들보다 세제관련 인센티브에 더 반응을 보인다.[37] 위에서 설명하였듯이, 중소기업들의 기업 활동에 도움을 주기 위하여 영국정부는 다양한 세제관련 정책을 개발, 시행하고 있음에도 불구하고, 이들 중소기업들은 아직도 세금 등 이 성공적인 기업 활동을 하는 데 3번째 중요한 방해요인이라고 답하고 있다(<표 1> 참조).

이런 점들을 고려해 봤을 때, 중소기업의 기업 활동에 좀 더 직접적이고 효과적인 도움을 주기 위해서는 좀 더 다양하고 지속적

---

35) 세금이 주는 영향은 크게 3가지로 구분된다. 1) 과도한 과세: 이것은 생산물에 과세를 함으로써 생기는 부담을 말함. 2) 행정 비용(administration costs): 세금을 부과하기 위해서 공공 부문, 즉 정부가 사용하는 경비를 말함. 3) 세금을 납부하기 위하여 필요한 비용(compliance costs): 민간부문에서 세금 납부를 위하여 필요로 하는 비용. Francis Chittenden, Saleema Kauser and Panikkos Poutziouris, "PYNE－NIC Compliance Costs: Empirical Evidence from the UK SME Economy", *International Small Business Journal*(2005).

36) http://www.businesshighstreet.com/news/18151525/FSB+criticises(2009년 5월 25일 검색)

37) E. J. Coyne, "Proposed Analytical Model for FDI Attraction Into Developing Countries", *International Business* I (Washington, D.C.: University of the District of Columbia, 1995).

인 세제관련 정책의 개발이 필요하다고 할 수 있다.

3) 기타의 정책

금융정책과 세제관련 정책 이외에서 이미 위에서 설명하였듯이, 인력양성정책, 경영정보지도 정책, 행정절차 간소화 정책 등 다양한 정책들을 운영하고 있다.

영국정부가 실시하고 있는 대표적인 적인 정책 중에 하나가 인력양성정책이다. 이 정책을 통하여 영국정부는 중소기업에 다양한 교육훈련서비스를 제공하기 위하여 TEC's와 LEC's를 운영하고 있다. TEC's와 LEC's를 통해서 영국정부는 중소기업의 사업주와 종업원들의 요구와 의견을 반영하여 다양한 교육훈련 서비스를 제공하고 있다. 교육훈련은 지역 기업의 요구에 따라, 기업의 창업 또는 경영에 필요한 내용의 교육을 제공한다.

기존의 인력양성정책 이외에 사업규제개혁부는 2008년 10월 21일 중소기업이 기업 활동을 하는 데 필요한 지식과 기술을 종업원들이 습득할 수 있도록 'TTG: Train to Gain' 교육훈련 구상을 적극 시행하기로 했다고 밝힌 바 있다. 실제로 TTG 프로그램은 영국정부가 영국의 기업, 특히 중소기업들에게 이들 기업에서 필요로 하는 주문형 지식과 기술을 종업원들이 습득할 수 있도록 정부 차원에서 고용주를 지원하는 프로그램으로 2006년 4월에 시작하였다.

중소기업에 경영 및 기술 분야에 대한 지도와 정보 제공에 큰 의미를 두고 있는 영국정부가 중소기업의 기업 활동을 지원하기 위하여 적극적으로 실행하고 있는 또 하나의 정책이 정보 및 연구 개발지원정책이다. 이 정책에 근거하여 실행하고 있는 구체적인 사업으로는 기업자주사업(the Enterprise Initiative), 비즈니스링크(Business Link),[38] 지역조달네트워크 구축(RSN: Regional Supply Network) 등이 있다.

이 외에도 영국정부는 신용관리연구소(ICM: Institute of Credit Management)를 설치하여 기업들이 현금흐름을 유지하고 지급지연 혹은 미지급으로 야기되는 문제를 해결하는 데 도움이 되도록 부채관리와 신용보험 등 금융정보를 중소기업들에게 무료로 제공하고 있다. 영국정부는 현재 소기업 자금운영기법 개선을 지원하기 위해 Financial Management Working Group을 설치, 운영하고 있으며, Business Link를 통해 소기업들이 자금을 확보할 수 있도록 지원과 서비스를 제공하고 있다.

영국정부는 중소기업들이 수출활동을 보다 더 활성화하기 위하여 수출진흥정책도 실시하고 있다. 중소기업들을 대상으로 1969년에 도입된 수출장려 시상제도와 상공회의소가 실시하고 있는 수출시장제도는 중소기업의 해외시장조사 비용 지원과 수출시장 조사방법을 무료로 조언하는 제도이다.

또한 수출을 하고 있는 중소기업들을 지원하기 위한 10억 파운드의 기금을 별도로 조성하였다.

위에서 설명하고 있는 다양한 정책 이외에도 중소기업의 기업활동을 위하여 행정규제의 간소화와 경제 환경을 개선하기 위하여

---

38) 영국의 기업지원기관인 비즈니스링크는 개별 중소기업이 현 금융위기 상황에서 문제점이 있는지 혹은 생존 가능한지를 현금흐름과 마케팅 등을 중심으로 조기에 판단하는 '헬스 체크'(Health Checks) 서비스를 무료로 제공한다고 2008년 10월 21일 공표하였다.

영국정부는 많은 노력을 하고 있다. 가장 대표적인 예로 행정규제를 간소화하기 위한 영국정부의 노력을 말할 수 있다. 중소기업의 불필요한 부담을 줄이기 위해서 신고 등의 행정 절차 면에서의 절차의 신속화, 간소화가 커다란 과제가 되었다.[39] 이에 영국정부는 제도를 간소화하고, 공정성을 확보하기 위하여 지속적으로 노력하고 있다. 한 예로 영국정부는 중소기업 관점에서 규제의 영향을 점검하는 중소기업 규제영향분석 제도를 시행하고 있다. 이 제도를 통해 중소기업에 대한 과도한 규제를 체계적으로 차단하고 기업의 규모 혹은 규제준수 능력에 따라 규제를 차등 적용함으로써 중소기업의 혁신노력 및 경쟁력 제고에 부정적으로 작용하는 경제적 영향을 최소화하고 있다.

Ⅳ. 결 론

한국경제가 향후 지속적으로 경쟁력을 유지하기 위해서는 무엇보다도 국제적으로 경쟁력 있는 중소기업이 필요하다. 한국에서는 1960년대부터 본격적인 경제 개발이 시작되었고, 이 시기의 경제 개발은 대기업 중심의 독점적 사업이 그 핵심 사업이었다.

한국의 경제가 어느 정도 안정된 1980년대부터 한국정부가 중소기업의 중요성을 인식하고 지속적으로 중소기업들을 다양한 정책

---

39) 중소기업들에게는 기업들에 대한 감사를 하는 Companies House에 제출하는 각종 회계 관련 장부들을 약식으로 보고하도록 하고 있다.

으로 지원하고 있다. 최근 들어 한국정부의 이런 노력은 한층 더 적극적이고 다양해졌다.

한국정부의 중소기업 활성화 정책의 효과를 좀 더 극대화하기 위한 것이 무엇인지를 알기 위해서 중소기업정책을 비교적 성공적이고 효과적으로 운영해 오고 있는 영국의 중소기업정책을 금융지원 정책, 세제관련 정책 중심으로 분석하였다.

영국정부는 1980년대에 들어서면서 1930년대 이후 최악의 경제위기를 경험하게 되었는데, 이런 상황에서 영국경제의 성공을 위하여 다양한 중소기업정책을 개발 실시하였다. 특히 1980년대 이후 영국정부는 고용창출이라는 관점에서 중소기업을 위한 진흥정책을 시행해 오고 있다. 실업문제가 심각해짐에 따라 대처정권은 중소기업 진흥에 적극적으로 관심을 가지게 되었고 주로 중소기업의 창업지원을 중점적으로 추진하였다. 최근에는 캠브리지 대학 주변에 하이테크기업이 성장하는 캠브리지 현상이 주목되고 있고 연구개발형 벤처기업의 지원이나 비즈니스엔절의 육성과 같은 정책이 중점적으로 추진되고 있다.

영국정부가 실행하고 있는 주요 중소기업지원정책은 금융지원정책,[40] 세제관련정책,[41] 인력양성정책, 정보 및 연구 개발지원정책, 정부조달정책, 수출진흥정책, 행정규제 간소화 내용 등으로 구성되어 있다.

본 연구에서 위에서 언급한 영국정부의 중소기업지원정책들을

---

40) 소기업 신용보증제도(LGS), 기업투자감세제도(Enterprise Investment Scheme), 기업창업수당제도(Business Establishment Allowance Scheme), 투자자본 조달(Equity Funding), 법인벤처(Corporate Venturing) 등 이 금융정책으로 분류되는 세부 정책이다.

41) 기업투자감면제도, 법인세상의 특례, 부가가치세 과세한도의 특례 등이 세제 정책의 주요 내용이다.

분석한 후 결론은 영국정부가 완벽하지는 않지만 끊임없이 기존의 정책을 변화, 발전시키고자 노력해 오고 있다는 사실이다. 또한 이 정책들은 서로의 정책에 직간접적으로 연결되어 있지만, 그중에서 금융지원정책과 세제관련정책에 좀 더 많은 의미를 부여하고 있음을 알 수 있었다.

금융－재정 지원을 함에 있어서 영국이 경험하고 있듯이, 우리나라에서도 금융기관들이 대출을 꺼리고 있다. 결국은 영국정부가 2009년 1월부터 새로이 시작한 Capital Enterprise Fund, 정부와 금융기관이 유기적으로 협조하는 체제를 한국에서도 개발·정착시키는 것을 고려해 볼 필요가 있다.

또 다른 한 가지, 한국에서 이루어지고 있는 중소기업 대출의 상당 부분이 부동산업, 건설업, SOHO 등 비제조업에 대한 대출이어서 이들에 대한 대출 증가와 고금리 은행채 발행은 중소기업의 경쟁력 향상에 기여하지 못하면서 단지 금리상승을 유발하고, 은행경영의 건전성을 손상시키고 있는 것으로 판단되고 있다.[42]

따라서 한국에서도 영국에서 하고 있듯이 지속적이고 체계적인 대출과 대출 후 관리 체계를 개발·운영할 필요가 있다. 이런 체계가 있어야 지원정책의 효과를 극대화할 수 있다.

우리나라의 중소기업체들이 기업 활동을 하는 데 어떤 점들이 가장 큰 어려움인지에 대한 조사, 연구를 좀 더 활성화할 필요가 있다. 영국에서는 중소기업의 기업 활동을 하는 데 있어서의 어려움에 대한 조사를 정부 기관과 사조직에서 실시하고 있다. 한 예로 영국에

---

42) 한국금융연구원, 『최근 중소기업 대출 증가의 문제점』, 2007월 6월 11일.

서는 중소기업 규제영향분석제도(RIA: Regulatory Impact Analysis)를 실시하고 있다. 이 제도는 정부의 조치로 인해 제기될 수 있는 잠재적인 영향을 체계적이고 일관성 있게 시험하고 의사 결정권자들 간에 정보를 교환하게 하는 의사결정 수단이자 방법이다. 우리나라도 중소기업 관점에서 규제의 영향을 점검하는 이 제도를 도입하여 중소기업에 대한 과도한 규제를 체계적으로 차단하고 기업의 규모 혹은 규제준수 능력에 따라 규제를 차등 적용함으로써 중소기업의 혁신노력 및 경쟁력 제고에 부정적으로 작용하는 경제적 영향을 최소화할 필요가 있다.

이렇듯 중소기업들이 필요로 하는 지원을 효과적이고 맞춤형식으로 제공할 수 있는 중소기업지원 정책의 개발에 절대적으로 필요한 것이라고 할 수 있다.

위에서 언급한 다양한 중소기업지원 정책들은 서로서로 직간접으로 연결되어 있다. 따라서 우리가 중소기업정책들을 개발함에 있어서 각각의 지원정책들의 효과와 연관성에 대한 면밀한 검토 후에 새로운 중소기업정책을 실행하는 것이 무엇보다 중요하다고 생각된다.

참고문헌

김한원. "EU의 중소기업 지원 프로그램이 한국 중소기업정책에 주는 시사점". 『유럽연구』. 제27권, 2호(2009 여름호).

변필성. "영국 중앙정부의 중소기업 육성을 위한 재정 – 금융 지원".『한국경제지리학회지』. 제12권, 제1호(2009).

영국 감사원.『영국 중소기업 훈련 지원 TTG 프로그램 평가』. 2009년 8월.

영국 민간기업포럼.『영국의 '소기업 우선' 정책 구상(Cambridge's MP signs 'Think Smallest First' pledge)』. 2008년 11월.

______________.『글로발 금융위기에 대한 주요국 중소기업정책 동향(Small Business Economic Outlook: Assessing Current Conditions and Challenge to Growth)』. 2008년 11월.

한국금융연구원.『최근 중소기업 대출 증가의 문제점』. 2007월 6월 11일.

조영삼.『중소기업정책금융의 주요쟁점과 정책과제』. 서울: 산업연구원, 2008.

중소기업중앙회.『2004년 중소기업현황』. 서울: 중소기업중앙회, 2004.

중소기업청.『중소기업관련통계』. 서울: 중소기업청, 2009년 4월.

『코리아 헤럴드』, 2009년 2월 19일.

『매일 경제』, 2009년 8월 5일.

Berry, Aidan, Paul Grant and Robin Jarvis. "European Bank Lending to the UK SME Sector". *International Small Business Journal*(2004).

Nam, Chang Woon and Doina Maria Radulescu. "Effects of Corporate Tax Reforms on SMEs' Investment Decisions under the Prticular Consideration of Inflation". *Small Business Economics*. Vol.29(2007), pp.101~118.

Coyne, E.J. "Proposed Analytical Model for FDI Attraction Into Developing Countries". *International Business I*. Washington, D.C.: University of the District of Columbia, 1995.

Kirby. David. "Guest Editorial". *Environmental and Planning C: Government and Policy*. Vol.22(2004), pp.775~777.

DBER(Department for Business, Enterprise and Regulatory Reform). *Small Firms Loan Guarantee Annual Report 2006 −07(2007)*.

DTI(Department of Trade and Industry) news release. *Statistical Press Releas*(2006.8.31).

____. *Statistical Press Release*(2006.12.20).

Chittenden, Francis, Saleema Kauser and Panikkos Poutziouris. "PYNE − NIC Compliance Costs: Empirical Evidence from the UK SME Economy". *International Small Business Journal*(2005).

Curran, James. "What is Small Business Policy in the UK for Evaluation and Assessing Small Business Policies". International Small Business Journal. Vol.18, No.3(2000).

Williams, Matthew and Marc Cowling. *Annual Small Business Survey 2007/08*(2009).

Risk and Regulation Advisory Council: RRAC. *Health and safety in small organisations*. 2009.

www.strategycorporatefinance.co.uk(2009 5월 1일 검색).

http://UK.techcrunch.com/2009/01/15/free − lunch − what − does − UK − government −funding −mean −to −startups/(2009년 5월 17일 검색).

http://www.berr.gov.uk/whatwedo/enterprise/enterprisemes/info − business − owners/access − to − finance/sflg/page37607.html(2009년 5월 1일 검색).

http://www.businesshighstreet.com/news/18151525/FSB＋criticises(2009
년 5월 25일 검색).
http://db.kosbi.re.kr/latest/latest_print.asp?seq＝81128E01&page_hist-
(2009년 5월 11일 검색).

제13장 EU 회원국 간 경제적 이해관계 상충의
원인 및 사례 분석

박노호

한국외국어대학교 스칸디나비아어과 교수

Ⅰ. 서 론

유럽통합의 실질적인 움직임을 제2차 세계대전 종전부터로 상정할 때, 유럽의 통합작업은 근본적으로 제3차 세계대전 또는 유럽대륙 내에서의 대규모 전쟁을 억제하고자 하는 유럽인들의 정치적 염원에서 출발하였다. 따라서 제2차 세계대전 종식 직후 이러한 정치적 목표를 정치적 접근 방법에 의해 달성코자 하는 시도들이 있었으나, 당사국들의 이해관계가 첨예하게 대립되어 실현되지 못하였다. 정치적 접근방법은 무위로 끝났지만 지상의 과제로 남아 있던 전쟁억지와 평화유지라는 목표를 달성하기 위해 대두된 것이 경제적 접근방법이었으며, 1951년의 유럽석탄철강공동체의 출범이 그 단초가 되었다. 정치적 목표를 달성하기 위해 우회적으로 경제적 접근방법을 선택했던 것이었으며, 이러한 접근 방법은 정치적 목표가 달성되었다고 판단되는 오늘날에도 그 의미를 잃지 않고 있다.

이러한 인식을 바탕으로 본 연구에서는 유럽연합 회원국 간의 경제적 이해관계를 둘러싼 갈등 구조의 형성과 그 해결책에 대해 고찰하게 될 것이다. 인류는 다양한 성향의 개인들이 집단생활을 시작한 이래 일정한 단위와 조직을 형성해 왔고 그 운용을 위해 특정의 공동체적 의사결정 메커니즘을 발전시켜 왔다. 그러나 어떤 의사결정 메커니즘을 선택했든지에 관계없이 그 결정 자체는 필연적으로 이해관계의 상충을 수반하게 된다. 그러나 일반적으로 어떠한 사회적 욕구 측면이 된다 할지라도 이해관계의 대립이 특정 측면에 국한되어 발생하는 것이 아니라 복합적으로 일어나게 되어 있다. 따라서 본 연구가 경제적 갈등을 고찰한다 하여 정치적·사회적·문화적 이해관계와 확연히 구별되는 것은 아니라는 사실에 유의해야 할 것이다.

어떤 조직이나 단위이든 관계없이 이해관계의 상충이 발생하는 주된 요인은 그 단위를 구성하는 구성원들의 다양성에서 비롯된다. 현재 유럽연합은 27개 회원국으로 구성되어 있으며, 정치적·사회적·문화적 배경의 다양성 못지않게 경제적으로도 다양한 성향을 보이고 있다. 회원국 간 경제적 갈등을 다른 측면에서의 갈등과 확연히 구분 지을 수는 없지만 본 연구에서는 회원국 간 갈등이 직접적으로 경제적 이해관계의 충돌에 있다고 일반적으로 판단되는 부분에 집중하여 조망할 것이다.

유럽연합 회원국 간의 경제적 갈등을 주제로 하는 본 연구는 서론에 이어 제Ⅱ장에서 인구, 경제규모, 생활수준 등 회원국 간 경제적 갈등을 유발시킬 수 있는 회원국 구성상의 구조적 불균형과 유럽연합 각종 기구에서의 회원국의 대표성에 대해 살펴보게 될 것이다. 회원국 구성상의 구조적 불균형은 개별 회원국이 유럽연합의 회원국 여부를 떠나 원천적으로 지니고 있는 경제 지표상의 차이를 의미하며, 회원국의 대표성이란 개별 회원국이 유럽연합의 회원국으로서 각종 기구 내에서 점유하고 있는 의사결정권의 크기를 의미한다. 제Ⅲ장에서는 각 회원국이 지대한 관심을 보이고 있는 유럽연합 예산의 세입과 세출을 분석하고 여기서 발생되는 회원국 간의 경제적 이해관계의 상충을 살펴보게 될 것이다. 이어서 제Ⅳ장에서는 유럽연합 회원국 간 경제적 이해관계 상충의 실례로 프랑스가 발단이 된 '룩셈부르크 타협'(Luxembourg Compromise)과 영국의 주장으로 이루어진 '영국 예산환급금'(UKRebate), 그리고 의사결정 메커니즘을 둘러싼 폴란드의 반발로 빚어졌던 '야기엘로니안 절충안'(Jagiellonian Compromise) 등 세 가지 사례를 집중적으로 분석하게 될 것이다. 유럽연합 내 회원국 간 경제적 이해관계의 상충을 적나라하게 드러내는 이 세 가지 실례의 분석을 통해 유럽연합이 안고 있는 문제점을 종합적으로 조망할 수 있을 것이다. 제Ⅴ장은 본 연구를 요약하고 정책적 시사점을 도출하게 될 것이다.

Ⅱ. 경제적 이해관계 상충 발생의 근본적 원인

1. 회원국 구성의 구조적 불균형

1) 인구 규모의 불균형

유럽연합은 2010년 1월 현재 27개 회원국에 5억 106만 명의 인구를 거느린 거대한 조직이다. 한 국가 또는 한 국제기구의 세력을 가늠할 수 있는 중요한 척도 중의 하나가 인구임을 고려할 때 5억을 능가하는 인구를 가진 유럽연합은 세계에서 중국, 인도 다음의 세 번째 인구 대국으로서 정치적 · 사회적 영향력 못지않게 경제적으로도 막강한 세력을 형성하고 있는 조직이다.

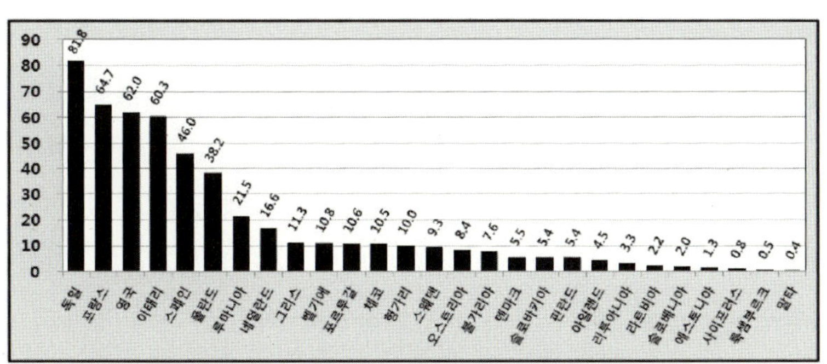

출처: Eurostat(2010c), online database.

〈그림 1〉 유럽연합 회원국 인구 규모(2010; 백만)

그러나 유럽연합의 인구 분포는 개별 회원국 간에 심각한 불균형을 나타내고 있으며, 회원국 간 이해관계의 충돌을 야기하는 중요한 요소가 되고 있다. <그림 1>에 나타나 있듯이 2010년 1월 현재 유럽연합에서 가장 인구가 많은 독일은 말타 인구의 200배에 가까운 8,180만 명의 인구를 가지고 있다. 독일, 프랑스, 영국, 이탈리아, 스페인 등 유럽연합의 인구 규모 상위 5개국이 유럽연합 전체 인구의 62.8%를 차지하고 있는 반면, 슬로베니아, 에스토니아, 룩셈부르크, 사이프러스, 말타 등 하위 5개국의 전체 인구 점유율은 1%를 약간 상회하고 있다. 유럽연합 27개국 사이에서 나타나고 있는 이러한 극심한 인구 규모의 불균형은 유럽연합 내 각종 기구에서의 의사결정 메커니즘의 결정에 영향을 미치게 되며, 또한 유럽연합의 각종 정책의 결정 및 그 집행과정에 있어서 이해관계의 충돌을 필연적으로 수반하게 된다.

2) 경제규모의 다양성

유럽연합 27개 회원국은 인구뿐만 아니라 그 경제규모에 있어서도 천차만별의 모습을 보여 주고 있다. 경제규모의 척도인 GDP를 보면 2008년 독일의 GDP는 2조 3,804억 유로에 달하고 있는 반면 말타의 GDP는 79억 유로로 독일의 0.3% 정도에 불과하다. 이러한 회원국 간 경제규모의 차이는 필연적으로 회원국 간의 경제적 이해관계의 상충을 야기하게 된다.

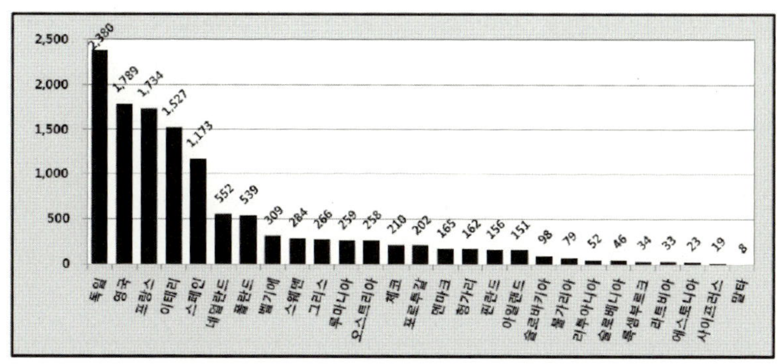

출처: Eurostat(2010a), online database.

〈그림 2〉 유럽연합 회원국 GDP 규모(2008: 10억 유로)

<그림 2>가 보여 주는 바와 같이 2008년 현재 27개 회원국 중 독일이 2조 3,800억, 프랑스, 영국, 이탈리아가 1조 5,000억 이상, 스페인이 1조 2,000 정도로, 소위 5대 강국인 독일, 프랑스, 영국, 이탈리아, 스페인이 1조 유로 이상의 GDP를 기록하고 있다. 2004년 확대 이전의 소위 EU-15 중 핀란드, 아일랜드, 룩셈부르크를 제외한 12개 국가가 GDP 15위권에 들어 있으며, 신흥 회원국 중에서는 폴란드가 7위를 기록하고 있고 루마니아와 체코가 15위권 안에 들어 있다. 12개 신흥 회원국 중 8개 회원국의 경제규모가 1,000억 유로 미만이며, 에스토니아, 사이프러스, 말타의 GDP는 300억 유로를 넘지 못하고 있다.

독일, 영국, 프랑스, 이탈리아, 스페인 등 유럽연합의 GDP 상위 5개국이 유럽연합 전체 GDP의 69%를 차지하고 있는 반면, 룩셈부르크, 라트비아, 에스토니아, 사이프러스, 말타 등 GDP 하위 5개국의 전체 GDP 중 점유율은 1%에 못 미치고 있다. 유럽연합 27개

회원국 내의 심각한 경제규모 간 차이는 유럽연합의 각종 정책의 결정 및 그 집행과정에 있어서 이해관계의 파생을 필연적으로 수반하게 된다.

3) 회원국 간 빈부 격차

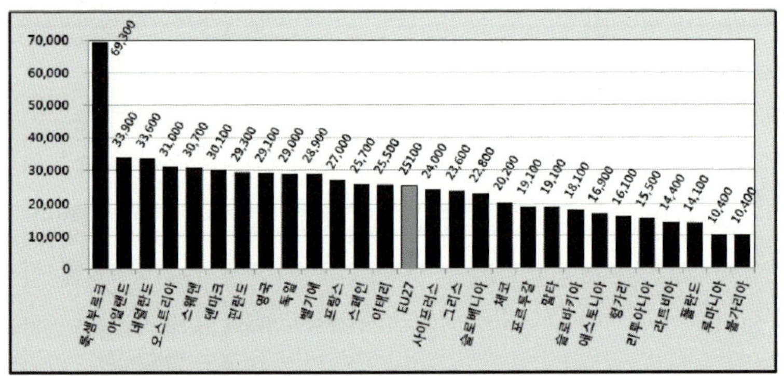

출처: Eurostat(2010b), online database.

〈그림 3〉 유럽연합 회원국별 1인당 GDP 규모(2008: 유로)

　　회원국 간 인구 규모나 GDP 규모의 차이보다 더욱 심각한 갈등의 소지가 있는 것은 회원국 국민들 간의 빈부의 격차라고 할 수 있다. 생활수준을 1인당 GDP를 기준으로 보았을 때 2008년의 경우 세계 최고를 기록하고 있는 룩셈부르크가 69,300유로인 데 반해 가장 최근에 유럽연합에 가입한 불가리아나 루마니아의 1인당 GDP는 10,400 유로에 불과하다. <그림 3>에 나타나 있듯이 2009년 유럽연합 평균 1인당 GDP는 25,100유로로서 2004년 확대 이전의 EU-15 중 그리스와 포르투갈만이 평균치에 약간 못 미칠 뿐 나머지 13개 회원국은 모두 유럽연합 평균치를 상회하고 있다. 한편 2004년과 2007년에 신규 가입한 12개 신입 회원국 모두가 유럽연합의 평균치를 밑돌고 있다.

일반적으로 1인당 GDP가 낮은 회원국이 유럽연합 차원에서의 각종 혜택을 더 많이 받으려 할 것이고 비교적 부유한 나라들은 그 부담을 지게 되기 때문에 유럽연합 내에서의 남북문제에 기인한 갈등이 내재되어 있다. 또한 2004년 이전에 가입한 국가들은 비교적 부유한 국가들이고 2004년 이후에 가입한 국가들은 대부분 동구권 국가들로서 낮은 1인당 GDP를 보이고 있기 때문에 유럽연합 내 동서진영 간 경제적 이해관계의 상충이 첨예화하고 있는 실정이다.

2. 회원국별 대표성의 문제

1) 유럽의회 의석수의 배분

유럽의회는 유럽인들의 직접선거에 의해 선출된 의원으로 구성되는 유럽연합의 유일한 대의기관으로서 유럽인들의 민의를 반영한다는 의미에서 유럽연합과 유럽인 간의 민주주의의 성숙도를 보여 줄 수 있는 기구이다. 유럽의회의 의석수는 유럽연합의 확대와 함께 변화해 왔는데 처음으로 직접선거에 의해 유럽의회 의원을 선출했던 1979년에 410명을 선출했으며, 2009년에 실시된 유럽의회 선거에서는 736명의 의원을 선출하였다.[1] 한편 2009년 12월 1

---

1) European Parliament, *European Parliament*, 2009, pp.45~46.

일에 발효된 리스본조약에 의하면 유럽의회는 의장을 포함하여 751명을 넘지 못하며, 각 회원국에 대한 의석의 배분은 인구수에 대해 체감비례적(degressively proportional)이되 1개 회원국의 의원 수 하한선은 6명으로 그리고 상한선은 96명으로 규정되어 있다.

<그림 4>는 유럽연합 회원국의 인구비율과 유럽의회의 736 의석 중 각 회원국이 차지하고 있는 의석수의 비율을 비교하여 보여 주고 있다. 독일, 프랑스, 영국, 이탈리아, 스페인과 신흥회원국 중 폴란드는 의석 점유율이 인구 비율보다 낮으나, 인구 점유율이 4.30%인 루마니아부터 인구 최소국인 말타에 이르기까지 총 22개 회원국

의 유럽의회 의석 점유율은 인구 비율을 상회하고 있음을 알 수 있다. 예를 들어 인구 점유율 16.41%인 독일의 유럽의회 의석수는 99석으로 총의석의 13.45%를 차지하는 반면, 0.08%의 인구점유율을 나타내고 있는 말타의 의석수는 5석으로 총 의석의 0.68%를 차지하고 있다.

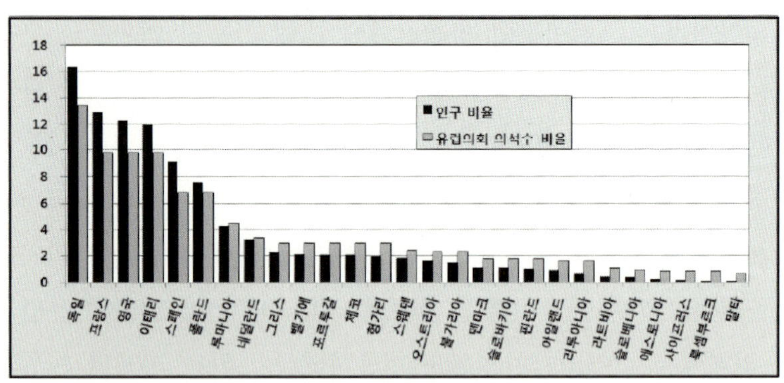

출처: Eurostat(2010c), online database; European Parliament(2010), p.6.

〈그림 4〉 EU 회원국의 인구 및 유럽의회 의석수 비율 비교(2009년 선거 결과: %)

　각 회원국에 대한 유럽의회 의석의 배분은 원칙적으로 인구에 비례하나 완전한 정비례는 아니다. 그 이유는 인구 비례에 맞추어 의석을 배분할 경우 인구가 적은 회원국의 의석수는 그 의미를 상실할 만큼 적은 반면 인구 대국인 독일이나 프랑스, 영국, 이탈리아 등의 의석수는 의회에서의 의사결정에 결정적 역할을 할 수 있을 만큼 크기 때문에 적절한 조정이 필요했다.

2) 이사회의 투표수 배분

　유럽연합이사회와 유럽연합각료이사회는 유럽연합의 주요 의사결정기구로서 유럽의회와 같이 1950년대의 창설 조약들과 함께 설치되었다. 유럽이사회가 되었든 각료이사회가 되었든 유럽연합의 제반 제도와 규정을 심의 결정하기 때문에 이사회의 의사결정 방식은 모든 회원국의 초미의 관심사가 아닐 수 없으며, 그 결과 나타난 의사결정 방식은 상당히 복잡한 양상을 띠게 되었다.

　각료이사회와 유럽이사회에서의 결정은 원칙적으로 투표에 의해 이루어지나 실질적으로 투표에 의해 결정되는 경우는 극히 부분적이며, 거의 모든 경우에 회원국 간에 소위 '의견의 일치'를 보아 안건을 결정한다. 투표가 이루어지는 경우, 의사결정의 방법으로는 관련 사안에 따라 만장일치제도와 가중다수결 제도가 적용되고 있다. 회원국의 이해관계가 첨예하게 대립되는 사안에 대해서는 만장일치제가 적용되며, 그 밖의 대부분의 안건에 대해서는 이사회 고유의 가중다수결(qualified majority voting) 제도가 적용된다. 유럽이사회와 각료이사회에서의 의사결정은 동일한 가중치에 동일한 방식을 따른다.

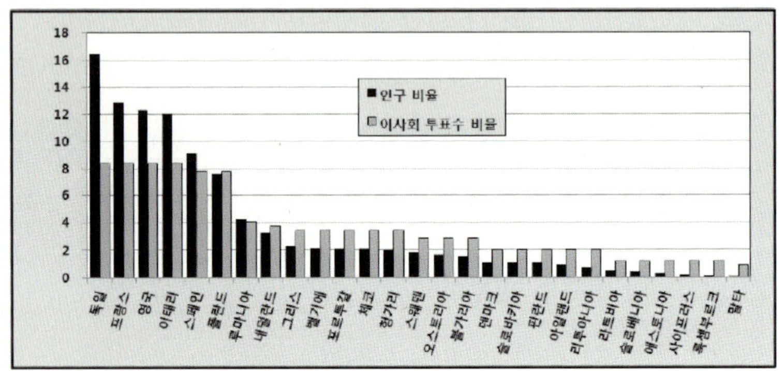

출처: European Communities(2001), p.82; Eurostat(2008), p.25.

〈그림 5〉 EU 회원국의 인구 비율 및 이사회 투표수 비율 비교(2009: %)

1958년 유럽경제공동체가 창설되면서부터 적용되기 시작한 이사회의 가중다수결제도는 우선 인구를 기준으로 각 회원국에 가중치가 부여된다는 것이 특징이다. 따라서 이사회의 표결 과정에서 각 회원국의 투표수는 서로 다르며, 대체적으로 보아 이사회에서의 각 회원국의 투표수는 유럽의회의 의석정수 배분에서처럼 인구수에 체감비례하지만 일정한 수식에 의해 산출된다기보다는 체감비례를 원칙으로 하되 정치적 타협에 의해 정해졌다고 볼 수 있다. 이사회의 총 투표수와 투표수의 각 회원국에 대한 배분은 회원국의 확대와 함께 변천을 거듭해 왔는데, 2001년의 니스조약, 2004년의 유럽헌법조약, 2007년의 리스본조약 모두에서 27개 회원국을 상정하고 총 투표수를 345표로 결정하고 있다.

　<그림 5>에 나타나 있듯이 이사회에서의 투표수는 인구에 체

감비례하게 배분되어 있다. 독일, 프랑스, 영국, 이탈리아 등 인구 4대 강국은 이사회 투표수의 비율이 인구비율에 비해 현저히 낮은 반면 스페인, 폴란드, 루마니아, 그리고 네덜란드는 인구비율에 근접하고 있음을 알 수 있다. 인구 1,100만 정도의 그리스를 포함한 인구 소국들의 이사회 투표수는 인구비율보다 현저히 높게 배정되어 있다.

이사회에서의 각 회원국별 투표수는 독일, 프랑스, 영국, 이탈리아 등 4대 강국에 각각 29표씩이 배분되며, 스페인과 폴란드가 각각 27표씩을 행사하도록 되어 있다. 이들 6개국의 투표수 합은 170표로서 이사회 의결권의 49% 이상을 차지하고 있다. 인구 소국인 사이프러스, 에스토니아, 라트비아, 룩셈부르크, 슬로베니아에는 각각 4표씩이 배분되어 있으며, 인구 최빈국인 말타에는 3표가 배분되어 있다. 6대 인구 강국의 의결권이 49%인 데 반해 6대 인구 소국의 의결권은 7%를 넘지 못하고 있다.

3) 이사회의 가중다수결제도

이사회에서의 논의 및 의사결정 과정에서 각 회원국에게 인구에 체감비례하게 투표수를 부여했다 해서 모든 일이 끝나는 것은 아니다. 투표수를 체감비례하게 배분했을지라도 의결 요건을 어떻게 결정하느냐에 따라 일단의 회원국들, 특히 인구 대국들이 의사결정의 방향을 결정하거나 또는 그 반대의 현상이 나타날 수 있기 때문이다.

1958년 유럽경제공동체(EEC) 당시 17표로 출발한 이사회 총 투표수는 1995년 제4차 확대 이후 87표로 증가하였으며, 가중다수결 제도는 총 투표수 87표 중 62표(71.3%)를 통과 요건으로 하고 있었다. 따라서 26표가 반대를 하면 안건의 통과를 저지할 수 있었다. 그러나 인구 대국에 더 많은 투표수가 배분되었기 때문에 71.3%가 15개 회원국의 71.3%를 초과하는 11개국을 의미하지 않으며, 또한 인구 소국에 인구비율보다 높은 비율의 투표수가 배분되었기 때문에 총투표수의 71.3%가 회원국 전체 인구의 71.3% 이상을 대변하지 못하는 문제점을 안고 있었다.

이러한 문제점을 해결하고 또 2004년으로 예정되어 있던 10개 회원국 확대에 대비하기 위해 유럽연합은 2001년 체결된 니스조약에 새로운 가중다수결제도를 명시하였는데 이 가중다수결제도는 이사회에서 결정되는 안건의 대표성을 제고시키는 효과를 거두기는 하였으나 이사회의 의결 가능성을 저하시키는 역효과 때문에 거의 실패작으로 평가되고 있다.

2007년 6월 유럽연합 회원국의 정상들은 브뤼셀 유럽이사회에서 2001년의 니스조약에 명시된 가중다수결제도를 2014년 10월 31일까지 적용하고, 2014년 11월 1일부터 2017년 3월 31일까지는 니스조약의 가중다수결제도와 새로운 이중다수결제도를 혼용하는 과도기를 거친 다음 2017년 4월 1일부터 전면적으로 새로운 이중다수결제도를 적용하기로 합의하였다.[2] 리스본조약에 명시되어 있는 새로운 이중다수결제도에서는 1) 회원국의 55% 또는 72% 이상이

---

2) European Communities, "Treaty of Lisbon amending the Treaty on European Union and the Treaty establishing the European Community", *Official Journal of the European Communities*, 2007/C 306, Vol.50(2007), pp.160~161.

찬성[3](15개 회원국 또는 20개 회원국의 찬성)하되 유럽연합 회원국 전체 인구수의 65% 이상을 대표하는 경우와, 2) 또는 상정된 안건의 기각 요건을 충족시키지 못하는 경우에 상정된 안건이 이사회 통과 요건을 충족시키는 것으로 보고 있다. 리스본조약에는 성과를 위한 조건과 함께 상정된 안건을 기각시킬 수 있는 조건이 명시되어 있는데 1) 최소한 4개 회원국이 상정된 안건에 반대하는 경우나, 2) 또는 일부 회원국이 표결에 참여하지 않는 경우 참여 회원국 전체 인구의 35%를 대표할 수 있는 최소한의 회원국 수에 1개 회원국을 더한 수의 회원국이 상정된 안건에 반대하는 경우에는 상정된 안건의 이사회 통과 요건이 충족되지 않는 것으로 보고 있다.

리스본조약에 따른 이중다수결 제도는 이전의 제도에 비해 몇 가지 특징을 가지고 있다. 우선 회원국에 체감비례적으로 배분된 투표수의 기능이 없어지고 27개 회원국 중 55%(15개 회원국) 또는 72%(20개 회원국)의 조건과 인구 65%의 조건만이 남아 있게 되었다. 이러한 특성으로 인해 리스본조약의 의사결정 메커니즘을 이중다수결제도라 한다. 또 하나는 상정된 안건을 기각시킬 수 있는 가능성을 열어 놓았다는 점이다. 이로써 인구 소국들이 대국들의 전횡을 견제할 수 있는 제도적 틀이 마련되었는데 이는 리스본조약에 따라 이사회에서의 이중다수결 요건 중 그간 인구에 체감비례적으로 배분되었던 투표수의 의미가 사라지면서 상대적으로 취약해진 소국들의 이해관계를 보장하기 위한 조치로 풀이된다.

---

3) 이사회에 상정된 안건이 유럽연합집행위원회 또는 유럽연합 공동외교안보정책 담당 고위대표의 발의에 의하지 않은 경우에는 요건이 대폭 강화되어 72% 조건을 충족시켜야 한다.

Ⅲ. 유럽연합 예산 측면에서의 갈등

1. 유럽연합 예산의 규모와 구성

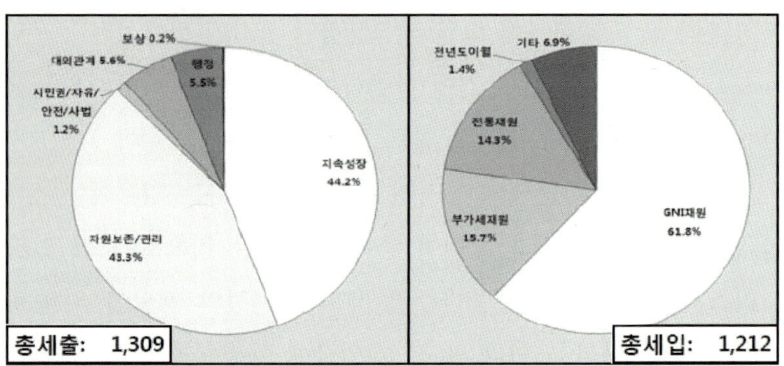

출처: European Communities(2009), p.13, pp.65~68.

〈그림 6〉 EU 세출 및 세입 구성(2008)

유럽연합의 예산은 일반 독립국가의 예산과는 상당한 차이를 보인다. 독립국가의 예산이 국가 운영 전반에 소요되는 규모인 데 반하여 유럽연합의 예산은 제한적일 수밖에 없는 유럽연합의 각종 정책 및 이를 위해 소요되는 경비에 국한되기 때문이다.

<그림 6>은 유럽연합의 2008년도 세출과 세입의 구성을 보여주고 있다. 2008 회계연도의 경우 유럽연합의 총지출은 1,309억 유로였으며 총수입은 1,212억 유로였다. 유럽연합의 예산 규모는 27개 회원국 전체 GDP의 1% 정도를 차지하고 있으며, 루마니아의 GDP와 비슷한 수준으로서 27개 회원국 정부지출의 2.2% 정도에

해당한다. 총 세출은 2008년의 경우 지속가능성장에 44.2%, 자연자
원의 보존 및 관리에 43.3%가 지출되어 이 두 가지 항목이 단연 압도
적인 위치에 있으며, 행정에 소요된 경비는 총 세출의 5.5%에 불과하
다. 한편 유럽연합의 연간 총재정재원은 소위 자체 재원(own
resources)에 의해 충당되는데, 2008년의 경우 자체 재원 중 GNI 재원
이 61.8%를 차지하여 압도적인 비중을 나타내고 있으며, 그 다음으
로 부가세 재원이 15.7%, 전통관세재원이 14.3%를 차지하고 있다.[4]

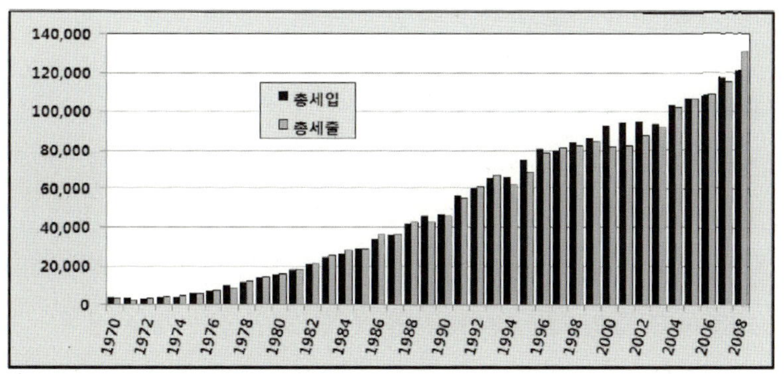

출처: European Communities(2009), pp.78~89.

〈그림 7〉 EU 예산 총 세입 및 총 세출 변화 추이(1970~2008: 백만 유로)

<그림 7>에서 알 수 있듯이 유럽연합의 예산 규모는 유럽연합
회원국의 확대, 정책 영역의 확장 등에 따라 지속적으로 증가되어
왔다. 총 세출을 기준으로 보았을 때, 1958년 8,130만 UA[5]에 불과

---

4) 세출 및 세입 항목에 대해서는 본 장 제2절에서 자세히 설명할 것임.

5) Unit of Account. 1975년 ECU(European Currency Unit)가 도입되기 전까지 사용되었던 유럽의 가
   상 화폐단위이며 유럽연합 예산회계에서는 1979년까지 UA를 회계 단위로 사용하였다.

했던 예산은 1988년 424억 9,530만 ECU로 증가되었으며, 2004년에는 처음으로 1,000억 유로를 돌파한 후 2008년에는 1,309억 3,860만 유로를 기록하고 있다. 유럽연합의 예산 자체가 회원국의 분담에 의해 조달되며, 조달된 예산의 대부분이 각종 명목으로 각 회원국에게 배분되기 때문에, 예산의 규모가 커지면 커질수록 회원국 간의 이해관계 상충의 여지가 커지게 된다.

2. 유럽연합 예산의 세입과 세출

유럽연합의 재정 수입은 자체 재원(own resources)과 기타 재원으로 구성되어 있다. 2008년 예산의 경우 총 세입 중 자체 재원이 91.7%를 차지하고 나머지 8.3% 정도가 기타 재원이었다. 유럽경제공동체의 출범 초기에는 공동체의 예산이 각 회원국의 재정 기여에 의존하고 있었으나 1970년 4월 21일 회원국의 재정 기여는 자체 재원으로 대체되었으며, 이로서 공동체는 재정적인 독립을 확보할 수 있었다.

자체 재원은 크게 네 가지로 나뉜다. 그 첫 번째가 농산물 및 설탕에 부과되는 관세 수입이며, 두 번째가 기타 물품에 부과되는 관세 수입이다. 이 두 가지를 전통적 자체 재원이라 한다. 세 번째로는 부가가치세 수입인데 모든 회원국 GNP의 50%를 부가가치세 과세대상 상한선으로 하고 과세대상에 최고 0.5%의 범위 내에서 일률적인 부가가치세율을 적용하고 있다. 소위 '제4 재원'이라 하는 네 번째 재원은 1988년부터 도입된 제도로서 회원국 국민총소득에 일정 백분율을 일률적으로 적용하게 된다. 이 국민총소득(GNI) 재원은 다른 재원의 규모를 추정한 후 부족분을 보충한다는 성격이기 때문에 '추가 재원'이라고 불리기도 한다. 부가가치세 재원이나 GNI 재원은 각 회원국이 부담하는 것이라서 이들을 회원국의 재정분담이라 할 수 있다. 각 회원국의 분담 규모는 총 자체 재원의 구성 내용에 따라 달라지며, 분담 비중이 큰 회원국에게는 자연히 큰 부담이 지워지는 것이기 때문에 각 회원국들은 분담 비중을 최소화하기 위하여 노력하게 된다.

<그림 8>은 유럽연합의 재정수입원을 의미하는 자체 재원을 포함한 세입원의 연도별 구성비를 보여 주고 있다. 그림에서 알 수 있듯이 GNI 재원이 급격한 증가를 보이는 반면 부가세 재원의 비중이 상응한 감소 추세를 나타내고 있다. 제3국으로부터의 관세 수입을 나타내는 전통 자체 재원 역시 그 비중이 완만한 감소세를 나타내고 있다.

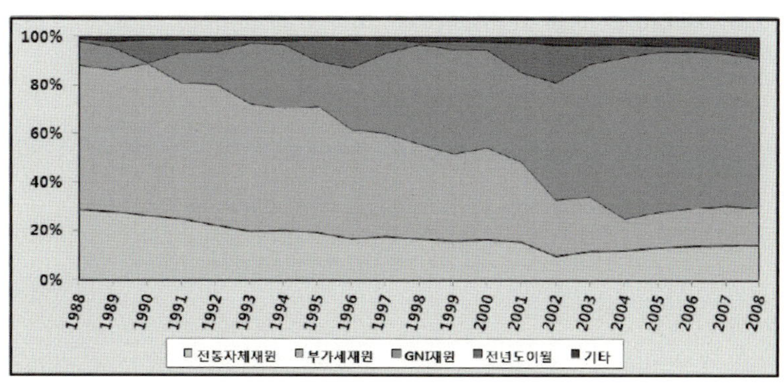

출처: European Communities(2009), pp.87~89.

〈그림 8〉 EU 세입원 항목별 구성비 변화 추이(1988~2008)

유럽연합의 각종 정책에 따라 예산의 상당 부분이 각 회원국에게 분배되며, 그 분배의 규모가 정책의 성격에 달려 있다면 모든 회원국들이 정책에 영향을 미쳐 유럽연합으로부터 보다 많은 지원금을 받으려 노력하게 될 것이다. 이러한 의미에서 유럽연합이 재정재원을 어떠한 방식으로 조달하느냐보다 더욱 심각한 갈등의 소지를 안고 있는 것이 유럽연합의 재정 지출 내용이 될 것이다. 유럽연합은 일반 독립국가에 비해 지극히 한정된 분야에 한정된 내용의 정책만을 집행하고 있다. 따라서 예산도 특정 분야에 집중적으로 지출되는 구조를 가지고 있다.

<그림 9>는 1961년부터 2006년까지 유럽연합 재정 지출의 항목별 구성비의 변화를 보여 주고 있다.[6] 이 제도의 정착이 완성되지 않았던 1960년대 초반에 대한 논의는 접어 두기로 하고 1960년대 후반부터 2006년까지의 흐름에서 가장 두드러진 특징은 농업보증기금과 구조기금이 재정 지출의 대부분을 차지하고 있다는 사실과 또한 농업보증기금의 비중이 점점 줄어드는 대신 구조기금의 역할이 점증하고 있는 현상이다.

---

6) 2007년부터는 새로운 제도에 의해 지출항목의 대폭적 변경이 있었기 때문에 비교가 가능한 2006년 통계까지만 사용했다.

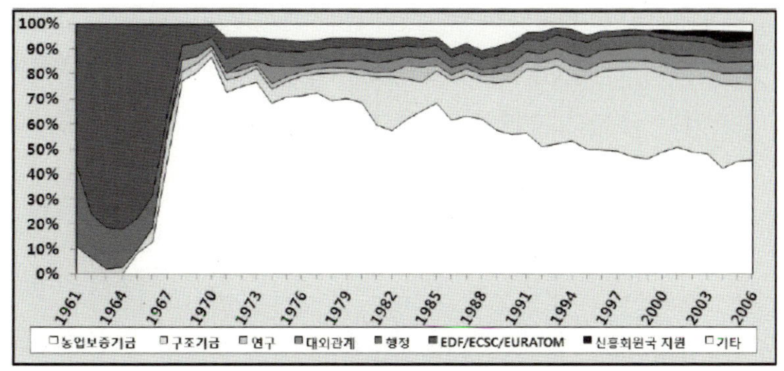

출처: European Communities(2009), pp.77~82.

〈그림 9〉 EU 재정 지출 항목별 구성비 변화 추이(1961~2006)

　유럽연합의 연간 예산의 대부분은 공동농업정책(Common Agricultural Policy)과 지역정책(Regional Policy)에 지출되고 있다.[7] <그림 9>가 보여 주고 있듯이 이 두

　가지 정책에 소요되는 재원은 1960년대 후반 이래 줄곧 총예산의 80% 안팎을 차지해 왔다. 따라서 초기 단계에서 각 회원국이 공동농업정책으로부터 얼마만큼을 지원받느냐는 모든 회원국의 초미의 관심사였으며, 그 결과는 종종 국내 정치에까지 영향을 미치곤 했다. 또한 공동농업정책의 수혜회원국들은 자국의 이익을 침범하는 어떠한 정책 변경에도 민감한 반응을 보였으며, 이로 인해 공동농업정책의 개혁은 더디고 부분적일 수밖에 없었다. 이러한 문제점을 해결하기 위해 유럽연합은 수차례에 걸쳐 공동농업정책에 대한 개혁을 시도하였으며, 부분적인 성공의 결과 점진적인 단계를 거쳐 공동농업정책의 총예산 점유율을 50% 이하로 끌어내리는 데

---

7) 공동농업정책에 관해서는 Baldwin and Wyplosz(2006), Ch. 9, Neal(2007), Ch. 4, Ludlow (2005) 참조.

성공하였고 이에 상응하는 예산의 절감분을 지역정책으로 전환할 수 있게 되었다. 그러나 지역정책이나 공동농업정책이나 회원국에게 지출되는 금전적 수혜이기 때문에 회원국으로서는 총 비중에는 큰 변화가 없이 단지 공동농업정책과 지역정책에 거의 비슷한 비중을 두고 예산확보에 신경을 써야 하는 상황이 되었다고 볼 수 있다.

3. 순기여회원국과 순수혜회원국

유럽연합의 회원국으로서 각 회원국이 누리는 경제적 혜택은 그 대부분이 유럽경제통합, 유럽단일시장, 단일통화 등에서 비롯되는 것이며, 나아가 정치적 안정이나 안보의 확보 등도 간접적으로 상당한 경제적 혜택을 부여하고 있다. 그럼에도 불구하고 유럽연합의 예산 확보에 각 회원국의 분담 규모는 얼마이며 또한 유럽연합의 지출 예산 중 각 회원국에 배분되는 지출액의 규모는 가시적이며 직접적으로 일어나는 사안이기 때문에 모든 회원국 국민의 지대한 관심사이며, 따라서 각 회원국의 정부에게는 중요한 사안이 아닐 수 없다. 유럽연합은 유럽연합 예산 회계상 나타나는 각 회원국의 순기여 또는 순수혜의 정도가 유럽연합의 회원국으로서 누리는 혜택이나 부담의 극히 일부분임을 강조하는 한편 예산상의 불균형 역시 개선해 나가야 하는 과제를 안고 있다.[8]

<그림 10>은 유럽연합의 1999 회계연도와 2008 회계연도의 각 회원국별 운영예산수지(Operational budgetary balance)를 보여 주고

---

8) European Council, 1999, *Presidency Conclusions of the Berlin European Council of 24 and 25 March 1999* 제68항에는 이러한 측면에서의 유럽연합의 고민과 입장이 확연하게 나타나고 있다.

있다. 여기서 운영예산이라 함은 유럽연합의 세입에서는 전통자체
재원을 제외하고 세출에서는 행정비용을 제외함으로써 실질적으로
각 회원국이 부담하고 또 각 회원국에게 지출되는 부분만을 계상하
여 순 수혜국이냐 아니면 순 기여국이냐를 산출해 내는 방식이다.[9]

<그림 10>에 나타나 있는 바와 같이 유럽연합이 15개 회원국
으로 구성되어 있던 1999년의 경우 운영예산수지에서 최대의 흑자
를 기록했던 회원국은 스페인이었으며, 그리스, 포르투갈, 아일랜
드, 덴마크가 그 뒤를 잇고 있었다. 반면 독일은 최대 적자를 기록
하면서 회원국 중 재정 기여도가 가장 높은 나라였으며, 그 다음으
로 영국, 네덜란드, 스웨덴, 이탈리아, 오스트리아 등의 적자 규모
가 컸다. 벨기에, 핀란드, 룩셈부르크, 프랑스 역시적자를 기록하여
순 기여국에 속했다.

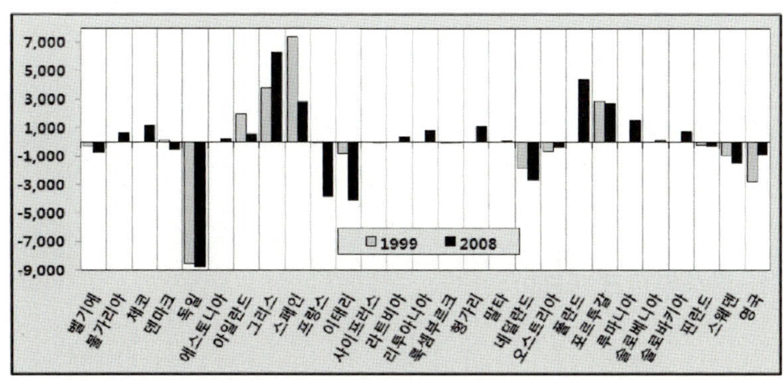

출처: European Communities(2009), pp.107~108.

〈그림 10〉 EU 회원국별 운영예산 수지 비교(1999, 2008: 백만 유로)

---

9) European Communities, *EU Budget 2008 Financial Report*(2009), pp.107~108.

한편 27개 회원국으로 구성된 2008년의 경우 대부분의 신흥회원
국이 재정 지출의 대상 회원국이었기 때문에 상당한 폭의 변화가
있었다. 우선 그리스가 가장 큰 흑자를 기록하였으며, 폴란드와 스
페인, 포르투갈, 등이 그 뒤를 따르고 있었고 사이프러스를 제외한
그 밖의 신흥 회원국 대부분이 순 수혜국이었다. 한편 순 기여국을
보면 독일이 역시 최대 적자국으로서 유럽연합 재정의 최대 기여
국임을 확인해 주고 있으며, 이탈리아, 프랑스, 네덜란드, 스웨덴
등이 독일을 뒤따르는 순 기여국이었다.

예산 편성과 집행 자체는 물론 그 예산의 편성 자체에 영향을 미
치는 유럽연합의 제반 정책의 수립 및 변경, 그리고 각종 제도 와
기구의 설치 및 운영 등은 각 회원국의 경제적 이해관계와 직결되
는 문제로서 이러한 사안이 발생할 때마다 회원국 간에 첨예한 이
해관계의 상충으로 이어지는 것이 일반적인 현상이다.

Ⅳ. 경제적 이해관계 상충의 사례

1. 룩셈부르크 타협

룩셈부르크 타협(Luxembourg Compromise)이란 1966년 유럽경제
공동체 6개 회원국 간의 쟁점 사항을 해결하기 위하여 회원국 간에
합의된 협정을 말한다. 당시 프랑스의 드골 대통령은 프랑스 농산물
을 보호하기 위하여 보호주의 무역을 선호하고 있었다. 한편 1965

년 유럽연합집행위원회의 초대 위원장 할슈타인(Walter Hallstein)은 집행위원회의 권한을 강화하고 공동체의 초국가적 성격의 일반적 증진을 제안하였다. 할슈타인 위원장은 또한 집행위원회에서 다루어지는 상무적 사안에 대해서 가중다수결제도의 사용을 확대할 것을 제안하였다.

그러나 드골 대통령은 할슈타인 위원장의 제안에 반대하였다. 당시 드골 대통령은 공동체의 공동농업정책에 소요되는 재원 확보를 위한 협의를 이끌어 내기 위해 많은 노력을 기울이고 있었으며, 그 시한이 1965년으로 다가오고 있었다. 할슈타인 위원장은 드골 대통령이 공동농업정책의 재원확보를 위한 협약에 실패함으로써 1965년 12월로 예정되어 있던 프랑스 대통령 선거를 앞두고 프랑스 농민들을 자극하는 상황을 만들지는 않으리라는 정치적 판단을 했다. 6개 회원국 중 프랑스를 제외한 5개 회원국 모두 관련 사안에 대한 일체의 타협을 거부하고 프랑스가 개혁안 전체를 받아들일 것을 요구하였다.

1965년 6월 28일부터 30일까지 팽팽한 분위기 속에서 회의가 진행된 끝에 드골 대통령이 내린 결정은 브뤼셀 주재 프랑스 대표부를 철수시키며 공동체의 제도적 개혁을 위한 어떠한 논의도 이를 거부한다는 것이었다. 프랑스의 이러한 전략은 공동체의 역사상 소위 '궐석위기'(empty chair crisis)를 초래하였다. 1965년 6월 30일부터 7개월간 계속된 이 궐석위기는 1966년 1월 30일 룩셈부르크에서 열린 이사회에서 당시 이사회 의장이었으며 룩셈부르크의 수상이었던 베르너(Pierre Werner)가 제안한 소위 룩셈부르크 타협에 의해 봉합되었다.

비공식적 합의의 형태인 이 룩셈부르크 타협은 공동체의 특정 안건이 가중다수결의 대상이 되는 경우 어느 회원국이든지 그 회원국의 중요한 이해관계를 위협한다는 의사표명을 한다면 유럽연합집행위원회는 당해 사안의 결정을 유보하여야 한다는 내용을 담고 있다. 룩셈부르크 타협으로 말미암아 공동체에서의 가중다수결 표결은 대폭적으로 감소되고 대신 만장일치가 일반화되었으며, 이에 따라 유럽경제공동체에서의 의사결정은 그 효율성과 신속성이 심각하게 침해되게 되었다. 그럼에도 불구하고 드골 대통령이 이 제도를 고집했던 이유는 룩셈부르크 타협이 공동체 내에서의 모든 안건에 대해 프랑스에게 거부권을 행사할 수 있게 했으며, 이를 통해 공동농업정책에 있어서의 프랑스의 이익을 고스란히 지킬 수 있었기 때문이다.

그러나 룩셈부르크 타협은 회원국 외무장관들의 정치적 선언에 불과하여 조약 개정으로 이어질 수 없었으며, 따라서 이사회가 가중다수결이 적용되는 경우를 규정한 유럽공동체설치조약(로마조약)에 따라 의사결정을 하는 것을 막을 수는 없었다. 뿐만 아니라 가중다수결제도는 점진적으로 그 적용의 범위를 확대하여 일반적인 의사결정의 원칙이 되었으며 만장일치는 이제는 특별한 경우에만 적용되고 있는 실정이다. 그러나 실질적으로 의사결정 과정을 저지할 힘을 가지지 못한 일부 회원국들이 룩셈부르크 타협의 원칙을 적용시킬 것을 요구할 수 있으며, 이러한 맥락에서 여전히 그 효력을 지니고 있다고 볼 수 있다.

2. 영국의 예산환급금

영국은 1973년 회원국이 된 후 얼마 지나지 않아 영국의 공동체 예산 분담에 비해 혜택이 터무니없이 작기 때문에 공동체의 예산 규정이 공정하지 못하다고 불만을 제기하기 시작하였고 그 차액을 보상해 줄 것을 요구하였다. 영국의 예산환급 요구는 당시의 캘러한(James Callaghan) 수상에 의해 영국에 대한 예산 분담의 과도기적 규정이 만료되는 1979년 이전에 최초로 제안되었고 이후 1984년 대처(Margaret Thatcher) 수상에 의해 완성되었다.

영국은 다른 회원국들보다 훨씬 큰 규모로 역외 국가들과 무역을 하고 있었기 때문에 영국이 부과하여 공동체에 지불하는 관세 수입은 다른 회원국에 비해 월등하게 많았다. 1980년의 공동농업정책의 공동체 예산점유율은 80%에 육박하였다. 따라서 회원국 중 농업의 비중이 가장 낮았던 영국에게 지불되는 공동농업정책 관련 지원금은 상대적으로 낮을 수밖에 없었다. 이러한 상황은 이미 예견된 것으로서 전혀 새로운 것이 아니었음에도 불구하고 영국은 자국의 예산분담금에 대한 과도기적 규정이 만료되는 1979년 이전에 순 재정 기여규모를 줄이기 위해 총력을 기울이고 있었다.

연속되는 유럽이사회에서 대처 수상은 영국의 요구가 받아들여지지 않는다면 영국이 공동체에 부담하고 있는 재정 분담금 전체의 지불을 유보하겠다며 이사회를 압박하였다. 영국의 예산환급을 요구하는 대처 수상과의 장시간에 걸친 논쟁 끝에 유럽이사회는 1980년 4월 룩셈부르크에서 영국을 위한 특별조치에 합의하였으며, 그 내용은 1980년부터 82년까지 영국의 순 재정 기여 중 상당 부분을 환급해 준다는 것이었다. 이러한 특별 조치는 1983년까지 연장되었다. 그리고 1984년 6월의 퐁텐블로이사회에서는 영국이 향후 순 재정 기여 중 약 3분의 2 정도를 매년 말에 환급받는다는 내용의 새로운 조치가 결정되기에 이르렀다. 이를 '영국 예산환급금'(British Rebate) 제도라 한다.[10]

1984년에 결정되어 현재까지도 계속되고 있는 이 '영국 예산환급금' 제도는 영국에게만 적용되는 것이었으며, 이로 인한 재정 부족분은 영국보다 경제적으로 열악한 상황에 있었던 회원국을 포함한 9개 회원국에게 고스란히 전가되었다. 그러나 각 회원국이 부담하는 영국예산환급금의 상대적 비중은 시간이 흐르고 회원국의 수가 증가함에 따라 변화를 거듭해 왔다. 이 제도의 시행 당시 순 재정 기여 비중이 가장 큰 독일은 독일에게 할당된 영국 예산환급금의 3분의 2만 내는 것으로 합의하였다. 그 결과 이탈리아와 프랑스가 영국 예산환급금 총액의 반 이상을 부담하게 되었다.

이러한 산출 방식은 GNI 재원이 도입되고 부가세 재원의 상한선이 정해지면서 1988년 자체 재원 결정(ORD: Own resources decisions)에 의해 수정되었다. 이 수정과정에서 소위 영국 특혜(UK advantage)가 생겨났는데, 이는 1985년 이후 발생되는 자체 재원에 대한 어떠한 변화에도 영국 예산환급금이 영향을 받지 않도록 하기 위한 조치였다. 1994년의 자체 재원 결정은 종전의 조치를 재확인하였다.

---

10) 영국 예산환급금의 산출방식에 대해서는 European Communities, "Final adoption of the general budget of the European Union for the financial year 2007", *Official Journal of the European Union*, L 77, Vol.50(2007), pp.Ⅰ16~Ⅰ17과 European Communities, *European Union Public Finance*, 4th edn.(2008), pp.243~245 참조.

2000년 자체 재원 결정에서는 새로운 규칙이 정해졌는데, 1985년부터 2001년까지 영국 예산환급금 배당액의 3분의 2만 지불했던 독일은 2002년부터는 이를 4분의 1로 축소하며 네덜란드, 오스트리아, 스웨덴도 2002년부터는 4분의 1만을 지불한다는 내용이었다. 이 규칙은 또한 영국 예산환급금 이외의 제규정의 변화에 의해 발생되지만 영국에게 유리하게 적용되는 추가혜택은 이를 중립화하여야 한다는 내용을 담고 있다.[11] 2007년 자체 재원 결정에서는 신규회원국 지원금과 관련된 추가혜택을 2014년 이후에는 폐지하며 대신 2009년부터 점진적으로 회원국 확대와 관련된 새로운 공제제도를 도입하기로 하였다.[12]

2005년 6월에 있었던 브뤼셀 유럽이사회에서는 프랑스가 영국 예산환급금의 문제점을 지적하며 이의 폐지를 시도하였으나 당시 영국의 블레어(Tony Blair) 수상은 2007~2013 7개년 재정계획의 수립에 있어서 공동농업정책의 지출 축소가 없는 어떠한 형태의 영국 예산환급금 제도 변경에도 동의할 수 없음을 확실히 하였다. 그러나 당시 유럽연합집행위원회가 일부 회원국의 과도한 재정 부담을 경감시킬 수 있는 제도적 장치에 대한 안건을 상정해 놓고 있었기 때문에 2007~2013 재정계획을 수립함에 있어서 영국 예산환급금에 대한 검토는 피할 수 없는 과제였다.

2005년 6월 브뤼셀 이사회에서는 유럽연합의 예산 규모 역시 중요한 의제였다. 2003년 12월 영국, 프랑스, 독일, 네덜란드, 오스트

---

11) 7영국에게 유리하게 작용할 수 있는 추가혜택이란 2000년까지 총 징수액의 10%에 해당하던 회원국에 대한 관세징수 비용의 지급이 총 징수액의 25%로 대폭 확대됨으로써 발생되는 것과 2004년 4월 30일 이후 가입하는 신규회원국 지원금과 관련된 것을 말한다.

12) European Communities, *European Union Public Finance*, 4th edn.(2008), p.242.

리아, 스웨덴 등 6개 순 재정 기여회원국은 2007∼2013 장기재정계획의 총예산은 유럽연합 국민총소득의 1%로 제한되어야 한다는 의견을 집행위원회에 서면으로 공식 제출하였다. 유럽연합집행위원회는 총소득의 1.14%를 예산 상한선으로 제시하였으며, 브뤼셀 이사회 의장이었던 융커(Jean – Claude Juncker) 룩셈부르크 수상은 유럽연합 예산의 상한선으로 국민총소득의 1.056%를 절충안으로 제시하였다. 그러나 영국 예산환급금의 규모는 공동농업정책 예산이 감소되거나 폐지될 때까지 지속된다는 원칙이 이미 정해져 있었고, 2013년까지의 공동농업정책 지출 규모는 2002년 10월에 이미 블레어 수상을 비롯한 회원국 정상 간에 합의되어 있었기 때문에 영국으로서는 크게 염려하지 않아도 되는 상황이었다.

3. 야기엘로니안 절충안

2007년 전반기의 이사회 의장국은 독일이었으며 후반기에는 포르투갈이 이어받게 되어 있었다. 2007년 말까지는 유럽헌법조약의 비준 실패에 따라 마련된 소위 개정조약(Reform Treaty)에 대한 최종 합의를 도출해 낸다는 것이 유럽연합의 목표였다. 헌법조약으로부터 개정조약, 그리고 리스본조약으로 이어지는 일련의 과정에서는 니스조약과는 전혀 다른 내용의 가중다수결제도가 논의되고 있었다.

새로운 제도에 의해 의결권에 가장 심각한 피해를 보는 것이 폴란드였다. 따라서 폴란드는 자국의 의결권 감소를 야기하는 개혁

조치에 반대하며, 니스조약의 고수에 혼신의 힘을 기울이고 있었다. 그러나 결국 좌파 집권내각은 니스조약의 의사결정 메커니즘 사수를 포기했으며, 뒤이은 우파 집권내각의 카친스키(Jarosław Kaczyński) 수상 역시 니스조약의 사수를 고집하지 않았다. 이에 대한 대안으로 카친스키 수상이 들고 나온 것이 유럽연합이사회에서의 회원국에 대한 투표수 배분 방법의 변경에 관한 제안이었다.

폴란드는 인구수의 제곱근을 기준으로 하는 소위 펜로즈[13] 방식의 채택을 주장하였다. 폴란드에 의하면 펜로즈 방식으로 각 회원국의 이사회 투표수를 결정하면 인구 대국과 인구 소국 사이의 투표수의 차이를 줄일 수 있다는 것이었다. 거의 모든 회원국들이 반대했던 폴란드의 제안에 대해 이미 여러 차례 토론을 거부했던 의장국 독일은 2007년 6월 이사회에서 안건으로 채택하는 데 동의하였다.

이 펜로즈 방식을 따른다면 현대의 발달된 컴퓨터 기능을 사용하여 모든 회원국의 모든 국민들이 동일한 의결권을 가질 수 있도록 가중다수결의 최적 수준을 구성하며 게임이론상 최적 배분인 통과최저선을 정하는 것이 어렵지 않다는 것으로 폴란드의 야기엘로니안 대학 교수들에 의해 제안되었다 해서 '야기엘로니안 타협안'(Jagiellonian Compromise)이라 불린다.[14] 2009년 현재의 27개 회원국의 경우 이 통과최저선은 61.6%이며, 회원국의 수가 증가함에

---

13) Roger Penrose, 영국의 이론 물리학자이자 수학자.

14) 펜로즈 방식에 대한 상세한 내용은 Słomczyński and Życzkowski, "Penrose voting system and optimal quota", *ACTA Physica Polonica* B, Vol.37, No.11(2006), pp.3133～3143과 Słomczyński and Życzkowski, *Jagiellonian Compromise: An alternative voting system for the Council of the European Union*, Institute of Physics, Jagiellonian University and Center for Theoretical Physics of Polish Academy of Sciences(2007) 참조.

따라 통과최저선은 점점 더 낮아지게 된다.

2005년 10월에 치러진 폴란드 대통령 선거에서 '법과 정의당'(PiS)의 레흐 카친스키(Lech Kaczyński) 후보가 당선되었다. 동시에 치러진 의회선거 결과 법과 정의당이 소수내각을 구성하였으며, 2006년 7월에는 대통령의 쌍둥이 형인 야로스와프 카친스키가 수상 직에 오르는 세계 역사상 보기 드문 정치 상황이 연출되고 있었다. 이사회에서의 의결권 축소 저지를 위한 카친스키 형제의 주장과 행동은 유럽 정치지도자들의 심각한 분노를 자아냈다. 유럽이사회를 코앞에 둔 2007년 6월 19일 카친스키 수상은 제2차 세계대전을 거론하며 독일에 의해 폴란드인 6백만 명이 죽지만 않았다면 현재 폴란드 인구는 6,600만이 되었을 것이라는 해괴한 주장을 펼쳤다. 따라서 폴란드에 배분되는 이사회의 투표수가 독일 등 대국들에 비해 현저히 낮을 수 없다는 것이 그의 주장이었다.

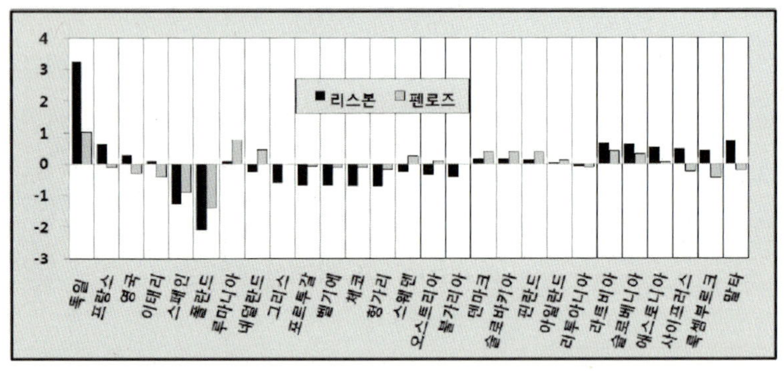

출처: European Communities(2001), p.82; Słomczyński and Żczkowski(2007), p.17.

〈그림 11〉 니스조약 방식과 리스본조약/펜로즈 방식 간 이해득실 비교(%)

<그림 11>은 현재의 니스조약 방식이 2017년 이후 전면적으로 적용될 예정인 리스본조약 방식으로 전환될 경우와 펜로즈 방식을 채택할 경우에 각 회원국의 의결력(voting power)에 어떠한 영향을 주는지 보여 주고 있다. 여기서 의결력이란 단순히 각 회원국에 차등 배분된 투표수를 의미하지 않으며 실질적으로 표결에 임했을 경우 찬반을 가를 수 있는 결정적 역할을 할 수 있는 가능성을 나타내는 투표통계학적 용어이다.[15] 리스본조약에 명시된 의사결정 방식으로 가는 경우 가장 큰 피해자는 폴란드를 포함한 인구 중상위권 국가들이다. 반면 가장 큰 수혜자는 독일과 프랑스를 비롯하여 인구 상위국들이다. 폴란드의 입장에서는 자국 의결력의 현저한 저하를 수용할 수 없음은 물론 제2차 세계대전의 구원이 있는 독일의 영향력이 증대되는 것은 결코 좌시할 수 없었던 것이었다. 그러나 이러한 반발은 이미 예견되었던 것이라 볼 수 있다. 유럽연합은 2004년 폴란드의 가입에 대비하여 이사회에서의 투표수 배분에서 이미 폴란드에게 스페인과 같고 독일 등 4대 강국보다 2표 적은 27표의 투표수를 배분하기로 결정했었다. 그러나 이러한 결정은 인구수를 기준으로 한 이사회의 투표수 배분에서 그 근거를 찾을 수 없는 순전한 정치적 결정이었으며 이를 바로잡으려는 과정에서의 충돌은 불가피한 것이었다.

한편 펜로즈 방식으로 가장 큰 혜택을 보는 회원국은 독일, 루마

---

15) S ł omczyński and Życzkowski, "Penrose voting system and optimal quota", *ACTA Physica Polonica B*, Vol.37, No.11(2006), pp.3134~3138; S ł omczyński and Życzkowski, *Jagiellonian Compromise: An alternative voting system for the Council of the European Union*, Institute of Physics, Jagiellonian University and Center for Theoretical Physics of Polish Academy of Sciences(2007), pp.3~5.

니아, 네덜란드를 비롯하여 인구 중하위국들이며, 반면 폴란드와 스페인을 비롯하여 일부 인구 대국과 인구 중상위국 일부, 그리고 인구 최하위국의 의결력이 축소되는 것으로 나타나고 있다. 폴란드는 펜로즈 방식을 채택한다 할지라도 의결력의 감소는 피할 수 없는 상황이며 그것도 회원국 중 가장 큰 감축의 규모이다. 그러나 리스본조약 방식과 비교해 볼 때 폴란드의 감소분은 대폭 줄어든다. 폴란드가 줄기차게 제기했던 독일의 영향력은 펜로즈 방식에 의해서도 증대된다. 그러나 그 증대의 정도가 펜로즈 방식에 따르면 리스본조약 방식에 비해 현격히 줄어들게 된다. 결국 폴란드의 전략은 폴란드의 의결력 감소를 최소화시킴과 동시에 독일의 영향력 증대를 최대한 억제시킬 수 있는 방안으로 니스조약 방식의 고수를 주장했으며, 사정이 여의치 않자 이를 포기하고 펜로즈 방식의 채택을 주장하였던 것이다. 결국 이사회는 폴란드가 원했던 모든 것들을 받아들이지 않았으나 이사회가 폴란드의 요구를 완전히 무시했던 것도 아니었다.

2007년 6월 이사회는 끈질긴 협상 끝에 6월 23일 아침 극적으로 절충안에 합의하였다. 이 합의안에 따르면 현재 적용되고 있는 니스조약에 규정된 이사회의 의사결정 방식을 2014년까지 적용하며, 2014년부터 2017년까지는 과도기로서 점진적으로 새로운 제도를 적용하되 1개 이상의 회원국이 원하는 경우에는 니스조약의 제도를 적용할 수 있다는 것이다.

Ⅴ. 결론 및 정책적 시사점

1. 유럽연합 내 경제적 갈등과 해결

유럽연합 회원국 간의 경제적 이해관계의 상충은 원천적으로 회원국 구성의 다양성에서 비롯되며, 유럽연합 내 각종 기구에서의 회원국의 대표성 문제는 다양성의 제도 내 흡수를 통한 부분적 해결을 의미하는 한편 새로운 갈등 요소로 작용하고 있다.

경제적 성격이 강한 다양성을 보면 인구 규모, 경제규모, 그리고 회원국 간 생활수준의 차이 등을 들 수 있다. 독일을 위시한 인구 규모 상위 5개국이 유럽연합 전체 인구의 62.8을 차지하고 있는 반면, 인구 최소국 말타를 비롯한 하위 5개국의 인구 점유율은 1%를 약간 상회할 뿐이다. 경제규모 역시 GDP 상위 5개국이 전체 GDP 의 69% 이상을 차지하고 있는 반면, 하위 5개국의 점유율은 1% 정도에 머물고 있다. 유럽연합 회원국의 1인당 GDP는 2008년의 경우 룩셈부르크가 69,300유로인 데 반해 가장 최근에 유럽연합에 가입한 불가리아나 루마니아의 1인당 GDP는 10,400유로로에 불과한 실정이다. 인구 규모, 경제규모, 생활수준 등의 차이는 그 자체가 문제가 되는 것이 아니라 유럽연합 내 각종 정책결정과정에 있어서 이해관계 상충의 원인을 제공하기 때문에 경제적 갈등의 상수로 작용하고 있다.

유럽연합은 회원국의 다양성에서 비롯되는 이러한 갈등의 소지를 줄이고 통합으로의 길을 재촉하기 위해서는 이 다양성을 제도

내로 흡수해야 한다는 사실을 직시하고 공동체 출범 초부터 여러 가지 조치들을 취해 왔다. 특히 모든 회원국의 모든 국민들에게 가능한 한 동등한 의결력을 부여하기 위해 인구 규모를 각 회원국의 공동체 내 대표성의 근간으로 하고 있으며, 여기에 소위 체감비례의 원칙을 적용해 왔다. 유럽의회에서 각 회원국이 차지하고 있는 의석수, 그리고 이사회에서의 각 회원국의 투표수 등은 유럽통합에의 참여 동기를 높이기 위하여 인구 소국에게 인구 비례보다 높은 비중의 배분율을 부여하고 있다.

유럽의회에서의 의석수나 이사회에서의 투표수 못지않게 중요한 것은 어떠한 의사결정제도를 적용하느냐 하는 문제이다. 의결력이 비교적 취약한 소국들은 만장일치제도를 선호할 것이고, 인구 대국들은 유럽연합 운영의 효율성 제고를 이유로 단순 다수결 또는 가중다수결 제도를 선호하는 것이 대체적인 경향이다. 보다 신속하고 효율적인 의사결정 메커니즘의 운용을 위해 만장일치를 예외로 하고 대부분의 안건을 가중다수결에 의해 처리하려는 움직임에 가속도를 붙이기 위해서는 소국들의 반발을 무마할 수 있는 제도적 장치가 선결 요건이었다. 이에 따라 2017년부터 전면적으로 도입될 리스본조약 방식에서는 소위 이중다수결제도를 도입하는 한편 약소국들이 강대국들의 전횡을 제어할 수 있는 가능성을 확대시켜 놓았다.

유럽연합의 예산과 관련해서는 세입 부담 비중이 큰 회원국과 지출 혜택을 많이 받는 회원국이 일치하지 않기 때문에 순 기여회원국과 순 수혜회원국이 공존할 수밖에 없는 실정이다. 순 기여국이냐 아니면 순 수혜국이냐는 각 회원국의 국내정치 상황에도 심각한 영향을 미치게 되어, 유럽연합의 예산에 대한 분담 및 혜택을 둘러싸고 끊임없는 갈등이 반복되어 왔다.

유럽통합 작업은 끊임없는 갈등의 표출과 그 갈등을 치유하고 봉합해 나가는 과정의 연속이었다고 볼 수 있다. 그 갈등의 내용이 모두 경제적 성격을 띤 것은 아니었을지라도 어떠한 갈등이건 필연적으로 경제적 이해관계의 상충을 포함하고 있었다. 이 연구에서 예로 든 경제적 이해관계 상충의 세 가지 사례 역시 경제적 요소만이 있는 것은 아니었다. 룩셈부르크 타협은 프랑스의 반발로, 영국 예산환급금 문제는 영국의 반발로 일어났으며, 야기엘로니안 절충안 문제는 신흥회원국 폴란드에 의해 제기되었다. 룩셈부르크 타협이나 영국 예산환급금 모두에 깊숙이 관련되어 있는 것이 공동농업정책이다. 공동체의 출범 초기부터 예산의 거의 전부를 차지했던 공동농업정책은 그 정책의 작은 변화 하나가 개별 회원국에게 막대한 영향을 미치는 것이었다.

야기엘로니안 절충안은 의사결정 메커니즘을 문제의 대상으로 하고 있다는 점에서 그리고 신흥 회원국에 의해 제기된 문제라는 면에서 위의 두 가지 사례와는 그 궤를 달리한다. 폴란드를 비롯한 2004년 이후 가입한 신흥회원국들은 유럽연합 가입을 위해 혹독한 과정을 겪었어야 했다. 그러나 가입 후의 일련의 행태들을 보면 일부 신흥 회원국들의 도덕적 해이 현상이 나타나고 있음을 감지할 수 있었다. 폴란드의 경우도 같은 맥락에서 이해해야 하지만 그렇다고 폴란드가 주장한 야기엘로니안 절충안이 전혀 그 근거나 명분을 상실하고 있는 것은 아니다.

유럽연합은 27개 회원국의 각각 다른 이해관계가 첨예하게 대립되면서 과도하게 부여됐던 약소국들에 대한 의결력을 축소하지 않으면 안 되는 상황에 직면하게 되었다. 이 상황에서 리스본조약의 방식에 따른 새로운 의사결정 메커니즘을 적용하려는 시도는 저항을 받는 것이 오히려 당연한 것이었다. 의결력의 저하는 경제적 이해관계의 추구에서 불리한 입장으로 이어지며, 이러한 상황은 다시 국내정치로 연결되어 집권 정부의 생명을 위협하게 되기 때문에 각 회원국의 정부는 의결력 확보를 위해 치열한 투쟁을 벌이게 되는 것이다. 또 하나의 문제는 유럽의회의 의석수 배분이나 이사회에서의 투표수 배분이 투표통계학적 근거에 의해 이루어진 것이 아니라 일정 부분 정치적 타협과 고려에 의해 만들어졌다는 사실이다. 따라서 앞으로 모든 회원국이 납득할 만한 객관적 자료를 바탕으로 한 의결력의 배분제도가 정립되지 않는 한 이에 대한 회원국들의 이의 제기는 계속될 것이다.

　이러한 측면에서 펜로즈 방식은 투표통계학적 측면에서 유럽의 모든 시민이 거의 동일한 의결력을 가지게 되는 제도라는 면에서 설득력을 가지게 된다. 펜로즈 방식이 확인해 주는 또 하나의 사실은 펜로즈 방식에 의한 의결력의 배분이 니스조약의 방식과 거의 비슷한 분포를 보인다는 것이다. 따라서 학술적 근거에 의해 제기된 펜로즈 방식이 니스조약과 비슷한 분포를 보인다면 새로운 의사결정 방식인 리스본조약 방식은 그 학술적 근거를 상실케 된다는 것이다.

2. 정책적 시사점

유럽연합은 27개 회원국에 5억의 인구를 망라하는 거대한 조직이며, 이제까지의 어느 국제기구와도 그 성격을 달리하는 인류 역사상 초유의 국가 간 실험 조직이다. 조직을 이끌어 가기 위해 필수적으로 요구되는 것이 의사결정 메커니즘과 재정일 것이며, 여기에서 회원국 간 이해관계의 상충이 발생된다. 그러나 인종, 언어, 종교, 정치, 경제, 사회, 역사 등 모든 면에서 서로 다른 27개 회원국이 한 몸이 되어 나아가는 데 갈등이 표출되는 것은 자연스런 현상일 것이다. 유럽연합은 회원국의 다양성에서 비롯되는 이해관계의 상충을 비교적 슬기롭게 극복하면서 발전의 길을 걸어왔다. 그러나 갈등의 원인을 제거 또는 개혁하는 데 있어서 유럽연합 자체가 무기력했으며, 발생된 갈등을 치유하고 봉합하는 과정이 민주적이지도 못하면서 비효율적이었다는 지적을 피할 수 없을 것이다. 이와 함께 유럽연합의 주축인 소위 강대국들이 그들의 역할을 충실히 이행했는지 아니면 그들의 이익 추구를 위해서만 노력해 왔는지는 깊이 반성해야 할 것이며, 인구 소국 또는 경제 소국들은 대국들의 그늘에 안주하려 하고 있지는 않은지 돌아보아야 할 것이다.

대한민국을 포함한 아시아 제국 간의 연합이라든지 또는 동북아연합이라든지 하는 논의들이 오가고 있다. 이러한 논의들이 유럽연합과 같은 강도의 국가연합으로 이어질 가능성을 현재로서는 예단키 어렵지만 만일 그 가능성이 현실화된다면 유럽연합이 겪고 있는 이러한 진통과 그 해결 방법들은 가상의 기구뿐만 아니라 그 기구의 일원이 될 대한민국에게도 시사하는 바가 크다 할 것이다. 또한 우리는 남북으로 분단된 상태이며 장차 통일이 된다 하여도 남과 북 사이에 심각한 괴리가 존재하기 때문에 수없이 많은 갈등 상황에 봉착하게 될 것이다. 유럽연합이 걸어온 길과 같이 어떠한 상황에서도 조직 자체를 와해시키지는 않겠다는 굳건한 각오와 준비가 없이는 통일 조국을 기대할 수 없을 것이며, 한반도 주변 지역에서의 국가 간 연합은 더더욱 요원한 일이 될 것이다. 평화유지, 경제번영, 민주주의 신장 등 유럽연합이 지속적으로 추구해 온 이 세 가지 가치는 한반도를 중심으로 한 어떠한 공동체 움직임에 있어서도 소중한 가치가 될 것이다.

참고문헌

Baldwin, Richard. "Who finances the Queen's CAP payments? — The CAP as a dooH niboR Scheme". *Centre for European Policy Studies(CEPS) Policy Brief.* No.88(2005).

Baldwin, Richard and Wyplosz, Charles. *The Economics of European Integration.* 2nd edn. London: McGraw — Hill, 2006.

Baldwin, Richard and Widgrén, Mika. "Political decision making in the enlarged EU". Paper presented at *XVII Symposium Moneda y Crédito, on The future of the enlarged European Union*, Madrid.(2004.11.18~19).

European Communities. "Treaty of Nice — Amending the Treaty on European Union, the Treaties establishing the European Communities and certain related Acts". *Official Journal of the European Communities.* 2001/C 80(2001).

__________________. "Treaty establishing a Constitution for Europe". *Official Journal of the European Union.* 2004/C 310. Vol.47(2004).

__________________. "Treaty of Lisbon amending the Treaty on European Union and the Treaty establishing the European Community". *Official Journal of the European Communities.* 2007/C 306. Vol.50(2007a).

__________________. "Final adoption of the general budget of the European Union for the financial year 2007". *Official Journal of the European Union.* L 77. Vol.50(2007b).

__________________. *EU Budget 2007 Financial Report.* 2008a.

__________. *European Union Public Finance*. 4th edn. 2008b.

__________. "Consolidated versions of the Treaty on European Union and The Treaty on the Functioning of the European Union". *Official Journal of the European Union*. 2008/C 115/01. Vol.50(2008c).

__________. *EU Budget 2008 Financial Report*. 2009.

European Council. *Presidency Conclusions of the Berlin European Council of 24 and 25 March 1999*. 1999.

European NAvigator(ENA). *Final Communiqué of the extraordinary session of the Council(Luxembourg, 29 January 1966)*. http://www.ena.lu?lang=-2&doc=11907(2009년 2월 24일 검색). 2009a.

__________. *The 'empty chair' policy*. http://www.ena.lu?lang=-2&doc=444(2009년 2월 24일 검색). 2009b.

__________. *The Luxembourg Compromise*. http://www.ena.lu?lang=-2&doc=445(2009년 2월 24일 검색). 2009c.

European Parliament. *Fact sheets on the EU(1999~2002)*. 2009a.

__________. *Fact sheets on the EU(2004)*. 2009b.

__________. *MEPs by Member State and political group −sixth parliamentary term*. 2009c.

__________. *European Parliament*. 2009d.

__________. *The Faces of the European Parliament 2009~2011*. 2010.

Eurostat. *Europe in Figures: Eurostat Yearbook 2008*. 2008.

__________. *Gross domestic product at market prices −[tec00001]; Millions of PPS*. Online database. 2010a.

__________. *Gross domestic product at market prices −[tec00001]; Purchasing Power Standard per inhabitant*. Online database. 2010b.

__________. *Total population −[tps00001] at 1 January*. Online database. 2010c.

Hosli, Madeleine O. "Smaller states and the new voting weights in the

Council". *Research Essay*. Hague: Clingendael Institute, Hague, 2000.

Ludlow, N. Piers. "The making of the CAP: Towards a historical analysis of the EU's first major policy". *Contemporary European History*. Vol.14. No.3(2005), pp.347~371.

Neal, Larry. *The Economics of Europe and the European Union*. Cambridge: Cambridge University Press, 2007.

Słomczyńki, W. and Życzkowski, K. "Penrose voting system and optimal quota". *ACTA Physica Polonica B*. Vol.37. No.11(2006), pp.3133~3143.

__________. *Jagiellonian Compromise: An alternative voting system for the Council of the European Union*. Institute of Physics, Jagiellonian University and Center for Theoretical Physics of Polish Academy of Sciences, 2007.

제14장 발트 3국의 경제발전과 성장요인 분석

박광수
동의대학교 금융보험학과 부교수

이영기
동국대학교 경제학과 교수

I. 서 론

발트 3국은 발트 해 남동 해안에 위치한 에스토니아, 라트비아, 리투아니아 등 3개국을 지칭하는 말인데 1991년 구소련의 지배에서 벗어나 독립하면서 새로운 정치경제적인 변화를 맞이하였다. 이들 국가는 2004년 5월 EU에 가입하였는데 EU 가입 이후 놀라운 경제발전성과를 보이고 있어 가장 성공적인 체제전환 국가들로 평가받고 있다. 그러나 사회주의 체제에서 자유시장경제로의 변화를 통해 생활수준이 급격하게 개선되었음에도 불구하고 유로지역의 평균수준에서 보면 1인당 소득이 아직 상당한 격차를 보이고 있다.

발트 3국의 경제발전이 앞으로도 지속되어 여타 EU 국가와 1인당 소득격차가 줄어들 수 있을 것인가는 향후 EU의 확대정책에 대한 전망 및 체제전환국가의 경제발전과정에 대한 이해를 위해 필수적인 기초연구라고 볼 수 있다. 이러한 필요성에도 불구하고 우리나라에서는 아직 발트 3국에 대한 이해와 연구는 미흡한 실정이다. 본 연구는 최근 관심이 커진 발트 3국이 소련으로부터의 독립 이후 최근까지 경제성장과정과 성장요인 및 문제점을 살펴보고 향후 경제성장이 지속되기 위한 조건들을 이론적으로 또한 실증자료를 통해 분석하고자 한다. 특히 경제성장을 생산성의 향상이라고 볼 때 노동과 자본의 생산성에 영향을 미치는 요인들을 중심으로 분석을 진행한다. 이러한 연구는 향후 EU 확대에 대한 전망과 이후 신규 가입국들에 대한 경제발전에 대한 시사점을 얻는 데 도움이 될 것이다.

본 연구의 구성은 다음과 같다. 먼저 2장에서는 발트 3국의 구소련으로부터의 독립 이후 경제발전과정과 현재의 경제현황을 살펴본다. 3장과 4장에서는 경제발전의 핵심적인 요소인 노동시장의 구조와 자본의 구조를 분석함으로써 발트 3국에서의 경제발전에서 요인에 대한 세부적인 분석을 실시한다. 또한 이를 통해 향후 발트 3국의 경제발전 전망과 지속적인 발전을 위한 조건들을 분석한다. 마지막으로 5장에서는 결론 및 시사점을 얻는다.

Ⅱ. 발트 3국의 경제발전과정 및 현황

1. 경제성장

1990년 독립 이후 발트 3국은 극심한 경제침체를 경험하였다. 사회주의체제에서 자본주의체제로의 전환에 따른 혼란으로 1991~1995년 중에는 연평균 성장률이 -10%를 넘어서는 극심한 경제후퇴국면을 경험하였다. 그러나 1996년 이후에는 체제전환에 따른 혼란을 극복하고 경제성장률이 유로지역 평균을 2배 가까이 넘어섰다. 2000년에 들어서는 이러한 추세가 더욱 가속화되고 있는데 연평균 성장률이 7%를 넘어서고 있어 유로지역 평균을 크게 압도함으로써 성공적인 체제전환국가로 평가받고 있다.

<표 1> 발트 3국의 경제성장률(기간 중 평균)

(단위: %)

국가	1991~1995년	1996~2000년	2001~2007년
에스토니아	-6.2	5.6	8.0
라트비아	-11.8	5.4	9.0
리투아니아	-10.0	4.2	8.0
유로지역	1.5	2.8	1.8

자료: Eurostat(http://epp.eurostat.ec.europa.eu/).

이러한 점은 1인당 GDP의 추이로 더욱 분명하게 확인할 수 있는데 1995년에 유로지역대비 30% 정도의 수준에서 2007년에는 50% 수준으로 상승하였다. 특히 에스토니아는 유로지역의 62% 수

준까지 접근함으로써 1인당 GDP가 가장 빠르게 성장하였음을 알
수 있다.

<표 2> 유로지역 평균대비 1인당 GDP 수준(불변가격기준)

(단위: %)

국가	1995년	2000년	2007년
에스토니아	29.8	35.9	62.0
라트비아	25.7	30.8	52.8
리투아니아	32.4	33.3	54.2

자료: Eurostat(http://epp.eurostat.ec.europa.eu/).

2. 물가

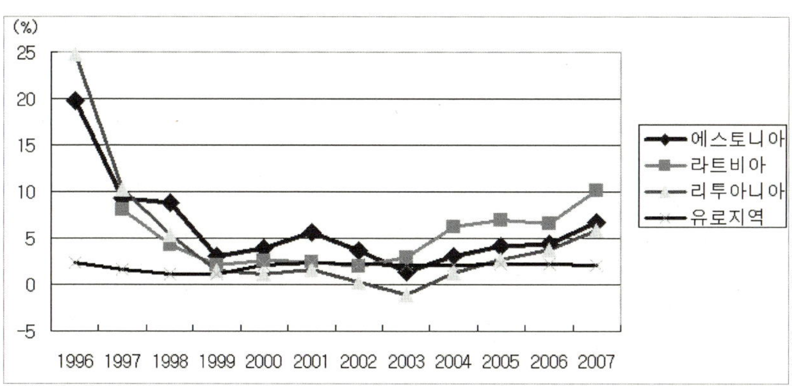

자료: Eurostat(http://epp.eurostat.ec.europa.eu/).

<그림 1> 발트 3국의 소비자물가 상승률

거시경제의 건전성을 판단할 수 있는 가장 중요한 변수인 발트
3국의 인플레이션수준을 살펴보면 <그림 1>에서 보는 바와 같이

인플레이션율이 체제전환에 따른 혼란에도 불구하고 예상보다는 안정적으로 관리되었다. 다만 1990년대 후반까지는 체제전환에 따른 혼란으로 물가상승률이 유로지역 평균에 비해 크게 높았으나 2000년에 들어서는 5% 이내로 관리되어 그 격차가 많이 좁혀졌다. 그러나 2005년 이후에는 전 세계적인 원자재 및 농산물가격의 폭등으로 발트 3국의 물가가 크게 상승하는 모습을 보이고 있다. 특히 라트비아는 2007년 중에는 물가상승률이 10%를 넘어서고 있어 물가불안요인이 상존하고 있는 모습이다.

3. 국제수지

발트 3국의 국제수지를 살펴보면 경상수지가 지속적으로 적자를 보이고 있으며 그 규모도 점차 커지고 있음을 알 수 있다. 2007년에서 에스토니아가 40억 달러, 라트비아와 리투아니아가 60억 달러 이상의 적자를 보이는 것으로 나타났다. 이에 반해 자본수지는 소폭의 흑자를 보이는 것으로 나타나고 있다. 2006년 현재 발트 3국 모두 경상수지 적자가 GDP의 10%를 상회하고 있으며 라트비아는 20% 수준을 넘어서고 있다. <표 3>를 보면 경상수지의 구성항목으로 볼 때 발트 3국의 경상수지적자는 주로 상품수지의 적자에 기인하는 것으로 보인다.

<표 3> 발트 3국의 국제수지

(단위: 백만 달러, %)

국가	1997년		2000년		2003년		2007년	
	경상수지	자본수지	경상수지	자본수지	경상수지	자본수지	경상수지	자본수지
에스토니아	-550	0	-302	17	-1,245	80	-4,060	255
라트비아	-956	3	-687	2	-1,410	76	-6,108	735
리투아니아	-338	13	-383	37	-1,028	85	-6,998	608

자료: Eurostat(http://epp.eurostat.ec.europa.eu/)에서 재계산.

<표 4> GDP 대비 경상수지비율(2006년 기준)

(단위: %)

국가	경상수지	상품수지	서비스수지	소득수지	경상이전수지
에스토니아	-15.5	-17.7	6.1	-4.5	0.7
라트비아	-22.3	-25.4	3.3	-2.6	2.4
리투아니아	-10.8	-14.1	3.6	-2.8	2.4

자료: Eurostat Yearbook(2008).

경상수지적자가 큰 폭으로 지속되고 자본수지흑자가 미미한 상황에서 보면 발트 3국은 대외지불능력 측면에서 상당한 문제점을 지니고 있는 것으로 판단된다. 현재는 이러한 경상수지 적자가 FDI 등 자본수지의 흑자로 일부분 보전되고 있으나 대외여건이 악화되어 자본유입이 중단되거나 자본유출이 발생할 경우 외환위기가 나타날 가능성이 매우 높다고 할 수 있다. 따라서 발트 3국이 지속적인 경제성장을 이루기 위해서는 수출증대 및 여행 및 소득수지의 개선을 통해 경상수지적자를 개선하는 데 경제정책의 초점을 맞추어야 할 것이다.

Ⅲ. 노동시장의 성장요인분석

숙련된 노동력의 원활한 공급은 국가경제가 인플레이션 없이 성장할 수 있는 가장 중요한 기초가 된다. 그중에서도 높은 취업률, 풍부한 숙련 노동력, 유연한 노동시장의 구조 등이 핵심적인 요인이다. 그러나 경제개발의 초기 단계에 있는 국가들은 이러한 요인들이 충분히 갖추어져 있지 못할 뿐 아니라 불균형상태에 있는 것이 일반적이다.[1]

본 연구에서는 과거 20여 년간 발트 3국에서의 노동시장의 구조와 노동시장의 불균형 문제를 분석하여 노동시장 측면에서 발트 3국의 성장요인을 검토한다. 또한 노동시장의 법적·제도적 요인에 대한 점검도 필요하다. 노동시장의 대표적인 제도적 요인은 취업보호법과 최저임금제, 단체협상에 관한 제도인데 본 연구에서는 발트 3국에서 현재 시행되고 있는 이러한 제도의 현황에 대하여 분석한다.

1. 노동시장의 기본 구조

발트 3국의 노동시장 현황을 파악하기 위해 먼저 고용률을 살펴

---

1) Boeri and Scarpetta(1996)는 숙련 정도, 직업, 지역 및 업종별로 일자리와 미취업자 사이의 불균형은 다양한 요인과 관련되어 있는데 인구학적인 변화, 성별 또는 나이별 노동력의 특성변화, 생산구조 변화 등이 그러한 불균형을 야기하는 가장 중요한 요인이라고 주장하고 있다. 이와 더불어 더 좋은 교육과 평생교육에 대한 정책과 같은 노동의 질적 측면도 중요한 역할을 한다. 노동력이 변화하는 생산구조에 신속하게 적응할수록 노동력의 재배분과정이 원활해지기 때문이다. T. Boeri, and S. Scarpetta, "Regional mismatch and the transition to a market economy", *Labour Economics*, Vol.3(1996), pp.233~254. 참조.

보면 경기호황으로 고용률이 모든 국가에서 2007년에는 1998년에 비해 높아졌다. 에스토니아와 라트비아는 유로지역보다 높은 고용률을 보이고 있다. 또한 2007년에는 발트 3국 모두 실업률이 유로지역보다 낮아져 유로지역평균을 크게 하회하고 있어 빠른 경제성장에 따라 고용여건이 크게 개선되었음을 알 수 있다. 이러한 현상은 여타 EU 지역과 비슷한 것으로 노동시장의 지표로만 볼 때 유로지역과 별 차이가 없음을 알 수 있다. 다만 2000년 이전에는 실업률이 발트 3국이 상당히 높은 수준이었으나 2007년에는 오히려 유로지역에 비해 크게 낮아져 기간 중 경제성장으로 노동시장의 여건이 과거에 비해 상당히 개선된 것으로 추론할 수 있다.

<표 5> 고용률, 실업률, 경제활동참가율

(단위: %)

국가	항목	1998년	2007년
에스토니아	고용률*	64.6	69.4
	실업률**	9.2	4.7
	경제활동참가율***	72.2	72.9
라트비아	고용률	59.9	68.3
	실업률	14.3	6.0
	경제활동참가율	69.8	72.8
리투아니아	고용률	62.3	64.9
	실업률	13.2	4.3
	경제활동참가율	72.1	67.9
유로지역	고용률	59.3	65.7
	실업률	10.0	7.4
	경제활동참가율	66.7	71.1

자료: Eurostat(http://epp.eurostat.ec.europa.eu/).
　*) 고용률＝취업자/15～64세 인구.
　**) 실업률＝실업자/경제활동인구.
　***) 경제활동참가율＝경제활동인구/15～64세 인구.

한편 산업별로 취업자의 구성을 살펴보면 다음과 같다. 발트 3국 모두 1995년에 비해서 서비스 부문에서의 비중이 크게 증가하였음을 알 수 있다. 물론 아직도 서비스 부문이 아직 유로지역에 비해서는 낮은 수준이지만 향후에는 서비스 부문에서의 취업이 지속적으로 증가할 것으로 전망된다.

<표 6> 산업별 취업비중

(단위: %)

국가	산업	1995년	2007년
에스토니아	농업	10.2	4.7
	공업	34.0	34.6
	서비스	55.8	60.7
라트비아	농업	19.3	10.3
	공업	29.2	30.5
	서비스	51.5	59.1
리투아니아	농업	17.8	9.9
	공업	27.4	28.2
	서비스	54.8	62.0
유로지역	농업	5.2	3.9
	공업	28.8	24.8
	서비스	66.0	71.2

자료: Eurostat(http://epp.eurostat.ec.europa.eu/).

2. 노동시장의 불균형

체제전환과정에서 나타나는 생산과 고용간의 구조적인 변화 가운데 가장 중요한 점은 숙련노동자에 대한 수요와 공급 간에 불균형이 존재하게 된다는 점이다. 즉 숙련노동자에 대해서는 초과수요가 존재하고 미숙련노동자는 초과공급이 나타나는데 결국 고등교육을 받지 못한 사람은 낮은 생산성을 가지는 직업이나 저개발 서비스 부문으로 갈 수밖에 없는 상황에 처하게 된다. 이는 경제성장을 저해하는 주요 요인이 된다.

<표 7>은 학력별 실업률을 나타내고 있는데 2000년대에 들어 전체적으로 실업률의 절대수준은 낮아지고 있음에도 불구하고 학력별 격차는 여전히 심한 것으로 나타나고 있다. 특히 발트 3국의 경우 대학교육을 받은 사람들의 실업률이 유로지역에 비해 상당히 낮게 나타나는 반면 초중고등 교육을 받은 사람들의 실업률이 상대적으로 높게 나타나고 있는데 이는 대학교육을 받은 노동자에 대해서는 상대적으로 초과수요가 존재하고 초중고등교육을 받은 노동자에 대해서는 초과 공급이 존재하는 노동시장의 불균형을 반영한다고 볼 수 있다.

〈표 7〉 학력별 실업률

(단위: %)

국가	학력	2000년	2003년	2006년
에스토니아	초등	26.4	18.8	15.9
	중고등	14.8	12.5	5.7
	대학	5.0	5.4	3.8
라트비아	초등	22.5	17.6	12.3
	중고등	14.9	10.3	6.0
	대학	7.4	6.3	3.7
리투아니아	초등	25.7	22.4	10.2
	중고등	20.3	13.8	6.2
	대학	9.4	6.4	2.2
유로지역	초등	12.3	11.6	10.0
	중고등	8.4	8.7	7.2
	대학	5.5	5.6	4.7

자료: Eurostat(http://epp.eurostat.ec.europa.eu/).

한편 발트 3국의 실업률의 구조를 살펴보면 전체 실업률이 유로지역에 비해 낮을 뿐 아니라 에스토니아의 장기실업률을 제외하면 청년실업률이나 장기실업률 역시 유로지역 평균에 비해 상당히 낮은 수준이다. 이는 빠른 경제성장으로 고용여건이 크게 개선된 데 기인하는 것으로 판단한다.

<표 8> 실업률의 구조(2007년 기준)

(단위: %)

국가	전체 실업률*	청년실업률**	장기실업률***
에스토니아	4.7	10.0	49.5
라트비아	6.0	10.7	32.0
리투아니아	4.3	8.2	26.4
유로지역	7.4	14.8	43.5

자료: Eurostat(http://epp.eurostat.ec.europa.eu/).
 *) 15~64세 노동력 인구 중에서 전체실업자 비율.
 **) 15~64세 노동력 인구 중에서 15~24세 실업자 비율.
***) 전체실업자 중에서 1년 이상 실업상태 실업자 비율.

이러한 점을 종합해서 보면 발트 3국에서 나타나는 노동시장의 불균형을 해소하기 위해서는 더 많은 숙련노동자를 양성할 수 있는 고등교육 및 직업교육이 필요하다고 판단된다.[2]

---

2) 한편 지역적으로도 노동시장의 불균형이 나타나는데 이는 노동자 이주의 문제를 발생시킨다. 물론 정보 탐색비용, 이주비와 같은 고정비가 노동력 이주에 부정적인 영향을 미치지만 저임근로자의 경우 이주에 대한 강력한 경제적 동기를 가지고 있다. 그러나 이 경우에도 미숙련노동자의 광범위한 초과공급이 존재하는 농업과 중공업 부문에서의 노동력 이주는 사실상 증가하기가 어려울 것이다. Fidman and Huber(2004)는 이러한 점에서 미숙련 노동자가 가장 이주경향이 낮다는 실증 분석결과를 보인다고 주장하고 있다.

3. 노동시장의 제도

경제개발의 초기상태에 있는 발트 3국의 미숙련 저임금 노동자
들은 상대적으로 노동시장에서 고용여건이 열악할 수밖에 없다. 따
라서 이들을 보호하기 위하여 도입되어 있는 취업보호제(EPL), 최
저임금제, 단체협상과 같은 제도에 대해서 검토함으로써 노동시장
의 구조를 좀 더 입체적으로 파악할 수 있다.

1) 취업보호법(EPL: Employment Protection Legislation)

취업보호법(EPL: Employment Protection Legislation)은 이미 고용
되어 있는 취업자를 보호하기 위하여 사용자가 자의적으로 해고를
할 수 없다는 법적 규제이다. 그런데 엄격한 취업보호법은 원래 취
지와 달리 사용자의 신규노동자 채용 의지를 약화시키고 일자리
순환을 저하시켜 더 긴 실업기간과 일자리 감소 등의 부정적 효과
를 발생시키는 것으로 알려져 있다. 실증분석에 따르면 EPL은 불
황기에는 더 적은 해고, 호황기에는 더 적은 고용을 야기함으로써
평균적으로 실업률을 높이는 역할을 한다는 것이다.[3]

OECD(2004)의 자료에 따르면 리투아니아와 에스토니아는 체고,
폴란드, 헝가리 등 여타 동구권 국가에 비해서는 상당히 높은 경직
성을 지니고 있는 것으로 나타나고 있다. 그러나 포르투갈, 스페인,
프랑스에 비해서는 낮은 수준이며 에스토니아는 유로지역 평균수

---

3) S. Bentolila and G. Bertola, "Firing costs and labour demand: how bad is eurosclerosis?"
   Review of Economic Studies, Vol.57, No.3(1990), pp.381~402.

준보다 낮은 수준의 EPL 경직성을 보이고 있다.

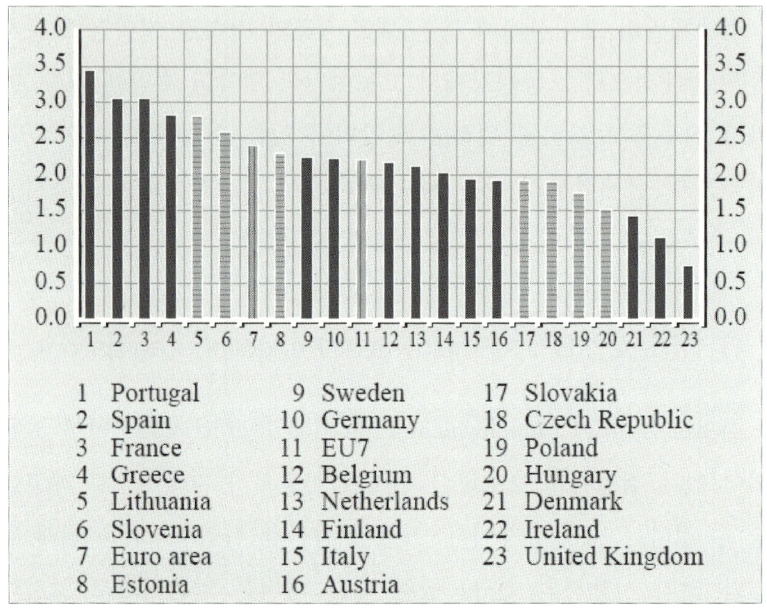

자료: OECD Employment Outlook 2004(2004)에서 재인용.
주) 숫자가 높을수록 경직적임을 나타냄.

<그림 2> 취업보호제도(EPL)의 경직성 지표(2003년 기준)

〈표 9〉 시간제 및 임시직 취업 비율(2006년)

(단위: %)

국가	시간제	임시직
에스토니아	7.8	2.7
라트비아	6.5	8.7
리투아니아	9.9	7.1
유로지역	19.5	16.7

자료: Eurostat Yearbook(2008).

한편 시간제와 임시직과 같은 신축적인 노동계약의 정도 역시 노동시장의 경직성을 나타내는 지표가 된다. 그런데 <표 9>를 보면 EPL에 대해서는 상대적으로 경직성이 작음에도 불구하고 시간제와 임시직 노동자비율은 유로지역에 비해 상대적으로 매우 낮은 수준을 보이고 있다. 이것은 시간제나 임시직 고용이 일반화되어 있는 호텔, 레스토랑 및 소매업종과 같은 서비스 분야의 발달이 아직 낮은 수준이기 때문인 것으로 판단된다.

2) 최저임금제(minimum wage)

최저임금제는 협상력이 떨어지는 비숙련 노동자를 보호하는 역할을 함에도 불구하고 사용자에게 미숙련되고 낮은 생산성을 가진 노동자를 위해 사용자에게 더 높은 비용을 부담하게 하는 효과 때문에 전체적인 고용기회가 감소되는 효과를 지닌다.

발트 3국은 체제전환기간 동안 최저임금제도를 도입하였다. 원래 최저임금제는 평균임금의 45~50% 정도수준으로 정해져 있었다. 그러나 1990년대의 고인플레이션으로 최저임금수준은 지속적으로 하락하여 발트 3국 모두 30%대에 머무르고 있다. 또한 최저임금을 받는 상용근로자의 비율은 국별로 차이를 보이고 있는데 에스토니아의 경우 4.8%로 상대적으로 낮은 반면 라트비아와 리투아니아는 룩셈부르크보다는 낮지만 체코나 미국에 비해 크게 높은 수준임을 알 수 있다. 최저임금을 받는 근로자가 많다는 점은 최저임금제가 고용을 제약하는 요인으로 작용할 수 있음을 시사한다고 볼 수 있는데 발트 3국은 이러한 효과가 크지 않다는 점을 시사하고 있다.

<표 10> 월평균임금대비 최저임금비율 및 최저임금 근로자비율(2006년 기준)

(단위: %)

국가	월평균임금대비 최저임금비율	최저임금 상용근로자 비율
에스토니아	33.2*	4.8
라트비아	30.6	8.9*
리투아니아	36.1	8.5
체코	39.7	2.3
룩셈부르크	50.4	11.0
미국	30.7	1.1

자료: Eurostat(http://epp.eurostat.ec.europa.eu/).
*) 2005년 기준.

3) 단체협상(collective bargaining)

Calmfors and Driffil(1988)은 단체임금협상과 관련한 연구에서 임금협상창구의 단일화의 정도와 실업 간의 관계는 역U 자 형태를 띤다고 주장하고 있다. 완전히 단일화된 임금협상과 완전히 개별화된 임금협상은 낮은 실업률을 보이는 반면 중간 정도의 임금협상창구 단일화는 오히려 실업을 늘이는 것으로 나타난다는 것이다. 이러한 주장에 따르면 국가 전체적으로 완전히 단일화된 임금협상은 정부가 주도권을 쥐는 반면 완전히 개별화된 임금협상은 개별기업의 입장에서 최대의 효율성을 가지는 것이라고 추측된다.

발트 3국의 단체협상 구조를 살펴보면 노조의 영향력이 매우 약하다는 특성이 나타나고 있다. 단체협상이 개별회사 단위로 이루어지고 있을 뿐 아니라 단체협상의 비율도 유로지역에 비해 크게 낮다는 점을 알 수 있다. 이러한 점은 노조원의 비율에서 확인할 수 있는데 유로지역이 30% 수준인 데 반해 에스토니아는 17.1%, 라트비아는 20.7%에 불과한 실정이다. 이러한 점에서 발트 3국의 노동조합의 지위는 매우 낮아 노동자의 입장에서는 고용조건이 상당히 열악한 반면 기업가의 입장에서는 상대적으로 노동시장의 유연성이 확보되어 있다고 볼 수 있다.

〈표 11〉 단체협상 및 노조원비율(2003년 기준)

(단위: %)

국가	협상단위	단체협상비율	노조원비율
에스토니아	개별 회사	28	17.1
라트비아	개별 회사	19	20.7
리투아니아	개별 회사	15	–
유로지역	개별 회사 또는 산업	44~99	30.6

자료: European Industrial Relation Observatory(EIRO)(2004).
http://www.eurofound.europa.eu/eiro/

지금까지 노동시장의 구조와 제도적 측면을 분석하였다. 이상의 분석 결과를 요약하면 때 발트 3국의 노동시장은 체제전환기 과정에서 초기의 어려움을 극복하고 고용이 촉진되고 실업률이 하락하고 있으며 숙련노동자에 대해서는 수요공급 불균형이 나타나고 있다는 점을 확인하였다. 또한 여타 유로지역 국가에 비해 EPL의 경직성이 크지 않고 노동조합이 매우 약한 모습을 보이고 있어 노동자의 상대적인 고용여건이 열악한 반면 노동시장의 유연성이 확보되어 있는 상황으로 판단된다.

Ⅳ. 자본구조 분석

자본은 경제성장을 촉진하는 가장 핵심적인 생산요소이다. 자본축적의 과정이 곧 경제성장의 과정이기 때문이다. 특히 경제발전의 초기단계에서 국내자본이 부족한 상태에서는 외국자본의 도입이 필요하다. 이러한 실물자본의 축적 이외에 기술과 인적자본 역시 지속적인 경제성장을 위해 필수적인 요인이다. 본 장에서는 발트 3국의 자본구조에 대한 분석과 향후 경제성장을 위한 조건들을 검토해 본다.

1. 자본과 경제성장의 관계에 관한 이론 및 기존 연구

신고전학파 경제학에서는 자본축적이 경제발전의 가장 핵심적인 요인이라고 주장한다. Mankiew(1995)는 실증분석을 통해 자본축적의 국가 간 차이가 경제성장률의 차이를 설명한다고 주장하였다. Nicoletti and Scarpetta(2003)은 자본축적이 국별로 차이가 나는 이유는 기업의 진입장벽, 신상품의 개발, 특허권, 조세, R&D 지원과 같은 요인들에 의해 영향을 받는다고 견해를 밝히고 있다. 국내자본축적은 국내저축이나 투자에 의해 자금조달이 되어야 한다. 만약 국내 저축이 부족하다면 해외저축으로 보전되어야 한다. 전 세계적으로 볼 때 이는 자본이 풍부한 국가에서 자본이 상대적으로 희소한 국가로 이전되는 현상으로 나타나는 FDI가 대표적인데 이론적으로는 소득격차가 해소될 때까지 지속될 것이다.

Frankel and Romer(1999)는 해외직접투자(FDI)는 생산기술 및 상품을 국제화하고 개방을 통해 국제무역을 촉진하는 역할을 수행한다고 주장하였다. FDI는 경쟁을 통해 시장의 기능을 정상화시키고 혁신과 기술이전을 촉진하게 된다. 특히 해외의 선진기술을 전파하는 역할을 수행한다. 특히 신용이 부족한 국가에 자금을 공급함으로써 투자를 촉진하게 된다. 이러한 점들이 함께 어울려 FDI는 수혜국의 생산성을 향상시키는 역할을 수행함으로써 장기경제성장전망을 개선시키는 요인이 된다.

이러한 직접적인 FDI의 효과이외에 간접적인 효과도 중요한데 외국인소유 기업으로부터 국내기업으로 기술 및 생산성 spillover 효과, 산업 내(수평적) spillover 효과 및 산업 간(수직적) spillover 효과 등이 대표적이다.[4]

한편 인적자본의 축적은 실증적으로는 교육수준을 자본축적과 혁신에 대한 보완재로서의 성격으로 이해된다. Acemoglu and Zilibotti(2001)에 따르면 인적 및 물적 자본은 생산함수에서 핵심 투입요소가 되는데 그들은 상대적으로 부자국가에서 빈곤국가로 기술이 유출되지 않는 이유를 인적자본의 부족 때문이라고 주장하고 있다.

---

4) 이 문제에 대한 자세한 설명은 S. Golub, "Measures of restrictions on inward foreign direct investment for OECD countries", *OECD Economic Studies*, No.36(2003)를 참조하시오.

2. 발트 3국의 실물자본축적 현황

먼저 발트 3국의 투자에 따른 자본축적이 원활하게 이루어지는
지 분석하기 위해 1999년 이후 2007년까지의 기간에서 GDP에서
총고정자본 형성의 비중을 살펴본다. <그림 3>에서 보는 바와 같
이 발트 3국은 유로지역 국가에 비해 투자가 GDP에서 차지하는
비중이 전반적으로 크게 높아졌다. 특히 라트비아와 에스토니아의
경우 2007년에 그 비중이 30%를 넘어서고 있다. 이는 상대적으로
자본이 부족한 경제발전의 초기에서 여타 유로지역 국가에 비해
자본축적이 빠르게 진행되고 있음을 나타내고 있다.

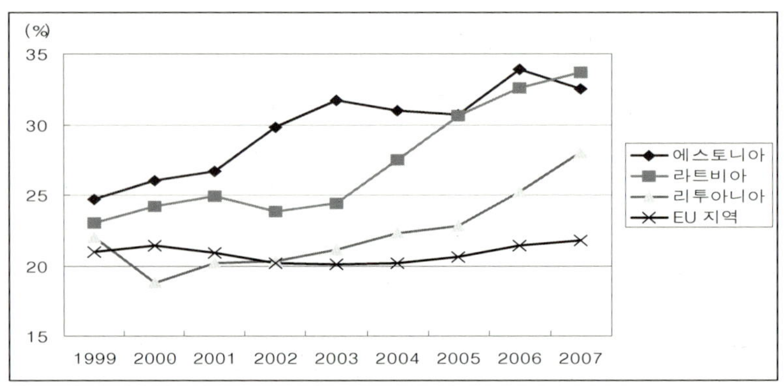

자료: Eurostat(http://epp.eurostat.ec.europa.eu/).

〈그림 3〉 GDP 대비 총고정자본 형성 비율 추이

이렇듯 GDP에서 투자의 비중이 크게 증가한 이유를 좀 더 구체
적으로 분석할 필요가 있다. 공급 측면에서 투자를 결정하는 두 가

지 주요 요인은 투자 수익성(profitability)과 자본비용(cost of capital)
이라고 볼 수 있다.

먼저 수익성 측면에서 보면 유럽회계시스템(European System of
Accounts 95)에 근거하여 유럽중앙은행(2006)이 분석한 자료에 따
르면 <그림 4>에서 보는 바와 같이 발트 3국의 2005년의 GDP 대
비 이윤배분비율(profit to GDP)은 모두 1996년에 비해 2005년에
이윤배분비율이 증가하였으며 특히 라트비아와 리투아니아는 2005
년 40%를 넘어서고 있다.

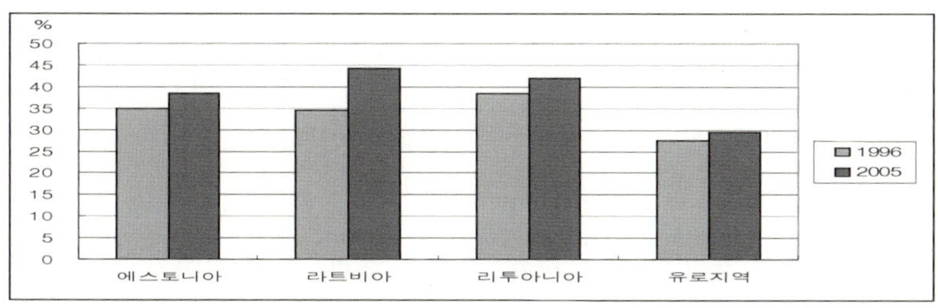

자료: European Central Bank, "Financial development in central, eastern and south-eastern Europe",
Monthly Bulletin(November 2006), pp.93~104.에서 재인용.

<그림 4> GDP 대비 이윤배분비율

특히 발트 3국의 이윤배분비율은 1996년과 2005년 모두 유로지
역을 크게 넘어서는 모습을 보이고 있다. 이러한 투자의 수익성 증
가는 발트 3국에서 투자를 촉진하는 데 기여했다고 판단된다.

다음으로 자본비용 측면에서 분석해 보면 자본비용은 자본스톡
의 소유로부터 발생하는 금융적 비용, 자본스톡의 가격 변화, 자본
스톡의 감가상각에 따른 손실의 3가지로 구성되어 있다고 볼 수 있

다. 이와 같은 근거에서 실질 자본비용은 다음과 같은 간단한 계산
식에 의해 구해질 수 있다.

$$C_k = P_I*(R - dlog(P_I^e) + \delta)/PGDP$$

C_k: 실질자본비용, P_I^*: 투자가격 디플레이터, R: 명목장기이자율, $dlog(P_I^e)$: 투자
가격 디플레이터의 예상 변화, δ: 자본의 감가상각률, $PGDP$: GDP 디플레이터

　위 식에서 자본비용에 가장 큰 영향을 미치는 요인은 이자율이
다. 유럽중앙은행(ECB)의 연구(2006)에 의하면 2000년대 이후 유로
지역 국가와 발트 3국 모두 자본비용이 떨어졌는데 이는 차입비용
이 크게 감소하였기 때문이며 차입비용의 감소는 기간 중 국제장
기이자율이 하락한 데 기인한다고 밝히고 있다.[5] 그런데 유로지역
국가에 비해 발트 3국의 자본비용은 더 크게 떨어졌는데 기간 중
발트 3국의 인플레이션이 크게 안정됨에 따라 장기이자율의 하락
폭이 상대적으로 컸다는 점과 자본시장에서 은행부문의 경쟁과 효
율성이 상대적으로 더 크게 증대하였기 때문인 것으로 판단된다.
전반적으로 이러한 자본비용의 감소는 발트 3국의 투자증대로 이
어진 것으로 판단된다.

---

5) 본 내용에 대한 상세한 설명은 European Central Bank, "Financial development in central, eastern
and south-eastern Europe", *Monthly Bulletin*(November 2006), pp.93~104를 참고하시오.

3. 자본시장의 제도와 투자

시장의 규제와 같은 제도적 측면은 자본축적의 속도에 상당한 영향을 미친다. Alesina at al(2003)의 연구에 따르면 진입장벽을 낮추는 것이 자본축적을 촉진한다고 밝히고 있다. 그러나 특정 국가에서 규제의 정도를 측정하는 표준화된 방법은 존재하지 않는다. 다만 행정규제에 대하여 캐나다의 Frasier Institute에 의해 공표된 자료는 상당한 시사점을 준다.

<표 12>를 보면 발트 3국의 행정규제는 국별로 상당한 차이를 보이고 있다. 라트비아와 리투아니아는 대체로 유로지역에 비해 아직 기업환경이 미흡한 것으로 나타나고 있다. 그러나 에스토니아는 많은 항목에서 유로지역 국가를 능가하고 있어 기업환경이 상당히 양호한 것으로 평가되고 있다. 이러한 점은 정부의 역할이 강조되던 사회주의 경제에서 시장친화적인 자본주의경제로의 체제전환이 상당히 성공적으로 빠르게 이루어졌음을 나타내는 것이다.

<표 12> Frasier Institute의 행정규제 지표(2004년 기준)

국가	가격통제	규제부담	정부관료	창업	부정규적 지출	영업규제	규제
에스토니아	6.0	5.2	7.3	7.1	7.8	6.7	7.3
라트비아	6.0	3.8	6.9	6.8	5.8	5.9	6.7
리투아니아	6.0	3.1	6.3	5.8	6.9	5.6	6.4
유로지역	6.3	3.5	7.3	6.2	8.0	6.3	6.5

자료: Fraser Institute(http://www.fraserinstitute.org/).
주) 모든 값은 1과 10 사이에 있으며 높은 값일수록 더 좋은 환경을 의미.

한편 에스토니아와 라트비아는 1999년에 WTO에 가입하였으며 리투아니아는 2000년 12월에 WTO에 가입하였다. 이후 발트 3국은 본격적으로 국제무역질서에 편입되었으나 여타 유로지역 국가에 비해 아직 상당한 규제가 있을 것으로 추측된다.

이상에서 발트 3국의 자본구조에 대한 분석결과를 요약하면 투자에 따른 자본축적이 상당히 빠르게 이루어지고 있음을 알 수 있었다. 이는 발트 3국에서 투자수익성의 증대와 자본비용의 감소 때문인 것으로 파악된다. 또한 자본시장과 관련한 제도적 측면에서도 시장친화적인 환경으로 변화하고 있음을 알 수 있다. 그러나 대부분의 경우 아직 유로지역의 기준에는 미치지 못하고 있으며 특히 무역과 투자 부문에서의 규제완화는 지속적인 자본축적과 경제성장에 가장 중요한 요인이 될 것이다.

4. 발트 3국의 인적자본 및 R&D

경제발전을 위해 자본과 노동을 효율적으로 사용하기 위해서는 인적자본의 질이 필수적이다. 이 중 가장 핵심적인 부문이 바로 교육이다. 교육에 대한 투자는 장기적으로 경제발전을 촉진하는 가장 중요한 경쟁력 요인이 된다. 예를 들어 FDI를 통해 다양한 부문에서 외국기술의 전파가 이루어지지만 외국기술의 전파가 저절로 이루어지지는 않는다. 혁신을 통해 외국기술과 사업을 적용할 교육을 받은 노동력이 필요한데 이러한 비가시적인 요인이 재화와 서비스의 가치를 높이게 된다.

<그림 5>에서 보는 바와 같이 GDP 대비 교육에 대한 공공지출

비중은 발트 3국이 유로지역 국가 수준인 5%를 약간 상회하는 것
으로 나타나고 있어 교육에 대한 지출이 정상적으로 이루어지고
있음을 알 수 있다.

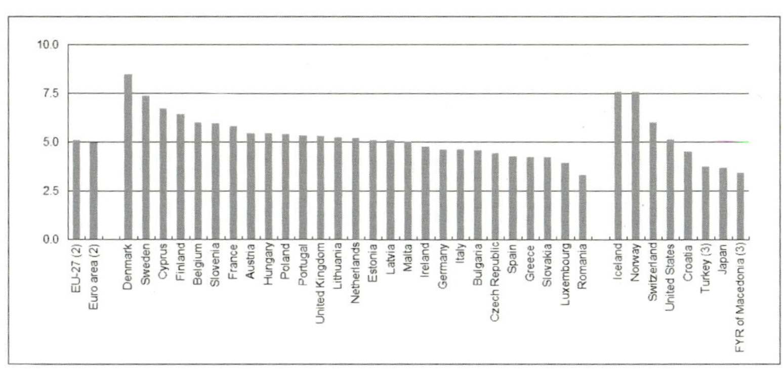

자료: Eurostat Yearbook(2008)에서 재인용.

〈그림 5〉 GDP 대비 교육에 대한 공공지출 비중(2004년 기준)

다음으로 R&D에 대한 투자를 살펴본다. <표 13>에서 보면 발
트 3국의 GDP 대비 R&D 비중은 여타 유로지역에 비해 매우 낮은
수준에 머물러 있다. 10여 년이 지난 2005년에도 상황에 크게 나아
지지 않은 것으로 보인다. 라트비아와 리투아니아는 유로지역 국가
에 비해 약 1/3에 머무르는 수준인 것이 보인다. 그러나 에스토니
아는 상대적으로 높은 수준으로 개선되고 있으며 리투아니아 역시
개선되는 것으로 나타나고 있다.

〈표 13〉 GDP 대비 R&D 지출 비중

(단위: %)

국가	1995	2005
에스토니아	0.58*	0.94
라트비아	0.47	0.57
리투아니아	0.44	0.76
유로지역	1.79	1.86

자료: Eurostat(http://epp.eurostat.ec.europa.eu/).
*) 1998년 수치임.

상대적으로 낮은 R&D 지출은 특허출원 건수가 매우 낮은 결과로 나타나고 있다. 인구 백만 명당 특허 출원건수를 살펴보면 다음 그림과 같다. <그림 6>에서 보는 바와 같이 발트 3국의 특허 출원 건수는 유로지역 국가에 비해 크게 낮은 수준이다.

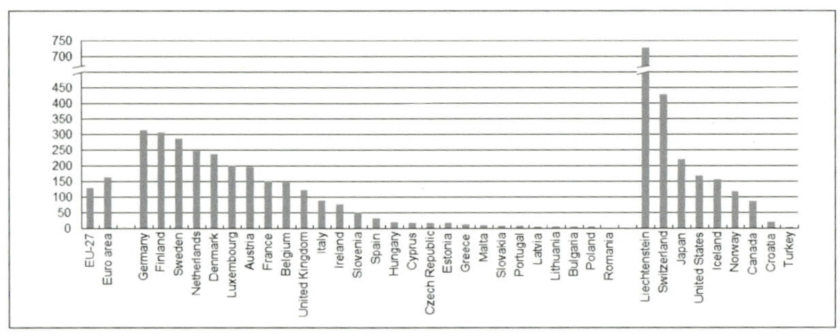

자료: Eurostat Yearbook(2008)에서 재인용.

〈그림 6〉 인구 백만 명당 특허출원 건수(2003년 기준)

한편 R&D에 대한 투자 주체를 살펴보면 다음과 같다. <표 14>에서 보면 2005년을 기준으로 볼 때 발트 3국은 유로지역에 비해 기업의 비중이 상당히 낮은 반면 정부 및 해외의 비중이 높다는 점을 알 수 있다. 이는 경제발전의 초기단계에 있는 발트 3국은 국내

민간부문의 자금이 부족하여 정부 및 해외부문에서의 자금유입이 중요하다는 점을 나타내고 있다. 특히 정부는 R&D 재원조달에 가장 중요한 주체가 된다. 전통적으로 R&D 재원의 일정부분은 정부가 담당하게 되는데 특히 수익성이 예측되지 않은 기초과학연구에 있어서는 더욱 그러하다. 그러나 응용과학부문에 대한 정부투자는 자원배분을 왜곡시키는 것으로 알려져 있다. 이는 정부가 상업적으로 가치가 있는 프로젝트를 판단하는 데는 한계가 있기 때문이라고 볼 수 있다. 또한 해외부문의 비중이 큰 것은 대규모 수출지향적 부문이 외국기업에 의해 지배되고 있다는 점도 중요한 요인으로 작용한 것으로 보인다.

<표 14> R&D 투자재원 조달 주체(2005년 기준)

(단위: %)

국가	기업	정부	해외	기타
에스토니아	38.5	43.5	17.1	0.9
라트비아	34.3	46.0	18.5	1.2
리투아니아	20.8	62.7	10.5	6.0
유로지역	56.2	36.1	6.4	1.3

자료: Eurostat(http://epp.eurostat.ec.europa.eu/).

5. FDI의 현황과 문제점

대부분의 경우 경제발전의 초기 단계에서 FDI는 경제성장에 가장 중요한 영향을 미치는 요인이 된다. FDI는 투자와 성장을 두 가지 방향에서 촉진하는 역할을 한다. 하나는 기술 및 지식의 spillover

효과를 통해 생산성을 향상시키고 기술적인 혁신을 이루는 촉매가 된다. 다른 측면으로는 FDI는 금융적 재원을 제공하고 투자로 활성화시키게 된다.

발트 3국 역시 사회주의 경제체제에서 자본주의 경제체제로의 전환단계에서 상당한 규모의 FDI의 유입이 있었다. 2006년 중 FDI의 유입은 발트 3국 모두 유로지역 국가의 1.1%를 크게 넘어서고 있다. 특히 에스토니아의 경우는 2005년 GDP의 9.8% 규모의 FDI가 유입되었으며 FDI 잔액이 GDP에서 차지하는 비중이 97.2%에 이르는 비중을 차지하고 있어 FDI가 경제성장의 가장 중요한 동력이 되고 있음을 알 수 있다.

〈표 15〉 FDI의 GDP 대비 비중(2006년 기준)

(단위: %)

국가	FDI 유입액	FDI 잔액
에스토니아	9.8	97.2
라트비아	8.1	32.7
리투아니아	6.0	33.6
유로지역	1.1	29.8

자료: Eurostat(http://epp.eurostat.ec.europa.eu/).

1990년대에는 FDI 축적에 영향을 미치는 요인이 사유화나 외국인투자의 개방 정도였으나 최근에는 비용요인, 시장의 크기와 위치, 정치 및 거시경제적 안정성, FDI 정책 등도 중요요인으로 부각되고 있다.

한편 FDI와 국내투자를 살펴보면 FDI는 국내투자를 보완하는 것으로 나타난다. 2006년의 기준으로 볼 때 발트 3국의 FDI 유입

액은 전체 고정자본 형성의 20%를 넘어서고 있다. <표 16>에서
보는 바와 같이 GDP 대비 FDI의 비중이 높은 발트 3국 모두 GDP
대비 총고정자본 형성의 비중이 높은 것을 확인할 수 있다. 특히
에스토니아의 경우는 FDI 유입액이 전체 고정자본 형성의 28.9%
를 차지하고 있어 FDI 유입이 국내투자에 상당히 중요한 역할을
하고 있음을 알 수 있다.

<표 16> FDI 유입과 총고정자본 형성(2006년 기준)

(단위: 백만 달러, %)

국가	FDI 유입(A)	총고정자본 형성(B)	A/B(%)
에스토니아	1,688(9.8)	5,846(33.9)	28.9
라트비아	1,733(8.1)	6,893(32.6)	25.1
리투아니아	1,878(6.0)	7,948(25.2)	23.6
유로지역	120,785(1.1)	2,381,384(21.4)	5.1

자료: Eurostat(http://epp.eurostat.ec.europa.eu/).
주) 괄호 안은 GDP 대비 비율.

Ⅴ. 결론 및 시사점

1990년 초에 체제전환 이후 극심한 경제위기를 겪은 이후 발트
3국은 본격적인 경제발전의 단계에 진입하였다. 2004년 EU가입이
후 구조적이고 제도적인 개혁과 거시경제적 안정화가 더욱 촉진되
었다. 발트 3국의 경제발전이 앞으로도 지속되어 여타 EU 국가와
1인당 소득격차가 줄어들 수 있을 것인가는 향후 EU의 확대정책에
대한 전망 및 체제전환국가의 경제발전과정에 대한 이해를 위해

중요한 관심사항이다. 본 연구는 최근 관심이 커진 발트 3국이 소련으로부터의 독립 이후 최근까지 경제성장과정과 성장요인 및 문제점을 살펴보고 향후 경제성장이 지속되기 위한 조건들을 이론적으로 또한 실증자료를 통해 분석하였다.

본 연구의 주요 분석결과는 다음과 같다.

첫째, 발트 3국의 노동시장을 볼 때 숙련노동자의 수요공급에 불균형이 있음을 알 수 있었다. 그러나 노동시장은 취업보호제나 최저임금제도가 경직적이지 않고 노조의 영향력이 크지 않아 노동시장의 유연성이 확보되어 있었다.

둘째, 발트 3국의 자본의 구조는 자본비용의 하락과 수익성의 증가로 투자비율이 증대하고 있다. 자본비용의 하락은 사유화를 포함한 은행부문의 개혁이 경쟁을 촉진시켜 차입비용의 하락에 기인하는 것으로 분석되었다.

셋째, 인적자본에 대한 투자 측면에서 볼 때 발트 3국은 교육부문에 대한 지출에서는 상당히 긍정적인 모습이 나타나고 있으나 R&D에 대한 투자는 아직 여타 EU지역 국가에 비해 크게 못 미치는 실정이며 투자재원조달 측면에서 보면 민간기업보다는 정부나 해외부문에서의 비중이 크게 나타나고 있어 R&D에 대한 지속적인 투자를 위해서는 이들 부문에서의 자금유입이 필요하다고 판단된다.

넷째, FDI는 자본축적과 생산성 향상에 핵심적인 역할을 하는 것으로 나타났다. FDI는 투자재원 측면뿐 아니라 기술 및 지식의 spillover 효과 관점에서도 매우 중요한 것으로 판단된다.

이러한 분석결과를 종합해서 볼 때 발트 3국의 경제발전을 촉진하기 위해서는 위에서 언급한 여러 가지 요인들 이외에 신뢰성 있는 통화재정정책이 필요하며 지역 및 숙련노동의 격차와 같은 노동시장의 구조적인 문제들을 해소할 필요가 있다. 또한 지속적인 자본축적과 R&D투자를 증대시키기 위해서는 기업환경을 획기적으로 개선해야 할 것이다. 그러나 대외거래에 있어 경상수지의 적자가 지속되는 상황은 국가의 대외지불능력 측면에서 상당한 문제점을 지니고 있는 것으로 판단된다. 대외여건이 악화되어 자본유입이 중단되거나 자본유출이 발생할 경우 외환위기가 나타날 가능성이 매우 높다고 할 수 있다. 따라서 발트 3국이 지속적인 경제성장을 이루기 위해서는 수출증대 및 여행 및 소득수지의 개선을 통해 경상수지를 개선하는 데 경제정책의 초점을 맞추어야 할 것이다.

참고문헌

김미아. "동유럽제국의 외국인 직접투자와 경제성장". 『국제통상연구』. 제11권. 제2호(2003년 9월), pp.191~207.

박광수. "국제통화로서 유로화의 역할에 관한 연구". 『유럽연구』. 제17권(2003년 여름), pp.119~144.

정일용. "동유럽의 체제 이행과 경제발전". 『경제발전연구』. 제13권. 제1호(2007), pp.223~255.

정형곤. "체제전환국의 경제개혁과 초기조건이 경제성장에 미치는 영향 분석". 『비교경제연구』. 제10권. 제2호(2003), pp.87~113.

Acemoglu, D. and F, Zilibotti. "Productivity differences". *Quarterly Journal of Economics*. Vol.116(2001), pp.563~606.

Afonso, A., L. Schuknecht and V. Tanzi. "Public sector efficiency. Evidence for new EU Member States and emerging markets". *ECB Working Paper*. No.581(2006).

Angeloni, I., M. Flad and F. P. Mongelli. "Economic and monetary Integration of the new Member Sates, helping to chart the route". *ECB Occasional Paper*. No.36(September 2005).

Alesina, A., S. Ardagna, G. Nicoletti and F. Schiantarelli. "Regulation and Investment". *NBER Working Paper*. No.9560(2003).

Backe, P., C. Thimann, O. Arratibel, O. Calvo-Gonzalez, A. Mehl and C. Nerlich. "The acceding countries' strategies towards ERM Ⅱ and the adoption of the euro: an analytical review". *ECB*

Occasional Paper. No.10(February 2004).

Bentolila, S. and G. Bertola. "Firing costs and labour demand: how bad is eurosclerosis?" *Review of Economic Studies.* Vol.57. No.3(1990). pp.381~402.

Berg, A., E. Borensztein, R. Sahay and J. Zettelmeyer. "The evolution of output in transition economies: explaining the differences". *IMF Working Paper.* WP/99/73(1999).

Boeri, T. and S. Scarpetta. "Regional mismatch and the transition to a market economy". *Labour Economics.* Vol.3(1996), pp.233~254.

Calmfors, L. and J. Driffil. "Bargaining structure, corporatism and macroeconomic performance". *Economic Policy.* Vol.3. No.1(1988), pp.3~13.

Cazes, S. "Do labour market institutions matter in transition economies? An analysis of labour market flexibility in the late nineties". *International Institute for Labour Studies Discussion Paper.* No.140(2002).

European Central Bank. "Financial development in central. eastern and south−eastern Europe". *Monthly Bulletin*(November 2006), pp.93~104.

European Commission. *Employment and labour market in Central European countries.* No.1(2002).

European Commission. "Catching up.growth and convergence of the new Member States". *The EU economy: 2004 review.* Chapter 2. European Commission, 2004.

Fidrmuc, J. and P. Huber. *The puzzle of rising regional disparities and falling migration rates during transition.* Austrian Institute for Economic Research, 2004.

Frankel, J. A. and D. Romer. "Does trade cause growth?". *American Economic Review.* Vol.89. No.3(1999), pp.379~399.

Golub, S. "Measures of restrictions on inward foreign direct investment for OECD countries". *OECD Economic Studies.* No.36(2003).

Heinz F. and M. Ward−Warmedinger. "Cross−border labour mobility within an enlarged EU". *ECB Occasional Paper*. No.52(October 2006).

International Monetary Fund. "Growth in the central and eastern European countries of the European Union, a regional review". *Occasional Paper*. No.252(2006).

Lenain, P. and L. Rawdanowicz. "Enhancing income convergence in central Europe after EU accession". *OECD Economics Department Working Paper*. No.392(June 2004).

Nicoletti, G. and S. Scarpetta. "Regulation. productivity and growth: OECD evidence". *Economic Policy*(April 2003), pp.11~72.

OECD. "Enhancing economic convergence in Central Europe after EU accession". *OECD Economic Outlook*. No.75(2004).

Rutkowski, J. "Rapid labor reallocation with a stagnant unemployment pool: the puzzle of the labor market in Lithuania". *World Bank Policy Research Working Paper*. No.2946(January 2003).

Vidovic, H. "Labor market trends in central and eastern European countries". Funck. B. and L. Pizzati(eds.). *Labor, Employment, and Social Policies in the EU Enlargement Process*. World Bank, 2002.

"에스토니아 중앙은행". http://www.eestipank.info/frontpage/en/

"라트비아 중앙은행". http://www.bank.lv/eng/main/all/

"리투아니아 중앙은행". http://www.lb.lt/home/default.asp?lang=e

"Eurostat". http://epp.eurostat.ec.europa.eu/

"Fraser Institute". http://www.fraserinstitute.org/

"European Industrial Relation Observatory". http://www.eurofound.europa.-eu/eiro/

이종서

한국외국어대학교 EU센터 상임코디네이터
"유럽연합의 공동통상정책과 엘리슨 모델의 확대적용 가능성에 관한 연구", 「유럽연구」,
제24호(2006년 겨울).

이갑수

부산대학교 무역학과 교수
"EU의 차별적·보호주의적 대외통상정책", 「유럽연구」, 제27권 1호(2009년 봄).

김현정

창원대학교 국제관계학과 강사
"지역연합 심화 시의 외국인직접투자와 노동이주의 상관관계: EU의 사례를 중심으로",
「유럽연구」, 제28권 3호(2010년 겨울).

안상욱

부경대학교 국제지역학부 조교수
"EU의 동아시아 정책 및 무역정책 변화와 한−EU FTA", 「유럽연구」, 제28권 2호(2010년
여름).

이종원

수원대학교 경상대학 교수
"한−EU FTA가 한국 자동차업계에 주는 정책적 시사점", 「유럽연구」, 제28권 1호(2010년 봄).

변재웅

계명대학교 국제통상학과 교수
"영국의 해외투자 유치정책의 성공요인 분석", 「유럽연구」, 제27권 3호(2009년 겨울).

황기식·박선화

동아대학교 동북아국제전문대학원 교수/동아대학교 강사
"전환경제국가(Transition Economies)의 제도발전과 외국인직접투자(FDI): 중·동부 유럽
과 중국의 사례비교", 「유럽연구」, 제27권 2호(2009년 여름).

박광수 ─────────────────────────────

동의대학교 금융보험학과 교수

"글로벌 금융위기 이후 기축통화변경 가능성에 관한 연구: 유로화로의 전환가능성을 중심으로", 「유럽연구」, 제27권 3호(2009년 겨울).

조홍식 ─────────────────────────────

숭실대학교 정치외교학과 교수

"유로화의 정치경제: 유로의 국제적 역할을 중심으로", 「유럽연구」, 제28권 2호(2010년 여름).

김한원 ─────────────────────────────

경희대학교 경영대학 교수

"EU 중소기업 지원 정책과 금융 지원 프로그램의 시사점", 「유럽연구」, 제27권 2호(2009년 여름).

김한원·문병준 ─────────────────────────────

경희대학교 경영대학 교수/경희대학교 경영대학 교수

"이탈리아의 지역 중소기업 지원 시스템에 관한 연구", 「유럽연구」, 제28권 3호(2010년 겨울).

신상협 ─────────────────────────────

경희대학교 국제대학원 통상협력학과 교수

"영국의 중소기업정책에 대한 소고: 한국에 주는 시사점", 「유럽연구」, 제27권 3호(2009년 겨울).

박노호 ─────────────────────────────

한국외국어대학교 스칸디나비아어과 교수

"EU 회원국 간 경제적 이해관계 상충의 원인 및 사례 분석", 「유럽연구」, 제28권 2호(2010년 여름).

박광수·이영기 ─────────────────────────────

동의대학교 금융보험학과 교수/동국대학교 경제학과 교수

"발트 3국의 경제발전과 성장요인 분석", 「유럽연구」, 제27권 1호(2009년 봄).

유럽학연구총서 4

유럽연합의 통상과 산업정책

초판인쇄 | 2011년 11월 1일
초판발행 | 2011년 11월 1일

엮 은 이 | 한국유럽학회
펴 낸 이 | 채종준
펴 낸 곳 | 한국학술정보㈜
주   소 | 경기도 파주시 문발동 파주출판문화정보산업단지 513-5
전   화 | 031) 908-3181(대표)
팩   스 | 031) 908-3189
홈페이지 | http://ebook.kstudy.com
E-mail | 출판사업부 publish@kstudy.com
등   록 | 제일산-115호(2000. 6. 19)

ISBN   978-89-268-2709-3 94340 (Paper Book)
        978-89-268-2710-9 98340 (e-Book)
        978-89-268-2701-7 94340 (Paper Book Set)
        978-89-268-2702-4 98340 (e-Book Set)